321일간, 아이들과 함께한
세계여행 다이어리

321일간, 아이들과 함께한 세계여행 다이어리

초판 1쇄 발행 2021년 3월 6일

지은이 조성욱, 박지혜
그림 조예은, 조예린
펴낸이 장길수
펴낸곳 지식과감성#
출판등록 제2012-000081호

교정 정은지
디자인 최지희
편집 최지희
검수 양수진, 이현
마케팅 고은빛, 정연우

주소 서울시 금천구 벚꽃로298 대륭포스트타워6차 1212호
전화 070-4651-3730~4
팩스 070-4325-7006
이메일 ksbookup@naver.com
홈페이지 www.knsbookup.com

ISBN 979-11-6552-730-3(03980)
값 17,900원

• 이 책의 판권은 지은이와 지식과감성#에 있습니다.
• 이 책 내용의 전부 또는 일부를 재사용하려면 반드시 양측의 서면 동의를 받아야 합니다.
• 잘못된 책은 구입하신 곳에서 바꾸어 드립니다.

지식과감성#
홈페이지 바로가기

그림 조예은 × 조예린

321일간, 아이들과 함께한
세계여행 다이어리

글 조성욱 × 박지혜

 148박의 차박텐트를 활용한 해외 캠핑
36명 호스트와 64박을 보낸 카우치서핑
19개 나라를 70,899km 달린 자동차 여행

지식과감정

CONTENTS

PROLOGUE 5

CHAPTER 1 여행 준비
1) 여행 경로 짜기 10
2) 짐 싸기 13

CHAPTER 2 여행 개요
1) 대륙별 여행 경로 22
2) 주요 사진 30
3) 여행에서 만난 잊지 못할 순간들 46
4) 우리 마음대로 선정한 여행지 순위 50
5) 아이들의 표정으로 보는 여행 52
6) 아이들의 그림으로 보는 여행 54
7) 해외에서 캠핑하기 60
8) 여행 경비 64
9) FAQ 68

CHAPTER 3 월별 여행기
1) 2019년 3월, 프랑스-스페인-포르투갈 74
2) 4월, 프랑스-스페인-이탈리아-슬로베니아-크로아티아-독일-오스트리아 104
3) 5월, 독일-덴마크-스웨덴-노르웨이-네덜란드-프랑스 148
4) 6월, 영국-아이슬란드 186
5) 7월, 아이슬란드-미국-캐나다 232
6) 8월, 미국-캐나다 284
7) 9월, 미국 국립공원 투어 334
8) 10월, 호주 (1) 388
9) 11월, 호주 (2) 418
10) 12월, 호주 (3), 뉴질랜드 456
11) 2020년 1월, 뉴질랜드-하와이 492

EPILOGUE 505
참고 자료 508

PROLOGUE

"**세계 여행을 떠나자!**"라고 결정한 게 2016년 여름쯤이었다. 둘째 딸인 예린이(여행 당시 5세)가 혼자서 걸어 다니기 시작할 무렵 우리는(여기서 우리는 엄마와 아빠) 육아와 회사 일로 지칠 대로 지쳐 있을 때였다. 어느 날 저녁, 아이들을 재우고 둘이서 이런저런 얘기를 하다가 엄마가 문득 이런 질문을 던졌다.

"우리가 살면서 가장 후회하게 되는 게 뭘까?"
"우리가 뭘 하면 가장 후회하지 않을까?"
"지금까지 살아오면서 안 해본 것과 죽기 전에 꼭 하고 싶은 게 뭘까?"라고 했을 때 우리 둘 다 '세계 여행'이라 외쳤다.

그렇게 시작된 세계 여행 프로젝트.

사실 이렇게 말은 뱉었지만 아무런 준비를 하지 않았다. 아이들이 너무 어리면 데리고 다니기도 힘들고 나중에 커서도 여행에 대한 기억이 희미할 것 같았다. 그래서 둘째가 6살이 되면 2020년 3월에 여행을 떠날 계획이었다. 나중에 여행을 마치고 돌아와 첫째 딸인 예은이(여행 당시 7세)가 복학하는 것이 걱정되기는 했지만 아직 초등학교 저학년이라 큰 문제는 없을 것이라 판단했다. 그렇게 해서 2021년 1월에 귀국하는 것으로 우리의 여행 일정을 정했다.

결심하고 난 후 준비한 것이라고는 새벽에 일어나 운동하기, 디즈니 애니메이션으로 영어 공부하기, 가고 싶은 나라와 장소 정하기였다. 그렇게 시간이 흘러 때는 2018년 11월. 계획은 계획뿐이라고 했던가. 이제 세계 여행을 떠나기 1년 조금 더 남았는데 갑자기 엄마가 한마디를 던졌다.

"그냥 내년 초에 떠나자!"

이것은 청천벽력과도 같았다. 이제는 시간이 부족하다. 아직 대륙별 경로를 정하지도 못했다. 미국을 갔다가 유럽을 갈지, 호주를 갔다가 유럽을 갈지 아무것도 정해지지 않았다. 서로 경로에 대한 의견이 달라 좀처럼 합의가 이루어지지 않았다. 이렇게 하다가는 도무지 여행 준비가 될 것 같지 않아 서로 역할을 분담하기로 했다. 아빠는 여행 경로와 캠핑 도구 준비를, 엄마는 비행기 티켓과 해외에서 쓸 신용카드 준비를 하기로 했다. 제일 먼저 여행경로가 확정되어야지 비행기 티켓을 예약할 수 있기에 서둘러 경로를 짜는 데 며칠을 보냈다. 그렇게 경로가 완성되고 부산에서 프랑스 파리로 가는 비행기 티켓을 확정하는 순간 정말 여행이 시작되었구나 하는 실감이 났다.

여행 일정이 앞당겨지면서 당초에 걱정했던 예은이의 복학 문제는 저절로 해결되었다. 여행을 마치고 돌아오면 예은이는 초등학교를 입학하고 예린이는 다시 유치원을 다니면 되었다. 우리는 육아휴직을 냈다. 그 당시에는 법적으로 한 자녀에 대하여 한 명의 부모만 육아휴직을 낼 수 있었기에 아빠는 예은이로, 엄마는 예린이로 각자 따로 육아휴직을 냈다.

결심을 한 것은 3년 전이었지만 실제로 여행을 준비한 것은 떠나기 100일 전부터였다. 한 번도 해보지 못한 캠핑을 책과 인터넷으로 대리 체험하며 필요한 도구들을 구입하기 시작했다. 사계절에 적응할 수 있는 옷들도 최소한으로 선택해서 준비했다. 마지막으로 그 짐들을 담을 가방을 구했다. 처음에는 4단 이민가방을 구입해서 짐을 넣었는데 수납은 충분했으나 바퀴가 튼튼하지 않아 28인치 캐리어 두 개를 샀다. 똑같은 모양에 다른 색으로 구입했는데 자동차 트렁크에 넣었을 때 정리하기가 쉬웠고 색깔이 달라 짐을 찾는 데 용이했다. 짐을 싸는 게 한 번에 끝나는 게 아니라 넣었다 뺐다를 반복하며 떠나기 직전까지 짐과의 사투를 벌였다. 하지만 이 사투는 여행이 끝날 때까지 계속되었다. 이제 이 많은 짐들을 싣고 공항으로 갈 일만 남았다. 여행 준비하느라 정신없이 바빴지만 가슴 한편에는 과연 우리가 살아서 돌아올 수 있을까 하는 두려움도 들었다. 그럴 때마다 일단 부딪혀 보자며 서로를 달랬다.

지금까지 몇 번의 해외 자유여행에 대한 경험이 있었지만 이렇게 장기간으로 차를 직접 운전하는 것은 처음이라 이 부분이 가장 걱정이 되었다. 부산에서 비행기를 타고 이륙하기 전까지 혹시나 하는 마음에 프랑스 공항에서 차량 인수하는 방법을 푸조리스카 신경섭 에이전시님께 전화해서 다시 한번 더 확인했었다. 그만큼 두려웠던 게 사실이다. 공항에 도착했는데 연락이 안 돼서 차를 인수 못 하고 공항에서 그 많은 짐들과 함께 국제 가족 미아가 되는 게 아닌가 싶었다. 하지만 다행히도 모든 일정을 안전하고 즐겁게 이어나갔다. 주변 사람들과 여행하면서 만난 사람들의 관심과 기도가 있었기에 가능했다. 양가 부모님의 경우 우리가 세계 여행을 간다고 했을 때 반대는 없었다. 걱정 가득한 눈초리는 읽을 수 있었지만 무한 믿음과 용기를 북돋아주셨다. 무엇보다 하나님께서 우리를 불쌍히 여기시어 모든 순간을 눈동자와 같이 보호하여주셨기에 이 모든 것이 가능했다고 믿는다.

CHAPTER 1

여행 준비

1 / 여행 준비

1) 여행 경로 짜기

경로를 결정지으면서 가장 먼저 고려했던 사항은 날씨와 안전이었다. 각 나라별로 가급적 너무 더운 날씨나 추운 날씨는 피해서 경로를 짰다. 그리고 동선을 생각했는데 아무래도 비행기 이동 거리가 멀어질수록 티켓 값도 오르기에 가까운 대륙으로 조금씩 이동하는 것으로 경로를 짰다. 아이들의 안전과 아플 때를 대비하여 병원을 쉽게 갈 수 있는 유럽, 북미, 호주, 뉴질랜드 지역으로 정하였다. 아쉽지만 남미와 아프리카는 아이들이 조금 더 큰 뒤에 도전하기로 결정했다.

첫 출발지를 어디로 결정할지에 대해서도 고민이 많았다. 우선 우리가 출발할 때의 날씨와 비슷하고 바로 캠핑을 할 수 있는 곳을 선정하기로 했다. 그렇게 따져 보니 유럽이 가장 적합했다. 일단 유럽이 첫 출발지로 정해졌지만 또 유럽 내에서는 어떤 방향으로 이동할지 또 고민이 되었다. 우선 여기서는 비행기 값이 가장 싸고 리스카를 빌리기 쉬운 나라를 선택하기로 했다. 프랑스가 낙찰되었다. 그다음 나라는 도착했을 때 날씨가 아직 추울 것으로 예상되어 비교적 따뜻한 스페인으로 결정했다. 이렇게 퍼즐을 맞추듯 하나하나 이어가다 보니 약 1년간의 전체 경로가 완성되었다.

전체 경로가 완성되어 급한 불은 껐지만 안도감도 잠시 과연 이 루트로 약 1년간 이동할 수 있기는 한지 의구심이 들었다. 그래서 하루하루에 대한 세부 계획을 세우기로 했다. 이 과정이 정말 힘들었다. 하루라는 시간 동안 어디서 무엇을 하고 무엇을 먹고 어디서 숙박을 할지 어떻게 여행해야 되는지 도무지 감이 오지 않았다. 그냥 되는 대로 갈까 하는 생각이 들다가도 너무 뜬구름 잡는 듯한 느낌이 싫어서 하루 일정을 엑셀로 정리해보기로 했다.

구글 지도를 통해 관광명소, 숙소, 맛집을 표시하고 거리를 체크하며 하루하루 계획을 채워나갔다. 그렇게 해서 127일간의 유럽 일정을 완성했다. 그리고 그다음 85일간의 북미 일정도 완성했다. 이렇게만 한다면 여행의 절반은 지났고 또 이때쯤이면 요령도 생겼을 것이라는 예상하에 호주와 뉴질랜드 일정은 생략했다. 이실직고하자면 여행 계획을 세울 시간이 부족했다.

여행을 마쳤으니 하는 말이지만 계획은 놀라웠다. 아빠가 계획을 잘 세우기도 했지만 더 놀라운 것은 여행 중에 엄마는 그 계획을 거의 참고하지 않았다는 것이다. 이게 더 놀라운 이유는 아빠가 운전 중에 엄마가 비가 오는 장소를 피하면서 새로 경로를 짰는데 결국 아빠가 세운 경로와 동일했다. 북미 역시 아빠가 세운 계획대로 이동했는데 카우치서핑을 하면서 현지인들이 추천하는 장소가 추가되면서 여행은 더욱 풍성해졌다.

여행 가기 전에 계획을 세우는 것에 대하여 사람마다 다르겠지만 개인적으로 계획을 세우고 가는 게 효율적인 여행을 할 수 있게 해준다는 생각이 든다. 푯대를 향해서 전진하는 것처럼 목표 의식이 생기고, 보고 싶은 것들을 놓치지 않고 볼 수 있게 해준다. 특히 장기간 여행을 하다 보면 많은 사람들이 권태기에 빠지기도 한다. 우리가 권태기를 느끼지 못했던 이유는 아마도 계획을 세워 둔 탓에 이동하기 바빴고 보고 싶은 것들이 많았기 때문이다. 계획을 세워두었다고 해도 그대로 움직일 필요도 없다. 말 그대로 자유여행이기에 또 마음대로 일정을 변경하면서 자유를 만끽하는 것도 여행의 묘미 중 하나다. 하지만 어디로 갈지 헤매거나 권태기에 빠지게 된다면 계획서가 탈출구가 될 것이라 믿어 의심치 않는다.

2) 짐 싸기

여행을 준비하면서 캠핑 도구들이 집으로 배달 오면서 아이들도 여행이 임박했음을 느꼈다. 자신들의 장난감으로 여행자 코스프레를 하며 한껏 들떠 있는 모습이 불안한 우리의 마음을 잠재워 주었다. '유비무환'이라고 했던가. 짐들이 차곡차곡 쌓이니 여행에 대한 막연한 두려움도 조금씩 줄어들었다. 지금부터 우리가 직접 여행하면서 느낀 구체적인 물건들의 에피소드와 필요성에 대해 알려드리고자 한다.

① 텐트

한국에서 여행 준비를 하면서 캠핑 도구에 가장 많은 공을 들였다. 그중에서도 텐트를 선택하는 것에 가장 신중을 기했다. 최소한 엄마와 아이들을 땅바닥에 재우기는 싫었다. 그래서 생각한 것이 차박텐트였다. 차박텐트는 SUV 차량으로 활용이 가능한데 인원이 4명에다가 짐도 많은 우리에게 가장 적합했다. 요즘 나오는 SUV 차량은 대부분 2, 3열 좌석을 눕히면 평평하게 된다. 그 위에 에어매트를 깔고 전기장판을 올리고 침낭을 덮으니 추운 날씨에도 아이들이 덥다며 반팔을 입고 자기도 했다. 설치가 쉽고 넓은 내부를 지닌 차박텐트를 찾느라 애를 먹었지만 원하던 녀석을 발견했을 때 세계 여행에 대한 확신이 들었다. 그 확신이 현실이 되면서 여행은 시작되었다. 내부가 넓어서 비가 오는 날에도 텐트 안에서 자유롭게 움직일 수 있었기에 편했다. 트렁크에 있던 짐들을 다 내려놓고 테이블 2개와 의자 4개를 다 깔아도 움직일 수 있는 동선이 확보됐다. 텐트 안에서 고기를 구워 먹고 라면도 끓여 먹을 수 있었다. 잠을 잘 때는 의자와 테이블을 한쪽으로 밀어놓으면 야전침대도 거뜬히 설치할 수 있었다. 무엇보다 텐트만 설치하는 데 약 5분이면 충분했다. 차박텐트 가방이 꽤 큰 편이었는데 대략 골프채 가방보다 조금 더 크다고 생각하면 된다. 여행하면서 늘어난 짐들은 모두 텐트 가방에 넣어 공항에서 수하물로 보내면 됐다. 그렇게 정든 텐트와는 여행 301일차에 이별을 고했다. 그때 속으로 몇 번을 울었는지 모른다. 모진 바람과 거친 비, 뼛속까지 파고드는 추위에서 우리를 구해준 텐트였는데 이제 필요 없어졌다고 버리는 게 정말 미안했다. 마지막 밤 텐트에게 미안해서 편지까지 썼다.

② 의자, 테이블, 야전침대

의자, 테이블, 침대는 백패킹용으로 가볍고 접이식으로 되어 있어 공간 활용도가 높은 것을 구했다. 접는 횟수가 많아질수록 가볍고 공간 활용이 높지만 정리하는 데 시간이 길어지는 단점은 있었다. 아빠가 사용한 야전침대의 경우 침대의 받침대가 그렇게 높지 않아서 지면의 냉기가 많이 올라왔지만 전기장판과 침낭으로 냉기를 차단하여 따뜻하게 수면을 취할 수 있었다.

③ 전기히터

유럽의 3월과 4월은 약간 추울 것으로 예상했다. 그래서 전기히터를 가져갔다. 가벼우면서 크기도 작고 화력이 좋은 것을 찾기가 쉽지 않았다. 한번은 온풍기도 구입했었는데 실내에서 그럭저럭 화력이 괜찮았지만 야외에서는 화력이 콧바람에 불과했다. 그러다 가장 고전적이면서 튼튼하게 생긴 전기히터를 찾았다. 발열 방식이 석영관에 최대 발열량이 1,200kcal라서 가장 적합하다고 판단했다. 무엇보다 사이즈가 28인치 캐리어에 딱 들어가서 좋았다. 유럽 일정만 지나면 나머지 일정은 여름이라 전기히터가 필요 없었다. 그래서 여행 126일차에 아이슬란드 마지막 캠핑장에서 전기히터와 작별을 고했다. 추운 날씨에 우리의 몸과 마음을 사르르 녹여주어서 고마웠다.

④ 에어매트, 전기장판, 침낭, 캠핑 어댑터

취침 3종 세트인 에어매트, 전기장판, 침낭. 에어매트의 경우 자충식 매트리스를 구입했다. 펼쳐놓고 마개를 열어놓으면 공기가 저절로 유입되어 5분 안에 팽팽해졌다. 공항에서 불가피하게 노숙을 해야 될 경우에도 바닥에 깔아 아이들을 재울 때 용이했다. 텐트를 사용하지 않고 밴에서 차박을 할 때도 아주 유용하게 사용되었다. 전기장판은 세탁이 가능하고 110V와 220V에서도 사용이 가능한 것이 좋다. 대체로 추운 날씨는 피했기에 침낭은 적절한 온도에서 이용이 가능한 것이라면 어떤 것이라도 크게 상관이 없을 듯하다. 만약 그래도 추우면 옷을 더 껴입으면 해결된다.

유럽, 미국, 호주, 뉴질랜드 캠핑장은 모두 전기 사용이 가능하다. 물론 캠핑장에 따라 전기 자체가 없는 경우도 있지만 대부분 전기를 사용할 수 있다. 만약 전기를 사용한다면 별도의 요금이 추가 발생한다. 그리고 유럽과 뉴질랜드의 경우에는 전기를 사용하기 위해서는 별도의 어댑터가 필요한데 이름하여 '220V 3구 변환 어댑터'이다. 한국에서도 구매가 가능하므로 미리 사서 가는 걸 추천한다.

⑤ 취사도구

캠핑이 좋았던 이유 중에 하나가 바로 요리를 할 수 있다는 것이다. 외식을 하는 것은 비용적인 면에서 부담이 된다. 매일 아침 캠핑장을 떠나기 전 전기밥솥에 밥을 해서 떠나면 언제 어디서든 김치, 참치, 김, 밑반찬과 함께 끼니를 해결할 수 있었다. 저녁은 캠핑장으로 돌아오는 길에 마트에 들러 장을 보고 밥을 해 먹었다. 다행히도 여행하는 곳곳에 한인마트가 있었는데 마치 한국에 와 있나 하는 착각을 불러일으킬 만큼 한국 제품들이 많았다. 그 외에도 가위, 집게, 도마, 칼이 들어 있는 조리도구 세트를 사서 갔는데 유용했다. 마지막으로 설거지통과 건조대 역시 필수품 중 하나였다.

⑥ 음악 USB

여행 중 하루 평균 운전 시간이 대략 4시간 정도는 됐다. 운전하는 동안 지루하지 않고 즐겁게 드라이빙을 하려면 좋아하는 음악이 제격이다. 아프리카 속담에 '빨리 가려면 혼자 가라, 그러나 멀리 가려면 함께 가라'는 말처럼 멀리 갈 때 음악과 함께한다면 즐거운 여행을 할 수 있다. 한 번씩 폰과 자동차를 블루투스로 연결해서 유튜브를 통해 음악을 듣기도 했는데 확실히 USB가 편했다. 8개 정도의 USB를 가수별, 시대별, 최신 음악으로 나누어 관리했는데 여러 종류의 음악을 들을 수 있어서 좋았다. 즐겨 듣던 가수는 김동률, 이승환, 서태지, 아이유, 싸이, 성시경이었는데 나중에는 아이들이 외워서 따라 부를 정도였다. 그리고 자동차에 있으면 좋은 물건으로는 핸드폰 거치대, 핸드폰 충전기, 햇빛가리개다. 어디서나 쉽게 구할 수 있지만 자신에게 편하고 맞는 것을 미리 준비해가는 걸 추천한다.

⑦ 수영 도구

추운 유럽에서는 거의 수영을 못 했지만 독일과 아이슬란드에서는 온천 수영장이 있어 피로도 풀고 아이들도 신나게 놀아서 기억에 많이 남는다. 한때 아이들에게 유럽에서 제일 기억나는 게 뭐냐고 물어보면 독일의 온천 수영장을 꼽았다. 미국, 호주에서는 간간이 수영을 했다. 특히 호주의 경우 무료 수영장이 우리나라의 워터파크 수준으로 잘 되어 있어서 수영복은 필수였다. 아이들이 워낙 물놀이를 좋아해서 한 번씩 일부러 수영장이 있는 호텔을 찾아다니기도 했었다. 수영 도구들은 기내용 캐리어에 수영복, 수경, 수건, 구명조끼, 튜브, 아쿠아 슈즈를 넣어 다녔다. 그리고 여행이 끝날 무렵 뉴질랜드에서 박싱데이를 맞아 고프로를 구입했는데 일찍 구입하지 않았던 걸 후회했다.

⑧ 의류, 신발

의류는 최대한 간소하게 준비했다. 각 계절별 옷을 2개씩 정도 챙겼다. 언제든지 현지에서 바로 구입할 수 있기에 크게 욕심내지 않았다. 유럽에서는 데카트론, 북미에서 월마트, 코스트코, Ross 매장이나 아울렛, 호주와 뉴질랜드에서는 Target, K-mart에서 저렴한 가격에 구입이 가능하므로 여행지에 가서 구매를 해도 무방하다. 신발은 인당 운동화 두 켤레와 슬리퍼, 샌들을 들고 다녔는데 아무래도 4명이다 보니 생각보다 공간을 많이 차지했지만 차에 넣고 다녀 별문제는 없었다.

⑨ 크로스백, 복대

여권, 지갑, 돈을 보관하기 위해 들고 다닌 크로스백과 복대. 여행 중 모든 짐 중에 가장 작지만 잃어버리면 가장 타격이 큰 것이기에 항상 신경 쓰고 조심했었다. 이 가방은 전적으로 엄마가 책임지고 관리했다. 이걸 차고 다니는 것과 또 자기 전에 꼭꼭 숨겨두는 것도 힘들었을 텐데 한시도 긴장을 늦추지 않고 잘 챙겨줘서 고마웠다. 아이들도 이 가방의 중요성에 대해 아는지 모르겠지만 우리가 워낙 챙기니 그 가방만큼은 손대지 않고 엄마에게 제자리에 잘 있다며 보고하곤 했다.

⑩ 신용카드

처음에 각 나라별로 현금을 쓸 것인지 한 장의 신용카드로 다닐 것인지 고민했다. 현금을 들고 다니면 분실 우려가 있고 매번 인출해야 되는 번거로움도 있다. 신용카드를 사용하게 되면 수수료가 높아서 장기간 여행자에게는 부담이 된다. 그래서 현금은 최소화하고 장기간 여행이므로 신용카드를 주로 사용하는 것으로 결정했다. 수많은 신용카드 중에서 선택 기준은 해외에서 사용했을 때 조금이라도 더 이득이 되는 카드를 찾는 것이었다. 그리하여 선택한 카드는 신한 아시아나 Air 1.5, 롯데 대한항공 더드림 카드였다. 이 카드들은 해외에서 사용 시 천 원당 기본 적립 항공 마일리지의 2배를 주었다. 쌓인 마일리지로 항공권 값을 아끼자는 계산이었다. 계산해보니 카드 사용 수수료와 거의 비슷하게 나왔다. 신한 1.5카드는 천 원당 아시아나 항공 3마일리지가 적립된다. 대신 월 2,000마일리지 특별적립 한도가 있기에 딱 70만 원까지만 사용하였다. 롯데 더드림 카드는 해외 사용 시 천 원당 대한항공 2마일리지를 적립해준다. 이 카드의 가장 큰 매력은 적립 한도 금액이 없다는 것이다. 우리는 이 매력적인 두 가지의 카드로 꽤 많은 아시아나, 대한항공 마일리지를 쌓을 수 있었다. 다만 마일리지 항공권의 혜택이 많이 줄어든 지금의 상황이 아쉬울 뿐이다.

⑪ **가족명함**

인터넷을 통해 준비물을 알아보니 가족명함을 만들어 다닌 분들이 있기에 좋은 아이디어라고 생각했다. 먼저 명함에 들어갈 사진을 찍기 위해 한국의 전통미를 알릴 수 있는 장소를 물색했다. 우리가 살고 있는 근처의 '창원의 집'으로 선정했다. 고즈넉한 분위기와 간결하면서도 정제된 한국의 전통미를 고이 간직하고 있어서 한국을 알리는 데 딱이라는 생각이 들었다. 집 근처에 있는데도 한 번도 방문하지 않은 걸 반성하며 세계 여행을 마치고 오면 국내 일주도 해야겠다는 생각이 들었다. 가족명함은 정말 활용도가 높았다. 카우치서핑을 하거나 여행 중 우리에게 도움을 주신 고마운 분들에게 명함을 주면서 한국에 오게 되면 이 명함을 보고 연락 달라고 하면 다들 좋아했다. 특히 명함에 있는 사진이 정말 예쁘다며 다들 칭찬해주었다. 이 사진은 우리 여행의 기록이었던 인스타그램의 첫 게시 사진이기도 하다.

⑫ **각종 증명서**

우리의 여행 타입을 설명하자면 로드트립이었다. 공항에서 비행기로 이동하는 것 말고는 전부 자동차를 리스하거나 렌트했었다. 그래서 엄마와 아빠 모두 국제운전면허증을 준비했었다. 그 외에도 여권, 국내 운전면허증, 항공권, 증명사진, 여행자 보험증을 모두 스캔해서 핸드폰, 노트북에 저장하고 복사본을 두 부씩 만들어 각 캐리어에 넣어 두었다. 다행히도 증명서를 분실하지 않아 여분을 활용할 일은 없었지만 혹시나 모르기에 준비해 두는 게 좋다.

⑬ **의약품**

여행을 다니면서 가장 많이 사용했던 의약품은 사혈기 침과 알코올 솜이었다. 체하거나 소화가 잘 안 될 때 손가락을 따면 아이든 어른이든 상관없이 싹 나았다. 갑자기 사혈기 판매 광고가 된 것 같지만 정말 좋았다. 한번은 아빠가 눈에 다래끼가 나려고 해서 사혈기를 사용했는데 감쪽같이 나았다. 우리에게는 만능 치료 의료기라 할 수 있겠다. 가급적 도보여행 중에 응급처치약을 들고 다녔는데 한번은 이탈리아 베네치아였다. 둘째 예린이가 계단에서 넘어져 눈 옆이 깊이 파여 피가 많이 났었다. 다행히도 가방에 연고와 밴드가 있어 응급처치를 했는데 아직 아이라 그런지 며칠이 지나니 흉터 없이 깨끗이 나았다. 그 이후로 가급적 아이들의 손을 잡고 다녀서 크게 다치는 일은 없었다. 예은이는 한국에 있을 때 거의 한 달에 한 번씩 감기에 걸렸는데 여행 중에는 딱 한 번만 감기에 걸렸었다. 그리고 호텔에서 하루 쉬고 나니 거짓말같이 나았다. 엄마와 아빠도 한 번씩 감기가 찾아왔지만 바쁜 스케줄 덕분에 아플 겨를이 없었다.

⑭ 아이들 장난감

짐을 싸면서 유일하게 아이들이 직접 준비한 것이 장난감이다. 좋아하는 장난감을 무작정 들고 가게 할 수는 없기에 각자 두 개씩 제한을 두었다. 그러자 세상 심각해진다. 어떤 장난감을 고를지 하루에도 몇 번씩 바뀌었다. 그 장난감들은 여행이 끝날 때까지 자신들이 책임지고 들고 다녔다. 공항에서도 아이들 장난감은 짐으로 분류되는 게 아니라 거의 필수품으로 인정되었다. 그리하여 큰 인형 하나는 팔로 안고 작은 인형이 담긴 가방은 메고 다녔다. 탑승 수속을 받고 출국장에서 기다리는 동안 아이들은 장난감으로 지루함을 달랠 수 있었다. 장난감이 지겨워지면 태블릿 PC로 애니메이션을 보여주었다. 동영상을 오래 보고 나면 아이들의 짜증도 늘고 교육상 좋지 않을 것 같아서 항상 시간제한을 두고 보여주었다. 아이들도 거기에 순응해주었다. 보여준 동영상은 대부분 디즈니 애니메이션이었다. 꼬마 공주 소피아, 디즈니 공주 시리즈, 토이스토리 등이 있었는데 소피아를 가장 많이 봤다. 나중에는 에피소드별로 노래와 대사까지 다 외웠다. 그래서 차를 오래 타더라도 소피아에서 나온 노래를 부르고 장난감을 가지고 역할 놀이를 하면서 시간을 보냈다. 10시간 이상 차를 탈 때도 많았었는데 한 번도 짜증 내지 않았다. 정말 아이들이 차를 잘 타줘서 즐거운 여행이 되었다.

장시간 차를 타면서 예린이의 경우 절반은 잠을 잤지만, 예은이는 거의 잠을 자지 않았다. 대신 혼자서 우리가 다녀왔던 곳을 생각하며 그림을 그렸다. 우리가 뭘 그리라고 하지 않아도 쓱쓱 잘 그려 내고 한 번씩은 뭘 그려줄까 물어보고는 우리가 그려달라는 것도 곧잘 그렸다. 예은이는 30분 만에 종이 한 장을 가득 채워 꼼꼼하게 색칠까지 다 해서 그려 낸다. 딸 자랑이 아니라 정말 놀라운 작품들이 탄생했다. 그래서 차 안에 항상 색연필과 종이를 구비해두었다.

⑮ **여행 준비물 체크리스트**

분류	물건명	분류	물건명
가방	캐리어(대 3/소 2)	의류	두꺼운 점퍼
	백팩(2), 크로스백(2)		간절기 점퍼
캠핑 용품	텐트(1)		모자(겨울/여름)
	의자(성인 2/아동 2)		장갑
	테이블(2)		신발
	침낭(2)		슬리퍼
	전기매트(2)		속옷/양말
	에어매트(1)		평상복
	야전침대(1)		잠옷
	전기히터(2)	전기 제품	핸드폰(4)
	돗자리(2)		핸드폰 충전기(4)
	베개(2)		보조배터리(2)
	전등(2)		노트북(1)
	전기밥솥(1)		태블릿 PC(2)
	코펠(1)		스피커/이어폰
	조리도구 세트(1)	기타	필기구
	세면도구 세트(1)		음악 USB
수영 용품	수경(4)		폰 거치대
	스노클링 장비(2)		햇빛차단기
	수영복(4)		구급약
	구명조끼(2)		자물쇠
	튜브(2)		여권 등 사본
	수영타올(2)		신용카드/현금

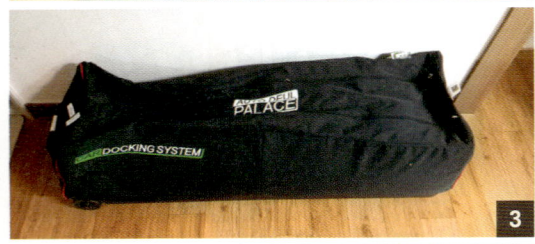

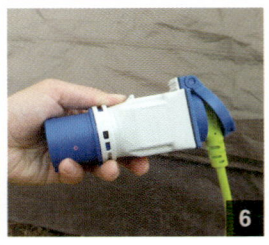
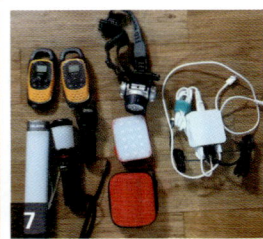
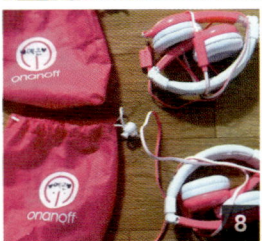
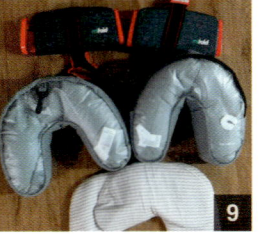

⑯ 짐

1 최종적으로 짐을 확정 지은 모습
2 가족명함
3 텐트 가방
4 전기히터
5 각종 캠핑 도구
6 220V 3구 변환 어댑터
7 무전기, 전등, 충전기
8 아이들 헤드셋
9 휴대용 카시트, 베개
10 각종 자동차 편의 용품
11 짐벌, 삼각대

CHAPTER 2
여행 개요

2/ 여행 개요

1) 대륙별 여행 경로

① 유럽

② 북미

③ 호주

④ 뉴질랜드

⑤ 아이슬란드

⑥ 하와이

호놀룰루

몰로카이
마우이

하와이 섬

2) 주요 사진

① 유럽

1 프랑스
2 스페인
3 포르투갈
4 모나코
5 이탈리아
6 슬로베니아

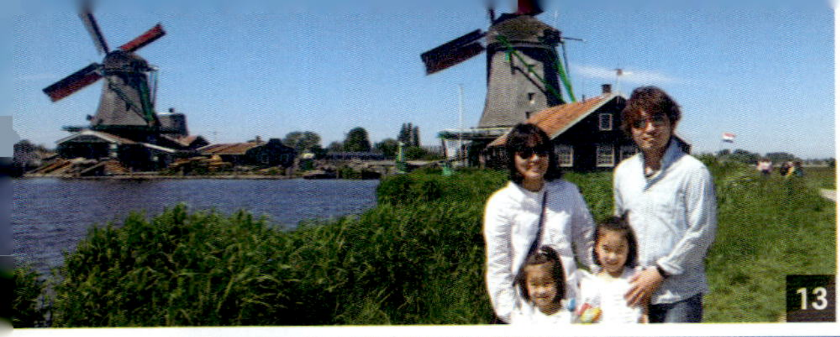

13 네덜란드 14 UK(잉글랜드) 15 UK(웨일즈) 16-18 아이슬란드

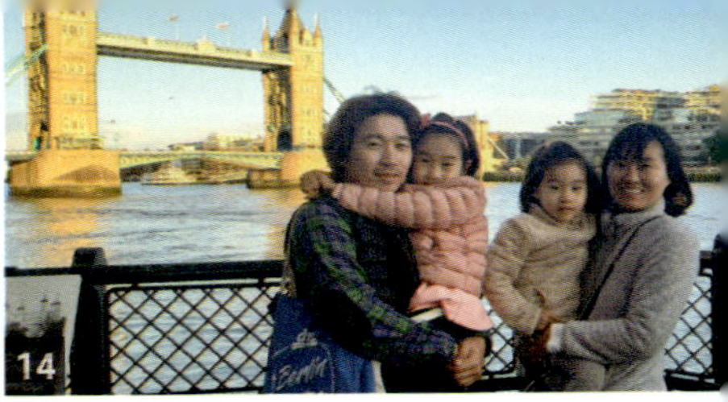

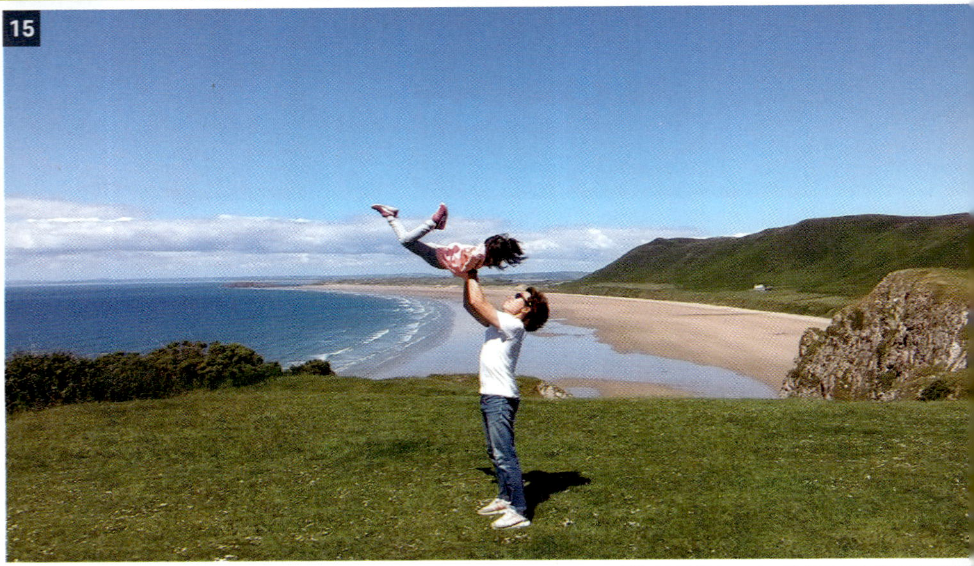

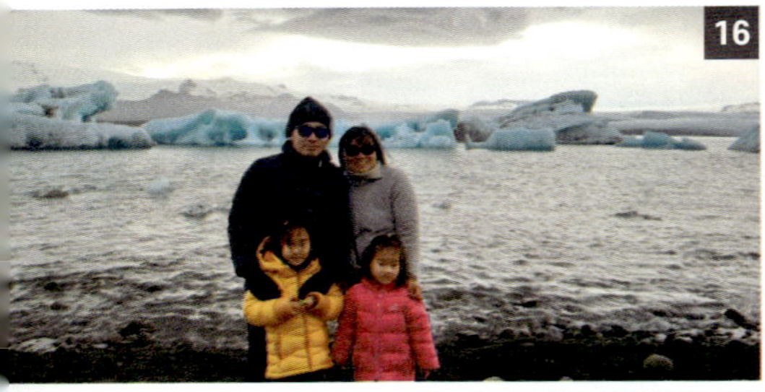

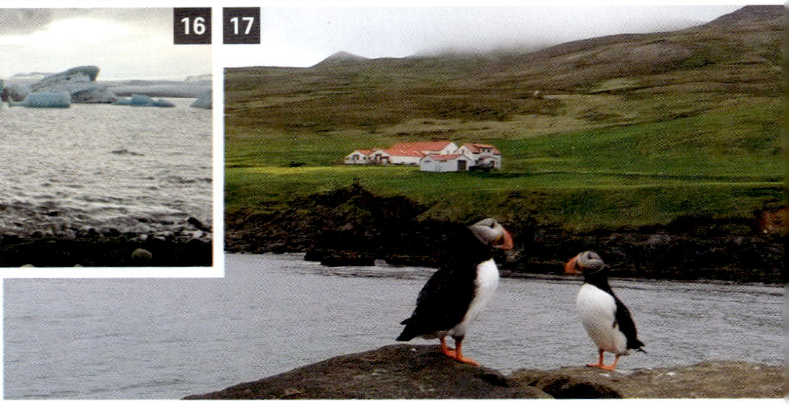

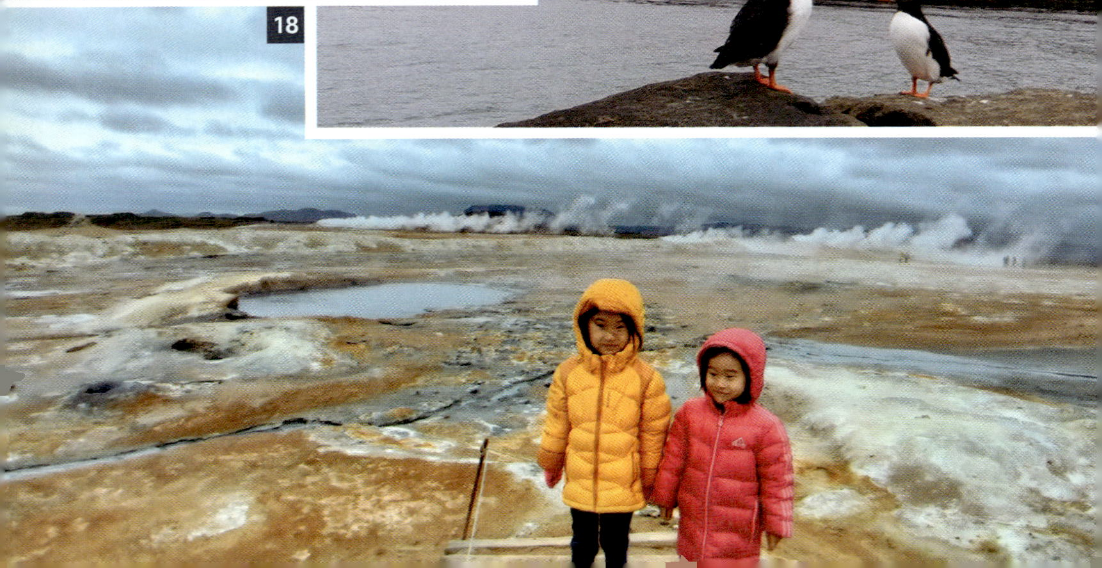

② 미국

1 뉴욕
2 워싱턴
3 클리블랜드
4 러시모어
5 옐로스톤국립공원
6 배드랜드

7 시애틀 8 샌프란시스코 9 LA 다저스타디움 10 요세미티국립공원 하프돔 11 그랜드캐니언국립공원 12 브라이스캐니언국립공원

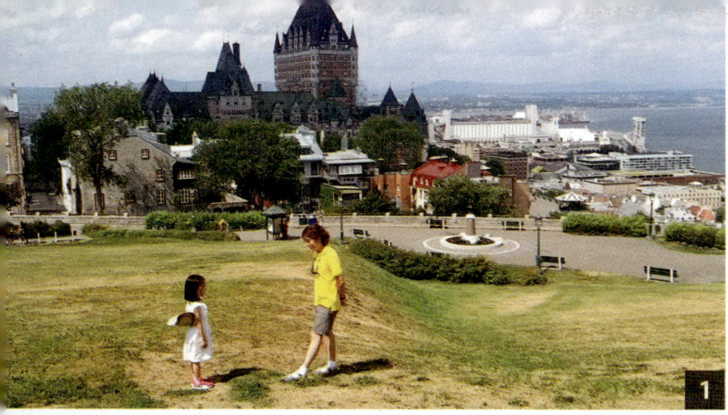

1

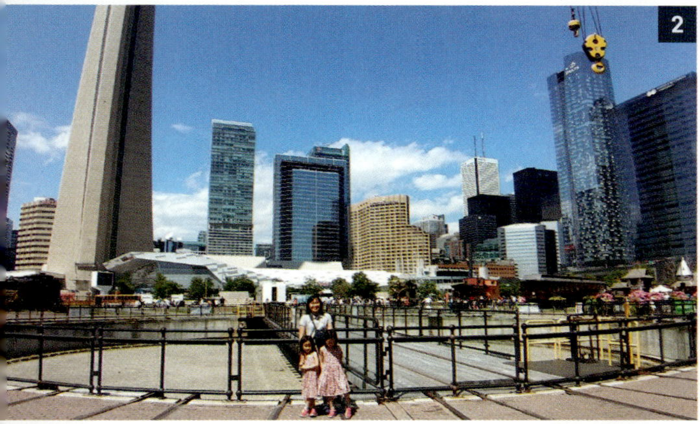

2

③ 캐나다

1 퀘벡
2 토론토
3 나이아가라폭포
4 밴프국립공원
5 제스퍼국립공원
6 밴쿠버

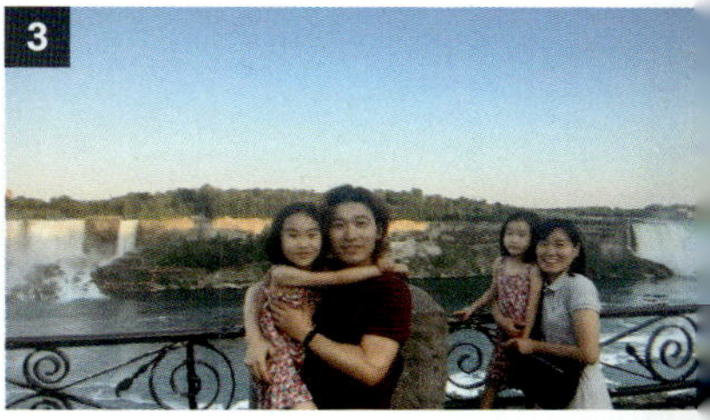

3

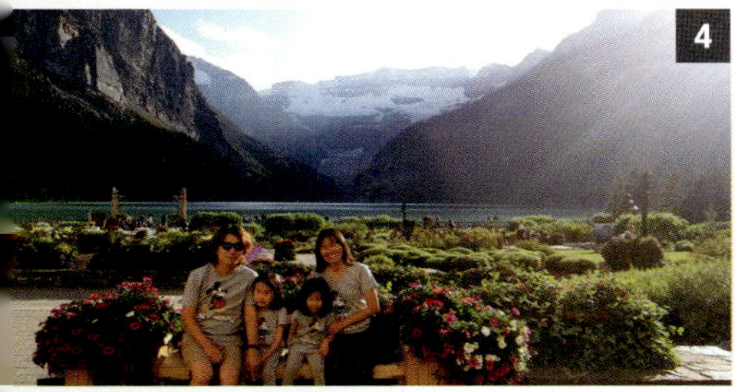

4

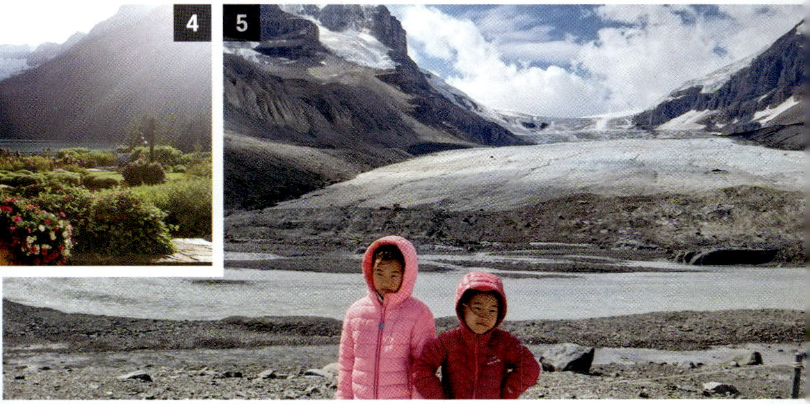

5

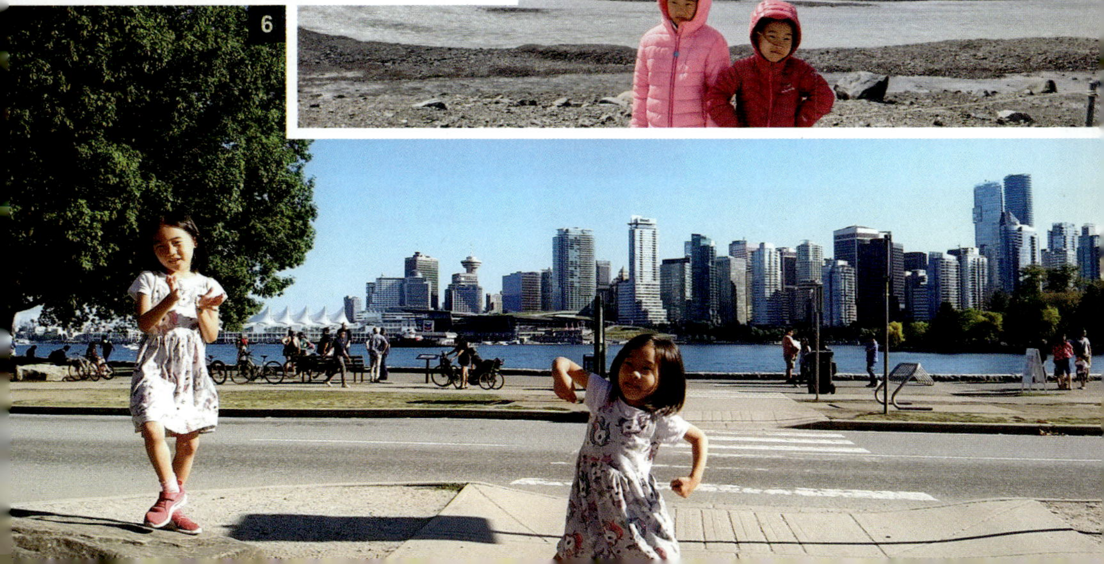

6

④ 호주

1 브리즈번
2 케언즈
3 울루루
4 그레이트오션로드
5 시드니
6 골드코스트

⑤ 뉴질랜드

1 테카포 호수 **2** 밀포드사운드 **3** 캐슬힐 **4** 후커 밸리 트랙 **5** 아써패스 국립공원 **6** 90마일 비치

⑥ 미국(하와이)

1 와이키키 해변 2 마우나케아산 3 볼케이노 국립공원 4 쿠아로아 리저널공원 5 Dole 농장 6 탄탈루스 전망대

⑦ 카우치서핑

카우치서핑(Couchsurfing)이란 말 그대로 '소파(Couch)'를 '파도타기(Surfing)' 하는 것이다. 현지인이 여행자들을 위해 자신의 집에 있는 소파를 내어주는 것이다. 다시 말해 여행자가 무료로 현지인의 집에서 잠을 잘 수 있도록 연결해주는 온라인 커뮤니티이다. 실제로 우리가 36명의 호스트를 만나면서 소파에서 잠을 잔 적은 거의 없었다. 대체로 독립된 방에 넓은 침대에서 잠을 잤다. 우리가 4명인 점을 고려하여 별도의 간이침대를 추가로 설치해준 호스트도 많았다.

카우치서핑은 인터넷을 통해서만 운영이 된다. 우선 회원가입을 해야 되는데 기본적인 정보만 입력해도 된다. 하지만 회원들에게 더 신뢰를 주고 싶다면 자신의 집 주소, 신분증을 인증 받고 25달러(US)를 결제하면 프로필이 100% 완성된다. 여기서 25달러는 선택사항이라 무료로도 회원가입이 가능하지만 100% 인증을 받으려면 결제하는 것을 추천한다. 최저 하루 숙박비가 5만 원이라 가정하면 그 반값으로 호스트만 구하면 무제한 무료 숙박권을 얻는 것이다. 호스트를 구하는 방법은 카우치서핑 앱 또는 웹에서 숙박하려는 지역을 설정하고 날짜와 인원을 지정하면 그 날짜에 그 인원을 수용할 수 있는 호스트의 목록이 생성되고 그 호스트에게 메시지를 보내서 요청하면 된다. 그러면 요청받은 호스트들이 승인과 거절을 하게 되는데 만약 두 명 이상의 호스트가 승인한다면 호스트의 Reference(타인들의 평가), 집 위치, 방 상태 등을 비교해서 자신에게 맞는 호스트를 선택하면 된다. 자신에게 맞지 않을 것 같은 호스트에게는 사과의 메시지를 보내야 한다. 누구에게든 좋은 이미지를 남기는 것이 카우치서핑을 오래 할 수 있는 관건이 된다.

카우치서핑은 여행을 준비하면서 인터넷 검색을 통해 알게 되었다. 일단 무료인 점이 가장 마음에 들었고 게다가 서로의 문화를 교류할 수 있다는 점에 매료되었다. 지금까지 외국인과 한 공간에서 식사를 하고 잠을 잘 수 있는 기회는 단 한 번도 없었다. 여행을 떠나기 전까지 우리에게 외국인은 외계인과 별 차이가 없었다. 볼 일이 없고 함께 이야기를 나눌 일은 더더욱 없었기 때문이다. 하지만 카우치서핑을 통해 함께 식사를 하고 이야기를 나누면서 외국인도 아니고 외계인은 더더욱 아닌 바로 우리의 친구라는 걸 알게 되었다.

가족, 육아, 직업, 여행, 취미, 사회 문제 등에 대해 이야기를 나누면서 우리와 별다를 것이 없는 한 사람이라는 것을 깨달았다. 여기서 중요한 것은 카우치서핑 호스트는 문화의 다양성을 존중하고 오픈 마인드를 가진 사람들이라 함께 있으면 즐겁고 배울 점이 많다는 것이다. 여행 중 멋진 경관이 주는 즐거움도 있지만 카우치서핑으로 만난 사람들과 나눈 추억들도 평생 잊지 못할 즐거움이었다.

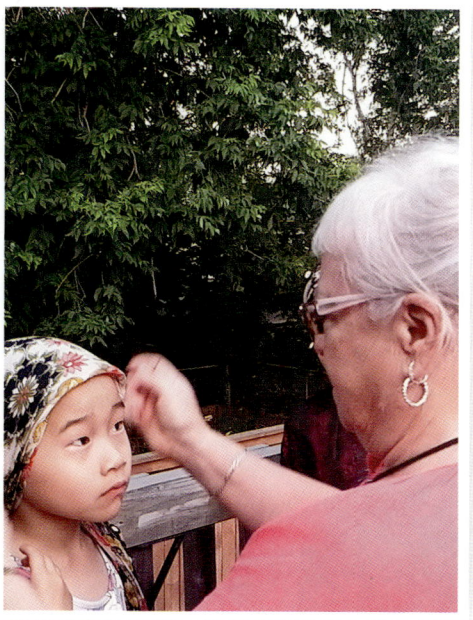

3) 여행에서 만난 잊지 못할 순간들

① 해외 운전

프랑스 파리에서 첫 운전대를 잡을 때 그 설렘과 떨림을 잊을 수 없다.

② 해외 캠핑

우리나라에서도 제대로 해보지 않은 캠핑을 외국에서 이토록 줄기차게 할 줄은 몰랐다.

③ 유럽 축구 경기 직관

죽기 전에 꼭 한 번은 보고 싶었던 FC바르셀로나 경기를 직관하다.

④ 캠핑장에서 외국인들과 함께한 축구 경기

캠핑장 놀이터에서 시간 가는 줄 모르고 남녀노소 불문하고 외국인들과 땀 흘리며 뛰었다.

⑤ 우리 마음대로 세상에서 최고의 건축물 1위 선정

가우디가 설계한 파밀리에 대성당. 안에 들어가 그 내부를 직접 보게 된다면 우리와 같은 마음일 것이라 확신한다.

⑥ 산 위에 있는 놀이공원

스페인 바르셀로나에 위치한 티비다보 놀이공원의 대관람차는 아마 세상에서 제일 높은 대관람차가 아닐까 싶다.

⑦ 스페인 국영 호텔의 위엄

파라도르 호텔이라고 스페인 국가에서 직접 관리 운영하는 호텔이 있는데 위치, 시설, 서비스 무엇 하나 빠지는 게 없는데 가격마저 착하다.

⑧ 디즈니랜드 방문

애니메이션에서만 보던 좋아하던 캐릭터들을 파리와 LA에서 직접 두 눈으로 볼 수 있었다.

⑨ 각종 놀이공원 방문

유럽의 플레이모빌, 레고랜드, 티볼리와 미국의 시월드 이외에도 지역축제에서 열리는 각종 놀이공원만 보이면 놓치지 않고 방문했다.

⑩ 한인교회 예배 참석

거의 각 나라별 한인교회 순례예배를 다녔다.

⑪ 해외 놀이터에서 외국 아이들과 함께 놀기

말은 안 통하지만 아이들은 금방 친해졌다.

⑫ 해외 마트에서 장 보기

하루에 두세 번은 마트에 들러 아이들이 좋아하는 고기와 과일을 사 먹었다.

⑬ 유럽 부활절 예배 참석

유럽에서는 대축제 중 하나인 부활절에 크로아티아 자그레브 대성당에서 예배를 드렸다.

⑭ 독일 맥주 마시기

독일 호프브로이하우스의 맥주도 맛있었지만, 유럽 내 캠핑장이나 마트에서 팔고 있는 로컬 맥주가 정말 맛났다.

⑮ 툰드라 지대 밟아보기

생전 처음 보는 툰드라 지대의 신비함에 놀라움을 금치 못했다.

⑯ 키만큼 쌓인 눈밭 위에 누워 보기

노르웨이의 봄날에 아직 눈은 녹지 않았고 날은 더워 반팔 반바지를 입고 눈밭을 뛰어다니며 윗옷을 벗고 누워보기도 했다.

⑰ 해외 페리 타기

독일-덴마크, 프랑스-영국에서 페리를 타고 국경을 지났으며 노르웨이에서는 수시로 페리를 탔다.

⑱ 히치하이킹 성공

캠핑장을 나와 기차역까지 거리가 멀어 지나가는 차들에 엄지를 치켜세웠는데 아주 친절한 아주머니께서 차를 세워주시며 우리를 목적지까지 태워주셨다.

⑲ 백야 현상

아이슬란드에 머무는 동안 계속 백야였고 마지막 날 처음으로 노을을 봤다.

⑳ 안녕, 빙하

얼음보다 더 차갑고 더 신비한 색을 가진 빙하를 직접 보고 만졌다.

㉑ 꼬마 신랑 느낌의 퍼핀과 만남

노르웨이, 아이슬란드, 영국, 미국 등지에서 만날 수 있는 퍼핀을 우리는 아이슬란드에서 만났다.

㉒ 다양한 매력을 지닌 미국 국립공원을 가다

매번 기대하며 가게 되는 미국 국립공원이지만 한 번도 실망감을 준 적이 없다. 북미 총 19개 국립공원을 방문했다.

㉓ 미국의 야생동물과 만나다

곰, 엘크, 바이슨, 산양, 무스, 코요테, 물개 등 다양한 동물들을 바로 앞에서 마주쳤다.

㉔ 가족 카우치서핑

비슷한 나이대의 자녀들을 키우고 있는 현지 부모들의 생활을 바로 옆에서 엿볼 수 있었다.

㉕ 미국 일반 가정집에서 로브스터를 맛보다

카우치서핑 호스트가 직접 요리해준 로브스터.

㉖ 세계적인 미국 대기업 본사에 가보다

보잉, 마이크로소프트, 애플 등의 대기업 본사에서 그들의 기술을 엿보다.

㉗ 세계적인 명문 대학교를 방문하다

영국 옥스퍼드, 미국 하버드, MIT 대학에 들러 지성인들의 성지에 가보다.

㉘ 단 하루 만에 35,147보를 걷다

가장 무더웠던 날, 12시간 동안 뉴욕의 거리를 활보하며 걸었다.

㉙ 단 하루 만에 1,283km를 달리다

여행을 시작한 지 정확히 200일 되는 날 아치스 국립공원에서 LA까지 하루 내내 12시간을 달렸다.

㉚ MLB 야구 경기를 직관하다

류현진 선수가 LA다저스에 있을 때 선발로 나온 경기에서 첫 홈런을 쳤던 경기를 봤다.

㉛ 세상에서 제일 큰 나무를 보다

미국 캘리포니아에 위치한 세쿼이아 국립 숲에 있는 자이언트 세쿼이아 나무를 올려다보니 목이 아팠다.

㉜ 미국에서 한국 연예인을 만나다

LA의 어느 한인 식당 앞에서 가수 '플라이투더스카이'의 브라이언을 만났는데 아주 젠틀했다.

㉝ 호주 아웃백을 가다

아웃백의 도로를 달리면서 수백 마리의 캥거루가 뛰어다니는 모습이 아직도 눈에 아른거린다.

㉞ 호주 야생동물과 마주치다

호주에서만 서식하는 코알라, 에뮤, 앵무새 등 야생동물과 마주치다.

㉟ 바다 한가운데에서 스노클링을 하다

눈으로 보아도 믿기지 않는 Great Barrier Reef에서 스노클링을 했다.

㊱ 서핑의 천국에 가다

골드코스트에서 생애 첫 서핑에 도전했다.

㊲ 놀라울 뿐인 호주 무료 워터파크

도심 한가운데 위치한 호주의 무료 워터파크는 우리나라의 그 어떤 비싼 워터파크 못지않았다.

㊳ 해외에서 첫 할로윈데이

직접 체험하기 위해 일반 가정집에 찾아가 사탕을 얻었다.

㊴ 세상에서 가장 작은 펭귄

호주 멜버른 필립아일랜드에서 해 질 무렵 집으로 돌아가는 펭귄들의 모습이 앙증스럽다.

㊵ **세상의 중심에서 사랑을 외치다**

호주 한가운데 우뚝 서있는 사암 덩어리 울루루를 보았다.

㊶ **해외에서의 첫 블랙 프라이데이 (박싱데이)**

이때 구입했던 '고프로 8'로 하와이에서의 스노클링은 두 배 즐거웠다.

㊷ **자연재해의 무서움**

호주에서 사상 최대 산불과 뉴질랜드 크라이스트처치에서 지진의 피해를 입은 성당이 무너져 있는 잔해를 직접 목격하다.

㊸ **지구상의 지상낙원을 만나다**

알록달록 루핀이 흐드러지게 핀 뉴질랜드는 천국이라 해도 과언이 아니었다.

㊹ **해외에서 보내는 첫 크리스마스**

숙소를 못 구한 우리에게 천사가 다가와 자신의 집으로 우리를 초대했다.

㊺ **세상의 끝을 달리다**

뉴질랜드 북섬 북단에 위치한 90마일 비치를 누비다.

㊻ **여행의 종착지, 하와이**

화산과 무지개의 섬으로 이색적인 풍경과 찬란했던 노을이 우리 여행의 마지막을 멋있게 장식해주었다.

4) 우리 마음대로 선정한 여행지 순위

여행을 하면서 생각지도 못한 풍경에 크게 감동을 받거나 유명 관광지로서 사회적인 시스템이 잘 이뤄져 있다고 판단되는 나라들의 순위를 우리가 몸소 느낀 바를 토대로 나름대로의 순위를 매겨보았다. 이 순위는 사람마다 체감하는 정도에 따라 다를 수 있으며 계절과 날씨에 따라서도 차이가 있을 수 있다. 그래서 우리 마음대로 선정한 여행지 순위라는 점을 참고하시길 바라며 순위와 함께 간단한 이유를 작성해보겠다.

① 미국
생각지도 못한 풍경들과 그걸 관리하는 사회적인 시스템이 가장 훌륭했다. 도시는 도시대로 자연은 자연대로 정확하게 구분되어 있었다. '미국'의 '미'가 괜히 '미(美)'가 아니었다.

② 아이슬란드
지구상의 자연환경이라 하기에는 너무나도 생소한 모습에 마치 다른 행성에라도 온 듯한 착각에 빠진다.

③ 뉴질랜드
뉴질랜드 천지가 꽃들로 물들어 있었다. 강과 호수는 에메랄드 빛깔을 뽐내고 산은 만년설로 덮여져 천국이라 해도 과언이 아닐 정도다.

④ 호주
호주를 가장 잘 표현해주는 아웃백과 그곳에서 살고 있는 캥거루, 코알라, 에뮤 등 야생동물과 도심에 위치한 무료 워터파크가 좋았다.

⑤ 하와이
잘 정비된 깨끗한 해변과 풍성한 볼거리가 이곳이 지구를 대표하는 휴양지임을 알려준다. 심심하면 나타나는 무지개도 볼거리 중 하나다.

⑥ 노르웨이
따뜻한 봄날 5월, 산에는 아직 성인 키만 한 높이까지 눈이 쌓여있다. 수많은 피오르와 툰드라 지대가 우리의 호기심을 자극한다.

⑦ 영국

고대의 역사가 살아 숨 쉬는 곳. 스톤헨지를 비롯하여 무너져 내린 성벽들이 찬란했던 과거의 흔적을 고이 간직하고 있다.

⑧ 캐나다

드라마 〈도깨비〉의 촬영지인 퀘벡에 남아 있는 프랑스 문화와 밴프 국립공원의 아름다운 자연은 캐나다를 더욱 빛나게 했다.

⑨ 스페인

감히 세상에서 가장 아름다운 성당이라 할 수 있는 '파밀리에 대성당'을 포함하여 건축가 가우디 자취를 찾는 것만으로 이미 황홀감에 젖어든다.

⑩ 스웨덴

수도 스톡홀름에 있는 관광명소들만 다녀도 시간이 부족하다. 아주 효율적으로 만들어놓은 패스권으로 즐거운 관광이 가능하다.

⑪ 크로아티아

눈부신 아드리아해를 따라 달리고, 요정이 나타나 인사해줄 것 같은 플리트비체 호수를 거니는 모습을 상상만 해도 얼굴에 미소가 번진다.

⑫ 포르투갈

유럽의 낭만이라고 하면 파리 '에펠탑'을 생각했지만, 이제는 포르투의 '동 루이스 다리'라고 자신 있게 말할 수 있다.

⑬ 네덜란드

바람, 풍차, 튤립은 네덜란드를 이루는 3대 요소이다. 수도 암스테르담에서는 자유, 개방을 느낄 수 있다. 그리고 고흐도 빼놓을 수 없다.

⑭ 프랑스

이제 에펠탑보다는 북부 해변의 몽생미셸섬과 모네가 사랑한 해변 에트르타가 더 생각나고, 남부 해변의 아주 나이스한 니스가 더 좋다.

⑮ 이탈리아

험준한 산맥들이 서로의 자태를 뽐내고 있는 돌로미티와 세상에서 가장 화려한 수상도시 베네치아는 언제 보아도 설렌다.

⑯ 슬로베니아

만년설이 쌓인 산들이 감싸고 있는 블레드 호수 한가운데 위치한 섬은 슬로베니아의 유일한 섬이며 설명이 필요 없는 한 폭의 수채화였다.

⑰ 덴마크

끝없이 이어지는 유채꽃밭과 스웨덴의 수도 스톡홀름처럼 효율적인 관광명소의 패스권이 여행을 더욱 풍성하게 만들어준다.

⑱ 독일

깐깐하고 완벽함을 추구할 것 같은 독일이지만 길거리는 생각보다 지저분했다. 하지만 과거를 반성하는 모습은 참된 선진국의 모습이었다.

⑲ 오스트리아

머무는 동안 유일하게 계속해서 날씨가 안 좋았던 나라이다. 그래서인지 가장 감흥이 약했던 나라였다.

⑳ 모나코

자동차 경주 대회가 유명하다. 우리가 방문했던 가장 작은 규모의 나라였지만 물가는 어느 곳과도 견줄 수 없을 정도로 비쌌던 나라였다.

5) 아이들의 표정으로 보는 여행

6) 아이들의 그림으로 보는 여행

1 에펠탑 2 차박텐트 3 유럽 성당 안 지구본 4 스톡홀름 감라스탄 거리
5 독일 함부르크 6 덴마크 동물원 7 네덜란드 풍차 8 영국 런던 아이
9 빙하에 선 우리 가족 10 아이슬란드에서 만난 퍼핀 11 세상에서 제일 작은 펭귄 12 〈슈렉〉에서 봤던 장면
13 슬로베니아 블레드 호수 14 이름 모를 해변 15 폭포 아래서 16 아이슬란드에서 만난 말

17 달이 지는 하와이 해변 18 책에서 봤던 그림을 따라 그린 그림 19 하와이에서 봤던 용암 20 태양계 행성들
21 TV에서 봤던 장면 22 금문교 23 산꼭대기에서 본 전경 24 코끼리 25 바다 위로 뛰어오른 범고래
26 책에서 봤던 북극 27 시월드에서 봤던 돌고래 쇼 28 미국 국립공원에서 봤던 무스
29 숲에서 봤던 새 30 눈, 비, 햇빛이 만든 무지개 31 미국 옐로스톤 국립공원

32 미녀와 야수에서 마법에 걸린 그릇 33 에든버러 칼튼 힐에서 34 별이 빛나는 밤에 따라 그리기
35 뉴질랜드에서 만난 루핀 36 아이슬란드에서 만난 빙하 37 노르웨이 자연 스키장
38 컴퓨터 자판 39 울루루 40 별똥별이 떨어지는 모습
41 자동차로 이동 중 봤던 멋진 풍경 42 가족에게 쓰는 그림 편지 43 책에서 봤던 멋진 그림 따라 하기
44 미국 옐로스톤 국립공원에서 만난 곰 가족 45 〈백조공주〉에서 나왔던 장면 1 46 피노키오 동상 47 〈백조공주〉에서 나왔던 장면 2

48 해변에서 쉬는 모습　49 미국 크레이터 레이크　50 금문교　51 미국 요세미티 국립공원
52 하늘 위 무지개　53 알파카　54 미국 엔돌　55 미국 세쿼이아 나무
56 백설공주　57 애니메이션 카　58 라푼젤　59 디즈니 주인공들
60 〈토이스토리〉를 보고　61 〈겨울왕국 2〉를 보고　62 등대　63 자유의 여신상 1

64 자유의 여신상 2　**65** 열기구　**66** 마트 앞에서　**67** LA 폴 스미스 매장 앞
68 라스베이거스　**69** 호주 백화점에서 해리포터 체험관　**70** 밤하늘의 별　**71** 길거리 불꽃 쇼 공연
72 북극곰　**73** 공작새　**74** 아이슬란드 루핀이 핀 풍경　**75** 비행기 창으로 본 풍경
76 노을 지는 폭포　**77** 미국 밤하늘의 별　**78** 폭포　**79** 호주 돌탑

80 호주 루나파크 81 대관람차 앞에서 82 할로윈데이 83 뉴질랜드 노란 입
84 뉴질랜드 꽃밭에서 85 뉴질랜드 해변 86 하와이 해변 87 하와이 열대나무
88 모아나 89 하와이 1 90 하와이 2 91 다리 위에서 본 폭포

7) 해외에서 캠핑하기

한국에서 한 번도 해본 적이 없는 캠핑을 하게 된 동기는 유럽여행을 계획하면서 인터넷을 통해 '유빙 (유럽 자동차 여행 1위 카페)'에 대해 알게 되면서였다. 우리도 첫 목적지가 유럽이고 자동차로 여행을 할 것이기에 카페에 가입하게 되었다. 카페에 들어가 글을 읽다 보니 장기간 유럽 자동차 여행을 하는 분들은 대체로 캠핑을 했다. 캠핑과 관련된 게시물을 읽다 보니 가격이 저렴하고 가격 대비 시설도 좋다는 평이 많아 그때 캠핑을 하기로 결심하게 되었다.

사실 캠핑은 한국에서도 쉽사리 용기를 내지 못해 선뜻 하지 못한 것 중 하나다. 2011년, 결혼 전 SUV 차량을 구입할 때만 해도 아빠 혼자 산에도 가고 바다도 가면서 캠핑을 하고 싶었지만 회사 일과 결혼, 육아로 이어지면서 계속 미뤄지기만 했다. 살면서 한 번도 캠핑을 제대로 해보지 않은 우리가 과연 해외에서 캠핑을 할 수 있을까 하는 걱정은 여행을 결심하면서부터 스페인에서 첫 캠핑을 할 때까지 계속됐다. 하지만 첫 캠핑 이후로는 줄기차게 캠핑을 이어갔다. 321일 중 148일을 캠핑했으니 절반을 캠핑으로 숙박을 해결한 것이다. 나머지 절반은 카우치서핑과 호텔을 이용하면서 각각 절반씩 숙박을 해결할 수 있었다.

물론 카우치서핑과 호텔도 좋았지만 캠핑을 할 때 우리는 우리의 진짜 모습을 대면할 수 있었다. 텐트를 쳤을 때 비로소 우리는 여행지에서 유일한 우리만의 보금자리로 돌아와 안식을 취할 수 있었다. 항상 자동차로 이동했기에 낯선 장소를 맞이했지만 텐트 안은 그 모습 그대로였기에 우리에게 몸과 마음의 안식을 주기에 충분했다. 여행 301일차에 마지막 캠핑을 하고 텐트와 이별했다. 추운 곳에서 우리를 따뜻하게 해주었고 더운 곳에서는 시원한 바람을 데리고 와서 우리를 시원하게 해주었다. 배고플 때는 텐트 안에서 요리를 해서 식사도 해결할 수 있었다.

지금까지 캠핑 중 가장 기억에 남는 건 단연 첫 번째 캠핑이다. 캠핑장명은 'Gran Camping Zarautz'이다. 바다가 보이는 멋진 풍경에 놀이터가 있어 아이들이 즐겁게 놀고 저녁을 먹고 나니 그때부터 갑자기 돌풍을 동반한 비바람이 부는데 텐트가 찢어지는 줄 알았다. 아내와 둘이서 밤을 지새우며 텐트를 부여잡고 기도했다. 그날 첫 캠핑이 마지막 캠핑이 될 줄 알았는데 여행 막바지까지 잘 견뎌줘서 정말 고마웠다. 그 이후로 캠핑을 하게 되면 날씨 확인은 필수가 되었고 그래서인지 첫날 같은 돌풍은 거의 만나지 않았다. 캠핑 때 날씨 체크는 필수!

첫 캠핑을 하고 난 이후로는 요령이 생기면서 텐트를 설치하는 데 걸리는 시간이 짧아졌다. 148일을 캠핑하면서 느낀 점은 한국에서 도구들을 미리 잘 준비해 왔다는 것이다. 텐트를 제외하고 의자, 테이블, 침낭 등은 28리터 한 캐리어에 다 들어가도록 백패킹용으로 구입했었다. 그러니 짐을 정리할 때도 편하고 이동할 때도 편했다. '유랑' 카페에 보면 유럽에 데카트론이라는 레저용품점에서 캠핑 도구를 구입하면 된다고 다들 많이 추천하고 있다. 이곳은 각종 스포츠 장비 등 야외활동을 위한 모든 장비를 판매하는 곳이다. 만약 장기간이라도 유럽만 여행을 할 계획이라면 추천하지만 다른 대륙으로 이동할 것이라면 한국에서부터 미리 캠핑 도구를 챙기는 것을 추천한다. 물론 우리도 데카트론에서 구입한 도구들이 몇 개 있다.

한국에서 28리터 캐리어에 캠핑 도구를 넣다가 무게가 초과되어 들고 오지 못한 아이들 의자, 여유분 탁자, 버너를 구입했는데 가격도 싸고 품질도 훌륭했다. 다행히 또 접이식이라 자동차 트렁크에 쏙 들어가서 여행 끝까지 들고 다니며 잘 활용했었다.

8) 여행 경비

여행을 계획할 때 금전적인 부분에 대하여 생각하고 있는 예산에서 지출되는 비용이 크게 벗어나지 않을 것이라는 확실한 신념이 있었다. 먼저 전체적인 예산을 정할 때는 간단하게 1일 단위로 계산한 뒤 321일에 적용했다. 하루에 4인 기준하여 숙박 5만 원, 식비 5만 원, 기름값 등 이동 수단 5만 원, 입장료나 주차비 등 기타 경비 5만 원으로 1일 20만 원을 예상했다. 그리고 321일을 적용하면 64,200,000원이 된다. 여기에 항공권 800만 원을 더하면 72,200,000원이 된다. 캠핑과 카우치서핑을 한다는 가정하에 이 금액을 크게 넘기지 않을 것이라는 자신이 있었다. 실제로 사용한 경비가 74,954,932원이었는데 예상했던 경비와 큰 차이가 없었다.

사실 예상 경비 중 가장 차이가 났던 부분은 숙박이었다. 어느 나라를 가더라도 호텔을 이용한다면 숙박이 5만 원에 해결되는 곳은 찾기 어려웠다. 물론 그래서 기타 경비를 5만 원으로 여유 있게 잡았지만 처음부터 호텔을 이용한다고 계획을 세웠다면 10만 원으로 잡았어야 했다. 그렇지만 우리가 경비를 절약할 수 있었던 이유는 정말이지 캠핑과 카우치서핑 덕이다. 캠핑은 거의 하루 3만 원이면 충분했고 카우치서핑은 무료였기에 디즈니랜드, 레고랜드, 각종 박물관을 가더라도 경비가 충분했다. 게다가 렌터카와 주유비도 생각보다 많이 지출되었다. 솔직히 말하자면 애초에 잡은 예산은 완전히 엉터리였지만 결과론적으로 맞아떨어진 게 신기할 뿐이다. 밑도 끝도 없이 캠핑과 카우치서핑을 믿었다. 그 믿음이 우리를 구원한 것이다.

① 경비 지출 그래프

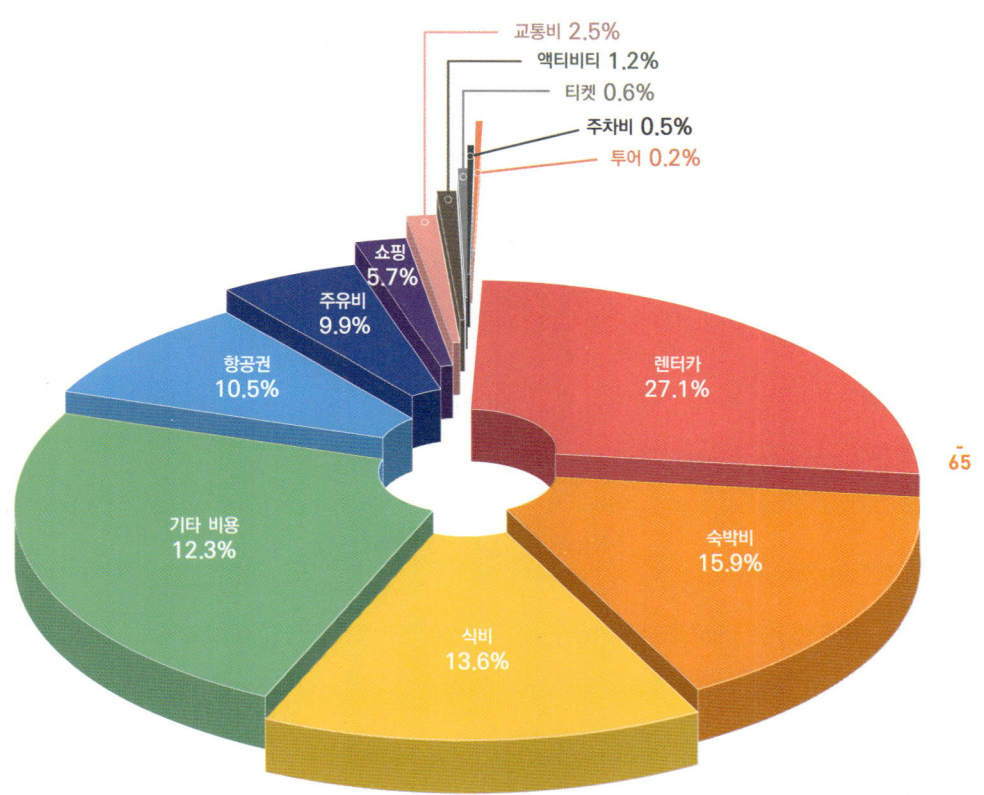

총 지출
74,954,932 KRW

② 경비 지출 내역

구분	비용(원)	비율(%)	1일 평균(원)	비고
계	74,954,932	–	233,504	
렌터카	20,312,787	27.1	63,280	
숙박비	11,917,834	15.9	37,127	
식비	10,193,871	13.6	31,757	
기타	9,219,457	12.3	28,721	
항공권	7,870,268	10.5	23,117	
주유비	7,420,538	9.9	24,518	
쇼핑	4,272,431	5.7	13,310	
교통비	1,948,828	2.6	6,071	버스, 페리 등
입장료 등	1,798,918	2.4	5,604	

③ 항공권 비용 내역(4인 기준[성인 2, 아동 2])

일자	이동 경로	항공사	비용(원)	비고
'19.3.6.	부산 → 파리	에어차이나	1,400,000	
6.25.	런던 → 레이캬비크	이지제트	400,000	
7.10.	레이캬비크 → 뉴욕	아이슬란드항공	1,996,174	
10.1.	LA → 브리즈번	하와이안항공	1,453,690	
12.3.	브리즈번 → 크라이스트처치	에어뉴질랜드	580,404	
'20.1.2.	오클랜드 → 오아후섬(하와이)	하와이안항공	1,400,000	
1.4./11.	오아후섬 ↔ 하와이섬	사우스웨스트항공	400,000	
1.18.	오아후섬 → 부산	대한항공 (신용카드 마일리지 사용)	240,000 (유류할증료)	

④ 대륙별 렌터카 비용 내역

구분	기간	비용(원)	1일 평균(원)	비고
유럽	'19.3.6. ~ 6.24. (111일)	4,616,765	41,592	푸조리스
아이슬란드	6.25. ~ 7.10. (16일)	1,900,066	118,754	블루렌터카
북미	7.10. ~ 10.1. (84일)	8,531,856	101,570	알라모
호주 1	10.3. ~ 12.3. (62일)	1,787,898	28,837	알파렌터카
호주 2	11.1. ~ 11.7. (7일간, 울루루)	457,178	65,311	허츠
뉴질랜드	12.4. ~ '20.1.2. (30일)	2,028,524	67,617	허츠
하와이	1.4. ~ 1.18. (15일)	990,500	66,033	알라모

9) FAQ

연번	내용	해당 D+Day
1	PP(Priority Pass) 카드를 발급받을 것인가?	D+1
2	유럽에서 푸조 리스카 인수 방법	D+2
3	유럽에서 캠핑장 이용 방법	D+7
4	유럽 축구(FC바르셀로나 경기) 직관 후기	D+25
5	유럽 고속도로 통행료 비넷(Vignett)	D+41
6	크로아티아 플리트비체 호수 방문 후기	D+43
7	고속도로에서 경찰이 차를 세우라고 하면?	D+46
8	독일의 유대인 홀로코스트 메모리얼 이용 방법	D+56
9	독일에서 덴마크로 이동하는 페리 타기	D+58
10	히치하이킹 시도하기	D+58
11	스톡홀름 패스에 대하여	D+63
12	노르웨이 툰드라 지대가 궁금하다면	D+76
13	파리 디즈니랜드 방문기	D+85
14	프랑스에서 영국으로 페리 타기	D+87
15	영국 캠핑장 멤버십, English Heritage 구입 후기	D+88
16	영국 윈저 레고랜드 방문기	D+93
17	아이슬란드에서 경험한 백야현상	D+112
18	아이슬란드 캠핑장 멤버십에 대하여	D+113
19	아이슬란드에서 퍼핀을 볼 수 있는 곳	D+116
20	아이슬란드 여행 Tips(세차, 보너스마트)	D+120~121

연번	내용	해당 D+Day
21	카우치서핑에서 승낙받을 수 있는 Tip	D+138
22	미국 66번 국도 드라이브	D+159
23	미국 국립공원 연간 패스권 구입하기	D+160
24	미국 국립공원 캠핑장 이용 방법	D+162
25	미국 1번 국도 드라이브	D+184
26	미국 샌디에이고 시월드 방문기	D+191
27	미국 LA다저스 야구 경기 관람기	D+201
28	미국 LA 디즈니랜드 방문기	D+202
29	호주 캠핑장 이용 방법	D+218
30	호주 무료 공공 수영장에 대하여	D+221
31	호주 무료 동물원에 대하여	D+222
32	Great Barrier Reef에서 스노클링 체험기	D+229
33	호주 할로윈데이를 슬기롭게 보내기	D+240
34	호주 여행을 할 때 울루루를 갈 것인가?	D+244
35	야생 코알라를 볼 수 있는 섬	D+260
36	골드코스트에서 서핑 레슨 체험기	D+269~270
37	뉴질랜드 남섬에서 북섬으로 이동하기	D+290
38	뉴질랜드 박싱데이 후기	D+294~296
39	공항 보안검색대에 물건을 놓고 왔다면?	D+303~304
40	렌터카 타이어가 펑크 났을 때는?	D+305~311

CHAPTER 3

월별 여행기

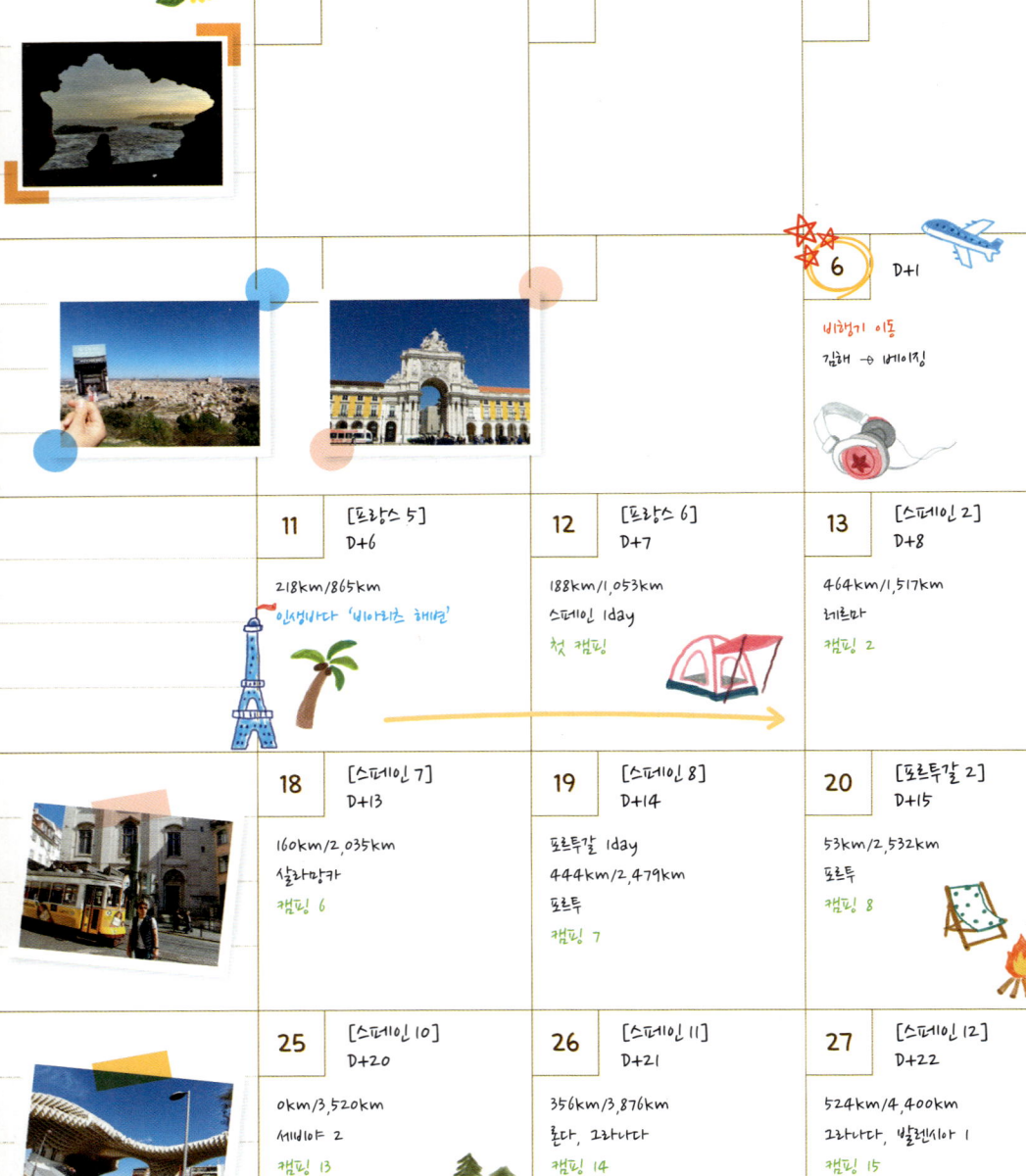

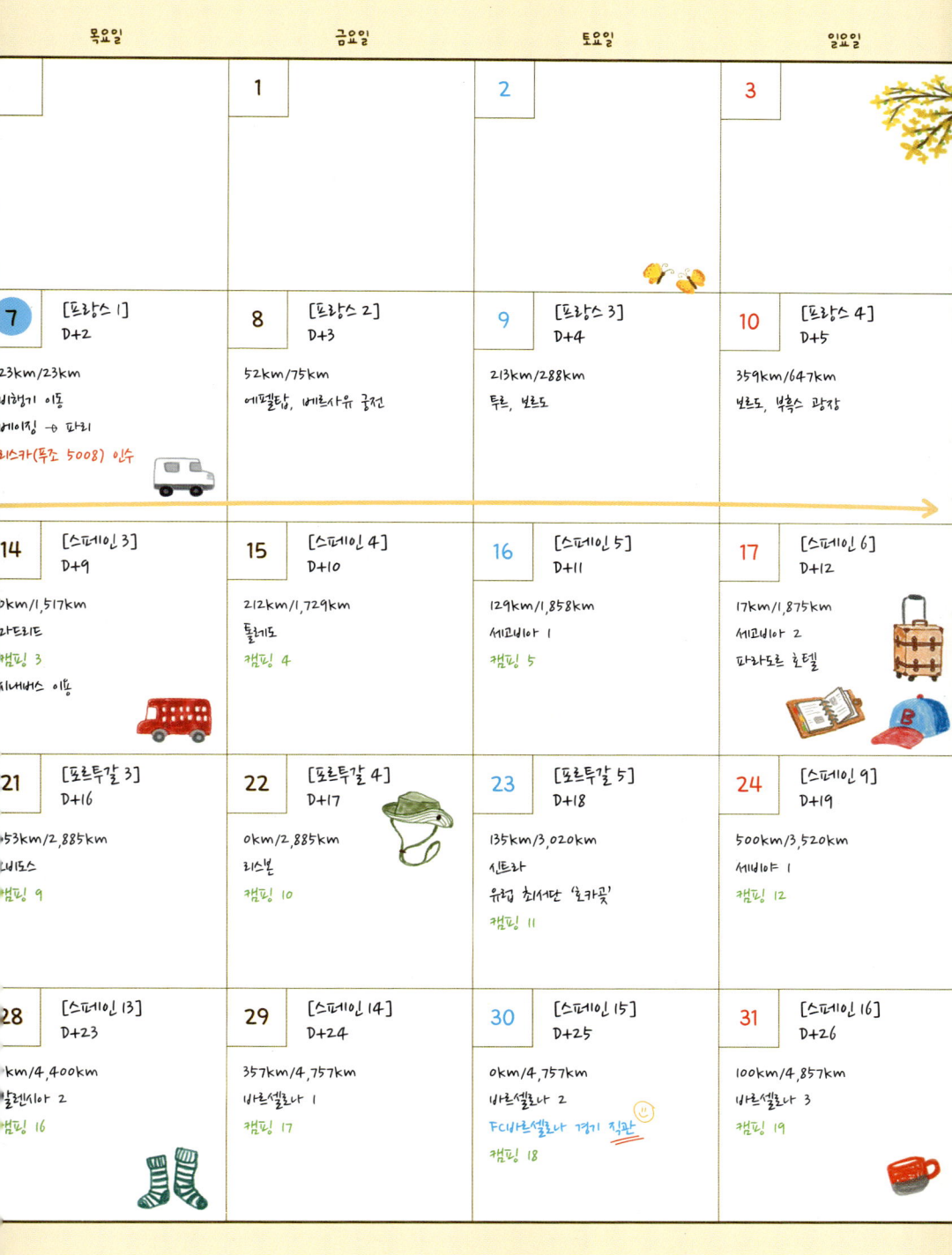

목요일	금요일	토요일	일요일
	1	2	3
7 [프랑스 1] D+2 23km/23km 비행기 이동 베이징 → 파리 리스카(푸조 5008) 인수	8 [프랑스 2] D+3 52km/75km 에펠탑, 베르사유 궁전	9 [프랑스 3] D+4 213km/288km 투르, 보르도	10 [프랑스 4] D+5 359km/647km 보르도, 부룩스 광장
14 [스페인 3] D+9 0km/1,517km 마드리드 캠핑 3 시내버스 이용	15 [스페인 4] D+10 212km/1,729km 톨레도 캠핑 4	16 [스페인 5] D+11 129km/1,858km 세고비아 1 캠핑 5	17 [스페인 6] D+12 17km/1,875km 세고비아 2 파라도르 호텔
21 [포르투갈 3] D+16 53km/2,885km 네도스 캠핑 9	22 [포르투갈 4] D+17 0km/2,885km 리스본 캠핑 10	23 [포르투갈 5] D+18 135km/3,020km 신트라 유럽 최서단 '호카곶' 캠핑 11	24 [스페인 9] D+19 500km/3,520km 세비야 1 캠핑 12
28 [스페인 13] D+23 km/4,400km 발렌시아 2 캠핑 16	29 [스페인 14] D+24 357km/4,757km 바르셀로나 1 캠핑 17	30 [스페인 15] D+25 0km/4,757km 바르셀로나 2 FC바르셀로나 경기 직관 캠핑 18	31 [스페인 16] D+26 100km/4,857km 바르셀로나 3 캠핑 19

3 / 월별 여행기

1) 2019년 3월, 프랑스-스페인-포르투갈

베이징을 경유해서 파리로			
Date	Distance	Place	etc
2019.3.6.	0km/0km	베이징공항	

D+day 1

새벽에 비장한 각오로 두 눈이 떠진다. 100kg가 넘는 짐들과 아무것도 모르는 5살, 7살 두 딸을 데리고 지구 반대편으로 가야 한다. 콜밴에 짐을 싣고 김해공항으로 갔다. 공항에 도착해서 수하물을 부치는데 무게가 초과되었다. 규정 무게에 맞추어 짐을 분산하니 통과되었다. 이후로도 몇 번이나 우리 가족의 이름이 호명됐다. 이유는 위탁수하물에 캠핑 도구들이 있다 보니 뾰족한 물건들, 충전기 등이 감지되어 불렀다. 가방에서 꺼내어 설명해주니 다행히 다 통과되었다. 몇 번이나 호명되어 짐을 다시 풀었다 싸는 걸 계속해서 하다 보니 정신이 없었는데 아이들이 약속한 장소에 앉아 서로 잘 놀며 기다려줘서 고마웠다.

여행을 떠나기 전 이것저것 준비한 게 많지만 그중에 하나가 PP(Priority Pass) 카드 발급이었다. 이 카드는 공항 라운지를 이용할 수 있는 멤버십 카드다. 공항을 자주 이용하는 사람들이 주로 사용하는데 라운지에 들어가면 식사를 할 수 있고 샤워도 가능하며 수면까지 가능하다. 한마디로 공항의 호텔인 셈이다. 여행 중 대륙 이동은 모두 비행기로 이동할 것이고 저렴한 항공권은 환승을 해야 되기 때문에 전체 일정에서 공항을 10회 정도 방문할 예정이라 미리 발급받았다.

부산에서 프랑스로 가는 에어차이나 항공편은 중국 베이징을 경유했다. 역시 중국 수도답게 베이징 공항은 엄청난 규모와 훌륭한 편의시설을 갖추고 있었다. 특히 우리가 들른 에어차이나 라운지는 여행하는 동안 방문했던 라운지 중에 가장 기억에 남는다. 어떤 라운지들은 아이들의 입장을 제한했지만 여기는 아이들을 환영해주었다. 평소 엄마는 중국 음식의 향신료를 꺼려 해서 먹지 않는 편인데 전혀 느껴지지 않았고 맛있었다. 아이들도 맛있다며 몇 번을 리필했는지 모르겠다.

환승을 위해서는 7시간을 공항에서 대기하고 있어야 해서 피곤해하는 아이들을 위해 라운지 의자를 붙여서 침대를 만들어 재웠다. 어디서나 잘 자는 아이들이라 금세 잠이 든다. 세계 여행의 첫날이라 많이 긴장했지만 맛있는 음식을 먹고 편한 소파에 앉아 있으니 불안한 마음이 조금이나마 진정되었다.

1 세계 여행을 떠나기 전 집에서 찍은 가족 셀카 2 김해공항에 도착해서 수하물을 보내기 전 3 에어차이나 라운지에서 무한리필로 먹는 중

파리를 달리다

2 D+day	Date	Distance	Place	etc
	2019.3.7.	23km/23km	샤를드골공항/에펠탑	

'베이징공항(Beijing Capital International Airport)'에서 출발해서 '파리 샤를드골공항(Paris-Charles de Gaulle Airport)'에 도착했다. 공항에 도착해서 위탁 수하물이 잘 도착할지 내내 걱정되었다. 아니나 다를까 텐트 가방이 보이지 않는다. 같은 항공편을 타고 온 몇몇 사람들이 수하물이 안 보인다며 항공사 측으로 가는 것을 보고 따라 갔다. 프랑스어로 얘기를 주고받는 탓에 하나도 알아들을 수가 없었다. 혹시나 싶어 주변을 더 둘러보니 특수 사이즈만 따로 나와 있었다. 다행히 모든 짐들이 잘 도착했다.

산 넘어 산이라 했던가. 이제 리스카만 잘 인수하면 됐다. 공중전화기를 찾아 해당 업체에 전화를 걸었다. 그러니 10분 후 약속한 공항 출구에서 만나자고 했다. 약속대로 도착한 벤을 타고 차고지로 향했다. 계약한 푸조 5008이 우리를 기다리고 있다. 리스카는 완전 새 차다. 계약서를 작성하니 바로 차키를 건네준다. 푸조 5008은 아주 실용적인 차였다. 인생 자동차라고 해도 과언이 아니다. 보이는 것보다 훨씬 내부가 넓고 편의사양이 뛰어났다. 게다가 연비까지 훌륭했다.

해외에서 새 차를 운전한다니 생각만 해도 흥분되고 긴장되었다. 여행하기 전 대륙별 운전 수칙 같은 것을 인터넷으로 검색했는데 크게 와닿지 않았다. 직접 운전하는 동영상도 보았지만 마찬가지였다. 첫 번째 목적지는 에펠탑이 보이는 호텔이다. 첫 시동을 건다. 차가 떨린다. 우리도 떨린다. 차가 움직인다. 몸속의 모든 세포들이 요동친다. 천천히 다른 차량들의 흐름에 차를 맡긴다. 운전을 하면서도 믿기지 않는다. 지금 파리에서 운전을 하고 있다니.

자랑이지만 321일간 운전하면서 작은 사고나 교통법규 위반도 없었다. 오히려 한국에서는 1년에 한 번씩은 차를 긁거나 과태료를 냈었다. 유럽에서 운전하며 하나 깨달은 점은 선진국의 기준이 여럿 있지만 딱 하나로 정한다면 운전 에티켓이라는 것이다. 전방에 사람이 보이면 무조건 정차하고 속도 규정을 정확히 지키고 먼저 양보한다. 우리나라에서 하던 운전 습관으로 유럽에서 똑같이 운전한다면 아마 경찰한테 잡힐 확률이 120%이다. 교통법규를 잘 지킨 덕에 무사고로 안전하게 여행을 다닐 수 있었다. 하지만 무엇보다 하나님께서 함께 운전대를 붙잡아주셨기에 가능했다고 믿는다.

1 푸조 5008 인수하고 탑승하기 전에 인증샷 2 머물렀던 숙소에서 보이는 에펠탑
3 숙소에서 나와 에펠탑까지 걸어나와 찍은 시차적응 실패 인증샷

유명 관광지는 일찍 가야 한다

3 D+day	Date	Distance	Place	etc
	2019.3.8.	52km/75km	샤를드골공항/에펠탑	

어제 파리에 도착해서 가장 먼저 들른 곳은 단연 '에펠탑(Eiffel Tower)'이다. 리스 카를 인수하고 마트에 들러 장을 본 다음 호텔에 주차하고 에펠탑으로 걸어갔다. 시차도 적응되지 않은 상태에서 무리하게 아이들을 데리고 갔다. 아이들은 비몽사몽이다. 그래도 뒤에 에펠탑이 있다며 억지로 안아서 인증샷을 찍고 숙소로 돌아갔다.

일찍부터 잠을 청하고 푹 자서 그런지 시차에 적응한 듯했다. 새벽에 일어나 다시 에펠탑으로 향한다. 물론 자고 있는 아이들을 깨워서 나가는 건 힘들다.

하지만 유명 관광지를 일찍 가본 사람들은 알겠지만 마치 그 장소를 전세 낸 듯한 기분이 들면서 세상을 다 가진 듯한 착각에 빠진다. 또한 원하는 사진이 나올 때까지 계속해서 찍을 수도 있다는 장점도 있다.

새벽부터 부지런히 움직인 덕분에 에펠탑을 구경하고 '베르사유 궁전(Palace Versailles)'을 갔는데 그곳에도 사람이 별로 없었다. 인터넷을 검색해보니 궁전의 뒤편에 있는 공원으로 들어가면 무료 주차를 할 수 있다고 한다. 주차를 하고 공원을 통해 궁전으로 향했다. 가는 길이 아름답고 평화로웠다. 공원 가운데에는 호수가 있고 그 양옆으로 나무들이 빼곡히 자리 잡고 있었다. 여전히 이른 아침이라 전세 투어는 계속되었다. 그날의 신선한 아침 공기와 뺨을 스치며 지나가는 약간은 차가운 듯한 봄바람이 기분 좋다. 따뜻하게 비추는 햇살 아래서 아이들은 풀어놓은 강아지처럼 뛰어다닌다. 한국에 있었으면 아이들을 유치원에 데려다주고 회사로 향하는 전쟁 같은 시간이었다. 그런데 지금 우리는 다 함께 손을 잡고 공원을 즐겁게 산책하고 있다.

베르사유 궁전은 태양왕 루이 14세의 강력한 권력을 상징한다. 건설하는 데 3만 명 정도의 인부가 매년 동원되었다고 한다. 여행을 하면서 시간의 힘을 느낄 수 있었다. 당시에는 절대 권력이 있던 자리였는데 지금은 동양인 4명의 가족이 평화롭게 뛰어놀고 있으니 한편으로 참 웃겼다. 세월의 무상함이 느껴진다.

1 일찍 도착한 에펠탑 근처에서 가족 셀카
2 아무도 없는 광장에서 점프샷
3 평화로운 베르사유 궁전 공원에서

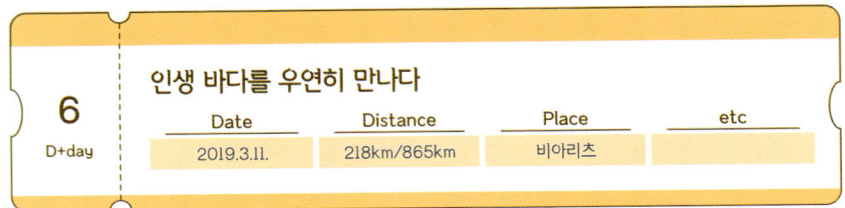

인생 바다를 우연히 만나다

Date	Distance	Place	etc
2019.3.11.	218km/865km	비아리츠	

6
D+day

프랑스에서 며칠 더 머물려고 했지만 날씨도 춥고 캠핑도 얼른 시도해보고 싶어서 스페인으로 일찍 내려가기로 했다. 내려가는 길에 캠핑장을 몇 군데 들렀다. 모든 캠핑장이 4월 개장을 앞두고 내부 공사를 하고 있었다. 어느 한 캠핑장 직원에게 어디로 가야지 캠핑을 할 수 있는지 물어보니 스페인으로 가야지 가능하다고 한다. 그렇게 캠핑장을 찾아 헤매다가 '비아리츠(Biarritz)'라는 곳을 오게 되었다. 여행 책자나 인터넷에서도 알려주지 않은 곳이다. 그런데 우리도 모르게 자석에 이끌려가듯 바다를 향해 저절로 발걸음이 움직인다. 해변 언덕에서 바다를 내려다보는데 순간 숨이 멎는다. 이런 바다는 처음 본다. 잔잔한 듯하면서 거친 파도가 물거품을 일으키며 해변을 향해 달려오는데 보이는 바다의 반은 거품으로 덮여 있다. 눈앞에서 펼쳐져 있는 광경이 믿기질 않아 한참을 멍하니 바라보았다. 나오는 길에 우리는 이 바다를 인생바다로 정했다.

1 비아리츠 해변을 향해 달려가는 아이들
2 비아리츠 해변에서
3 숙소를 정하고 나와서 찍은 일몰 사진

몇 군데의 캠핑장을 둘러보고 인생바다에 빠져 있다 보니 시간이 생각보다 많이 흘렀다. 급하게 비아리츠 해변 주변으로 숙소를 구했다. 저녁을 먹고 다시 해변으로 산책을 나갔다. 낮에는 사람들이 북적거리고 했는데 밤이 되니 거리에 사람이 없고 집들의 문들도 굳게 닫혀 있다. 어둠이 내리니 유령도시로 변한 듯했다. 괜히 뒤에 누가 따라오는 것 같고 약간 오싹했다. 하지만 아이들은 개의치 않고 노래를 불러 댄다. 조용히 하라고 했지만 사실 그 덕에 무서움이 덜하긴 했다. 밤이라 낮처럼 파도가 잘 보이지 않았다. 어두우니 내일 다시 오기로 하고 숙소로 돌아갔다. 무섭지 않은 척했지만 돌아가는 길 역시 무서웠다.

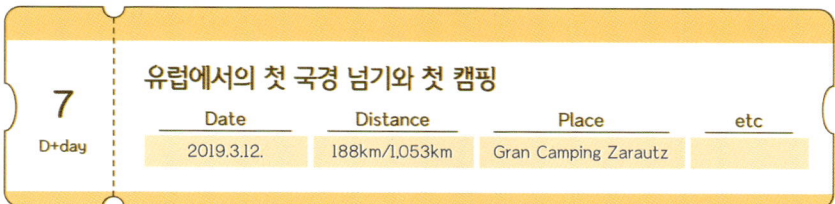

7 D+day | 유럽에서의 첫 국경 넘기와 첫 캠핑
Date: 2019.3.12.
Distance: 188km/1,053km
Place: Gran Camping Zarautz
etc

아침 일찍 일어나 인생바다 비아리츠 해변을 향했다. 하늘에는 멋진 구름들이 수놓아져 있고 바람은 어제보다 더 강하게 불어 파도가 세다. 해변에 다다른 파도들은 해안절벽에 부딪히며 하늘 위로 솟아오르며 장렬하게 전사한다. 좀 더 가까이에서 보기 위해 방파제로 내려갔다. 파도가 치고 올라와 방파제를 덮는다. 그 순간 우리 가족은 둘씩 떨어져 있었는데 이산가족이 될 것 같은 위협을 느꼈다. 위험을 무릅쓰고 내려가서인지 인생사진을 건지기는 했다.

인생바다를 뒤로하고 이제 진짜 캠핑을 하러 스페인으로 간다. 차를 운전해서 직접 국경을 넘는 건 태어나 처음 하는 일이다. 두려움 반 설렘 반이다. 그런데 웬걸 국경 통과를 위한 아무런 검사 없이 그냥 간판 하나만 지나면 끝이다. 이렇게 허무하게 국경을 넘다니. 북한과 국경을 마주하고 있는 우리에겐 꿈도 못 꿀 일이다. 우리 국민들에게 있어 국경을 넘는다는 건 이승에서 저승을 넘는 것과 같은 이치다. 그런데 여기서는 마치 다른 동네를 가듯 국경을 넘는다. 이게 무슨 일이람. 충격이 컸었다. 우리나라가 국경을 이런 식으로 넘어서 중국을 가고 러시아를 건너 유럽으로 갈 수 있다면 상상을 초월하는 여행을 할 수 있겠다는 생각이 들면서 한편으로는 그렇지 못한 현실이 씁쓸했다.

스페인으로 넘어와 가까운 캠핑장을 향했다. 혹시나 모르기에 일찍 도착해서 텐트를 치고 전기를 쓸 수 있는지 알아봐야 했다. 다행히 스페인 캠핑장은 운영을 한다. 그전에 유럽 내 캠핑 멤버십 'ACSI'를 파리에서 구입했었다. 이 멤버십만 있다면 전 유럽 캠핑장을 저렴한 가격으로 이용할 수 있었다. 우리가 찾은 이 캠핑장(Gran Camping Zarautz)도 ACSI 멤버십이 가능한 곳이었다. 캠핑장 이용 방법은 간단하다. 먼저 리셉션으로 가서 자리를 확인하고 멤버십을 보여주면서 할인된 금액을 결제하고 자리로 가서 텐트를 설치하면 된다. 캠핑장 안에는 놀이터, 식당 등 시설이 잘 갖춰져 있었다. 여기 캠핑장의 끝자락은 오션뷰였다. 많은 캠핑카들이 몰려 있었는데 세상 어딜 가도 오션뷰는 인기가 많은가 보다. 우리도 근처에 자리를 잡았다. 바다가 멋지다며 감상에 젖는 것도 잠시 세 시간 이후에 벌어질 일을 감히 조금도 예상하지 못했다.

한국에서 미리 예행연습을 하고 온 덕에 처음 텐트를 치는 것치고는 설치하는 데 시간이 오래 걸리지 않았다. 세팅을 마치고 저녁 식사를 하기까지 시간이 남아 아이들과 놀이터에서 놀았다. 점점 하늘이 심상치 않게 변한다. 구름이 몰려들고 바람이 거세진다. 얼른 식사를 마치고 화장실로 가서 아이들 먼저 세면과 양치를 마치고 이부자리에 눕혔다. 아니나 다를까 비가 오고 태풍 같은 돌풍이 불기 시작한다. 다행히 아이들은 피곤했는지 천지도 모르고 잠이 들었다. 그때부터 우리는 텐트가 바람에 날아갈까 봐 붙잡고 기도하며 밤을 지새웠다. 낮에 날씨가 좋아서 당연히 좋을 거라 예상하고 일기예보를 확인하지 않은 게 화근이었다. 그날 이후 캠핑하기 전 날씨 확인은 필수가 되었다. 이것도 액땜인지 이날의 캠핑 말고는 밤새우며 텐트를 지킨 적은 없었다. 이렇게 악한 날씨 속에서도 캠핑이 가능하다는 걸 확인한 것만으로 큰 수확이었다. 이제 본격적으로 유럽 캠핑을 시작해 볼까나.

1 인생바다 비아리츠 해변의 새벽 2 모든 걸 삼켜버릴 듯한 거센 파도 3 평생 잊지 못할 유럽에서의 첫 캠핑

디즈니 하면 왠지 아이들의 꿈과 희망이라는 단어와 연결된다. 아이들은 애니메이션의 주인공에게 감정이입이 되면서 역경을 이겨내고 장밋빛 같은 미래가 다가오길 바란다. 옛날이야기들이 그러하듯 권선징악, 고진감래, 해피엔딩(?)과 같은 사자성어로 귀결된다. 그런 디즈니를 보고 자란 우리 세대가 이제 부모가 되었다. 부모들은 디즈니를 보면서 향수에 빠지고 아이들은 즐거움에 빠진다.

예전의 디즈니 작품들에서는 꼭 이런 대사가 나왔다. '그 이후로 행복하게 살았답니다.' 하지만 부모들은 알고 있다. 얼마나 더 혹독한 현실이 기다리고 있는지. 모든 부모들은 동의할 것이다. 결혼은 현실이라고. 하지만 동화 속 주인공들은 대부분 왕자이거나 공주이다. 그들은 행복할 수 있겠다는 생각도 든다. 돈과 권력을 모두 가졌기에. 그렇지만 그걸 다 가졌다고 행복할 수 없다는 것 또한 알고 있다. 중요한 건 마음이다. 가진 것에 만족하고 꿈을 향해 노력하는 삶만이 행복을 가져다준다. 이런 관점에서 본다고 해도 디즈니 주인공들은 충분히 행복할 것 같다. 백설공주도 새어머니에게 쫓겨서 숲속에 들어가지만 동물들과 난장이들의 도움을 받으며 잘 지낸다. 그러다 새어머니가 직접 찾아와 건네주는 독사과를 먹고 죽지만 왕자의 키스로 다시 살아난다. 여기서 공주는 백마 탄 왕자에게 의존적인 모습으로 비칠 수 있지만 어차피 혼자서만 살아갈 수 없는 세상이다. 누구나 남의 도움을 받으며 살아가고 그게 사랑하는 사람이라면 더 큰 힘이 될 수 있다는 것을 보여준다고 본다. 주인공들이 남의 도움을 받는 것 또한 자신이 남을 잘 도와줬기에 가능한 일이다. 그래서 디즈니 주인공들은 행복할 수밖에 없는 마음을 지녔다고 본다.

1 알카사르 궁전을 배경으로 공주님 코스프레 중인 아이들
2 영광스럽게도 공주님들과 함께 찍은 가족사진 3 두 명의 공주님

다시 본론으로 돌아와 그 백설공주에 나오는 성의 모티브가 되었다는 스페인 '세고비아의 알카사르성(Alcázar de Segovia)'에 왔다. 도착해서 아이들은 프랑스 투르에서 구입했던 소피아와 엠버 공주 드레스로 갈아입었다. 성으로 향해 걸어가는 길에 마주치는 사람들마다 "So cute!"라고 외친다. 아이들이 "무슨 말이에요?"라고 묻는다. "너희들이 귀엽다고 하는 말이야"라고 하니 듣는 아이들도 행복하고 우리도 뿌듯하다. 진짜 디즈니에 나오는 공주처럼 성을 배경으로 드레스를 차려입고 포즈를 취한다. 지나가는 사람들의 시선에도 아랑곳하지 않고 자신 있게 포즈를 취하는 모습이 우습다(항상 부끄러운 건 우리 몫이다). 여행을 하는 내내 디즈니 애니메이션을 많이 보여줬는데 그 주인공들의 마음을 닮아 행복하게 살았으면 좋겠다.

15 D+day	여행 중 가장 낭만적이었던 포르투			
	Date	Distance	Place	etc
	2019.3.20.	53km/2,532km	포르투	캠핑 8

방송 프로그램에 '비긴어게인'이라고 있다. 한국에서 유명한 가수들이 해외 유명 관광지에 가서 버스킹 공연을 하는 것이다. 한번은 그 프로그램을 보다가 포르투에서 버스킹을 하는 모습을 보게 되었는데 참 낭만적인 곳이라는 인상을 받았다. 해 질 녘 멋진 다리를 배경으로 강물과 함께 버스킹 음악이 흐르고 광장에서 그걸 지켜보는 사람들의 표정이 감미롭다. 그곳에 가서 그 분위기를 느끼고 싶었다.

앞전 언급한 그 멋진 다리는 아치형 철교인 '동 루이스 다리(Dom Luis I Bridge)'다. 파리에 에펠탑이 있다면 포르투에는 동 루이스 다리가 있다고 할 수 있다. 그도 그럴 것이 만든 이가 바로 구스타브 에펠이라는 교집합이 있고 두 건축물 모두 그 도시의 분위기를 좌우하기 때문이다. 멀리서 봐도 좋지만 실제로 그 다리를 도보로 건널 수 있어서 올라가보기로 했다. 상층은 도시철도의 철로와 보행자 도로로 이용되고, 하층은 보행자와 자동차 도로로 이용되고 있다. 특히 상층을 지나게 되면 도시철도가 계속해서 다니는 게 아니기 때문에 자유롭게 철로를 도보로 지나다닐 수 있는데 아무런 통제가 없는 게 신기했다. 그래서인지 도시철도 역시 속도를 내지 않고 천천히 지나갔다. 아마도 보행자를 위함일 수도 있지만 승객들이 창밖을 구경할 수 있도록 하기 위함도 있을 듯하다.

1 동 루이스 다리 위에서
2 비긴어게인을 촬영한 광장근처 호텔 야외 테라스에서
3 음악과 강물이 흐르는 로맨틱한 포르투

동 루이스 다리 밑으로 지나가는 강은 '도루강 (Río Duero)'이고 버스킹을 했던 장소는 '히베이라 광장(Ribeira Square)'이다. 이 모든 지역이 '포르투 역사지구'라 하여 1996년에 유네스코 세계문화유산으로 되었다. 지금도 이 광장에는 많은 사람들이 버스킹을 하고 있었는데 그야말로 낭만 그 자체다. 어떤 이는 큰 물방울을 만들어 공연을 하고 있었는데 동네 아이들을 모두 불러 모았다. 당연히 우리 아이들도 빠지지 않고 동참했다. 그런데 갑자기 물방울을 만드는 도구를 우리 아이들에게 해보라며 주었다. 아이들은 신나 하며 물방울 도구를 하늘 위로 휘저었다. 물론 잘 되지는 않았지만 해본 것만으로 아이들은 만족스러워 보인다. 광장에서 가장 멋진 자리를 확보하고 있는 호텔에 들어가 저녁 식사를 주문하고 야외 테라스에 자리를 잡았다. 지는 석양을 바라보며 감미로운 음악과 함께 맛있는 음식을 먹고 있는 이 순간, 모든 것이 잠시 멈춰줬으면 좋겠지만 언제나 그러하듯 시간은 기다려주지 않는다.

다양한 볼거리로 가득했던 리스본

17 D+day

Date	Distance	Place	etc
2019.3.22.	0km/2,885km	리스본	캠핑 10

캠핑장에서 버스를 타고 리스본 시내에서 내렸다. 시내 곳곳에 광장이 있다. 그리고 그 광장마다 특색이 있다. 예전에 광장은 사람들이 모이는 장소이고 모여서 정보를 교환하는 곳이었다. 지금은 인터넷이 광장의 역할을 대신한다.

포르투갈은 산으로 둘러싸여 있다. 리스본마저 언덕길로 이루어져 있어 걸어 다니기가 힘들었다. 포르투갈의 간식으로 에그타르트가 유명했다. 소문난 카페 'Manteigaria'에서 커피와 에그타르트를 사서 공원에 가서 앉아 먹었다. 다 먹은 다음에는 해산물 맛집을 찾아 헤맸다. 레스토랑 '우마(Marisqueira Uma)'라는 곳인데 메뉴 이름은 정확히 모르겠으나 해물탕죽이었다. 토마토 스프에 각종 해산물을 넣고 밥을 넣어 끓였다. 어떤 음식일지 몰라 처음에 2인분만 주문해서 먹다가 부족해서 2인분을 더 추가했더니 결국 남았다. 그냥 남기기에는 아까워 포장해서 들고 나왔다.

1 지금까지도 그 맛을 잊을 수 없는 에그타르트
2 제로니무스 수도원에서 건진 인생사진
3 강 위에 지어진 벨렝탑

식사를 든든히 하고 '벨렝탑(Torre de Belém)'을 향했다. 강 위에 지은 탑이다. 탑에 들어가기 위해서는 성문까지 이어진 다리를 건너야 한다. 그 다리의 틈새로 파도가 친다. 성벽 사이사이에는 대포가 설치되어 있다. 정상에 올라가니 적이 오는 모습을 전 방향에서 볼 수 있는 최적의 위치다. 외세의 침략에 확실히 대응할 수 있는 훌륭한 탑이었다. 지금까지 이렇게 전략적으로 훌륭한 위치에 세워둔 탑을 본 적이 없었다. 자리를 옮겨 '제로니무스 수도원(Mosteiro dos Jerónimos)'을 향했다. 수도원은 사각형 형태를 하고 있고 중앙 광장에 잔디가 있다. 햇살이 내리쬐고 있으니 수도원은 금빛으로 물든다. 웅장하고 화려한 노르만 고딕 양식인데 그 형태의 그림자가 벽면에 드리우니 멋진 벽화가 탄생한다.

리스본의 명물 중 하나인 '산타후스타 엘리베이터(Elevador de Santa Justa)'. 에펠의 제자 'Raul Mésnier'가 만들어서 유명하다. 리스본의 상부와 하부를 연결하여 사람과 상업 활동을 위해 지어졌다. 엘리베이터가 통과하는 터널을 짓기 위해서는 복잡한 발굴 작업이 필요했지만, 철을 주요 구조재로 사용함으로써 벽을 견고하게 쌓을 필요가 없었다. 해가 질 무렵 엘리베이터를 타기 위해 줄을 섰는데 해가 지고 나서야 탈 수 있었다. 올라가 야경을 구경하고 있으니 즐거운 음악 소리가 들린다. 소리를 따라 이동한다. 많은 사람들이 버스킹 밴드를 둘러싸고 다 함께 노래 부르며 춤을 춘다. 우리도 음악에 맞춰 신나게 춤을 췄다. 음악과 춤은 언어가 필요 없는 세계 만국 공통어임에 틀림없다. 이것은 BTS가 증명하고 있다. 볼거리가 많아서인지 아주 바쁜 리스본 일정이었다.

18 D+day	신트라 별장과 유럽의 최선단 호카곶			
	Date	Distance	Place	etc
	2019.3.23.	135km/3,020km	신트라, 호카곶	캠핑 11

'신트라(Sintra)'는 영국의 낭만파 시인 바이런이 '위대한 에덴'이라 표현했으며, 많은 시인과 작가들이 경치의 아름다움을 찬양할 정도로 조용하고 아름다운 곳이라 입을 모은다. 무어 양식의 성에서 훌륭한 왕궁에 이르기까지 다양한 건축적 보배들이 산봉우리를 따라 여기저기 흩어져 있으며 이곳저곳에 호화로운 숲과 정원이 조성된 포르투갈의 도시이다.

신트라에 오면서 가장 기대했던 장소는 '이니시에이션 웰(Initiation Wells)'이다. 지하로 내려가는 계단을 통해 우물 밑바닥까지 내려갈 수 있도록 설계된 건축물이다. 계단의 형태는 꽈배기처럼 원통을 둘러싼다. 사진상으로 접했을 때는 참 신비로웠는데 실제로 보니 생각보다 신비롭게 다가오진 않았다. 우물을 내려와 출구를 따라 걸어 나가면 '퀸타 다 헤갈레이라(Quinta da Regaleira)'라는 작은 동굴이 나온다.

동굴의 내부가 어두워 바닥에 물이 고여 있는 줄 모르고 지나다가 예린이가 물에 빠졌다. 물에 빠진 생쥐 같다며 예린이를 놀렸지만 어두운 동굴 속에서 가던 길을 혼자 이탈해서 물에 빠진 것이라 혹시 깊숙이 빠져서 잘못된 게 아닌가 해서 걱정했지만 다행히 깊지 않아 옷이랑 신발만 젖었다. 그리고 예은이는 징검다리를 지나다가 발을 헛디뎌 신발이 물에 젖어버렸다. 이대로 '호카곶(Cabo da Roca)'을 가긴 힘들어 다시 숙소로 돌아갔다. 숙소에서 옷은 갈아입었으나 여분의 운동화가 없어 각종 스포츠 용품과 의류를 판매하는 데카트론에 들러 신발을 사기로 했다.

새 옷과 새 신발로 갈아입고 유럽의 최서단이라 불리는 호카곶을 향했다. 우리나라의 해남 땅끝마을과 같은 상징성이 있는 곳이라 내심 기대했던 곳이다. 쇼핑을 하고 숙소를 한번 들렀다 와서 해가 질까 봐 걱정했지만 적당한 시간에 잘 도착했다. 노을이 지려고 하니 약속이나 한 듯 유럽 최서단이라는 표시를 해둔 탑으로 사람들이 모이기 시작한다. 조금 있으니 버스킹하는 연주자가 BGM을 깔아준다. 낭만 그 자체다. 호카곶에서 조금 떨어진 곳에 '악마의 입'이라는 해안절벽을 보러 또 이동했다. 파도를 삼키는 듯한 해안 절벽의 모양이 딱 악마의 입처럼 보였다. 매일 색다른 장소에서 노을을 볼 수 있는 게 또 여행의 묘미 중 하나였다.

1 해 질 무렵 호카곶 상징 탑으로 모이는 사람들 2 기대보다는 약했던 이니시에이션 웰 3 멋진 노을이 지는 악마의 입 앞에서

19 D+day 보는 순간 사랑에 빠져버린 세비야

Date	Distance	Place	etc
2019.3.24.	500km/3,520km	세비야	캠핑 12

당초에 큰 기대 없이 하루만 머물다가 가려고 했던 '세비야(Sevilla)'. 하지만 도시에 발을 딛는 순간 사랑에 빠져버린 세비야. 먼저 캠핑장에 텐트를 설치하고 바로 시내로 나섰다. 시내까지 차로 이동하고 지하 주차장에 세워 두었다. 세비야 구시가지 거리를 걷는데 마냥 행복했다. 깨끗한 도로 위에 식당의 야외 테라스들이 줄지어 섰다. 도로에는 인도, 자전거 도로, 차도, 트램 길이 다 구분되어 있었다. 그리고 광장에는 알록달록한 꽃들로 예쁘게 장식되어 있었다. 기분이 절로 좋아지는 정돈이 잘 된 깨끗한 도시였다.

거리를 걷다 보니 유난히 플라멩고 엽서와 옷을 파는 상점들이 많다. 지인 중에 한 명이 스페인에 가면 플라멩고 공연을 꼭 보라고 한 얘기가 떠올라 공연을 보기로 했다. 스페인과 포르투갈은 시차가 1시간이 생겨 일단 1시간은 벌었기에 공연을 보고 늦게 숙소에 들어가기로 했다. 또 세비야에는 플라멩고 박물관도 있었다. 그 박물관의 창가에는 유명한 사람들로 추측되는 인물화가 전시되어 있었는데 그중

1 플라멩고 공연 전 옆 레스토랑에서 저녁 식사
2 플라멩고 공연
3 밤늦은 시간 한산한 거리에서 포즈를 취하는 아이들

에 익숙한 한글 이름이 보였다. '최인정'. 누구일까. 댄서일까 아님 화가일까. 엄마가 검색해보더니 디자이너라고 한다. 속으로 플라멩고 댄서였으면 좋았을 건데 하는 아쉬움이 들었다. 한국 사람이 플라멩고의 도시에서 박물관을 대표하는 댄서라고 하면 왠지 자부심이 생기려고 했기에. 그래도 이렇게 박물관에 자신의 인물화와 한글로 이름이 적힌 걸 보니 대단한 사람임에 분명하다.

플라멩고 공연을 하는 곳은 많았지만 대부분 매진이었다. 간신히 표를 구하고 저녁 식사를 하러 갔다. 식당은 공연장에서 추천을 해준 곳으로 갔다. 식사를 마치고 돌아와 공연장으로 들어갔다. 공연장은 협소했다. 한 명의 여성 댄서와 한 명의 기타 연주자, 한 명의 가수가 어울려져 멋진 공연을 펼쳤다. 마치 우리나라의 창을 보는 듯했다. 한이 서린 가수의 노래와 슬픈 기타 소리, 거기에 힘찬 듯하지만 슬픔이 담긴 몸짓 하나하나가 스페인 집시의 한과 울분이 담겨 있었다. 공연 시간이 길어 밤늦게 끝이 났다. 거리를 나가 보니 낮에 보이던 그 많던 사람들은 어디로 갔는지 보이지 않았다. 한산한 넓은 거리를 활보하며 캠핑장으로 향했다.

21 D+day 인생사진을 찍을 수 있는 론다

Date	Distance	Place	etc
2019.3.26.	356km/3,876km	론다. 그라나다	캠핑 14

여행을 계획하면서 가고 싶은 곳을 선정할 때 가장 영향력이 큰 것 중에 하나가 그 장소의 사진이다. 사진 한 장으로도 꼭 가고 싶은 곳이 있다. '론다(Ronda)'가 바로 그런 곳이었다. 험준한 협곡 사이로 18세기에 세워진 '누에보 다리(Puente Nuevo Ronda)'가 있다. 그리고 그 멋진 풍경 옆에는 언제나 파라도르 호텔이 자리하고 있다. 패키지로 여행을 온 사람들은 누에보 다리 위에 있다가 다른 장소로 이동했다. 하지만 자유 여행을 온 사람들은 누에보 다리와 파라도르 호텔이 잘 보이는 장소를 찾아 협곡 밑으로 차를 타고 이동했다. 바로 여행 책자에서 봤던 그 사진을 찍을 수 있는 장소였다. 마음대로 일정을 변경할 수 있기에 더욱 즐거운 자유여행이다. 다시 론다 구시가지로 올라가서 동네 산책을 했다. 가로수가 오렌지 나무인 게 신기했다. 동네 한가운데 투우장이 있었는데 시간이 되면 직접 보고 싶었지만 아쉽게도 운영하지 않았다.

1 누에보 다리 밑에서
2 누에보 다리 위에서
3 그라나다 입성

우리는 드라마를 좋아하는 편인데 여행을 오기 전 현빈, 박신혜 주연 〈알함브라 궁전의 추억〉을 보았다. 내용이 참 참신했다. 가상현실 게임이 실제와 혼돈되면서 일어나는 에피소드를 담은 이야기다. 우리가 갈 예정인 '그라나다(Granada)'에서 펼쳐지는 이야기라서 더욱 관심 있게 봤다. 지금 그 '알함브라 궁전(Palacios Alhambra)'이 있는 그라나다로 향한다. 인터넷을 통해 촬영 장소를 알아보니 알함브라 궁전이 나오는 장면만 그라나다에서 찍었고 드라마에서 중요한 장소 중에 하나인 '보니따 호스텔'은 그라나다에서 조금 떨어진 '지로나(Girona)'에서 촬영했다고 한다.

그라나다에 도착하니 저녁이 다 되어 간다. 캠핑장에 들어가 체크인을 먼저 하고 야경을 보기 위해 차를 몰고 나갔다. 도시가 전체적으로 어두웠고 궁전 역시 야경조명이 밝지 않아 얼마 돌아보지 않고 숙소로 돌아갔다. 내일 아침 일찍 알함브라 궁전을 가기로 하고 잠을 청했다.

23 D+day
가장 살고 싶은 도시 중 하나인 발렌시아

Date	Distance	Place	etc
2019.3.28.	0km/4,400km	스페인 13, 발렌시아 2	캠핑 16

그라나다의 알함브라 궁전은 매년 수많은 관광객들로 발길이 끊이지 않는 곳이다. 계획을 세울 때 이 사실을 전혀 몰랐다. 그냥 가면 입장이 가능할 줄 알았다. 궁전에 들어가기 위해서는 1년 전에 입장권을 예약해야 된다고 한다. 다행인 점은 예약을 해야 하는 곳이기에 예약자가 취소를 하거나 입장하지 않은 경우 그 인원수만큼 당일 방문자에게 입장권을 준다는 것이다. 그것도 새벽같이 줄을 서서 대기해야지만 얻을 수 있다. 일단 무리하지 않고 일찍 가보되 입장권이 없으면 그냥 주변만 둘러보기로 했다. 역시나 예상대로 주변만 둘러보게 되었다. 궁전이 워낙 넓다 보니 주변만 둘러보는 데도 시간이 꽤 걸렸다. 다음 목적지인 발렌시아로 향했다. 그라나다에서 발렌시아까지 500km 정도 떨어져 있기에 발걸음을 서둘렀다.

여행을 계획하면서 가장 기대했던 곳 중 하나가 발렌시아. 구글 지도를 검색하면서 가장 미래지향적인 도시 같았다. 그런 생각을 떠올리게 한 건축물이 있었는데 바로 '펠리페 왕자 과학 박물관(Museu de les Ciències 'Príncep Felip')'이었다. 고래의 뼈를 모티브로 건축되었는데 현대적인 디자인이 남달랐다. 이곳을 중심으로 예술과 과학, 문화가 한데 어우러진 복합구역으로 국제 회의장, 과학 박물관, 예술 궁전, 해양학 박물관, 산책로 등이 자리 잡고 있다. 특히 산책로를 따라 가다 보면 '걸리버 공원(Gulliver park)'이 나온다. 이곳에는 이름 그대로 거인 걸리버가 누워 있다. 《걸리버 여행기》에서 사람들에 의해 밧줄로 묶여 있듯이 그대로 재현해 놓았다. 그런데 그 걸리버의 머리부터 발끝까지 몸 전체가 놀이터다. 믿기지 않지만 걸리버의 키는 적어도 50m는 족히 되어 보인다. 위험하지 않게 남녀노소 가리지 않고 누구나 탈 수 있도록 되어 있다. 여행을 다니는 동안 세계 어느 놀이터를 다 가봤지만 걸리버 공원이 가장 인상 깊었다.

만약 어느 도시에서나 살 수 있다는 가정하에 어디서 가장 살고 싶냐고 물어본다면 주저 없이 발렌시아라고 말할 것이다. 아이들을 키우기에 가장 최적화되어 있기 때문이다. 자연을 가까이하면서 상상력을 불러일으키는 건축물들이 즐비한 이곳은 아이들에게 좋은 영향력을 끼칠 것 같았다. 중앙시장에서는 사람 사는 냄새가 물씬 나고 시청 앞 광장은 전통과 예술을 중시하는 사람들의 공연이 끊임없이 이어진다. 그리고 지리학적으로 지중해와 인접해 있고 풍부한 햇빛으로 땅이 기름지다. 관개시설이 잘 구축되어 쌀과 오렌지 등 농산물을 포함해 스페인의 20% 수출품을 출항하는 곳으로 지중해에서 가장 물동량이 많은 컨테이너 항구이다. 한마디로 뭐 하나 빠지는 게 없는 아주 매력적인 도시이다. 공원을 거닐며 아이들과 이 매력적인 발렌시아에서 살고 있는 행복한 상상에 빠져 본다.

1 궁전 같은 발렌시아 시청 내부 2 걸리버 공원에 누워 있는 걸리버 위에서 3 펠리페 왕자 과학 박물관에서

25 D+day	메시와 가우디로 볼거리가 풍성한 바르셀로나			
	Date	Distance	Place	etc
	2019.3.30.	0km/4,757km	바르셀로나 2	캠핑 18

예전에는 '라리가(La Liga, 에스파냐의 프로축구 1부 리그)'뿐만 아니라 챔피언스 리그의 빅 매치를 꼽으라고 한다면 단연 FC바르셀로나와 레알 마드리드의 경기였다. 그래서 축구를 좋아하는 남자들이라면 마드리드와 바르셀로나는 로망의 도시이다. 사실 마드리드를 방문했을 때는 크게 와닿는 게 없었다. '소문난 잔치에 먹을 것 없다'는 말이 딱 들어맞았다. 하지만 바르셀로나는 달랐다. 한국의 명동을 연상시킬 정도로 시내 중심가에는 사람들로 붐볐고 거리 곳곳마다 메시의 유니폼을 팔고 있었고 또 입고 다니는 사람들도 많이 보였다. 한마디로 활기가 넘치는 도시였다.

여행 전부터 기다리고 기다렸던 FC바르셀로나 홈경기. 상대팀은 RCD에스파뇰. 그 경기를 직관하러 간다. 시작 전부터 경기장은 많은 사람들로 가득하다. 경기장의 아래쪽은 정말 광팬 또는 정기 관람객들이 차지하고 위쪽으로 갈수록 관광으로 온 듯한 사람들로 채워져 있다. 한번 경기장의 열기와 분위기를 느껴보고 싶었던 터라 비싼 좌석을 구입하지 않았다. 멀리서 보아도 경기장의 전체적인 분위기를 다 볼 수 있고 전광판으로 선수들의 모습을 바로 앞에 있는 것처럼 볼 수 있기에 불편한 점은 없었다. 메시가 공을 잡을 때마다 사람들은 환호했다. 경기는 2:0으로 승리했다. 메시가 한 골을 넣었다. 언젠가는 꼭 가보고 싶었던 곳이었는데 이렇게 와서 경기를 직접 두 눈으로 보고 있다는 사실 자체가 믿기지 않았다. 똑같은 90분이지만 방송으로 볼 때와는 달리 시간이 순식간에 지나갔다.

그리고 바르셀로나는 안토니오 가우디의 건축물로 인하여 아름다웠다. 시내 곳곳에 가우디가 설계한 건축물들이 보물처럼 숨겨져 있었는데 그걸 찾는 재미도 쏠쏠했다. 세상 어디를 둘러봐도 가우디와 같은 건축물을 찾을 수는 없었다. 가장 독창적인 건축물을 완성한 장본인이라고 해도 과언이 아닐 것이다. '람블라스 거리(La Rambla)'에서 항구를 향해 걷다 보면 골목 안쪽 어귀에 있는 '구엘 저택(Palau Güell)'을 만날 수 있다. 가우디의 절친한 친구이자 경제적 후원자였던 에우세비 구엘을 위해 설계한 저택이자 첫 번째 대규모 작업이었다고 한다. 구엘은 가우디보다 여섯 살 많은 벽돌 제조업자로서 남작의 작위까지 받은 재력가였다. 예술적 안목을 겸비한 그는 가우디의 천재성을 알아보고 평생의 조력자가 되었다. 가우디는 1918년 구엘이 세상을 떠나기까지 40여 년 동안 후원자와 예술가 이상의 각별한 우정을 나누었다고 한다.

이미 바르셀로나는 메시와 가우디의 존재만으로도 매력적인 도시이지만 실제로 와서 보고 느껴보니 깨끗한 거리와 아름다운 풍치를 더해주는 가로수가 로맨틱한 분위기를 자아냈다. 시간만 허락된다면 며칠이고 더 머물고 싶은 도시였다.

1 FC바르셀로나 경기를 직관하다 2 동화에서나 나올 법한 구엘 공원 3 지중해를 품고 있는 바르셀로나 해변가

26 D+day	산 정상에 위치한 놀이공원을 가본 적 있나요?			
	Date	Distance	Place	etc
	2019.3.31.	100km/4,857km	바르셀로나 3	캠핑 19

지리학적으로 바르셀로나는 배산임수의 조건을 가졌다. 앞으로는 지중해가 흐르고 뒤로는 티비다보산이 자리 잡고 있다. 그 티비다보산 정상부에는 놀이공원이 있다. 스페인에서 가장 오래된 놀이공원이자 유럽에서 두 번째로 오래된 놀이공원이다. 높은 곳에 자리 잡고 있어서 바르셀로나 어디에서도 놀이공원이 보이고 또 놀이공원에서 바르셀로나를 내려다보면 전경이 한눈에 보인다. 놀이공원이 산 위에 있다니 그 자체만으로 신기했다. 회전목마만 봐도 목을 매는 아이들을 위해 놀이공원을 가기로 결정했다.

놀이공원을 가기 전에 먼저 한인교회를 방문하기로 했다. 여행을 하면서 방문한 첫 한인교회였다. 교회명은 '제일 스페인 교회'. 여행 중 갈 수만 있다면 일요일마다 한인교회를 방문했다. 교회를 가면서 일주일이라는 단위를 체감할 수 있었다. 세계 곳곳에 있는 한인교회는 어떤 모습일지 궁금했는데 어느 정도 해소되었다. 무엇보다 여행하면서 하나님께 감사할 수 있는 시간을 가질 수 있어서 좋았다. 하나님께서 직접 만드신 이토록 아름다운 세상을 볼 수 있게 해주셔서 감사했으며 안전하게 여행을 다닐 수 있도록 보호하여 주심에 감

1 사그랏 코르 성당 위에 있는 인자한 표정의 예수상
2 티비다보 놀이공원에 있는 알록달록한 대관람차
3 대관람차에서 무서워하지 않고 신난 아이들

사했다. 그리고 한인교회에서 만난 인연으로 여러 가지 좋은 여행 정보를 얻고 현지의 삶을 엿볼 수 있었다. 위치만 외국에 있을 뿐이지 한인들로 구성되어 있다 보니 한국교회와 비슷했다. 새로운 성도가 왔을 때 친절하게 안내해주고 예배 후 다 함께 식사를 하는 모습도 비슷했다.

교회에서 식사를 하면서 교인들이 알려준 방법으로 티비다보에 가고 주차를 했다. 공원 옆으로는 '사그랏 코르 성당(Temple Expiatori del Sagrat Cor)'이 있는데 꼭대기에 두 팔 벌려 바르셀로나를 안고 있는 듯한 예수님의 동상이 있다. 마치 브라질의 예수상을 연상케 한다. 높은 곳에 계셔도 느낄 수 있는 인자한 표정이다. 아직 날씨가 제법 쌀쌀해서 대관람차와 회전목마만 타고 내려왔다. 산 위에 있다 보니 대관람차를 타더라도 그 높이가 장난이 아니었다. 게다가 바람까지 세게 불다 보니 무서웠다. 언제나 그랬듯 아이들은 이게 얼마나 무서운지도 모르고 깔깔 웃어 댄다. 참 신기하게도 언제나 아이들이 웃고 떠들면 아무리 나쁜 상황도 잘 해결되는 걸 여행하면서 몇 번이나 경험했었다. 아이들의 웃음은 모든 상황을 해결해주는 마법 같았다.

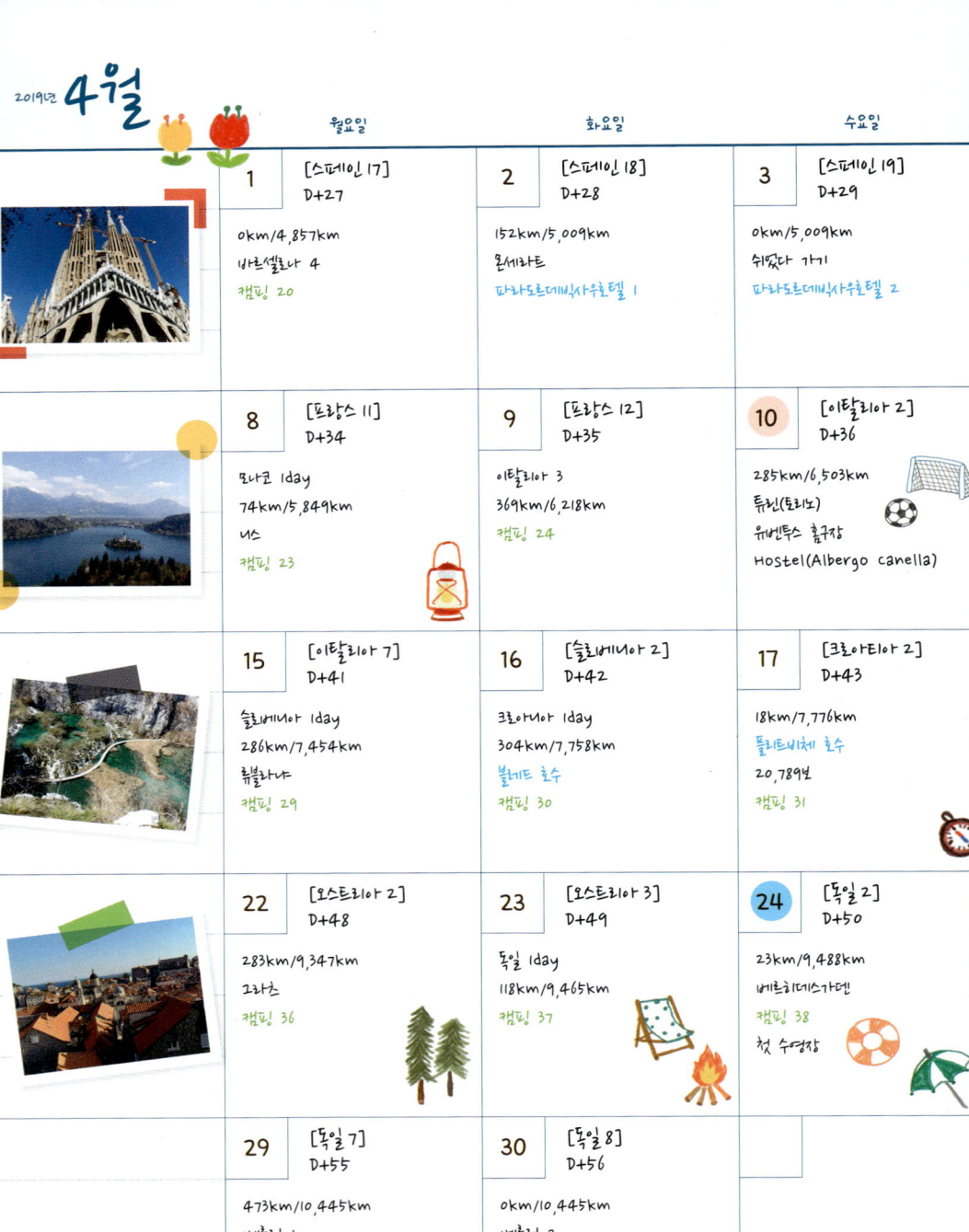

2019년 4월

월요일	화요일	수요일
1 [스페인 17] D+27 0km/4,857km 바르셀로나 4 캠핑 20	**2** [스페인 18] D+28 152km/5,009km 몬세라트 파라도르데빅사우호텔 1	**3** [스페인 19] D+29 0km/5,009km 쉬었다 가기 파라도르데빅사우호텔 2
8 [프랑스 11] D+34 모나코 1day 74km/5,849km 니스 캠핑 23	**9** [프랑스 12] D+35 이탈리아 3 369km/6,218km 캠핑 24	**10** [이탈리아 2] D+36 285km/6,503km 튜린(토리노) 유벤투스 홈구장 Hostel(Albergo canella)
15 [이탈리아 7] D+41 슬로베니아 1day 286km/7,454km 류블랴나 캠핑 29	**16** [슬로베니아 2] D+42 크로아티아 1day 304km/7,758km 블레드 호수 캠핑 30	**17** [크로아티아 2] D+43 18km/7,776km 플리트비체 호수 20,789보 캠핑 31
22 [오스트리아 2] D+48 283km/9,347km 그라츠 캠핑 36	**23** [오스트리아 3] D+49 독일 1day 118km/9,465km 캠핑 37	**24** [독일 2] D+50 23km/9,488km 베르히테스가덴 캠핑 38 첫 수영장
29 [독일 7] D+55 473km/10,445km 베를린 1 Lodge	**30** [독일 8] D+56 0km/10,445km 베를린 2 Lodge	

목요일	금요일	토요일	일요일
4 [스페인 20] D+30 프랑스 7days 702km/5,411km 지로나 캠핑 21	5 [프랑스 8] D+31 49km/5,460km 아비뇽, 아를 Ibis Hostel	6 [프랑스 9] D+32 예린이 생일 92km/5,552km 엑상프로방스 Residence	7 [프랑스 10] D+33 223km/5,775km 영화의 도시 '칸' 캠핑 22
11 [이탈리아 3] D+37 72km/6,775km 돌로미티 캠핑 25	12 [이탈리아 4] D+38 0km/6,775km 볼차노 캠핑 26	13 [이탈리아 5] D+39 293km/7,068km 베네치아 1 캠핑 27	14 [이탈리아 6] D+40 100km/7,168km 베네치아 2 캠핑 28
18 [크로아티아 3] D+44 69km/8,045km 스플리트 캠핑 32	19 [크로아티아 4] D+45 223km/8,268km 두브로브니크 1 캠핑 33	20 [크로아티아 5] D+46 629km/8,897km 두브로브니크 2 캠핑 34	21 [크로아티아 6] D+47 오스트리아 1day 167km/9,064km 자그레브 캠핑 35
25 [독일 3] D+51 35km/9,653km 뮌헨 캠핑 39	26 [독일 4] D+52 219km/9,872km BMW 박물관 Novotel 1	27 [독일 5] D+53 39km/9,911km Playmobil-Fun Park Novotel 2	28 [독일 6] D+54 61km/9,972km 뉘른베르크 장난감 박물관 캠핑 40

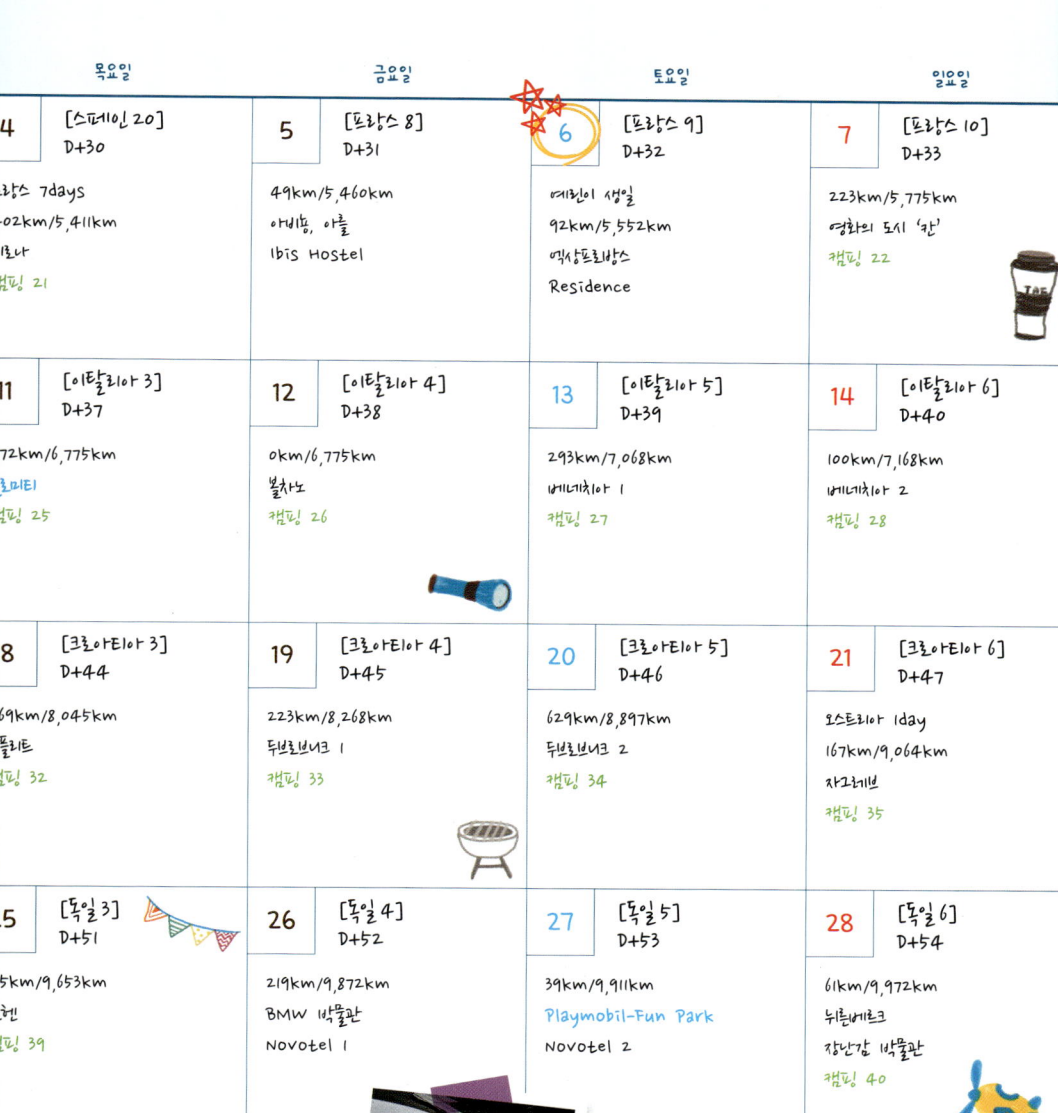

2) 4월,
프랑스-스페인-이탈리아-
슬로베니아-크로아티아-독일-오스트리아

27 D+day	140년간 현재 진행형인 사그라다 파밀리아 성당			
	Date	Distance	Place	etc
	2019.4.1.	0km/4,857km	바르셀로나	캠핑 20

가우디의 최대 걸작품이라 할 수 있는 희대의 미완성 건축물 사그라다 파밀리아 성당. 번역하자면 성(聖) 가족 성당이다. 여기서 가족은 예수와 마리아, 그리고 요셉을 말한다. 방송을 통해서 처음 접하게 된 사그라다 파밀리아. 성당의 외관도 경이롭지만 그 성당을 설계한 가우디의 스토리가 더해지니 다가오는 감동은 배가되었다. 물론 반전은 실내에 있다. 먼저 가우디에 대한 삶을 간단하게 정리해보면, 가우디는 가난하고 병약한 소년으로 태어났다. 그의 어머니는 약한 몸으로 태어난 것은 분명 하나님께서 뜻하신 바가 있다는 것이라며 희망을 심어주었다. 그리고 그의 아버지, 조부, 증조부 모두 주물 제조업자였다. 몇 대를 거쳐 내려온 유전자로 인하여 자신이 건축가로 성장할 수 있었다고 고백한다. 바르셀로나 시립 건축전문학교를 졸업할 때, 학장 에리아스 토헨트는 "우리가 지금 건축사 칭호를 천

재에게 주는 것인지, 아니면 미친놈에게 주는 것인지 모르겠다"라는 유명한 말을 남겼다.

이렇듯 그의 천재성과 독창성은 시대에 저항하며 싸워야 하는 고독한 항해였다. 가우디의 대표작 중 카사 밀라는 지금 보아도 주변 건물과 확연히 구분되는 모습을 하고 있다. 옆에서 보면 자연스럽게 일렁이는 파도 같고, 정면에서 보면 암벽을 깎아놓은 것 같다. 하지만 카사 밀라가 처음 지어졌을 때는 너무 획기적인 모습 때문에 조롱거리가 되었다. 비평가들조차 의견이 달랐으나 그때까지 지어진 건축물들과 전혀 다르다는 사실만은 모두 인정했다. 시간이 지나면서 현대 건축의 출발점으로 인정하게 되었다. "모든 것이 자연이라는 한 권의 위대한 책으로부터 나온다. 인간의 작품은 이미 인쇄된 책이다", "직선은 인간의 선이고, 곡선은 신의 선이다". 자연에서 모티브를 얻은 가우디가 남긴 유명한 말들이다. 그는 카탈루냐 지방의 상징인 몬세라트에서 태어나고 자랐다. 몬세라트의 높은 산들과 다양한 모양의 바위들은 그에게 예술적인 영감을 주었다. 자연은 그에게 놀이터이자 교과서였다. 이 때문에 다음 날 일정을 몬세라트로 정해놓았다.

이제 다시 이야기를 사그라다 파밀리아 성당으로 돌리겠다. 바티칸의 산 피에트로 대성당에 큰 감명을 받고 돌아온 바르셀로나의 출판업자 호세 마리아 보카베리야가 바르셀로나만의 대성당을 짓자는 운동을 벌였다. 이에 시민 모금이 시작되었다. 1882년 가우디의 스승이었던 비야르가 좋은 뜻에 동참하여 무보수로 성당 건설을 시작했다. 하지만 무조건 싸게 지으려고만 하는 교구에 질려 1년 만에 포기하고 자신의 제자였던 가우디를 후임자로 추천하였다. 젊은 건축가에게 맡기면 공사비를 아낄 수 있을 것이라는 교구의 기대는 완전히 빗나갔다. 당시 가우디의 나이는 31세였다. 비야르가 설계한 초기의 디자인을 폐기하고 처음부터 다시 설계하면서 죽는 날까지 43년간 이 성당에 남은 인생을 모두 바쳤다. 그는 공사 현장에서 직접 인부들과 함께 작업하면서 설계도를 그려 나갔고, 마지막 10년 동안은 아예 작업실을 현장으로 옮겨 인부들과 함께 숙식하면서까지 성당 건축에 몰입했다. 실제로 성당 안에는 그의 작업실을 그대로 보존하고 있는데 좁디좁은 작업실은 너무나도 초라하기 그지없었다.

그러다 1926년 가우디는 전차에 치이는 불의의 사고를 당한다. 사고 당시 허름한 옷차림의 그를 누구도 알아보지 못했다. 뒤늦게 병원으로 옮겨졌으나 3일 후 사망했다. 평생 독신으로 살다가 74세에 생을 마감한 것이다. 로마 교황청의 특별한 배려로 성자들만 묻힐 수 있다는 사그라다 파밀리아 성당의 지하에 묻혔다. 그가 운명하며 마지막으로 남긴 말은 "나의 하느님, 나의 하느님, 나의 하느님"이었다.

성당의 완성을 보지 못할 것을 알면서도 그토록 성당 건축에 몰두한 이유는 그의 깊은 신앙심에서 답을 찾을 수 있다. 그는 "신앙이 없는 사람은 정신적으로 쇠약한 인간이며, 손상된 인간이다"라는 말을 남기기도 했다. 말년에 가우디는 건축을 제외한 세상의 모든 것을 멀리하고 수도자처럼 살았다. 건축가로서의 명성과 열정이 종교적인 신성과 결합하여 '사그라다 파밀리아'를 탄생시킨 것이다. 1882년에 시작하여 현재까지 공사가 진행 중인 성당은 가우디 사후 100주년에 맞춰 완공하는 것을 목표로 하고 있지만 많은 이들이 미지수라고 한다. 하지만 그때에 맞춰 완공이 되길 바란다. 초라하게 세상을 떠났지만 100년이 흐른 지금, 모든 후세들이 그를 추앙하고 전 세계적으로 완공을 축하하는 모습을 가족들과 함께 직접 두 눈으로 보고 싶다.

여행을 계획하면서 성당에 입장료를 내고 들어갈 곳은 '사그라다 파밀리아' 한 곳으로 정했다. 당초 계획은 확고했고 또 지켰다. 앞부분에서 반전은 실내에 있다고 했었는데 성당에 대한 정보를 모을 때도 일부러 실내 사진은 보지 않았다. 두 눈으로 직접 확인하고 싶었기에. 티켓을 사고 입장해서 내부를 영접했다. 놀라움 그 자체였고 기대 이상이었다.

미리 사진을 안 보고 오길 잘했다는 생각이 들었다. 만약 UFO가 있다면 이런 형상이지 않을까. 아직 안 보신 분들을 위해 사진과 세부 묘사는 생략하겠다. 꼭 두 눈으로 직접 확인해 보시길. 성당 문에 각 나라별 언어로 성경에 있는 문구가 적혀 있는데 거기에 한글도 있었다. "오늘 우리에게 필요한 양식을 주옵소서." 지금 여행하고 있는 우리에게 가장 와닿고 필요한 기도 제목이라 웃폈다.

1-2 사그라다 파밀리아 앞에서
3 비둘기로 뒤덮인 공원에서

28 D+day	가우디에게 영감을 불어넣어 준 몬세라트			
	Date	Distance	Place	etc
	2019.4.2.	152km/5,009km	몬세라트	파라도르 빅사우 호텔

바르셀로나를 벗어나 몬세라트를 향한다. 멀리서도 또렷이 보이는 몬세라트. 세계 최고의 4대 성지로 손꼽혀 많은 순례자들의 발길이 끊이지 않고 있다. 특히 '라모레네타'라고 하는 검은 성모 마리아상을 보기 위해서 찾는 이들도 많다. 하지만 우리는 몬세라트산에 더 매료되었다. 최고 높이가 1,283m라고 하지만 실제 체감은 훨씬 더 높게 느껴졌다. 큼직하게 잘린 상아색 역암질의 바위들이 절경을 만들어 낸다. 마치 인삼이 서로 뒤엉켜 있는 듯한 모습을 하고 있다. 그런 산 중턱에 지은 몬세라트 수도원도 대단한 건 마찬가지다. 어떻게 산을 깎아서 수도원을 지었는지 상상이 안 된다. 수도원에서는 평일 오후 1시마다 세계 3대 소년 합창단의 성가 연습을 감상할 수 있는데 모르고 갔던 우리도 운 좋게 감상할 수 있었다. 시작 전부터 이미 성당은 많은 관광객들로 자리가 꽉 찼었다. 아직 변성기가 오지 않은 소년들이라 소리가 청아했다. 성가대가 노래를 부르는 동안 성당 안의 분위기는 숙연해졌다.

1 몬세라트를 배경으로
2 몬세라트 케이블카를 타고 내려와서
3 파라도르 호텔 방에서 바라본 풍경

수도원을 나와 몬세라트산의 정상을 올라갈 수 있는 케이블카를 타기로 했다. 산에는 2,000개가 넘는 등산로가 있어서 케이블카에서 내리고 어디로 갈지 몰라 한참을 헤맸다. 따로 안내판이 없어서 발길 닿는 대로 다녔는데 너무 넓어 중간에 포기하고 내려왔다. 내려와서 다음 목적지인 지로나로 향하는데 갑자기 비가 많이 내리기 시작한다. 예상하지 못한 일기예보였다. 기가 막히는 타이밍에 파라도르 호텔이 보인다. 어차피 캠핑도 못 할 것이기에 호텔로 들어갔다. 정말이지 관광명소에만 있는 줄 알았던 파라도르가 이렇게 산 중턱에 별 볼거리도 없는 곳에 있다는 게 의아했다. 그리고 호텔 주차장에 차가 한 대도 없다. 손님은 우리밖에 없었다. 체크인을 하고 방에 들어가 커튼을 걷는 순간 깨달았다. 역시 파라도르다! 아치형의 베란다에서 보이는 풍경은 그야말로 지상낙원 그 자체였다. 호수를 둘러싼 산 위로 무지개가 떠 있는데 그 장관에 입을 다물지 못했다. 역시 파라도르는 우리를 실망시키지 않았다. 만약 다음에 또 스페인을 여행하게 된다면 파라도르 호텔 순방만 해도 괜찮겠다는 생각이 들었다.

30
D+day

드라마 〈알함브라 궁전의 추억〉 촬영 장소 지로나

Date	Distance	Place	etc
2019.4.4.	402km/5,411km	지로나/스페인 20days	캠핑 21

어제는 계획과 달리 파라도르 빅사우 호텔에서 하루 더 머물며 휴식 시간을 가졌다. 첫째 예은이가 약간 감기 기운이 보이고 하루 종일 비가 내려 호텔 안에만 있었다. 그렇게 휴식을 하고 지로나로 향했다. 알함브라 궁전이 있는 그라나다를 갈 때까지만 해도 드라마 〈알함브라 궁전의 추억〉 촬영지를 직접 볼 수 있다는 기대에 한껏 기분이 부풀어 올랐다. 기대도 잠시 인터넷으로 촬영지를 검색해보니 대부분의 촬영지는 그라나다가 아니었다. 알함브라 궁전에서의 촬영만 그라나다에서 하고 그 외 촬영은 지로나에서 했다고 한다. 일정에 없던 지로나로 향하게 되었다. 한 회도 빠짐없이 챙겨봤던 터라 지로나의 구시가지를 걷는 내내 드라마에서 보았던 장소들을 한눈에 찾을 수 있었다. 그 장소를 보고 있으니 드라마의 에피소드가 자연스럽게 재현되면서 순간 주인공이 된 듯한 착각에 빠지기도 했다. 이렇게 드라마의 촬영 장소를 쉽게 찾을 수 있었던 까닭은 세계에서 둘째가라면 서러울 누리꾼들이 정리해둔 드라마 장소 리스트 덕분이었다. 드라마에

1 지로나 대성당 끝이 없어 보이는 계단에서
2 보니따 호스텔 앞에서
3 에펠이 만든 매력적인 빨간 다리

서 가장 중요한 장소 중 하나인 보니따 호스텔 역시 지로나에 있었는데 찾아가 보니 일반 연립 주택이었다.

드라마에도 나오긴 하지만 지로나의 명소 중 하나로 프랑스 파리에 있는 에펠탑의 주인공 에펠이 만든 다리가 있다. 에펠탑처럼 철재로 구성된 빨간 다리다. 크기가 작긴 하지만 주변의 알록달록 집들과 조화를 이루며 에펠만의 감성으로 도시는 한층 더 우아해 보였다. 드라마에서는 배우 박신혜가 이 다리를 왔다 갔다 하며 뛰어다녔다. 역시 전문가들이 촬영을 해서 그런지 드라마에서 볼 때의 다리가 더 예뻐 보였다. 드라마에서는 나오지 않았지만 지로나 대성당도 멋졌다. 약간 과장해서 끝이 보이지 않는 계단이 신기했다. 많은 사람들이 계단에 앉거나 서서 사진을 찍는데 우리도 그냥 지나칠 수 없었다. 아담하고 예쁜 소도시 지로나에서 나와 다시 국경을 넘어 프랑스 아비뇽으로 향했다.

31 D+day	4월의 함박눈이 내리던 아비뇽을 거닐다			
	Date	Distance	Place	etc
	2019.4.5.	49km/5,460km	아비뇽, 아를/프랑스 8days	캠핑 21

아비뇽 하면 떠오르는 것은 피카소의 〈아비뇽의 여인들〉 작품이다. 하지만 피카소가 말하는 아비뇽은 바르셀로나에서 유명한 사창가 아비뇽 거리라고 한다. 실제로 아비뇽을 보니 사창가는 상상할 수 없을 정도로 아름다운 도시였다. 도시 한가운데로 론강이 흐르고 그 강을 따라 길이 나 있는데 참 낭만적이었다. 론강에는 도시와 도시를 이어주는 다리가 많았는데 한 다리는 중간에 끊어져 있었다. 그 다리의 이름은 '생 베네제 다리'다. 12세기에 양치기 소녀 베네제가 다리를 지으라는 신의 계시를 듣고 혼자서 돌을 쌓아 지었다는 전설에서 지어진 이름이다. 끊어진 사연인즉슨 십자군 전쟁에서 한 차례 무너졌고, 13세기에 다시 지어졌으나 17세기에 홍수로 인해 또 무너지면서 지금의 모습으로 남았다고 한다. 다리의 구실은 못 하지만 관광 장소로 활용되고 있는 모습에서 무엇이든지 지어진 이유가 있다.

당시 이름 모를 하얀 꽃가루가 천지를 덮고 있었는데 마치 4월의 눈 같았다. 거의 함박눈 수준이라 약간 당황하긴 했지만 예뻤다. 나룻배를 타고 아비뇽 교황청으로 건너갔다. 1309년 교황 클레멘스 5세가 정치적인 이유로 바티칸으로 가지 못하고 프랑스 아비뇽에 머물면서 교황청으로 사용한 곳이다. 이후 1376년까지 7명의 교황이 이곳에 머물게 되는데 이를 아비뇽 유수라고 하며, 당시 교황권은 프랑스의 지배하에 놓이게 됐다. 아비뇽 교황청은 성벽 높이 50m, 두께 4m의 거대한 요새와 같이 만들어졌다. 견고한 석조건물이어서 14세기의 모습을 온전히 유지하고 있다.

교황청 옆으로는 로쉐 데 돔 공원이 자리 잡고 있다. 공원에는 역시나 놀이터가 있다. 그냥 지나칠 우리 아이들이 아니다. 잘 놀고 있는데 갑자기 현지 초등학생들이 몰려온다. 자연스럽게 아이들은 시큰둥한 표정을 지으며 다른 곳으로 자리를 옮기자고 한다. 구시가지의 광장이 나오는데 뜬금없이 회전목마가 보인다. 왜 하필 이 장소 이 시간에 회전목마가 있는 것인가. 한 번만 태워달라는 이 녀석들의 간절함과 갈급함을 차마 외면하지 못하고 태워주기로 했다. 잠시나마 세상을 다 가진 듯 행복해하는 녀석들. 니들이 좋으면 우리도 좋다. 그리고 회전목마와 찍는 사진은 언제나 옳다.

캠핑장으로 돌아가는 길에 여기가 프랑스인 만큼 길가에 있는 아무 빵집에 들어가 바게트 하나를 샀다. 빵을 들고 아까 전에 탔던 나룻배를 다시 타고 강을 건넜다. 매일 새로운 도시, 새로운 나라를 현지인이 된 것처럼 자유롭게 다니는 게 마냥 행복하다.

아비뇽에서 다시 차를 타고 아를로 이동한다. 아를에는 우리가 사랑한 고흐의 작품에서 배경이 된 장소들이 아직 고스란히 남아 있다. 그 흔적을 찾아가는 길이 설렌다. 그 장소에 도착하니 한눈에 알아챌 수 있다. 이곳이 고흐가 그린 그림의 그 장소임을.

먼저 찾아 간 작품명 〈포룸 광장의 카페테라스〉의 장소이다. 밤하늘의 별은 반짝이고 카페의 노란 불빛은 로맨틱한 저녁 분위기를 연출한다. 작품 속의 느낌은 그렇지만 우리가 도착했을 때는 가게 문이 닫혀 있었고 날씨가 흐려서 로맨틱한 노란색마저 처량해 보인다. 다음 장소는 작품명 〈병원의 안뜰〉의 장소이다. 다행히 이 병원에 도착했을 때는 해가 나서 산뜻한 노란색의 기운을 느낄 수 있었다. 아무래도 고흐는 세상을 참 아름답게 본 게 분명하다. 현실보다 작품에서 그 장소는 더 따뜻하고 안락해 보였다. 고흐가 앉아서 그림을 그린 장소에 우리가 있다는 것 자체가 황홀했다.

1 생 베네제 다리가 보이는 강가에서
2 아비뇽 구시가지 광장에 있던 회전목마를 타고 있는 아이들
3 고흐 작품 〈병원의 안뜰〉에서 봤던 그 병원의 안뜰

32 D+day 　해외에서 맞는 예린이의 네 번째 생일

Date	Distance	Place	etc
2019.4.6.	92km/5,552km	엑상프로방스/프랑스 9days	

예린이가 태어나고 첫 돌잔치를 했던 게 엊그제 같은데 벌써 네 번째 생일이다. 지금껏 자라면서 잔병치레 없었고, 넘어져서 피부가 찢어져도 그다음 날이면 사라져 버릴 정도로 건강한 아이

다. 한 번씩은 실제로 원더우먼이 아닌가 하는 엉뚱한 생각이 들 때도 있었다. 하긴 엄마, 아빠가 별다른 초능력이 없으니. 정말 건강해서 한 번씩 미안할 때도 있다. 건강하다는 핑계로 신경을 많이 못 써주었다. 상대적으로 자주 아팠던 예은이에게만 관심을 쏟았다. 분명 서운한 게 많았을 텐데 별로 내색도 안 하고 착하게 커줘서 고맙다. 예린이에게 항상 "세상에서 제일 귀여운 건 누구?"라고 하면, 예린이는 세상 귀여운 표정을 지으며 "조예린!"이라고 외친다. 이때가 제일 귀엽다.

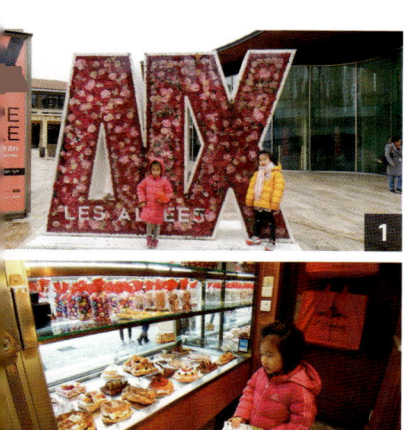

1 엑상 프로방스 상징 조형물 앞에서
2 예린 생일 케이크를 사기 위해 들른 빵집
3 숙소에서 예린이 생일 파티

막연하게 엑상프로방스라면 '프로방스'라는 단어 때문인지 작은 시골의 예쁜 마을을 상상했었다. 하지만 전혀 달랐다. 세련된 쇼핑몰과 상점거리가 끝없이 이어져 있었다. 비가 오고 쌀쌀하니 거리에 사람이 별로 없다. 추워하는 예은이를 위해 옷 가게에 들러 목도리를 샀다. 우산 없이 그냥 나온 탓에 제과점에 들러 예린이가 원하는 생일 케이크만 사서 숙소를 향했다. 저녁 식사를 거창하게 하고 싶었지만 가난한 여행자이기에 형편에 맞게 예린이가 좋아하는 것들을 구입해서 정성껏 차려주었다. 단출했지만 우리끼리 함께 막내 귀염둥이 생일을 축하해주는 것 자체가 좋았다. 축하를 받은 예린이가 행복한 표정을 짓고 즐거워하는 모습을 보니 부모로서 할 도리를 한 것 같아 마음이 놓였다. 아직 어린 자녀를 둔 부모의 역할은 아이들에게 평생 잊지 못할 행복한 추억을 남겨주는 게 아닌가 싶다.

33 D+day	영화의 도시 '칸'에서 한류를 느끼다			
	Date	Distance	Place	etc
	2019.4.7.	223km/5,775km	칸/프랑스 10days	캠핑 22

평소에 영화를 좋아하는 터라 칸에는 꼭 가고 싶었다. 다음에 칸 영화제를 보게 된다면 갔던 장소라 더 애정이 갈 것 같다. 바닥에는 스타들의 사인이 새겨져 있다. 영화제가 열리는 건물에서는 핑크색 카펫을 깔아 놓았다. 평소 핑크색을 좋아하는 우리 공주님들이 뭐 하는 곳인지 궁금해한다. 아쉽게도 핑크카펫의 출입을 제한하고 있어 카펫의 끝에 서서 사진을 찍었다. 그보다 더 아쉬운 것은 2019년을 뜨겁게 달구었던 영화〈기생충〉이 칸 영화제에서 황금종려상을 수상하였는데 그때가 우리가 방문한 날로 한 달 뒤였다. 조금만 일정을 뒤로 미뤘더라면 하다가도 우리는 또 우리의 일정이 있기에 지체할 수는 없었다.

칸은 유럽의 대표적인 휴양지이다. 영화제가 열리는 주변으로는 고급 호텔들로 둘러싸여 있고 해변에는 고급 보트들이 즐비하다. 휴양지라서 사람들이 꽤 붐볐다. 해변에서 수영복을 입고 선탠을 즐기는 사람들, 벼룩시장에서 신기한 물건들을 보며 쇼핑을 즐기는 사람들로 활기가 넘친다. 선착장에는 젊은 사람들이 많이 모여 있었다. 함께 춤을 추고 있었는데 흘러나오는 음악이 K-Pop이다. 방송에서 한류 열풍이라고 접하긴 했지만 이 정도일 줄은 몰랐다. 여행을 하는 내내 세계 어느 곳에서나 한류열풍을 접할 수 있었다. 음악, 드라마, 영화, 자동차, 전자제품, 장난감 등 다양한 분야에서 한류를 확인할 수 있었다. 외국에 나가면 애국자가 된다고 했던가. 한류를 보게 되면 괜히 자부심이 생기고 얼굴에 미소가 지어졌다. 작지만 강한 나라. 그게 바로 우리나라가 아닐까 싶다. 오래 나와 있어서 그런지 저절로 애국자가 되었다.

1 핑크카펫을 배경으로 2 〈타이타닉〉 주인공처럼 3 칸 인근 해변 모래사장에서

34
D+day

세상에서 두 번째로 작은 나라
모나코부터 프랑스에서 가장 나이스한 니스까지

Date	Distance	Place	etc
2019.4.8.	74km/5,849km	모나코, 니스/프랑스 11days	캠핑 23

모나코 하면 자동차 경주 레이스가 가장 먼저 생각난다. 그리고 세상에서 가장 작은 나라 바티칸에 이어 두 번째로 작은 나라이다. 산과 해변으로 둘러싸인 탓에 도로는 전부 터널 형식으로 만들어져 있다. 인터넷을 검색해보니 다들 운전하기가 까다롭다고 한다. 아빠 역시 운전하는 게 만만치 않았다. 어렵사리 주차를 하고 모나코를 누비기로 했다. 곧 자동차 경주 경기가 있는지 경기장을 정비하고 있었다. 해변에는 고급 보트들이 정박해 있었는데 부자들의 놀이터라고 불릴 만했다. 거리에는 소위 슈퍼카라고 말하는 도로에 딱 붙은 차들이 눈에 많이 띄었다. 무엇보다 마트에 들어가서 샌드위치를 사려는데 선뜻 지갑에서 카드를 꺼내기가 무서웠다. 가격이 거의 세 배 정도 차이가 난다. 고급 호텔, 보트, 자동차 그리고 카지노만으로 모나코가 어떤 나라인지 명백히 설명해주고 있었다. 주차비마저 비싼 이 나라를 얼른 떠나 프랑스 니스로 향했다.

니스는 프랑스의 동남부에 있는 지중해에 접한 항구 도시이다. '니스'라는 지명은 알고 있었지만 알파벳으로 'Nice'인 줄은 몰랐다. 이름 그대로 니스는 나이스했다. 해변가, 상업지구, 주거지구, 공원이 정확하게 구분되어 있어 살기 좋은 도시라는 인상을 받았다. 몽돌이 깔린 해변을 따라 산책로가 만들어져 있는데 다양한 전시물이 설치되어 있어 볼거리가 많았다. 그중에서도 바다가 내려다보이는 곳에 철제 의자 20개 정도가 설치되어 있었는데 사람들이 자유롭게 앉아 이야기를 나누거나 혼자서 멍하니 바다를 바라보는 모습이 보기 좋았다. 그 의자에 앉아 해가 지는 모습을 보고 싶었지만 시간이 넉넉하지 않아 아쉬움을 달래며 쭉 걸었다.

해변에서 벗어나니 공원이 나온다. 공원에는 가족 단위의 사람들로 많이 붐볐다. 특히 축구 운동장 크기 안에 100여 개의 작은 분수대가 있었는데 아이들이 분수대 사이를 뛰어다니며 놀고 있었다. 그 분수대에 들어갔다가는 옷과 신발이 다 젖을 게 분명하기에 아이들을 못 들어가게 했다. 하지만 얼굴에 못 들어가는 아쉬움이 잔뜩 묻어 있어서 잠깐만 들어가게 해주었다. 바로 앞에 집이 있다면 상관없이 놀게 하겠지만 젖은 채로 숙소로 가면 가는 길에 감기에 걸릴까 봐 어쩔 수 없었다. 다행히도 바로 옆에 놀이기구들이 보인다. 아이들도 좋다며 뛰어간다. 나무로 만든 놀이터는 다양한 기구들이 있었다. 한참을 놀고 숙소로 돌아갈 때도 아쉬운 마음에 니스 해변 도로를 이용해서 가면서 한 번 더 니스를 느꼈다.

1 모나코로 넘어가기 전 프랑스의 어느 작은 해변 2 모나코 전경이 내려다보이는 전망대에서
3 니스 해변에서 의자에 앉아 있는 여유로운 모습의 사람들

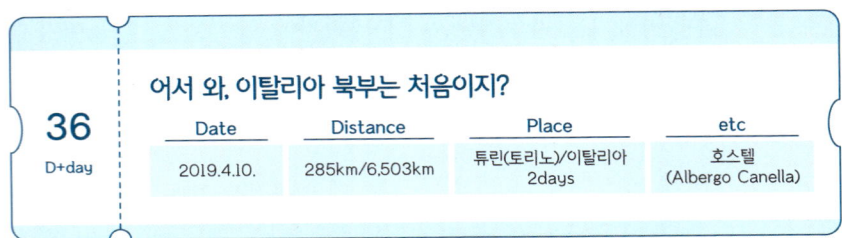

어서 와, 이탈리아 북부는 처음이지?

Date	Distance	Place	etc
2019.4.10.	285km/6,503km	튜린(토리노)/이탈리아 2days	호스텔 (Albergo Canella)

36
D+day

토리노 구시가지로 향했다. 토리노의 랜드마크라고 하면 구시가지 어디서라도 볼 수 있는 '몰레 안토넬리아나(Mole Antonelliana)'이다. 여기서 '몰레'는 엄청난 크기의 건물을 뜻하는 이탈리아어이고, '안토넬리아나'는 건축 설계자 이름에서 가져왔다. 안타깝게도 공사가 마무리되기 전에 사망해서 완공을 직접 못 봤다고 한다. 당초에는 유대교 회당으로 사용하기 위해서 만들어졌지만 지금은 이탈리아 국립영화 박물관으로 사용되고 있다. 너무 높아 사진기에 다 담기가 참 어려웠는데 조금 떨어진 산에 올라가 사진을 찍으면 멋진 사진을 건질 수 있겠다는 생각이 들었지만 그런 시간적 여유가 없었기에 아쉬움을 뒤로하고 이동했다. 그리고 토리노는 다른 이탈리아의 관광도시와 비교해서 분위기가 을씨년스러웠다. 토리노 왕궁도 지나 왔는데 전쟁에서 패전한 모습 같아서 오래 머물기에 약간 겁이 났다. 빨리 패션의 도시 밀라노로 발길을 돌렸다. 하지만 문제는 여기서부터 시작된다.

지금까지 하루하루 숙소 잡는 것에 있어서 큰 문제 없이 잘 지내왔는데 이날 터진 것이다. 밀라노에 도착해서 몇 군데의 캠핑장과 호텔을 돌아다녔지만 빈방이 하나도 없었다. 인터넷 검색을 통해 찾게 된 숙소는 이곳에서 한 시간 정도 떨어진 곳에 위치하고 있었다. 주변에 시청도 있고 해서 당연히 시내 한가운데일 것이라 예상했다. 당시 시간은 저녁 8시 반. 선택의 여지가 없었기에 바로 출발했다. 30분 정도 달려오니 남은 거리는 얼마 남지 않았다. 그런데 아

1 처음 보는 우유 자판기
2 유벤투스 홈 경기장
3 힘들게 찾아온 숙소 내부

직 남은 시간은 30분. 갑자기 가로등이 하나둘씩 사라지기 시작하고 길은 점점 가팔라진다. 이름 모를 산의 정상을 향해 올라갔다. 급경사의 지그재그 길에 땅은 오프로드이고 가로등 하나 없다. 중간까지 올라갈 때는 앞에 차 한 대가 있어 따라갔지만 이후로는 차 한 대 보이지 않는다. 자동차의 헤드라이트로 보이는 것이라고는 산비탈길의 절벽만 보였다. 과연 이 길이 맞기나 한 건가? 우리는 살아서 잘 도착할 수 있을까? 별의별 생각이 다 들었지만 일단 눈앞의 칠흑과 같은 어둠을 헤치고 내비게이션의 종착지에 도착하는 것이 우선이었다. 그렇게 어둠의 레이스를 마치고 무사히 숙소에 도착했다. 정말 귀곡산장이 따로 없었다. 가족이 운영하고 있는 호스텔이었는데 우리가 걱정되었는지 로비에서 기다리고 있었다. 그런데 우리와 비슷한 처지의 사람들이 또 있었나 보다. 우리 뒤에도 한 팀이 갑자기 예약을 하고 오고 있는 중이라고 한다. 도대체 오늘 밀라노에서는 무슨 행사가 있었기에 모든 숙소가 꽉 찼을까. 숙소를 찾아 이렇게까지 힘하고 먼 길을 다닌 것은 여행 중 이날이 유일무이했다. 무사히 도착하고 우리가 묵을 곳이 있어 감사할 뿐이었다.

37 D+day	세계문화유산에 등재된 돌로미티를 아시나요?			
	Date	Distance	Place	etc
	2019.4.11.	272km/6,775km	돌로미티/이탈리아 3days	캠핑 25 (Seiser Alm)

예전에 15일 동안 이탈리아를 일주한 적이 있지만 자동차로 다닌 것이 아니라 기차와 버스로 다녔기 때문에 구석구석 다니지 못했다. 하지만 자동차를 가지고 여행을 하는 것은 기동성에서 엄청난 차이가 난다. 피로감도 덜하다. 앞으로 자동차 없이 여행을 한다는 것은 상상하기조차 싫다. 자동차가 있으니 우리는 가지 못할 곳이 없었다. 스위스를 갈까 이탈리아를 갈까 고민하다가 스위스를 빼고 이탈리아를 선택한 이유는 바로 돌로미티 때문이다. 게다가 스위스의 물가가 너무 비싸서 짧게 머무는 것은 아쉽고, 길게 머무는 건 부담스러워서 다음 기회에 스위스만 따로 여행하는 게 낫겠다는 결론을 내렸다.

사진으로 접한 돌로미티는 세상에 이런 절경이 있을 수 있나 싶을 정도로 놀라움 그 자체다. 하지만 아직 돌리미티를 등산할 수 없었다. 4월까지 눈이 내리는 돌로미티는 도로가 폐쇄될 수

1 돌로미티 입간판
2 험준한 돌로미티 산세
3 캠핑장에서 축구 시합

있기 때문에 4월 중순이 되어야 등산객의 입장을 허용한다. 하지만 다행히도 캠핑장은 영업을 하고 있어서 가보기로 했다. 최대한 돌로미티에 가장 근접한 캠핑장에 머물렀는데 돌로미티의 절경이 한눈에 보였다. 캠핑장 리셉션에서 접수를 하고 있는데 유럽 캠핑장에서 처음으로 한국 사람을 만났다. 초등학생 아들 둘과 함께 여행하고 있는 가족이었다. 서로 정보를 공유하고 캠핑장에 있는 외국인 가족과 다 함께 축구를 했다. 한국에서 한국인들하고만 축구를 해왔는데 이렇게 외국에서 외국인과 한국인이 섞여 축구를 하는 것은 처음이었다. 캠핑장 놀이터에 만들어진 축구 골대가 없어서 놀이터에 있는 기구들을 이용해 골대를 만들고 팀을 나눠 경기를 했다. 산꼭대기에서 펼쳐진 다민족의 남녀노소 상관없이 진행된 축구 경기. 말은 안 통하지만 축구 룰은 전 세계 동일하기에 즐겁게 경기를 할 수 있었다. 이후로도 우리 아이들을 데리고 캠핑장에서 외국인들과 축구를 종종 했는데 좋은 기억으로 남아 있다.

유럽 캠핑장이 전체적으로 저렴한 가격에 시설을 잘 갖추고 있었는데 특히 돌로미티 근처 캠핑장들은 그중에서도 최고의 시설을 자랑하고 있었다. 과장을 조금 보태서 5성급 호텔 부럽지 않았다. 그래서 가격이 타 지역의 캠핑장에 비해 조금 비쌌지만 전혀 아깝지 않았다. 절경이 보이는 돌로미티에서의 캠핑은 정말이지 평생 잊지 못할 것이다.

39
D+day

매력적인 도시 베네치아에 젖어들다

Date	Distance	Place	etc
2019.4.13.	293km/7,068km	베네치아/이탈리아 5days	캠핑 27

아내와 이탈리아를 일주할 때 가장 인상 깊었던 도시가 베네치아였다. '물의 도시'라 불린다. 베네치아만(灣) 안쪽의 석호 위에 흩어져 있는 118개의 섬들이 약 400개의 다리로 이어져 있다. 섬과 섬 사이의 수로가 중요한 교통로가 되어 독특한 시가지를 이룬다. 처음 방문했을 때 느낀 점은 진짜 조금이라도 큰 파도가 치면 바다에 잠기는 것은 시간문제라는 것이다. 도시를 걷고 있으면 바닷물이 찰랑찰랑 도시의 표면을 친다. 곧 잠기지 않을까 하는 쓸데없는 생각을 하다가 골목길을 헤매다 보면 길 찾기 삼매경에 빠지게 된다. 길을 찾다가도 상점들의 화려한 장식에 또 넋이 나간다. 계속해서 새로운 풍경에 정신을 제대로 차릴 수가 없는 도시가 바로 베네치아다.

캠핑장에 차를 대고 버스를 이용해서 베네치아 본섬을 향한다. 버스에서 내려서 본섬으로 걸어갈 때 아이들과 술래잡기를 하며 뛰어 놀았다. 예린이가 술래를 하게 되어 아빠와 언니를 잡으러 가다가 계단에 넘어지면서 눈 옆이 찢어지고 말았다. 순간 아빠의 당황스러움이란. 버스에서 내리자마자 애를 다치게 하다니. 엄마의 눈초리가 매섭다. 다행히도 아빠가 메고 온 가방에 구급약과 밴드가 있었다. 많이 찢어져서 병원을 가야 할지 아님 일정을 계속해도 될지 확신이 서진 않았지만 평소 예린이의 회복력을 추측해볼 때 계속 일정을 이어가도 되겠다는 아빠의 판단을 따르기로 했다. 이후 사진에 찍힌 예린이를 보면 세상 다 잃은 듯한 표정이다. 하지만 베네치아의 매력이 예린이에게도 통했는지 이것저것 보면서 아픈 걸 잊어버리고 신나게 놀기 시작한다.

예전에는 베네치아의 꽃이라 할 수 있는 부라노섬과 무라노섬을 가기 위해서 바포레토(수상 버스)를 탔었다. 이번에는 생략하기로 했다. 그냥 도보로 베네치아 본섬만 둘러보기로 한다. 골목 사이를 작은 배들이 지나다니는 게 신기했는지 아이들은 호기심 가득한 표정으로 베네치아를 바라본다. 저녁이 되어 거리의 가로등에 노란 불빛이 들어오면 성 마르코 광장은 한층 더 로맨틱한 분위기로 물든다. 유명한 노천카페에서는 공연을 한다. 역시 유럽 사람들은 그냥 감상만 하지 않는다. 음악에 맞춰 춤을 춘다. 아직 우리는 부부가 함께 춤을 추기에는 어색해서 아빠와 딸들이 교대로 왈츠를 춘다.

1 리알토 다리를 배경으로 2 노란 가로등으로 한층 더 로맨틱해진 성 마르코 광장 3 산 조르조 마조레 성당을 배경으로

41 D+day	말이 필요 없는 블레드 호수에서 재회한 한국 가족				
	Date	Distance	Place		etc
	2019.4.15.	286km/7,454km	류블랴나/슬로베니아 1day		캠핑 29

이제 유럽 내 국경을 넘는 게 얼마나 간단한 일인지 잘 알고 있지만 한 가지 또 알고 있어야 하는 게 있다면 바로 '비넷(Vignette)'이다. 프랑스어로 납세필증이란 뜻이다. 고속도로 통행료를 말한다. 만약 비넷을 자동차에 부착하지 않고 단속에 걸리면 벌금을 지불해야 한다. 다행히도 미리 숙지하고 있던 터라 슬로베니아 국경을 넘어가기 전 휴게소에서 비넷을 구입하고 자동차에 부착한 뒤 국경을 넘었다.

동유럽의 발칸반도에 위치한 슬로베니아. 한때 유고슬라비아를 구성했던 여섯 공화국 중 하나이다. 1990년대에 슬로베니아, 크로아티아, 마케도니아, 보스니아 헤르체고비나, 유고슬라비아 연방 공화국으로 각각 독립하여 유고슬라비아 사회주의 공화국은 소멸했다. 확실히 서유럽과 동유럽의 도시 느낌은 다르다. 뭐라고 정확하게 표현하기는 힘들지만 느껴지는 분위기에서 차이가 난다. 동유럽은 예전에 신혼여행으로 갔었다. 15박 16일 일정에 체코, 오스트리아, 헝가리를 여행했다. 동유럽의 사회주의가 끼친 영향 때문인지 비슷한 분위기였다. 사실 류블랴나에 대한 사전정보가 없이 도착했는데 첫인상은 깨끗하고 정리가 잘된 도시였다. 어딜 관광해야 할지 몰라 'Visitor Center'에 가서 지도를 받고 코스를 추천받았다. 여행 중 모든 일정을 다 준비할 수 없기에 준비가 안 된 장소는 Visitor Center를 방문하면 해결되었다. 그러면 맛집, 숙소, 주요 관광지 등에 대한 정보를 제공해준다. 가끔씩 친절한 직원을 만나게 되면 머무는 시간에 맞게 맞춤식 정보를 제공해줘서 좋았다. 시내를 걷고 있는데 어제 베네치아 캠핑장에서 만난 한국 가족을 또 만나게 되었다. 반갑게 인사를 나누고 이동 경로가 비슷해서 약속했던 블레드 호수 근처 캠핑장에서 만나기로 하고 헤어졌다.

우리가 먼저 캠핑장에 도착했다. 텐트 설치가 끝날 무렵 한국 가족이 왔다. 텐트 설치하는 걸 도와주고 먼저 블레드 호수 한 바퀴 돌고 오겠다고 하고 나섰다. 호수 한가운데 있는 블레드섬은 슬로베니아에 있는 유일한 섬이라고 한다. 그 섬에는 예배당과 종탑, 목회자 관저로 쓰였던 건물이 전부이다. 블레드섬의 예배당과 종탑은 블레드 호수 전체의 풍경을 좌우한다. 잔잔한 호숫가에는 정적만이 흐르고 있다. 하지만 그 정적을 우리 아이들이 그대로 둘 리가 없다. 탄수화물을 방금 흡수한 아이들은 에너지 방출을 위해 노래를 부르고 뛰어다닌다. 혹시나 명상을 하는 사람들을 위해 방해되지 않도록 캠핑장으로 돌아갔다. 우리 텐트에 한국 가족이 찾아와 밤새 이야기꽃을 피웠다. 이 가족은 유럽일주로 여행을 오셨다. 여행을 다니니 정말 좋다며 더 긴 일정으로 오지 못한 것을 아쉬워하며 우리의 긴 일정을 칭찬해주었다. 유럽에서는 일정이 비슷해서 다시 만날 수도 있겠다는 생각이 들었지만 이후로 다시 만나지는 못했다. 대신 인스타그램을 통해 서로의 소식을 계속 확인했다. 기회가 된다면 꼭 한국에서 재회할 수 있게 되길 바란다.

1 국경에 위치한 EU 기념 돌탑 2~3 동화 속 마을처럼 아담하고 예뻤던 류블랴나

42 D+day
여행 중 만난 가장 평화롭고 예뻤던 블레드 호수

Date	Distance	Place	etc
2019.4.16.	304km/7,758km	블레드/슬로베니아 2days	캠핑 30

계속해서 운동량이 부족해져서 아침 일찍 일어나 호숫가 주변을 달렸다. 유럽을 여행하면서 많은 유러피언들이 자신의 건강을 위해 러닝하는 모습을 많이 봤다. 달리면서도 맞은편에서 달려오는 사람들과 눈인사도 하고 호숫가에서 요가를 하는 사람들도 봤다. 조깅을 하는 주변 환경이 좋으니 절로 조깅을 하고 싶은 마음이 들었다.

운동을 마치고 돌아와 텐트를 철거하고 한국 가족과 작별 인사를 나눈 후 블레드 호수가 한눈에 내려다보이는 전망대를 가기 위해 등산을 했다. 생각보다 아이들이 잘 올라왔다. 올라오니 확실히 블레드 호수의 진가를 확인할 수 있었다. 전망대에는 사람들이 많이 모여 있었는데 명당을 차지하고 있는 한 개의 벤치가 절벽에 위치하고 있어 다들 줄을 서서 기다렸다. 우리 차례가 되어 인증샷을 남기고 하산했다. 내려가서 캠핑장에 있던 카페에 들어가 커피와 조각 케이크를 먹었다. 블레드 호수를 이대로 떠나기 아쉬워 호숫가 근처로 가서 시간을 더 보냈다. 사진 찍기 놀이, 호수에 돌 던지기, 한 발로 균형 잡기 등 아이들과 여러 가지 놀이를 하며 시간을 보냈지만 이제 크로아티아로 이동해야 하기에 블레드 호수와는 작별을 고했다. 여행 중 만난 가장 평화롭고 예뻤던 호수였다.

1 블레드 호수가 내려다보이는 산 위의 전망대 2 머물렀던 캠핑장 입구 3 블레드 강변에 위치한 부둣가

43
D+day

요정들이 모여 살고 있을 것 같은 플리트비체 국립공원

Date	Distance	Place	etc
2019.4.17.	18km/7,776km	플리트비체/크로아티아 2days	캠핑 31

크로아티아에 꼭 가보고 싶었던 이유가 바로 플리트비체였다. 신비로운 호수색에 아기자기한 폭포 사이로 만들어 놓은 나무다리가 참 인상적이었다. 그래서 꼭 한번 가보고 싶다. 최대한 오래 머물기 위해서 미리 근처의 캠핑장에 자리를 잡았고 아침 일찍 나와 국립공원 오픈 시간에 맞춰 입장을 했다. 이미 많은 사람들이 입장을 하고 있었는데 그중에서도 패키지를 통해 여행 온 한국 사람들도 많이 보였다. 동시에 입장해서 걸어가다 보니 사진 찍기 좋은 명당은 사람들로 붐볐다. 특히 플리트비체를 소개할 때 대표적인 장소가 S 라인 도보교가 있는 곳인데 거의 입장하자마자 나타나서 사진을 찍는 사람들로 초반부터 지체되었다. 그 이후로는 지체가 풀리면서 여유롭게 산책을 즐길 수 있었다.

플리트비체 국립공원은 꽤 넓은 편이라 처음부터 자신의 여행 시간에 맞게 코스를 생각하고 와야 한다. 우리는 하루 종일 있는 코스로 정했기에 천천히 구석구석 걸어 다녔다. 공원 안에는 버스와 배를 운영해서 다양한 방식으로 가보고 싶은 곳을 갈 수 있었다. 제대로 공원을 구경하려면 3일은 있어야 된다고 한다. 그만큼 넓다는 반증일 것이다. 중간에 미리 싸온 도시락을 먹으며 요기를 달랬다. 걸어 다니며 고개를 지날 때마다 풍경이 변했다. 잔잔한 폭포들이 바위를 타고 내려오는 모습이 예뻤고 호수 안에서 자라고 있는 나무들의 자태가 멋졌다. 신선놀음을 한다면 최고의 배경으로 추천하고 싶다.

하루 종일 공원을 걸어 다녀서 그런지 체력에 한계가 왔다. 곧 마치는 시간이라 사람들이 많이 빠져나갔다. 나가려는 찰나에 출구가 아닌데 몇 사람들이 다른 곳으로 이동하는 것을 보고 아빠가 따라갔다. 그곳에는 공원에서 가장 큰 폭포가 숨겨져 있었다. 아빠가 가족 모두를 불러 함께 가보았다. 폭포가 얼마나 높던지 물보라로 앞이 보이지 않았다. 마지막 폭포까지 보고 나니 공원 닫을 시간이 다 되었다. 서둘러 출구를 나왔다. 정말 공원 운영 시간을 꽉 채워 다 구경하고 나온 것이다. 이날 우리는 2만 보 넘게 걸었다. 여행 중 하루에 2만 보를 넘긴 경우가 꽤 되는데 그날은 분명 볼 게 많았다는 뜻이다.

1 플리트비체 공원 입구에서 얼마 멀지 않은 'S 자' 우드데크 2 신선놀음하기 좋은 장소 3 공원을 나가기 직전에 마주한 광대한 폭포

45 D+day	특별한 성벽 걷기로 더 특별해지는 두브로브니크

Date	Distance	Place	etc
2019.4.19.	223km/8,268km	두브로브니크/크로아티아 4days	캠핑 33

크로아티아에서의 하루 일과는 비슷했다. 아침에 캠핑장 철수 후 목적지까지 이동하여 주변 캠핑장 체크인을 한 뒤 점심 식사를 마치고 버스를 타고 시내 구경하는 것이 반복되는 하루 일과이다. 하지만 전혀 힘들지 않다. 날마다 새로운 곳을 다녔기에. 특히 크로아티아의 경우 국토가 길게 뻗어져 있고 제한 속도가 낮아서 경찰이 불시에 단속을 하기로 유명했다. 그래서 속도를 지켜 달리다 보면 매일 4시간씩은 운전을 해야 우리가 정한 목적지로 갈 수 있었다. 그렇게 캠핑장에 도착해서 체크인 후 버스를 타고 시내로 향했다.

두브로브니크는 '아드리드해의 진주'라고 불린다. 푸른 바다와 붉은 구시가지의 지붕이 대비되며 이색적인 분위기가 연출된다. 구시가지는 바다를 바라보고 튼튼한 성벽에 둘러싸인 채, 중세의 모습을 간직하고 있다. 그 아름다움을 지키려고 유고 내전 당시에는 유럽의 지성들이 인간방어벽을 만들어 성의 폭격을 막기도 했다. 도시는 7세기 무렵에 형성됐고 지중해에서 그 위상을 떨쳤다. 13세기에 세워진 철옹성 같은 두터운 성벽은 후손들 입장에서 보면 큰 덕이었다. 옛것을 고스란히 보존하는 차단막이 됐고, 유럽인들이 동경하는 최고의 휴양지로 자리매김했다. 노벨문학상을 수상한 아일랜드 소설가인 버나드 쇼는 "진정한 낙원을 원한다면 두브로브니크로 가라"는 말을 남겼다.

두브로브니크에서 가장 특별한 체험은 성벽 위를 직접 걷는 것이었다. 성벽의 길이는 2km, 높이는 25m, 두께도 3m나 된다. 성벽 위에서 바라보는 성 안 사람들의 모습과 골목의 풍경들은 두브로브니크가 '진주'로 불리는 이유를 설명해 준다. 두브로브니크성의 구시가지는 일상의 삶이 고스란히 배어 있다. 현지 주민들이 살고 있는 모습을 가까이서 볼 수 있다. 널려 놓은 빨래와 직접 키우는 화분도 보인다. 그리고 성 안에는 학교도 있어 아이들이 공놀이를 하는 모습도 정겨워 보인다.

1 아드리아해가 내려다보이는 언덕에서
2 두브로브니크 성벽에서
3 아이스크림을 흘리고 놀리는 아빠에게 화내는 예린이

성벽을 내려와 구시가지를 둘러보기로 했다. 이미 먼저 내려온 사람들이 분수대 앞에 앉아 아이스크림을 먹고 있다. 아이들도 더웠는지 사달라고 하는 눈치다. 유명한 젤라또 가게인 것 같아 사 먹기로 했다. 젤라또를 하나씩 받은 아이들은 마냥 행복한 표정이다. 자리를 옮겨 앉아서 먹고 있는데 예린이가 먹고 있던 젤라또의 반을 땅에 떨어트리고 마는 사건이 발생하고 말았다. 세상 억울한 표정을 하고 우는 모습이 웃겨 사진을 찍으니 그것도 싫다며 짜증 낸다. 울고 있는 딸 옆에서 절대 놓칠 수 없는 순간을 포착한 아빠는 아주 흡족해한다. 항상 우리에게 잊을 수 없는 추억을 안겨주는 예린이가 있어 행복하다.

46 D+day	검은 세단 자동차가 왜 우리에게 쌍라이트를 켜지?			
	Date	Distance	Place	etc
	2019.4.20.	629km/8,897km	자그레브/크로아티아 5days	캠핑 34

자그마치 하루 만에 629km를 달렸다. 두브로브니크에서 스플리트를 지나 바로 자그레브로 향했다. 현재 여행하기 전 계획했던 일정보다 이틀 정도 빠르다. 거의 계획대로 움직이고 있다. 자그레브로 가기 전에 두브로브니크를 그냥 떠나기는 아쉬워 전망대가 있어 캠핑장 체크아웃을 하기 전에 얼른 다녀오기로 했다. 인터넷을 검색해보니 전망대로 가는 길이 좁고 위험하다고 되어 있지만 가보기로 했다. 검색한 대로 길이 험했다. 일찍 가서 차가 별로 없어 다행이었다. 반대편에서 차가 오면 비켜주기가 어려웠다. 가는 길에 경치가 좋은 곳이 있으면 차를 세우고 내려서 사진을 찍었다. 패키지여행 단체도 우리가 내린 장소에서 내려서 사진을 찍었다. 우리가 제대로 자리를 잡았다는 것을 알게 해주었다. 두브로브니크가 한눈에 내려다보이면서 노란 꽃이 피어 있어 인생사진을 건지기에는 최적의 장소였다. 기분 좋게 전망대를 구경하고 내려와 캠핑장에 가서 체크아웃을 하고 바로 자그레브로 향했다.

크로아티아는 제한 속도가 낮고 자주 변경되어 운전하기 어렵다는 걸 인터넷으로 알게 되었다. 실제로도 운전하기가 조금 번거로웠다. 구글 맵은 제한속도를 알려주지 않기 때문에 제한속도 표지판을 못 보고 지나치면 속도를 어기고 있게 되는 것이라 조심 또 조심했다. 운전을 한참 하고 있는데 뒤에 검은 세단 자동차가 우리에게 쌍라이트를 켰다 껐다를 반복하며 정차하라는 표시를 보낸다. 순간 멘붕이 왔다. 경찰인가? 속도를 어겼나? 그런데 왜 경찰차가 아닌 일반 세단 자동차가 우리를 세우지? 하며 짧은 순간이지만 많은 생각들이 머리를 스쳐지나갔다. 일단은 길가에 정차를 시키니 따라오던 자동차도 우리 뒤에 정차를 한다. 백미러를 보니 남자 둘과 여자 한 명이 내린다. 경찰복을 입고 있지도 않다. 여자가 와서 면허증과 신분증을 달라고 한다. 내리지 않고 창문을 열어주었다. 일단 여자가 있으니 그렇게 위험한 사람들은 아니겠지 하며

안심을 해보지만 엄마는 걱정이 되어 먼저 내렸다. 아빠 역시 걱정이 되는 건 마찬가지라 내려서 그들에게 가려고 하니 가까이 오지 말고 일정 거리를 유지하라고 경고한다. 도대체 무슨 일이지. 면허증과 신분증을 보며 서로 이야기를 주고받더니 확인을 다 했는지 여자가 다가와 돌려주며 가도 좋다고 한다. 무슨 일이냐고 물어보니 불법체류자인지 확인하는 것이라고 한다.

사실 여행하면서 한인교회를 가서 여러 가지 유형의 도둑에 대해 얘기를 많이 들었다. 톨게이트에서 계산을 못 하고 있으면 뒤에 따라 오던 자동차에 타고 있던 사람이 다가와 도와주는 척하며 바퀴에 구멍을 내고 계속해서 뒤를 따라가 차가 서면 그때 도둑질을 한다는 등 여러 가지 들은 게 많아서 이번 일도 혹시나 도둑질이 아닐까 하는 걱정을 했었다. 경찰을 사칭해서 면허증과 신분증을 달라고 해놓고 가지고 도망가지 않

을까 하는 걱정도 들었다. 만약 도둑을 만나게 되면 최대한 차에서 내리지 않고 문을 잠그고 있는 게 제일 좋다는 걸 알고 있었다. 하지만 이런 상황에 막상 처하게 되니 당황스러워 아무 생각도 나지 않았다. 진짜 경찰이라서 다행이지 아니었으면 어땠을지 생각만 해도 끔찍하다. 상황별 행동수칙은 반드시 숙지하고 그런 상황이 처해지면 차분하게 대처해야 된다는 걸 깨닫게 해준 에피소드였다.

장시간 운전했지만 안전하게 목적지인 캠핑장에 무사히 잘 도착했다. 도착한 캠핑장에는 놀이터가 자연친화적으로 잘 만들어져 있었다. 아빠가 텐트를 설치하는 동안 아이들은 놀이터에서 신나게 놀았다. 텐트 설치를 마치고 근처에 피자집이 있어 들어가서 저녁 식사를 먹었다. 장시간 운전 끝에 목적지에 도착해서 텐트를 치고 난 후의 맥주와 피자는 언제나 옳다.

1 시내가 한눈에 내려다보이는 전망대에서 2 캠핑장 놀이터 그네 타는 예은이 3 캠핑장 옆 맛있었던 피자 가게

50 D+day	세계 여행 중 첫 물놀이			
	Date	Distance	Place	etc
	2019.4.24.	23km/9,488km	베르히테스가든/독일 2days	캠핑 38

베르히테스가든은 휴양지로 인기가 많은 지역이다. 특히 이곳에는 히틀러의 별장 베르크호프가 있었던 곳이라 유명하다. 1945년 4월 연합군의 공습에 의해 파괴되었고 1952년에는 그 폐허에 식수가 이루어졌다. 암벽 속에는 엘리베이터가 설치되어 '독수리 둥지'라는 별명을 지닌 산의 정상으로 올라갈 수 있고, 그곳에 히틀러 전용의 별실이 있었는데 지금은 찻집으로 변했다.

오전에는 베르히테스가든 국립공원을 가보기로 했다. 엄마는 일찍 일어나 김밥을 쌌다. 날씨도 좋고 하니 완전 소풍 가는 기분이 든다. 국립공원에는 쾨니그제 호수가 있었는데 햇살이 내려와 반짝반짝 빛나는 모습이 아름다웠다. 독일을 여행하면서 가장 기억에 남는 장소였다. 국립공원을 전체 한 바퀴 다 둘러보려고 했지만 날씨가 더워서 중간까지만 갔다가 돌아왔다. 국립공원도 유명하지만 근처 수영장이 있는데 구글에서 평점이 높았다. 수영복은 항상 지니고 다녔지만 거의 두 달 동안 계속 날씨가 추워서 입을 일이 없었다. 독일을 지나 북유럽으로 가면 또 수영을 할 수 없을 것 같아서 오후에는 수영장을 가기로 했다.

아이들은 수영장에 간다는 말을 들은 순간부터 흥분하기 시작했다. 예상했던 수영장과는 너무 달랐다. 수영장 안에 찜질방도 있고 야외 수영장까지 마련되어 있었다. 유아풀마저 알록달록 예쁘게 잘 만들어져 아이들이 신나게 놀았다. 성인풀에는 3층짜리 미끄럼틀이 있어 남녀노소 가리지 않고 즐길 수 있는 수영장이었다. 야외풀에서는 캠핑장에서 보던 눈 덮인 산을 볼 수 있는 풍경까지 지니고 있어 어디 하나 빠지는 게 없는 수영장이었다. 수영장 이름은 Watzmann Therme. 아이들은 유럽 여행 내내 이 수영장을 그리워했다.

1 베르히테스가든 국립공원에서　**2** 엽서 같은 풍경에 흰 원피스를 입고 비눗방울 불기　**3** 첫 수영장에서 신나는 물놀이

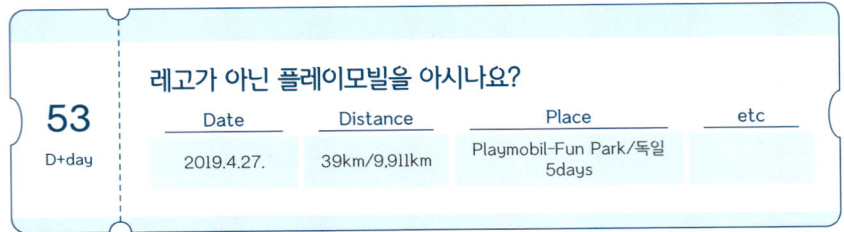

레고가 아닌 플레이모빌을 아시나요?

53 D+day

Date	Distance	Place	etc
2019.4.27.	39km/9,911km	Playmobil-Fun Park/독일	5days

우리만 그런지 모르겠지만 레고는 분명히 알지만 플레이모빌은 알 것 같으면서도 잘 모르는 것 같다. 막상 플레이모빌을 보면 당연히 알고 있다고 할 것이다. 레고가 지닌 블록의 조합을 통한 확장성과 창의성을 희생하는 대신 정교한 미니 피규어로 승부한다. 정확히 미니 피규어라는 카테고리 안에서는 플레이모빌이 선두 주자이다. 참고로 플레이모빌은 독일 기업, 레고는 덴마크 기업이다.

독일에 왔으니 플레이모빌 공원에 가기로 했다. 출입문부터 예사롭지 않다. 플레이모빌로 만들어진 성문과 수문장 피규어가 입구를 지키고 있다. 입장을 하고 들어가니 갑자기 폭우가 쏟아진다. 비를 피해 바로 실내로 들어갔는데 놀이터가 잘 꾸며져 있다. 다행히도 잠시 후에 비가 그쳐서 나왔다. 나오니 긴 미끄럼틀이 있다. 그냥 지나칠 아이들이 아니다. 미끄럼틀을 타고 더 안쪽으로 들어가니 다양한 놀이시설이 마련되어 있다. 실제 말 크기의 피규어를 목욕시켜주고, 직접 탈 수 있는 자동차 피규어, 다양한 피규어를 설치한 포토존, 한가운데에는 호숫가가 있어 1인용 피규어 배를 타고 놀 수 있었다. 그리고 어른들을 위한 4발 자전거 레이스도 있었다. 아빠가 아닌 엄마가 출전했다. 결과는 1급 비밀이다.

야외 놀이터를 충분히 놀고 실내로 다시 들어갔다. 들어가니 무대 앞에서 아이들이 MC를 따라 춤을 추고 있었다. 아이들은 나가서 따라 춤을 추고, 우리는 자리를 잡았다. 식당도 있어 몇 가지 음식을 주문하고, 미리 들고 온 음식과 함께 먹었다. 실내가 넓어서 다양한 테마의 플레이모빌 피규어를 가지고 놀 수 있도록 만들어 놓았다. 나오면서 기념품점을 들렀는데 사지는 않고 구경만 했다. 정말 신나게 놀 수 있도록 잘 만들어 놓았다. 우리는 일일 이용권을 구입했지만 연간 이용권도 판매하고 있었다. 만약 근처에 산다면 분명 연간 이용권을 구입해서 자주 방문했을 것 같다.

1 플레이모빌 놀이공원 입구에서
2 유니콘을 목욕시켜주는 아이들
3 놀이공원 실내에서 공연

54 D+day	하루하루가 축제로 연속되는 날 중에 하이라이트데이			
	Date	Distance	Place	etc
	2019.4.28.	61km/9,972km	뉘른베르크/독일 6days	캠핑 40

뉘른베르크는 어린이를 위한 도시처럼 느껴진다. 어제 방문했던 플레이모빌 공원도 있지만 시내에는 장난감 박물관도 있다. 그래서 방문하기로 했다. 4층 건물로 만들어진 박물관이었다. 층별로 시대순, 성별 등으로 장난감이 나누어져 정리가 잘 되어 있었다. 모든 것에 역사가 있듯이 장난감도 마찬가지라는 것을 새삼 깨달았다. 그리고 시대와 환경에 따라 장난감이 변모하는 모습을 한눈에 볼 수 있어 좋았다. 아이들은 들어가자마자 본능적으로 장난감을 가지고 논다. 층별로 이동하며 장난감을 가지고 놀 수 있으니 아이들에게는 천국이나 마찬가지다. 하루 종일 놀아도 놀 수 있을 것 같지만 배가 고파서 나왔다.

박물관을 나와 검색해보니 바로 옆 햄버거 맛집이 있다. 맛있게 먹고 나와 뉘른베르크 구시가지를 구경했다. 아담했지만 다양한 건축양식들로 꾸며진 성당과 집들이 예뻤다. 시내 구경을 마치고 오랜만에 캠핑장으로 가서 텐트 설치 후 저녁을 먹고 주변 산책을 나갔다. 캠핑장을 찾아가면서 근처에 놀이기구가 설치된 장소를 봤는데 그곳을 찾아가 보기로 했다. 지역축제인 것 같았다. 축제장의 정문을 보니 1826년부터 시작된 지역축제(Volksfest)라고 적혀 있다. 해가 뉘엿뉘엿 넘어가고 있는 하늘에 놀이기구의 어여쁜 불빛들이 감성을 자극한다. 들어가서 아이들이 타고 싶어 하는 놀이기구를 태워줬는데 가격이 저렴해서 좋았다. 타는 아이들도 신나고 태워주는 우리도 뿌듯했다. 놀이기구를 타는 것도 좋았지만 기구에 붙어 있는 전구들이 알록달록해서 아이들과 사진 찍기 좋았다.

자그레브의 부활절부터 시작된 축제는 대형 토끼 모형, 베르히테스가든에서 우연히 들른 특급 수영장, 뮌헨의 옥토버페스트가 열리는 호프브로이하우스에서 마신 맥주, BMW 박물관, 플레이모빌 놀이공원, 장난감 박물관, 지역축제까지 하루하루가 특별한 축제들로 가득한 게 즐겁고 신기하다. 아직 여행의 초반이긴 하지만 시간이 흘러가는 게 아쉽기만 하다.

1 장난감 박물관에서 놀고 있는 아이들 2 해 질 녘 로맨틱한 지역축제 3 놀이기구를 타고 즐거워하는 아이들

56 D+day	한국과 같은 아픔을 가진 도시, 베를린			
	Date	Distance	Place	etc
	2019.4.30.	0km/10,445km	베를린/독일 7days	

캠핑장을 나와 지하철을 타고 베를린 중심지로 향했다. 내리자마자 다양한 건축물에 정신이 홀린다. 가장 먼저 보이는 것은 세계시간 시계이다. 각 나라를 대표하는 도시의 시간을 알 수 있다. 서울도 보인다. 모양이 특이해서 한참을 바라봤다. 그 뒤로는 베를린에서 가장 높은 건축물인 텔레비전 탑도 보인다. 베를린은 유네스코가 지정한 디자인 도시이기도 하다. 하루 동안 도시 전체를 둘러보기에는 무리지만 엄마는 최선을 다한다. 덕분에 우리는 핵심 코스를 거의 다 둘러보았다. 거기에 맞춰 잘 따라다니는 아이들이 감사할 따름이다.

첫 목적지는 베를린 시청사이다. 붉은 벽돌과 가운데 우뚝 선 시계탑이 인상적이다. 여행자도 출입이 가능해서 들어가 보았다. 들어서자마자 있는 레드카펫이 눈길을 사로잡는다. 사람이 별로 없어서 사진 찍기도 좋았다. 시청사를 나와 향한 곳은 알렉산더 광장이다. 광장 안에 있는 분수대에 사람들이 많이 모여 있다. 넵튠브루넨 분수대이다. 한가운데 포세이돈 청동 조각상과 분수대 주변을 지키는 여인들의 청동 조각상이 멋있다. 광장을 지나 보이는 건 슈프레강 부근에 박물관이 밀집해 있어 '박물관섬'이라 부르는 곳이었다. 그곳에는 보데, 노이에, 페르가몬, 알테 박물관과 국립 미술관이 있었다. 박물관들의 외형마저 하나의 작품 같았다. 다음 목적지는 베를린에서 가장 유명한 건축물인 브란덴부르크 문이다. 독일 분단 시절 동·서 베를린의 경계였다. 문 위에 올려진 '승리의 콰드리가'는 요한 고트프리트 샤도(Johann Gottfried Schadow)가 조각한 것으로 네 마리의 말이 승리의 여신이 탄 마차를 끄는 모습을 하고 있다. 제2차 세계대전 당시 폭격의 피해를 입기는 했으나 전소되지 않고 남았다. 전쟁 이후 1956년부터 약 1년 동안 재건축이 이루어졌다. 독일 분단 시절에도 일반인들이 동·서 베를린을 왕래하는 것이 가능하도록 협정됐으나, 1961년 베를린 장벽이 세워지면서 허가받은 사람들이 이 문을 통해서만 동·서 베를린을 왕래할 수 있게 됐다. 지금은 모든 이가 자유롭게 드나들 수 있다.

이만큼 보고 나니 허기가 진다. 베를린에는 한국인이 많아서 그런지 한인 마트와 식당이 꽤 보인다. 기차를 타고 이동했다. 식당 이름은 '호도리'. 한류 때문인지 외국인들도 보였다. 반찬거리도 많고 저렴하고 맛도 좋았다. 맛있게 먹고 나와 다시 버스를 타고 독일 최고의 번화가로 유명한 쿠담 거리로 향했다. 그곳에는 '썩은 이빨'이라고 불리며 제2차 세계대전의 폭격으로 입은 상처를 고스란히 간직한 채 자리를 지키고 있는 교회가 있다. 이 교회는 카이저 빌헬름 기념 교회이다. 평화와 화합의 상징으로, 제2차 세계대전의 참혹함을 기억하고 다시는 전쟁을 하지 말자는 의미로 보수하지 않고 그대로 보존하였으며, 대신 바로 옆에 육각형으로 된 교회를 새로 지었다. 새 교회는 푸른빛을 띠는 돌 유리로 되어 있어 내부로 들어가면 신비롭고 환상적인 느낌을 준다. 전체 여행 중 가장 인상 깊었던 교회 중 하나였다.

다음으로 향하는 곳은 가장 가슴이 먹먹해지는 곳이었다. 이렇게 말하면 대부분 어딘지 눈치챌 것이다. 바로 유대인 홀로코스트 메모리얼이다. 각종 편지와 잔인하게 학살한 내용들과 사진들을 사실 그대로 전시해놓았다. 아이들이 함께 관람하는데 잔인한 부분이 많아서 자세히 관람하지 못하고 나왔다. 세계 2차 대전 때 나치대학살로 인해 무고하게 희생된 유대인을 추모하기 위하여 2005년에 조성되었다. 아무리 봐도 먹먹하기만 한 이 메모리얼은 축구 경기장 3개 정도를 합친 부지에 폭과 너비는 같으나 높이가 다른 2,711개의 콘크리트 석비가 세워져 있다. 이 부지의 가운데로 갈수록 깊어지는데 그만큼 먹먹함도 더 깊어진다. 메모리얼에 오면 한 가지 의문이 드는 게 석비에 올라가도 되냐는 것이다. 우선 그 석비가 무덤은 아니라 올라가도 무관하다. 그리고 가장자리의 석비는 낮게 설치되어 있는데 그 이유는 눈으로만 보는 게 아니라 앉아서 서로 토론하고 의견을 나눠보라는 의미라고 한다.

또 의미가 있는 장소로 향한다. 특히 한국인에게 더 의미가 있는 곳인데 바로 베를린 장벽이다. 먼저 들른 곳은 포츠담 광장이다. 이곳에 장벽 몇 개가 거리에 세워져 있고 기념관도 있다. 또한 한국의 통일을 염원하는 뜻에서 우리나라 전통 정자 '통일정'도 있다. 그 길을 따라 내려가면 베를린 국제 영화제가 열리는 장소가 나온다. 바닥에는 영화배우들의 핸드프린트와 사인이 새겨져 있는 별 모양의 장식물이 설치되어 있다. 프랑스 칸에서 봤던 장식과 동일했다. 그러고 보니 세계 3대 국제 영화제가 열리는 칸, 베니스, 베를린을 모두 방문했다.

이제 베를린에서의 마지막 목적지만 남겨두고 있다. 다시 버스를 타고 이스트 사이드 갤러리로 향한다. 베를린 장벽의 동쪽에 1990년 세계 각국의 미술 작가들이 그린 105개의 그림으로 구성되어 있다. 이는 세계에서 가장 길고 오래된 야외 공개 갤러리로 알려져 있다. 갤러리에 그려진 그림은 변화된 시간을 기록하고 행복감과 더 나은 희망, 전 세계의 모든 사람들을 위한 더 자유로운 미래를 표현하였다. 많은 그림 중 가장 유명한 것은 동·서 베를린의 대통령이 키스하는 모습을 그린 그림이다. 우리 역시 그 그림을 찾아 헤맸고, 찾고 나서는 사진을 찍기 위해서 한참을 기다렸다. 그러고 나니 해가 지고 밤이 되었다. 하루 동안 지하철, 기차, 버스를 몇 번이나 타고 내렸는지 모르겠다. 돌아가는 길에는 폰 배터리가 없어 구글맵을 이용할 수 없어 애먹었다. 지나가는 행인들에게 물어물어 간신히 지하철을 타고 숙소로 돌아갈 수 있었다. 볼게 많은 만큼 바쁘게 다닌 하루였다.

1 승리의 콰드리가를 배경으로 2 유대인 홀로코스트 메모리얼에서 서로를 껴안은 예자매 3 동·서 베를린 대통령의 키스 그림 앞에서

2019년 5월

월요일	화요일	수요일
		1 [독일 9] D+57 315km/10,760km 로스토크 캠핑 41
6 [스웨덴 3] D+62 575km/11,765km 스톡홀름 1 캠핑 44	**7** [스웨덴 4] D+63 0km/11,765km 스톡홀름 2 박물관, 미술관 투어 캠핑 45	**8** [스웨덴 5] D+64 0km/11,765km 드로트닝홀름 궁전 스칸센 투어 캠핑 46
13 [스웨덴 10] D+69 노르웨이 1 356km/12,512km 캠핑 51	**14** [노르웨이 2] D+70 317km/12,829km 오슬로 비겔란조각공원 캠핑 52	**15** [노르웨이 3] D+71 261km/13,090km 송네피오르트, 플롬 캠핑 53
20 [노르웨이 8] D+76 504km/14,405km 하르당에르비다 캠핑 58	**21** [노르웨이 9] D+77 덴마크 4days 99km/14,504km Ferry 이동 캠핑 59	**22** [덴마크 5] D+78 독일 11days 495km/14,999km 함부르크(미니어쳐 랜드) 캠핑 60
27 [프랑스 15] D+83 0km/16,389km 파리 1 캠핑 65	**28** [프랑스 16] D+84 70km/16,459km 파리 2 B&B 디즈니호텔 1	**29** [프랑스 17] D+85 0km/16,459km 디즈니랜드 파리 B&B 디즈니호텔 2

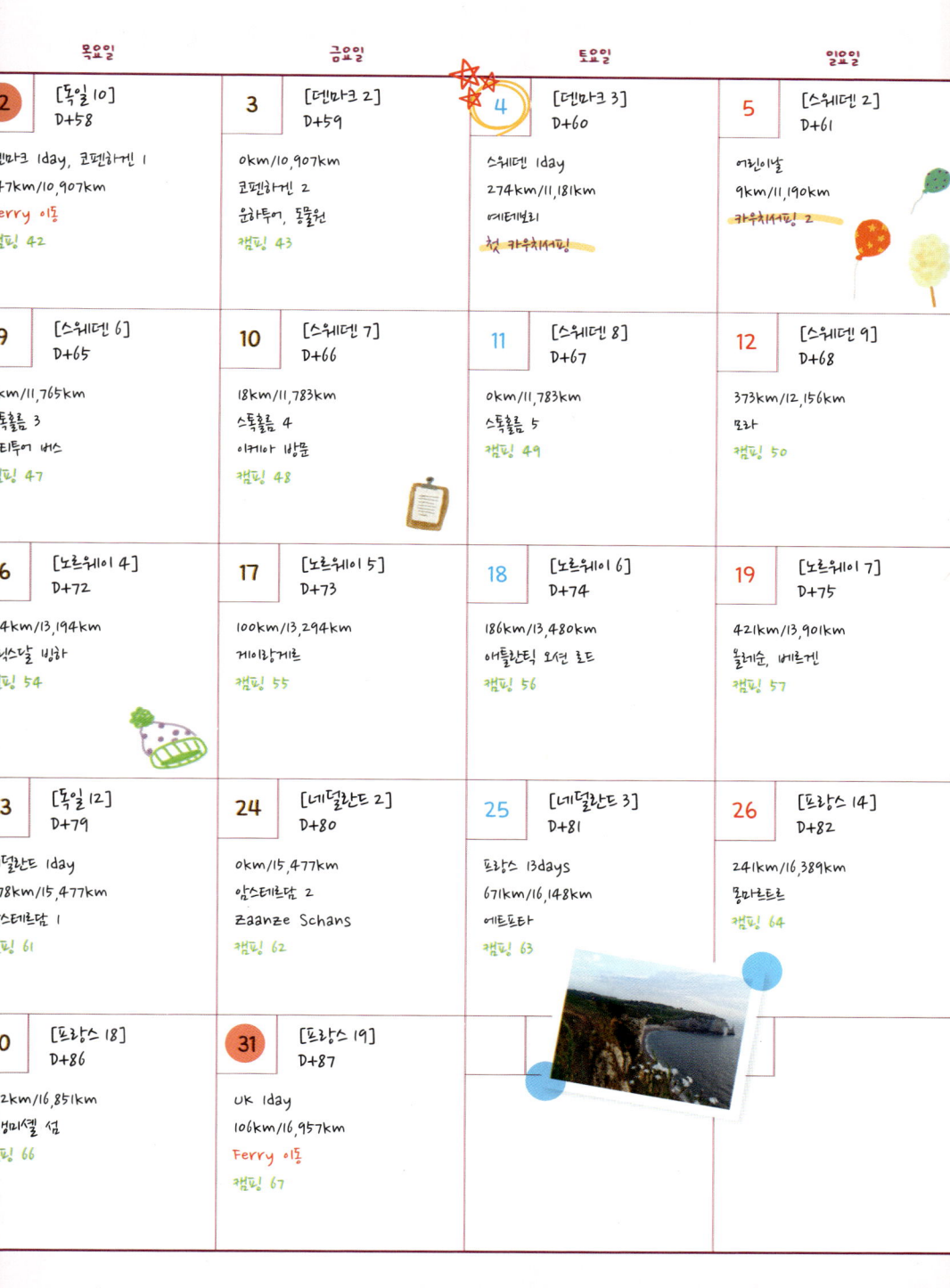

3) 5월,
독일-덴마크-스웨덴-
노르웨이-네덜란드-프랑스

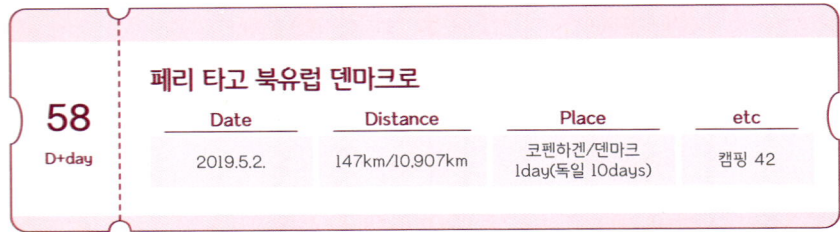

일찍 일어나 짐을 싸고 캠핑장 체크아웃을 했다. 서둘러 항구로 향했다. 어제 미리 가봤던 길이라 금방 도착했다. 항구에 도착하니 우리가 제일 먼저 도착해 있었다. 문제없이 페리에 올라타서 덴마크로 향했다. 해외에서 처음으로 타보는 페리였다. 배가 커서 차를 몰고 들어가는데 힘들지 않았다. 탑승객들을 충분히 수용하고도 남을 정도로 실내 공간이 넉넉하고 의자도 많았다. 놀이터도 있어서 아이들이 배를 타고 가는 동안 지겹지 않고 즐겁게 이동할 수 있었다. 페리에서 내려서 덴마크의 첫 캠핑장으로 향했다.

북유럽 캠핑장만의 특징이 있었는데 바로 공동 부엌이 있다는 것이다. 지금까지의 유럽 캠핑장에는 각 사이트별로 피크닉 테이블은 있었지만 공동 부엄은 없었다. 우리는 텐트 내부가 넓어서 요리를 할 수 있어서 크게 불편한 점을 못 느꼈지만 공동부엌이 있으니 더 편리했다. 캠핑장에 도착해서 텐트를 설치하려고 하니 갑자기 비가 내리기 시작한다. 원래라면 비가 오면 엄마와 아이들은 차 안에서 기다리고 아빠가 내려 텐트를 치고 나면 텐트 안에서만 움직였다. 하지만 공동 부엌이 있으니 엄마와 아이들을 그곳으로 데려다주고 아빠는 비가 그치고 바로 텐트를 설치하면 됐다. 공동 부엌에는 조리 공간, 식사 공간, 휴게 공간, 화장실이 있어서 수면시간을 제외하고 여기서 시간을 보내면 되도록 만들어져 있었다. 날씨가 추울 때를 대비해서 만든 피난처 같았다. 언제 눈이 쌓일지 모르고 날씨가 추운 북유럽이라 이런 공동 부엌을 만들어놓은 것 같았다.

코펜하겐 시내로 가려면 기차를 타야 했다. 캠핑장을 나와 기차역까지 걸어갔다. 그런데 생각보다 멀다. 다시 차를 끌고 나올까 아님 계속 걸어갈까 고민하다 히치하이킹을 해보자고 아빠가 제안했다. 엄마는 썩 내켜 하지 않았지만 아빠와 예은이가 히치하이킹을 시도하기 시작했다. 살면서 첫 히치하이킹이였다. 처음에는 쑥스럽긴 했지만 계속하다 보니 오기가 발동한다. 열 번의 쓴 고비를 마시고 열한 번째 히치하이킹은 성공! 자동차 주인은 50대 여성이었다. 일본인 친구를 두고 있으며 일 년에 한두 번씩 일본을 방문한다고 한다. 영화에서나 보던 히치하이킹을 직접 해봤다는 게 신기했다. 무슨 일이든 시작이 어렵지 막상 용기를 내어 시작하면 별게 아니란 걸 깨닫게 된다. 그래서 여행은 사람을 성장시킨다. 사실 여행이란 게 도전의 다른 이름이기도 하다. 새로운 환경 속에 자신을 던져보면 거기서 또 다른 자신을 발견하게 된다. 히치하이킹 덕분에 기차역까지 편하게 왔다. 고마움의 표시로 역시나 우리의 명함을 선물했다.

코펜하겐 시내에 도착해서 바로 놀이공원 티볼리로 향했다. 1843년 개장한 테마파크이다. 놀이기구는 물론 다양한 맛과 분위기를 즐길 수 있는 40여 개의 레스토랑을 갖추고 있다. 야외무대에서는 각종 공연도 펼쳐진다. 처음에 입장해서 일단 배가 고팠기에 레스토랑으로 먼저 가서 간단하게 요기를 때웠다. 먹고 나오니 야외무대에서 발레 공연을 한다. 평소 발레를 좋아하던 아이들이라 집중해서 관람을 한다. 공연이 끝나니 해도 저물었다. 밤이 되니 공원에는 노란 불빛들이 멋진 야경을 연출한다. 공원을 한 바퀴 돌고 숙소로 돌아가려니 갑자기 또 비가 내린다. 다행히 공원을 나오니 바로 버스 정류장이 있어 별로 비를 맞지 않았다. 버스에서 내리니 비도 잠잠해졌다. 여행하는 내내 날씨가 참 많이 도와준다.

1 로스토크 항구 앞에서 페리를 기다리며
2 깨끗하고 쾌적한 페리 내부
3 시설이 좋았던 북유럽 캠핑장의 공동 부엌
4 히치하이킹을 하고 도착한 기차역에서 포즈를 취하는 아이들
5 티볼리 놀이공원 야경을 배경으로

59 D+day	운하를 통해 시내투어를 마치고 인생 동물원까지			
	Date	Distance	Place	etc
	2019.5.3.	0km/10,907km	코펜하겐/덴마크 2days	캠핑 43

코펜하겐 시내를 구경하기 위해 버스를 타고 이동했다. 코펜하겐을 투어하는 방법 중에 뉘하운 운하를 많이 활용한다. 코펜하겐의 마지막 날이기에 우리도 유람선을 탑승하기로 했다. 탑승구에 도착하니 다음 배를 타기 위해서는 기다려야 해서 옆에 있던 크리스티안보르 궁전을 먼저 관람했다. 이 궁전은 1167년에 세워졌으며 과거에는 왕궁이었지만 현재는 국회의사당과 여왕의 알현 장소로 사용되고 있다. 궁전 투어를 마치고 유람선을 타러 갔다. 딱 맞게 도착해서 우리가 타자마자 바로 출발했다. 도시의 전체를 한눈에 볼 수 있어서 일정이 짧은 관광객이라면 강력하게 추천하고 싶다. 동네 구석구석을 다니는 것도 좋았고 하이라이트는 인어공주 동상을 보는 것이었다. 육지에서 보는 사람들은 인어공주의 앞모습을 보지만 운하를 타고 있는 사람들은 뒷모습만 볼 수 있는 게 아쉬웠지만 날씨가 좋아서 즐거운 운하 투어였다.

운하 투어를 마치고 구시가지를 지나 코펜하겐 동물원으로 갔다. 정말 다양한 동물들이 많아서 아빠가 더 흥분했던 동물원이었다. 지금껏 가본 동물원 중에 가히 최고였다. 만났던 동물을 나열해보자면 캥거루, 원숭이, 펭귄, 코끼리, 바다표범, 판다, 늑대, 산양, 기린, 사자까지 보기 힘든 동물들을 다 모아두었다. 그중에서도 가장 신기했던 것은 북극곰이 실제로 수영하는 모습을 직접 볼 수 있었다. 물속을 볼 수 있도록 유리벽을 설치해두었는데 그렇게 큰 몸으로도 유유자적하게 수영을 하는 모습이 놀라울 따름이었다. 판다가 나무 의자에 걸터앉아서 대나무를 잘라 먹는 모습이 인상적이었다. 아이들이 처음 만났던 동물이 캥거루였는데 울타리에 갇혀 있지 않고 자유롭게 사람들이 지나다니는 길로 지나갈 수 있도록 해두었다. 여기서 예은이와 캥거루의 첫 번째 에피소드가 탄생한다. 예은이가 새끼 캥거루를 유심히 보고 있었는데 갑자기 어미 캥거루가 예은이 바로 옆을 스쳐지나간다. 깜짝 놀라 예은이 눈이 휘둥그레진다. 우리도 캥거루가 예은이를 덮치는 줄 알고 순간 놀랐지만 자신의 새끼를 보고 간 것이었다. 호주에 가서도 캥거루와 에피소드가 있는 예은이. 그 에피소드는 호주 편에서 다루도록 하겠다. 인생동물원을 나와서는 바로 숙소로 향했다.

1 운하에서 유람선 타고 시내투어 2 한가로이 나뭇잎을 뜯어 먹고 있는 판다 3 북극곰이 수영하는 모습을 구경하는 예은이와 아빠

첫 카우치서핑을 하다

60
D+day

Date	Distance	Place	etc
2019.5.4.	274km/11,181km	예테보리/스웨덴 3days	카우치서핑 1

캠핑장을 나가기 전에 주변 산책을 했다. 바로 옆에 작은 언덕이 있었는데 그 위로 덴마크 국기가 휘날리고 있었다. 푸른 초원 위에 빨간 국기가 휘날리고 있는 모습이 강렬하게 느껴진다. 그 배경으로 아이들 사진을 찍어주었다. 그 옆으로 에메랄드 푸른색의 바다가 보이고 하늘의 구름마저 작품이다.

유럽을 여행하는 종종 카우치서핑을 알아보고 했지만 번번이 거절을 당했다. 그도 그럴 것이 우리가 4명인 것을 감안해보면 집이 좁은 유럽에서 우리를 받아주기에 쉽지 않을 것이라는 생각이 들었다. 캠핑이 편해서 굳이 카우치서핑을 할 필요성도 못 느끼기도 했다. 하지만 인테리어로 유명한 북유럽에 왔는데 한 번쯤은 카우치서핑을 해보고 싶었다. 기대도 안 하고 있었는데 한 명의 호스트가 우리를 받아줬다. 정말 뛸 듯이 기뻤다. 당초 여행계획을 세울 때 캠핑, 카우치서핑, 호텔을 적절하게 섞어서 한다면 가장 이상적일 것 같았는데 이제 서서히 현실이 될 것 같아서 기뻤다.

1 덴마크 국기가 매력적인 캠핑장의 언덕 위에서
2 끝없이 이어지는 유채꽃밭
3 마트 가는 길에 만난 겹벚꽃나무

유럽의 대륙을 달리다 보면 거대한 유채꽃밭 광경을 마주할 일이 많은데 덴마크에서 유난히 자주 보였다. 도대체 유럽에서는 유채꽃을 어디에 사용하기에 이렇게 많이 키우는 것일까 궁금했다. 해답은 아직도 모른다. 그렇게 유채꽃밭을 몇 개나 지나고 나니 호스트의 집에 도착했다. 호스트는 우리 자동차 안에 있는 짐을 안전하게 지켜주기 위해 자신의 주차장을 우리에게 양보했다. 참 젠틀하고 반듯한 청년이었다.

호스트를 위해 저녁을 만들어주겠다는 약속을 해서 주변 마트에 가서 장을 보러 갔다. 마트에는 아시안 식료품 코너가 따로 있었는데 한국 음식도 많이 보였다. 마트를 나오니 주변에 겹벚꽃이 활짝 펴 있다. 집으로 돌아가기 전에 동네를 구경하며 갔다. 저녁 식사로 비빔밥을 해 먹었다. 다행히 호스트도 맛있게 잘 먹는다. 처음으로 카우치서핑을 성공하고 착한 호스트를 만나 뿌듯한 하루였다.

	스웨덴을 맛보다			
61 D+day	Date 2019.5.5.	Distance 9km/11,190km	Place 예테보리/스웨덴 2days	etc 카우치서핑 2

어린이날이다. 먼저 한인교회를 갔다. 학교 안에 있는 아주 작은 교회였다. 목사님이 부재해서 인터넷을 통한 영상 예배를 드렸다. 예배를 마치고 나와 예테보리 시내 구경을 하기로 했다. 어린이날을 맞아 할머니가 손주들 사고 싶은 것 사라며 용돈을 보내주셨다. 뭘 살까 하다가 날이 더워질 것을 대비해서 아이들이 원하는 유니콘이 그려진 원피스를 하나씩 샀다. 선물을 사고 쇼핑몰을 돌아보다가 바로 호스트 집으로 돌아가기로 했다.

어제 호스트가 우리에게 대접을 받았다며 저녁을 만들어주겠다고 한다. 호스트의 얘기를 들어보니 아버지가 고려인계 사람이라고 한다. 어쩐지 유럽인 같으면서도 동양인의 모습이 보였다. 호스트는 요리를 좋아해서 직접 모든 음식을 해 먹었는데 모든 것이 수제였다. 맥주, 차, 요거트, 잼을 자신이 직접 만들었다. 우리를 위해 스웨덴 전통 음식을 만들어 주었다. 천연재료로만 음식을 만드는데 칼, 오븐 등 요리 도구를 다루는 솜씨가 보통이 아니다. 코스 요리로 만들어줬는데 감자 요리와 요거트, 초코 케이크, 피자를 차례대로 만들어주었다. 전혀 다른 요리들을 힘들지 않게 척척 만들어냈다. 천연재료로 만들다 보니 MSG에 길들여진 우리에게는 간이 좀 심심하긴 했다. 그래도 피자와 케이크는 맛있었다.

맛있는 음식을 사주는 것보다 직접 정성을 다해 차려준 음식은 평생 잊지 못할 맛과 기억으로 남는다. 유럽에서는 이 집이 처음이자 마지막 카우치서핑이었다. 이후로 북미과 호주에서는 숙박의 반을 카우치서핑으로 해결했다. 상대적으로 땅이 넓어 집이 컸던 북미과 호주에서는 우리가 4명이라도 충분히 수용하고도 공간이 남았다. 카우치서핑을 할 때마다 우리가 호스트에게 요리를 해주었는데 그들에게 좋은 기억으로 남았으면 좋겠다.

1 어린이날을 맞아 할머니가 주신 용돈으로 구입한 원피스 2 호스트가 직접 요리해주는 모습 3 다 함께 식사하는 모습

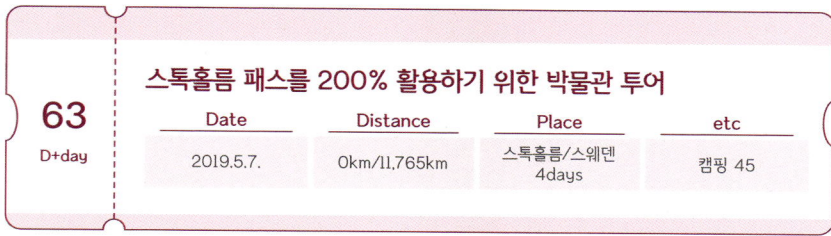

스톡홀름 하면 여행하기 가장 좋은 도시라고 단언할 수 있다. 스톡홀름 패스라고 해서 교통권과 각종 명소 및 투어를 모두 이용할 수 있는 종합티켓이다. 1일권부터 5일권까지 구입할 수 있다. 일정에 맞춰 구입하면 된다. 가격이 조금 비싸긴 하지만 교통권과 입장료를 생각한다면 전혀 아깝지 않고 오히려 가성비 갑으로 인정하게 될 것이다.

지하철을 타고 각종 박물관들이 몰려 있는 지역으로 갔다. 가장 먼저 들른 곳은 노르딕 박물관. 점심을 먹기 위해 박물관 앞 테이블에서 먹으려고 하다가 생각보다 추워서 안으로 들어가 보기로 했다. 박물관 안에서 식사를 하는 것은 불가하지 않겠나 했지만 의외로 박물관 안에는 도시락을 먹을 수 있도록 따로 공간을 만들어놓았다. 스톡홀름에는 많은 박물관과 전시관이 있었는데 모두 시설이 깨끗하고 편리했으며 도시락을 먹을 수 있는 공간이 있어 좋았다. 노르딕 박물관은 1873년 스웨덴 민속학자이자 교육자인 A. 하셀리우스(A. Hazelius)가 설립하였다. 스웨덴과 스칸디나비아 사람들의 과거 생활을 보여주는 다양한 생활용품으로 구성되어 있다. 가구, 음식, 의류, 장난감 등을 어디서 모았는지 궁금했다.

다음으로 바이킹 박물관을 방문했다. 바이킹의 탄생 실화를 시작으로 집, 배, 의류 등을 전시하여 바이킹들의 생활 모습을 알 수 있게 해놓았다. 무엇보다 바이킹 의복을 체험할 수 있었는데 우리끼리 서로의 모습이 웃긴다며 실컷 떠들었다. 이후로도 아이들은 바이킹의 모습이 뇌리에 남았는지 바이킹 흉내를 내었다. 박물관을 나오니 갑자기 비가 내리기 시작한다. 그래서 바로 옆 '보드카 박물관(Museum of Spirits)'을 들어갔다. 북유럽 하면 러시아처럼 추운 날씨로 보드카가 유명한데 그중에서도 '앱솔루트(Absolut)' 보드카가 유명하다. 다양한 보드카의 종류와 제조 방식을 알려주었고, 미술 소장품을 전시하고 있어 미술관으로써의 역할도 하고 있었다. 비가 그쳐 박물관을 나와 시내를 걸으니 상쾌한 공기와 깨끗하게 씻긴 도시가 눈부시다. 세 개의 박물관을 돌아보니 허기가 진다. 시내 한가운데 있는 처음 보는 'MAX'라는 패스트푸드 가게에 들어갔다. 아이들이 배가 고팠는지 허겁지겁 먹는다.

넓은 수면과 운하 때문에 흔히 스톡홀름을 '북구의 베네치아'라고 부른다. 그러니 또 배를 타지 않을 수가 없다. 사실 베네치아보다는 코펜하겐과 비슷했다. 해안가에 자리 잡고 있는 다양한 건물들과 섬이 많았는데 배를 타며 구석구석 둘러볼 수 있어 좋았다. 배에서 내리고는 포토그라피스카 박물관을 향했다. 박물관으로 가는 길에 전문가들이 찍은 동물 사진들이 전시되어 있었는데 그것만으로도 이미 마음이 뺏겼다. 박물관에 도착하니 예린이는 힘들었는지 업혀오면서 잠이 들었다. 엄마와 예린이는 박물관 안 소파에 앉아 쉬었고 아빠와 예은이만 박물관을 둘러보기로 했다. 인물, 풍경, 동물 등 여러 종류의 감각적인 사진들이 전시되어 있었다. 여행하면서 하루에 사진을 몇백 장씩 찍으니 사진 실력이 늘 줄 알았는데 별로 늘지 않았다. 훌륭한 사진들을 보면 좀 나아질까 기대하며 둘러보았지만 이후로도 비슷한 것 같다. 박물관의 사진도 멋졌지만 꼭대기 층에 있던 카페에서 보이는 전경이 멋지다. 예린이가 잠에서 깨어나 박물관을 나갔다. 밖에 석양이 지는데 유난히 붉은 노을이다. 엄마가 아빠 인생사진을 찍어주겠다며 벤치에 앉아보라고 한다. 어쩔 수 없이 앉는 아빠와 사진 찍고 흐뭇한 표정을 짓는 엄마. 아빠의 인생사진은 이렇게 탄생했다. 박물관 일일투어를 마치고 지하철을 타고 캠핑장으로 향했다.

1 바이킹 박물관에서 바이킹이 되어 보는 아빠
2 유람선을 타고 스톡홀름 한 바퀴
3 석양을 배경으로 엄마가 찍어준 아빠 인생사진

64 D+day 봐도 봐도 끝이 없는 스톡홀름의 볼거리

Date	Distance	Place	etc
2019.5.8.	0km/11,765km	스톡홀름/스웨덴 5days	캠핑 46

캠핑장에서 나와 공원을 지나 페리를 타러 갔다. 현재 왕실 거주지로 쓰이고 있는 드로트닝홀름 궁전을 보기 위해서이다. 총 600여 개의 방이 있지만 공개하고 있는 방은 일부에 불과하다. 프랑스의 베르사유 궁전과 비슷한 시기에 지어졌는데, 프랑스 바로크 양식의 영향을 받아 비슷한 분위기를 자아낸다. 지금껏 여행하면서 궁전을 보기 위해 페리를 타고 간 것은 처음이었다. 가는 방법이 새로워서 그런지 드로트닝홀름 궁전은 새롭게 다가왔다. 궁전의 공개된 방은 각종 조각들과 벽화, 고급스러운 가구들로 꾸며져 있었다. 내부도 예뻤지만 푸른 하늘과 호수, 싱그러운 궁전의 정원에서 햇볕을 쬐며 아이들과 손잡고 걷는 게 더 좋았다.

궁전을 나와 버스와 트램을 타고 에릭슨 글로브로 향했다. 각종 경기와 공연이 열리는 스포츠 시설이다. 에릭슨 글로브는 세계에서 가장 큰 반구형 건물이라고 한다. 주변에는 쇼핑몰, 아이스하키 경기장, 글로브 아레나 축구장이 있다. 외관이 반구형이라 주변 건물들과 정말 확연히 구분된다. 그보다 더 신기한 것은 그 반구형의 외관을 따라 움직이는 모노레일이 설치되어 있어 꼭대기까지 올라갈 수 있다. 이런 모노레일은 처음이라 한번 탑승해보기로 했다. 모노레일의 모양은 구 형태이다. 반구형의 건물을 구 형태의 모노레일을 타고 올라가다니 혹시 굴러 떨어지진 않겠지 하는 의구심이 들기도 했다. 주변에 높은 건물이 없어 꼭대기에 올라가면 사방이 다 보였다.

이제는 트램을 이용해서 스칸센으로 향했다. 스칸센은 스웨덴어로 '요새'를 뜻한다. 밖에서 입구만 보면 그리 커 보이지 않지만 유럽 최대 규모의 야외 박물관이다. 30만 ㎡의 드넓은 대지 위에 150여 채의 건물이 들어서 있다. 모두 스웨덴 각지에서 그대로 옮겨온 것들이다. 옛날 교회, 어느 시골의 농가 등 과거 스웨덴의 모습을 볼 수 있다. 스칸센 안에는 농장, 유리 공장, 동물원, 잡화점 등이 있는데 한마디로 종합선물세트 같은 박물관이다. 동물원에는 악어, 원숭이를 볼 수 있고 수족관이 있어 다양한 어류들을 관찰할 수 있다.

스칸센을 나와 도보로 15분을 걸어 스칸디나비아에서 관광객들이 가장 많이 찾는 '바사 박물관(Vasa Museum)'을 향했다. 스웨덴에서 가장 오래된 전함으로, 바사왕가의 구스타브 2세(Gustav II)가 재위하였던 1625년에 건조되어 1628년 8월 10일 첫 항해 때 침몰한 전함 바사호(號)가 전시되어 있다. 전함이 건조되던 당시 스웨덴은 북유럽 발트해 주변 제국 건설에 분주해 막강한 해군력을 절실히 필요로 했기 때문에 전함 건설에 총력을 기울였다. 바사호는 그 당시 건설된 전함 중의 하나이다. 거대한 크기로 건조된 전함은 진수식을 하자마자 열린 포문 사이로 물이 스며들어 몇 분 만에 침몰하고 말았다. 이 사고로 배에 승선하고 있던 150여 명 중 30여 명이 익사했다. 침몰한 바사호를 인양해서 재건하여 박물관 안에 통째로 전시해놓았다. 박물관은 총 4층으로 되어 있으며, 각 층에는 바사의 준공, 취항, 침몰, 인양의 각 과정을 설명하고 있다. 여기서 알 수 있다. 유럽인은 실패한 역사를 숨기지 않고 꺼내어 분석하고 알리고 있다. 다시는 이런 흑역사를 되풀이하지 말자는 의미가 아닐까 싶다.

66 D+day	이케아는 이케 활용하기			
	Date	Distance	Place	etc
	2019.5.10.	8km/11,773km	스톡홀름/스웨덴 7days	캠핑 48

스톡홀름 시내를 구경하면서 이케아 셔틀버스를 종종 보았다. 그래서 알아보니 우리 캠핑장 바로 옆 이케아에서 셔틀버스를 운영하고 있었다. 이제 스톡홀름 패스 3일권을 다 써버렸기에 시내버스 1회 이용금액인 6천 원을 지불해야 한다. 하지만 이케아에서 아침을 먹고 셔틀버스를 이용하니 아침 식사로 교통비까지 해결할 수 있었다.

셔틀버스를 타고 시내 중심가에서 내렸다. 먼저 화장실을 이용하기 위해 눈앞에 보이는 고급 호텔로 들어갔다. 정말 여행가라고 느껴지는 순간이다. 처음에는 화장실을 찾아 헤매며 눈치를 보고 했지만 이제는 제일 고급스러운 호텔로 들어가 손님인마냥 자연스럽게 카운터에서 가서 화장실이 어디냐고 묻는다. 그러면 친절하게 안내해준다. 그리고 영어 한마디 못하던 아이들이 잘하는 영어가 있다. "Where is the tolilet?", "Take a picture, please?" 우리가 쓰는 영어의 80%를 차지하는 두 문장이다. 반성해야겠다.

사실 오늘 관광 포인트는 스톡홀름 시청사이다. 아름답기로 유명해서 가보기로 했다. 버스에서 내려 15분 정도 걸으니 도착한다. 무엇보다 매년 12월, 노벨상 시상식 후 축하 연회가 열리는 곳으로 유명하다고 한다. 때마침 오늘은 대학원 졸업 수료식이 있었다. 정장을 차려입은 사람들이 시청광장을 가득 채웠다. 멋진 건물에 멋진 사람들. 특히 여성분들이 멋진 원피스를 차려입고 있다. 아이들이 더 많은 관심을 보인다. 자기들도 저기에 들어가고 싶다고 한다. 우리도 안으로 들어가 보려고 시도는 했지만 통제되고 있었다. 공부를 열심히 해야지 들어갈 수 있다고 하니 열심히 공부하겠다고 한다. 그다음 날 아침, 예은이는 일어나 영어책을 꺼내 읽고 있다. 동기부여가 된 것일까?

스톡홀름 중심가로 이동했다. 거리마다 설치되어 있는 사자상. 스톡홀름 왕궁을 상징하는 것인데 정말 귀엽다. 긴 생머리에 눈웃음치는 귀여운 사자라서 많은 아이들이 위에 올라가 있는 모습을 쉽게 볼 수 있다. 아이들에게 친근하게 다가가기 위한 목적이 아닐까 싶다. 이런 권위적이지 않은 모습이 참 좋다. 중심가를 걷다가 가게 앞에서 바닥에 낙서를 하라고 대놓고 색연필을 갖다 놓았다. 예은이는 낙서를 다 하고는 아빠에게 와보라고 한다. 아빠가 글씨를 못 알아보자 말해준다. '아빠 사랑해'라고 썼다며. 이게 바로 딸을 둔 아빠의 행복이 아닐까 싶다. 다시 셔틀버스를 타고 이케아에 도착했다. 아이들은 이케아 안에 있는 놀이방에서 놀고 싶다며 들어갔다. 이케아에서는 부모들이 자유롭게 쇼핑하도록 놀이방에서 한 시간 동안 아이들을 책임지고 돌봐준다. 참 고마운 이케아. 이케아는 이케(?) 활용하자.

1 시청사에서 허가된 사람들만 입장하는 문 앞에서　2 스웨덴 왕궁을 상징하는 사자상　3 이케아 건물 앞 광장에 전시된 의자에 앉아서

70 D+day	오슬로 구경을 마치고 본격적인 노르웨이 여행을 시작하다			
	Date	Distance	Place	etc
	2019.5.14.	317km/12,829km	오슬로/노르웨이 2days	캠핑 52

일주일간의 스톡홀름 생활을 마치고 북유럽 여행의 목적이자 이유인 노르웨이로 향한다. 지금껏 이렇게 장기간 한 도시에서만 있었던 적이 없었다. 당초에는 스톡홀름을 빼버릴까도 했지만 지금 와서 생각해보면 그러지 않길 정말 잘했다. 노르웨이로 넘어오자마자 캠핑장에 차를 세워두고 버스를 타고 오슬로 시내로 다시 향했다. 먼저 찾아간 곳은 오슬로 시청. 오슬로시의 창립 900주년을 맞아 완공한 것이다. 많은 관광객들이 외부보다는 내부를 구경하고 있었다. 내부에는 노르웨이의 유명한 미술가들의 작품들이 전시되어 있다. 유럽에서 가장 큰 유화와 뭉크의 〈생명〉이라는 작품을 비롯해서 많은 벽화들과 그림들이 있었다. 또한 1층 로비에서는 노벨평화상을 수상하는 장소로 유명하다. 다른 부문의 노벨상은 모두 스톡홀름에서 선장하고 수상하지만, 노벨평화상만은 노벨의 유언에 따라 오슬로 의회가 선정하고 수상한다.

시청을 나와 트램을 타고 비겔란 조각공원을 향했다. 노르웨이 출신의 세계적인 조각가 구스타브 비겔란(Gustav Vigeland)과 그의 제자들이 제작한 조각 작품 200여 개가 전시된 공원이다. 오슬로 도심의 북서쪽, 드넓은 녹지에 조성되어 시민들의 산책 장소로 사랑받는다. 아름다운 자연과 예술 작품이 훌륭한 조화를 이뤄 오슬로가 자랑하는 대표적인 문화 공간으로 선정한 것이 충분히 이해된다. 공원에 전시된 비겔란의 수많은 작품 중에서 가장 유명한 것은 높이가 약 17m에 달하는 화강암 조각상 '모놀리트(Monolith)'다. 공원 한가운데 서 있다. 멀리서 보면 그저 커다란 기둥처럼 보이지만, 121명의 남녀가 엉켜 괴로움으로 몸부림치는 모습이 생동감 있게 묘사된 작품이다. 정상으로 올라가려는 듯 안간힘을 쓰는 군상은 인간의 본성을 나타내며 실제 인체 크기로 조각되어 더욱 역동적인 느낌을 보여준다. 조각품 중에 아빠와 자녀 간의 모습을 표현한 작품들이 꽤 있었는데 그냥 지나치지 않고 포즈를 따라 하며 사진을 찍었다. 조각품이 모두 나체로 조각되었다. 조금 더 진실된 모습, 있는 그대로의 모습을 표현하기 위함인 것 같다. 조각상들의 전체 모습을 미루어 볼 때 말하고자 하는 내용은 인간이 태어나 죽음에 이르기까지의 모습에서 다양한 희로애락을 담고 있었다. 많은 것들을 생각하게 하는 조각들이었다.

공원을 나와 캠핑장으로 가서 체크아웃을 하고 본격적인 노르웨이 여행을 나섰다. 가장 먼저 나선 곳은 송네피오르 근처 캠핑장이었다. 도착하니 피오르가 바로 앞에 펼쳐져 있다. 아이들은 놀이터에 가서 놀았는데 거기서 또래 미국 여자아이와 친해져서 텐트에 데려왔다. 서로의 말은 알아듣지 못하지만 각자 군옥수수를 들고는 뭐가 그리 즐거운지 계속 웃어 대며 맛있게 먹는다. 여행하다 보면 외동인 친구들이 항상 우리 아이들에게 먼저 다가와 친하게 지낸다. 확실히 혼자 있으면 많이 심심해하는 게 느껴지는데 우리 아이들은 가끔 다툴 때도 있지만 서로가 있어 얼마나 고마운지 알고 있는 것 같았다. 그래서 우리는 항상 말하고는 했다. 만약 엄마, 아빠가 없으면 세상에서 가장 소중하고 서로 지켜줘야 하는 사람이 바로 언니, 동생이라고 말이다.

1 오슬로 시청사 앞에서 2 비겔란 조각공원에서 동상과 똑같은 포즈를 취하는 예린이와 아빠 3 캠핑장에서 만난 미국 꼬마 아가씨

71 D+day	멋진 절경을 보기 위해 하루 내내 바쁜 노르웨이			
	Date	Distance	Place	etc
	2019.5.15.	261km/13,090km	송네피오르, 베르겐/노르웨이 3days	캠핑 53

아침에 일어나니 어제 친하게 지냈던 미국 여자아이가 또 놀러 왔다. 함께 아침을 먹고 공놀이를 했다. 이쯤에서 의문이 들기 시작한다. '이 아이의 부모님은 도대체 어디에?'라는 생각이 들지만 대부분의 캠핑장에서 외국 부모들은 아이들을 거의 방치시켜놓는다. 그때 아이의 아빠가 나타났다. 미국 뉴욕에서 놀러와 아이의 이모와 함께 노르웨이를 여행 중이라고 했다. 아쉽지만 이제 우리는 체크아웃을 해야 돼서 작별 인사를 하고 먼저 떠났다. 떠나기 전 캠핑장에서 보이는 피오르가 멋있어서 사진을 찍고 길을 나선다.

캠핑장을 나와 도로를 달리다 보니 터널이 하나 나온다. 아마 여행 중 우리가 지났던 터널 중 가장 긴 터널이었다. 총 길이가 24.5km인 '레르달 터널'이다. 터널 안에서만 약 20분을 달렸다. 터널을 나와 꼬불꼬불 산길을 10분 정도 달리니 노르웨이에서 가장 길고 수심이 깊은 송네피오르 전망대가 나온다. 길이가 204km로 전 세계에서도 두 번째로 긴

피오르이다. 전망대에서 나와 플롬 산악기차를 타러 갔다. 각종 다양한 거대 폭포를 관람할 수 있고 피오르 지형을 기차를 타며 자세히 볼 수 있어서 좋았다. 기차 중간 지점에서 잠시 정차했다. 기차에서 내리니 코스포센 폭포가 있었는데 음악이 흘러나오며 공연이 펼쳐졌다. 여성 무용수가 여기저기서 나타나면서 춤을 추었다. 신비한 풍경에 음악과 춤이 더해지니 더없이 멋진 공연이 되었다. 공연이 끝나니 관람객 모두 감동의 박수를 보낸다.

기차에서 내려 다시 차를 타고 달리다 보니 페리를 타야 했다. 노르웨이를 여행하기 위해서는 하루에 적어도 한 번은 페리를 타야지만 다른 지역으로 이동할 수 있었다. 그리고 하루에 2~3개 정도의 터널을 지나게 된다. 송네피오르가 유명하긴 하지만 이동하는 길에 만나는 이름 모를 피오르에 더 눈이 갔다. 특히 지금은 5월이라 눈이 녹고 있어 산에서는 작은 폭포들이 줄기차게 흐른다. 때문에 운전하는 내내 절경이 계속해서 이어졌다. 시간이 늦어져서 가는 길에 있던 캠핑장에 머물기로 했다. 캠핑장 주변 산세와 호수도 그야말로 절경이다. 이곳이 바로 노르웨이다.

1 송네피오르를 배경으로
2 플롬 산악기차 안에서
3 차를 타고 가다가 만난 멋진 풍경

73 D+day	아침부터 저녁까지 운수 좋은 하루			
	Date	Distance	Place	etc
	2019.5.17.	100km/13,294km	브릭스달/노르웨이 5days	캠핑 55

아침에 자고 일어나니 텐트 밖으로 사람들이 웅성거리기 시작한다. 무슨 일인가 싶어 밖을 나가 보니 사람들이 전통의상을 입고 돌아다닌다. 주변 사람들에게 무슨 날이냐고 물어보니 제헌절이라고 한다. 노르웨이 최대의 국경일 축제이며 어린이날이기도 하다. 아침 일찍부터 축제가 시작되었는데 동네 사람들이 전통의상 부나(bunad)를 차려입고 국기를 손에 들고 밴드와 함께 퍼레이드가 이어진다.

생각지도 못한 노르웨이 축제일에 우리가 함께하고 있다니 정말 운이 좋았다. 거기에 날씨까지 좋으니 행복지수가 최고조에 달한다. 동네 위로 올라가니 엄청난 굉음을 만들며 쏟아지는 스토르포센 폭포가 보인다. 게이랑게르피오르의 전경도 한눈에 들어온다. 다시 반대편에 있는 전망대로 향하는데 길이 상당히 꼬불꼬불하다. 정말 전 세계에 있는 운전하기 힘든 도로는 다 섭렵해보는 것 같다. 다시 페리를 타고 노르웨이에서 가장 지그재그 길인 트롤스티겐을 향한다.

1 게이랑게르피오르가 한눈에 보이는 언덕에서
2 성인 키보다 높은 눈이 쌓여 있는 눈밭에서 눈싸움
3 트롤스티겐에서 전통의상을 입은 언니들과

노르웨이에 가면 꼭 가고 싶었던 길이 트롤스티겐이었다. 실제로 이런 길이 있는지 꼭 보고 싶었다. 그런데 사실 찾아가는 길이 더 멋졌다. 가는 길에는 눈이 덮인 산들이 많이 보였는데 바로 도로 옆인데도 불구하고 아직 눈이 2m나 쌓여 있다. 그냥 지나칠 수가 없어 내렸다. 날씨가 더워서 아빠는 반팔에 반바지를 입고 있는데 아직 2m나 넘는 눈이 남아 있다니 정말 눈으로 보고도 믿기지 않았다. 현지인들은 반팔, 반바지를 입고 스키를 탄다. 정식 스키장이 아니기에 리프트나 곤돌라가 없다. 그렇기에 스키 도구를 직접 들고 산을 올라가야 한다. 아주 힘든 일이지만 야생 스키를 타는 것이기에 그 정도 감수는 충분히 할 수 있을 것 같다. 우리는 스키를 탈 수는 없기에 눈을 밟고 올라가 눈싸움을 하기로 했다. 더 야생적인 활동이었다. 치열했던 눈싸움을 마치고 트롤스티겐으로 갔다.

트롤스티겐은 평소에는 5월 중순부터 10월까지 개방하는데 날씨에 따라 변한다. 얼마 전까지만 해도 개방하지 않았는데 날이 날인 만큼 개방을 하였다. 역시나 많은 차들이 주차되어 있었다. 주차장에서 내려 10분 정도 걸어가면 트롤스티겐 전망대가 나오는데 황홀한 경관에 입이 다물어지지 않는다. 전통의상을 입고 있는 아리따운 두 아가씨가 전망대에서 사진을 찍고 있었는데 우리 공주들과 같이 사진을 찍어달라고 요청하니 흔쾌히 승낙해준다. 노르웨이에 있는 많은 전망대들을 보면 하나같이 풍경과 조화가 잘 되는 디자인으로 설치해놓았다. 유리와 철제를 사용하여 풍경을 잘 살리고 있다는 느낌을 받는다.

11개의 U 자형 커브를 무사히 내려와 근처에 있는 캠핑장에 머물기로 했다. 어찌 된 일인지 저녁 야경까지 놓칠 수가 없다. 둥근 보름달이 떴는데 붉은 노을은 아직 남아 있고 호수가 잔잔해 또 이 모습을 그대로 반영해준다. 하루 만에 인생 사진을 몇 개나 건졌는지 모른다. 반어법이 아닌 정말 운수 좋은 날인 것 같다.

76 D+day	사진으로는 도무지 담을 수 없는 툰드라의 신비함			
	Date	Distance	Place	etc
	2019.5.20.	504km/14,405km	하르당에르비다 국립공원/노르웨이 8days	캠핑 58

1 노부부가 찍어준 가족사진
2 폭포 뒤로 길이 나 있는 진귀한 풍경
3 툰드라 지대 어느 도로에서

캠핑장을 나와 들른 곳은 좀처럼 보기 드문 폭포인 스테인스달스폭포이다. 높이가 50m이다. 위쪽이 불쑥 솟은 절벽 위에서 폭포가 쏟아진다. 무엇보다 신기한 것은 폭포 뒤쪽으로 잘 정리된 길이 나 있어 폭포를 가까이에서 바라볼 수 있었다. 녹은 눈이 흘러내리는 3~6월에 장관을 이루는데 적기라 그런지 엄청난 물의 양이 쏟아진다. 안쪽 길을 따라 끝까지 올라가니 전망대가 나온다. 우리끼리 사진을 찍고 있으니 외국인 노부부가 가족사진을 찍어주고 싶다고 한다. 얼굴에 행복한 미소를 품고 우리 휴대폰으로 사진을 찍으신 후 자신의 휴대폰으로 우리의 모습을 찍어도 되겠냐고 여쭤보신다. 흔쾌히 승낙해드렸다. 아마도 자신의 젊을 때의 모습이 연상되면서 다 커버린 자식들의 어렸을 때 모습도 오버랩되면서 만감이 교차하는 표정을 지으신다. 우리도 다음에 나이가 들면 어린 자녀들과 여행하는 가족의 모습에서 많은 생각이 떠오를 것 같다. 이 외국인 노부부가 짓는 표정을 우리가 짓고 있을 먼 미래가 살짝 그려졌다.

노르웨이를 여행하면서 여러 가지 자연의 모습에 놀랐다. 피오르부터 다양한 폭포에 멋진 산과 호수까지. 하지만 무엇보다 가장 놀랐던 자연의 모습은 툰드라 지대였다. 피오르와 폭포 등은 여행을 준비하면서 예상했던 모습이었지만 하르당에르비다 국립공원에 위치한 툰드라 지대는 정말이지 교과서에서나 봤지 이렇게 마주할 거라 생각지도 못했는데 우리가 그 길을 지나고 있었다. 심지어 도로에는 차가 거의 지나다니지 않는다. 도로에는 눈의 깊이를 확인하는 길고 얇은 막대만이 나란히 세워져 있다. 원래라면 눈으로만 다 덮어져 있었을 테지만 지금은 대지의 평균온도가 높아져서 얼었던 땅이 녹으면서 곳곳에 물웅덩이가 생긴다. 춥고 척박한 얼음 평원에 생명체가 싹을 틔울 수 있는 환경이 만들어진다. 그 모습이 정말 신기해 보인다. 우리 역시 날씨가 따뜻해서 반팔을 입고 있지만 툰드라 지역은 아직 춥기에 패딩 조끼를 꺼내 입었다.

반팔과 패딩 조끼가 아주 적합한 환경이다. 아무리 달려도 끝이 보이지 않고 차도 어쩌다가 한 대씩 지나가기에 도로에 잠시 차를 세우고 사진을 찍었다. 정말이지 우리나라에서는 절대로 볼 수 없는 진귀한 풍경이었다. 오슬로를 지나 노르웨이에 막 입국했을 때도 잠시 툰드라 지대 같은 곳을 지나왔지만 여기처럼 몇 시간을 달려도 계속해서 툰드라 지대는 아니었다. 몇 시간을 달려도 더 보고 싶고 더 달리고 싶은 지역이었다. 이날의 풍경이 뇌리에 깊이 새겨져서 노르웨이는 정말 잊지 못할 나라 중 하나로 남았다. 아쉬운 것은 사진으로는 이 멋진 풍경을 그대로 담을 수가 없다는 것이다.

80 D+day — 다양성과 자유분방함을 품은 도시, 암스테르담

Date	Distance	Place	etc
2019.5.24.	0km/15,479km	암스테르담/네덜란드 2days	캠핑 62

노르웨이에서의 대자연 탐험을 마치고 이제 다시 페리를 타고 서유럽을 향한다. 약 20일 동안의 북유럽 여행이었다. 확실히 서유럽과는 다른 자연과 문화를 느꼈다. 역시 사람은 환경의 영향을 많이 받는다. 추운 날씨 속에서 적응하며 살기 위해 노력한 북유럽인들의 애환을 느낄 수 있었다. 바이킹족이 탄생한 비화와 실패에서 얻는 값진 가치에 대해서도 깨닫는 바가 많았다. 다시 서유럽으로 넘어와 독일을 지나 네덜란드에 도착했다. 아침 일찍 네덜란드 전형적인 풍경을 간직한 잔세스칸스로 갔다. 네덜란드의 대표 풍경사진을 뽑는다면 아마 여기에서 촬영한 것이라 봐도 무방할 것이다. 파란 하늘에 잔잔한 호수를 끼고 풍차가 쉼 없이 돌아가며 주변에는 형형색색의 튤립들이 있다면 100% 잔세스칸스에서 찍은 사진일 것이다. 그리고 명물이 하나 더 있는데 바로 나막신이다. 땅이 낮아 항상 물과 전쟁을 벌였던 네덜란드인들은 600여 년 전부터 습기를 방지하고 발을 따뜻하게 유지시켜주는 나막신을 신었다. 여기 잔세스칸스에 가면 나막신을 손수 만드는 모습을 눈앞에서 볼 수 있다. 한마디로 네덜란드의 전통을 이어가는 모습을 그대로 재현한 관광지라고 할 수 있다. 게다가 시계 박물관, 제과점, 치즈 공장까지 다양한 볼거리가 있다. 하나씩 다 구경하다 보니 언제 시간이 흘렀는지도 모르고 오후가 되었다. 나오기 전에 아기자기한 소품들이 가득한 카페에서 커피와 빵을 먹고 암스테르담을 향했다.

전차를 타고 암스테르담 중심가로 이동했다. 내리자마자 익숙하지 않은 향기가 코를 자극한다. 바로 대마초향이다. 대마초가 합법인 암스테르담이라 거리 곳곳에서 그 향을 맡을 수 있다. 중심가에서 약간 벗어난 곳에는 홍등가가 자리 잡고 있다. 겉모습만 봤을 때는 타락한 도시처럼 보이지만 속내를 들여다보면 다 이유가 있다. 한 예로 1973년부터 안락사에 대한 운동이 펼쳐졌고 법안이 공식 발효된 것은 2002년 4월부터다. 그리고 이민자들의 인구가 상당한 비중을 차지하며 현재 암스테르담은 약 170개가 넘는 다양한 국적의 인구로 구성된 전 세계적으로 가장 다양성이 높은 도시로 손꼽힌다. 그만큼 자유에 대해 관용적인 자세를 취해 온 도시라고 할 수 있다. 그렇게 바라보니 마약과 매춘의 대명사인 암스테르담이 달라 보인다.

특히 도시의 구조가 상당히 특이하다. 여러 개의 운하로 둘러싸인 부채꼴 형태의 도시로, 반원형의 구시가지는 크고 작은 운하가 사방으로 뻗어 있어 장관을 이루며 도시 형성과 개발 과정 자체가 도시의 상징이자 관광자원이다. 17세기에 인구의 증가로 도시를 확장하면서, 약 90개 이상의 섬을 약 1,200여 개의 다리로 연결하였으며, 이로서 더 넓은 도시를 만들 수 있었다. 거리에는 사람, 자전거, 자동차, 보트의 수가 각각 동일할 만큼 많이 보이는데 이 모습 또한 이색적이다. 암스테르담을 방문할 때 별 생각 없이 왔지만 버스를 타고 캠핑장으로 돌아가면서는 머릿속이 복잡해졌다. 인간의 자유의지에 따른 마약과 매춘이 어떤 영향력을 미치게 되는지 궁금해지면서 암스테르담이라는 도시에 대해 호감과 비호감이 교차했다.

1 잔세스칸스 대형 노란 나막신에서 2 네덜란드의 상징 풍차와 함께 3 암스테르담 도심 거리

81 D+day

모네가 사랑한 해변, 에트르타

Date	Distance	Place	etc
2019.5.25.	669km/16,148km	에트르타/프랑스 13days	캠핑 63

네덜란드 암스테르담에서 프랑스 에트르타까지 쉼 없이 달렸다. 총 거리 669km. 세계 여행의 첫 출발 국 프랑스로 80일 만에 돌아왔다. 처음 왔을 때보다 확실히 많이 따뜻해졌다. 아이들이 더울 때는 반팔 티를 입었다. 무사히 다시 프랑스로 돌아오니 감회 가 새롭다. 달리고 달려 캠핑장 체크인을 마치고 바 로 근처 에트르타 해변을 보러 갔다. 에트르타는 노 르망디 지역의 해안 도시로 굵은 자갈과 하얀 절벽 이 아름답기로 유명하다. 그리고 모네가 사랑한 장 소로도 유명하다. 해변 산책로에는 모네 그림의 풍 경이 된 장소와 모네의 그림을 비교해서 볼 수 있도 록 해두었다. 모네가 바라보며 그림을 그린 장소에 우리가 있다는 것만으로 이상하게 마음이 설렌다.

에트르타 해변이 유명한 이유는 모네의 그림이 일 조한 것도 있지만 해변 좌우로 두 개의 해안절벽이 있다. 바다를 바라봤을 때 왼편에 팔레즈 다몽이 있 고, 오른편에 코끼리 절벽이라 불리는 팔레즈 다발 이 위치해 있다. 하얀 절벽을 자세히 보면 그간의 세월의 흔적을 볼 수 있다. 파도쳐서 갈라진 절벽의 모습은 마치 노인의 주름살을 연상하게 한다. 두 절벽 위로 걸어서 올라갈 수 있는데 우리는 교회가 보이는 팔레즈 다발 언덕으로 올라가기로 했다. 언덕으로 올라갈수록 풍경은 더 멋있어진다. 많은 이들이 코끼리 절벽인 팔레즈 다발이 더 멋있다고 하지만 우리는 팔레즈 다몽이 더 특이해 보여서 좋았다. 노을까지 지고 있으니 운치를 더한다. 언덕에서 내려오니 한적하고 조용한 해변에서 사람들은 말없이 지는 해를 바라본다.

1 모네의 작품과 작품 속 배경이 된 장소 2 에트르타를 바라보며 3 바다, 야생화, 성당이 어우러져 더 멋진 에트르타

82 다시 돌아온 파리

D+day

Date	Distance	Place	etc
2019.5.26.	241km/16,389km	몽마르트르/프랑스 14days	캠핑 64

아침 일찍 캠핑장 체크아웃을 하고 나왔다. 한 번 더 에트르타 해변을 가보기로 했다. 가는 길에 사람들이 줄을 길게 서고 있는 빵집이 보여 차를 잠시 세우고 엄마만 들어가 보았다. 유명한 동네 빵집이라 확신하고 빵 몇 개를 사왔다. 프랑스에 왔으니 될 수 있으면 빵을 많이 사 먹으려고 했다. 확실히 갓 구운 빵이 맛있다. 에트르트 해변 주차장에 도착했다. 이번에는 어제와 반대편인 팔레즈 다몽 위의 언덕을 올라가보기로 했다. 올라가보니 바로 옆에 더 큰 코끼리 절벽이 있다. 이건 훨씬 커서 아빠 코끼리 절벽이라 불러야 될 것 같았다. 그래서 아빠와 아빠 코끼리 절벽끼리 사진 찍고 내려왔다.

이제 쭉 프랑스 파리까지 달린다. 다시 만난 개선문이다. 우선 주일이니 한인교회를 찾아갔다. 교회에서 식사를 대접해주었다. 우리처럼 새 가족 중에 파리로 출장 오신 네이버를 다니는 남자 회사원 한 분과 함께 동석해서 식사를 했다. 아빠와 비슷한 또래에 결혼을 해서 아이들과 비슷한 나이 또래의 자녀

1 에트르타 옆 해변의 또 다른 아빠 코끼리 바위
2 몽마르트르 언덕 광장에서 펼쳐지는 불꽃쇼
3 다시 돌아온 파리에서

가 있다고 한다. 여행하면서 아빠가 네이버 블로그에 글을 올리고 있었는데 사진이나 동영상이 잘 업로드되지 않아 힘들어했었다. 그런데 이분이 그 문제 때문에 지금 프랑스에 와 있다는 것이었다. 정말 신기한 인연이다. 식사를 마치고 함께 몽마르트르 언덕을 가보기로 했다. 이분은 차가 없어서 우리가 태워드렸다. 주차를 하고 함께 걸어가는데 몽마르트르 언덕을 잠깐만 보고는 숙소로 가봐야 할 것 같다며 먼저 가셨다. 가시고 나니 계단에서 불쇼 공연을 하는데 볼만했다. 함께 봤으면 좋았을 텐데 아쉬웠다. 몽마르트르 언덕을 내려가는 길에 노란 불빛과 빨간 벽돌 가게가 프랑스 감성을 알려준다. 캠핑장으로 돌아가기 전에 에펠탑 야경을 보러 갔다. 언제 보아도 마음을 설레게 만드는 에펠탑은 도대체 무슨 마력을 지닌 것일까.

85 D+day	평생 잊지 못할 우리들의 첫 디즈니랜드 방문기			
	Date	Distance	Place	etc
	2019.5.29.	0km/16,459km	파리/프랑스 17days	B&B 디즈니 호텔 파리

말로만 듣던 디즈니랜드를 가다니 꿈인지 생시인지 모르겠다. 아침 일찍 일어나 호텔 조식을 먹고 아이들은 지난 3월 보르도에서 구입한 소피아 드레스를 입고 출발 준비를 마쳤다. 그런데 이상하게 그런 아이들보다 아빠가 더 들뜬 표정이다. 디즈니랜드 셔틀버스를 타고 입구 앞에서 내렸다. 입장권을 바코드에 대니 '띠' 하며 문이 열린다. 입구에서 디즈니성까지 꽤나 거리가 있다. 디즈니성까지 가는 길은 각종 상점들이 차지하고 있었다. 일단 상점은 지나치고 디즈니성으로 직진했다. 사람들이 많아 사진 찍을 때 다른 사람이 안 나오게 촬영하기가 어렵다. 디즈니성을 보는 것만으로도 꿈이 이루어진 듯한 기분이다. 입구에서부터 사진 50장 정도 찍고 안으로 들어갔다.

가장 먼저 만난 주인공은 알라딘의 지니였다. 진짜가 아닌 걸 알면서도 이렇게 반가운 건 뭘까. 더 안으로 들어가 보니 사람들의 줄이 길다. 누군지 보니 토이스토리 주인공 우디였다. 예은이가 특히 우디를 좋아해서 줄이 길어도 기다렸다. 일단 아이들이 줄을 곧이곧대로 잘 서고 있을 리가 없기 때문에 엄마가 줄을 서고 아빠는 아이들을 데리고 다른 곳에서 구경을 하다가 차례가 다가오면 줄을 세웠다. 차례가 다가와 우디를 눈앞에서 만나게 되었다. 우디의 반응이 좋았다. 드레스를 입은 아이들을 보며 말을 하진 않지만 '아름다운 공주님들을 보니 영광입니다'라는 제스처로 인사를 하며 아이들과 왈츠를 추고는 너무 좋아 혼자 빙글빙글 돈다. 마지막으로 아이들과 사진을 찍으면서도 손을 입에 대어도 침이 묻지 않을 텐데 침을 묻히는 척하며 머리카락을 손질하며 사진을 찍어준다. 우리도 함께 가족사진을 찍었다. 매너가 정말 좋았다. 오늘부터 우리도 우디 팬이 되었다.

멋도 모르고 탔던 인디아나 기차는 거의 롤러코스터였다. 아이들은 별로 안 무서운지 울지 않는다. 하지만 아빠의 눈가는 축축해졌다. 놀란 가슴을 진정시키기 위해서 날마다 아이들이 노래를 부르는 회전목마를 타러 갔다. 다음은 배를 타고 미니어처로 만든 세계 여행을 했다. 아침 일찍부터 서둘러 슬슬 배가 고파져서 벤치에 앉아 도시락을 먹었다. 조금 있으니 디즈니성 근처에서 퍼레이드가 펼쳐진다. 갑자기 먹구름이 하늘을 뒤덮는 바람에 사진이 예쁘지 않다. 퍼레이드 이후로 피노키오관, 이상한 나라의 앨리스관, 스타 투어관 등을 관람했다. 이제 슬슬 디즈니성에 야경을 밝히는 조명이 켜진다. 사람들은 불꽃놀이를 제대로 감상할 수 있는 저마다의 명당을 잡기 위해 눈치싸움을 벌인다. 우리도 나름 괜찮은 자리를 차지해 앉아서 저녁을 먹었다. 불꽃쇼가 진행되면서 디즈니성에 조명을 비추며 디즈니 스토리가 메들리로 이어진다. 그야말로 환상적이다.

정말이지 하루가 어떻게 지나갔는지도 모를 만큼 빨리 지나갔다. 불꽃쇼가 끝나니 저녁 11시 30분이다. 마지막 불꽃과 함께 아이들도 꿈속으로 장렬히 전사했다. 우리는 각각 한 명씩 안고 버스를 타고 숙소까지 갔다. 처음부터 끝까지 힘들었지만 아이들이 즐거워하고 행복한 추억이 많이 생겼으니 충분히 위로가 됐다. 다음에 또 기회가 되면 언제든지 다시 가고 싶다.

1 디즈니랜드 성에 서서 2 토이스토리 우디와 함께 가족사진 3 마지막을 장식하는 화려한 불꽃쇼

86
D+day

신비로운 몽생미셸에서 소중한 인연을 만나다

Date	Distance	Place	etc
2019.5.30.	392km/16,851km	파리/프랑스 18days	캠핑 66

어제 디즈니성을 봤으니 라푼젤 성의 모티브가 된 몽생미셸로 향한다. 바다 위의 섬에 세워진 수도원이다. 이 섬에 수도원이 들어선 것은 8세기. 전설의 주인공은 아브랑슈의 주교인 성 오베르(St. Aubert). 어느 날 밤 그의 꿈에 천사장 미카엘이 나타나 이 섬에 수도원을 지을 것을 명했다. 당연히 성 오베르는 꿈을 무시했다. 분노한 천사장은 재차 꿈에 나타났고, 이번에는 손가락을 내밀어 신부의 머리를 태웠다. 꿈에서 깨어나 이마의 구멍을 확인한 후에야 신부는 공사에 착수했다고 한다.

현재 이곳은 세계 문화유산으로 지정되고 프랑스에서 두 번째로 인기가 많은 관광지이다. 그렇다 보니 주변 캠핑장이나 숙박시설에 빈방이 거의 없다. 조금 떨어진 캠핑장에 다행히 자리가 있었다. 우선 체크인을 하고 텐트를 쳤다. 몽생미셸의 지정된 주차장에 주차를 하고 셔틀버스로 옮겨 타고 이동했다. 도착하니 노을이 지기 시작한다. 바닷물은 썰물이라 다리 밑으로 물이 거의 없어 내려가 보았다. 정말 물이 차면 수도원은 섬이 되는 것이다. 갑자기 수도원이 궁금해져 꼭대기까지 걸어 올라갔다. 작은 마을이 형성되어 있다. 정말이지 천사의 명이 아니고서는 여기에 수도원을 짓지 않았을 것 같다.

구경을 마치고 다시 셔틀버스를 타러 갔는데 어디서 타야 할지 몰라 헤매고 있으니 어느 한국인 부부가 친절하게 알려준다. 함께 버스를 타고 이야기를 나눴는데 오랜만에 우리가 아닌 다른 사람에게서 경상도 사투리를 들었다. 놀라운 것은 이 두 분도 세계 여행을 하고 계셨다. 우리 코스와는 반대였다. 이미 뉴질랜드와 남미 여행을 마치고 유럽으로 온 것이다. 우리는 이제 유럽을 마치고 북미와 호주, 뉴질랜드로 이동할 것이라고 하니 비슷하다며 신기해했다. 더 놀라운 것은 같은 캠핑장에 텐트를 치고 있다는 것이었다. 캠핑장에 가면 우리 텐트에서 다시 만나자고 하고 각자의 차로 헤어졌다. 다시 우리 텐트에서 만나 이야기꽃을 피웠다. 세계 여행의 동반자이자 같은 경상도 지역 사람이라 더 정감이 갔다. 아쉽게도 내일 우리는 영국으로 떠나기 위해 페리를 타야 해서 밤늦도록 이야기를 나누지는 못하고 아쉬운 작별을 했다.

1 프랑스의 아주 흔한 시골 도로
2 몽생미셸로 가는 길에
3 몽생미셸 내부 마을에서

87 D+day	영국에 온 첫날, 하늘에서 보낸 천사를 만나다			
	Date	Distance	Place	etc
	2019.5.31.	106km/16,957km	생말로/프랑스 19days	캠핑 67

아침 일찍 일어나 텐트를 철수하고 어제 만났던 한국인 부부에게 직접 말은 못 하지만 마음으로 인사를 건네며 작별을 고했다. 예상보다 조금 빨리 도착해서 생말로 도시를 한 바퀴 돌고 바로 페리 터미널로 갔다. 사실 노르웨이에서 페리를 많이 타보긴 했지만 이건 또 다른 나라로 이동하는 것이기에 조금 긴장이 되었지만 무사히 페리에 탑승했다. 장시간 이동하는 페리라서 내부가 잘 되어 있었다. 배가 워낙 커서 내·외부를 구경하는 데도 시간이 꽤 걸렸다. 아이들을 위한 놀이터도 있고 한 번씩 게임도 했다. 라이브 공연도 있고 해서 지루하지 않았다. 음식도 잘 나와서 잘 먹고 잘 놀고 잘 자고 하다 보니 도착했다.

문제는 도착하고 발생했다. 먼저 선착장에서 제일 가까운 캠핑장을 향했다. 가보니 빈자리가 없다고 한다. 다른 캠핑장도 마찬가지일 거라고 한다. 캠핑장 말고 일반 호텔을 찾아가 보아도 사정은 마찬가지였다. 알고 보니 지금은 영국의 휴가철이라 남부에는 숙박을 잡기가 쉽지 않을 것이라고 한다. 정말이지 이리저리 알아보고 찾아봐도 빈 방이 없다. 방법은 캠핑밖에 없는데 아무 곳에나 텐트를 설치할 수도 없는 노릇이었다. 점점 밤이 되고 있어 밖은 어두워지고 있다. 영국에 도착하자마자 숙소를 못 찾아 헤매다니 예상하지 못한 일이다. 우선 믿을 것은 구글 지도밖에 없다. 캠핑장을 검색해보니 일반 캠핑장은 아니지만 캠핑장으로 검색되는 곳이 있어 일단 찾아가 보기로 했다. 도착한 곳은 보이스카우트가 활동하는 장소이다. 도착해보니 실제로 보이스카우트가 텐트를 설치하고 활동을 하고 있다. 스카우트 관계자에게 양해를 구하며 우리도 여기서 텐트를 치고 하루만 묵을 수 있는지 물어봤다. 그 관계자는 흔쾌히 승낙해주며 필요한 게 없는지 물어본다. 참 고마웠다. 전기 시설이 없어서 아쉬웠지만 지금 이런 상황에 텐트를 치게 해준 것만으로도 고마웠다. 사실 이런 야생캠핑은 처음이었다. 다행히 지금껏 캠핑을 많이 해왔기에 야생캠핑도 할 만했다. 정말 극한 상황이었는데 우리에게 도움을 준 사람을 만나니 마치 하늘에서 우리를 도와주라고 보낸 천사같이 느껴졌다.

1 페리를 타기 위해 도착한 항구 2 페리 안에서 그림 그리는 예자매 3 페리에서 내려 순서대로 항구를 빠져나가는 모습

2019년 6월

월요일	화요일	수요일

3 [UK 4] D+90 209km/17,499km 솔즈베리 3 더들도어(Durdle Door) 캠핑 70	**4** [UK 5] D+91 171km/17,670km 솔즈베리 4 White Horse 캠핑 71	**5** [UK 6] D+92 596km/18,266km 콘월 Eden Project 캠핑 72
 **10** [UK 11] D+97 649km/19,372km 스코틀랜드 1 캠핑 73	**11** [UK 12] D+98 307km/19,679km 스코틀랜드 2 캠핑 74	**12** [UK 13] D+99 274km/19,953km Skye Island 1 캠핑 75
 **17** [UK 18] D+104 215km/20,724km Holy Island Whitby Abbey 캠핑 79	**18** [UK 19] D+105 326km/21,050km Abbey 투어 Hostel	**19** [UK 20] D+106 42km/21,092km 리버풀 Hotel Ibis
 **24** [UK 25] D+111 56km/22,422km Luton Airport Holiday Inn 2	 **25** [UK 26] D+112 비행기 이동 아일랜드 1day 51km/22,473km 레이캬비크 / 호스텔 	 **26** [아이슬란드 2] D+113 282km/22,755km 비크 캠핑 83

	목요일	금요일	토요일	일요일
			1 [UK 2] D+88 201km./17,158km 솔즈베리 1 스톤헨지 캠핑 68	**2** [UK 3] D+89 132km./17,290km 솔즈베리 2 캠핑 69
6 [UK 7] D+93 378km/18,644km 윈저 레고랜드(LEGOLAND) Jurys Inn 1	**7** [UK 8] D+94 0km/18,644km 런던 1 박물관, 미술관 방문 Jurys Inn 2	**8** [UK 9] D+95 0km/18,644km 런던 2 타워 브리지, 런던 아이 Jurys Inn 3	**9** [UK 10] D+96 79km/18,723km Seven Sister cliff Jurys Inn 4
13 [UK 14] D+100 287km/20,240km Skye Island 1 캠핑 76	**14** [UK 15] D+101 155km/20,395km 에든버러 1 한인민박	**15** [UK 16] D+102 104km/20,499km 에든버러 2 박물관 투어 캠핑 77	**16** [UK 17] D+103 10km/20,509km 에든버러 3 캠핑 78
20 [UK 21] D+107 47km/21,439km Kenilworth castle 캠핑 80	**21** [UK 22] D+108 408km/21,847km 웨일즈(스완지) 캠핑 81	**22** [UK 23] D+109 272km/22,119km 코츠월즈 캠핑 82	**23** [UK 24] D+110 247km/22,366km 옥스퍼드 대학교 렌트카(푸조 5008) 반납 Holiday Inn 1
27 [아이슬란드 3] D+114 210km/22,965km 뒤들란드 빙하체험 캠핑 84	**28** [아이슬란드 4] D+115 293km/23,258km East Iceland 캠핑 85	**29** [아이슬란드 5] D+116 71km/23,329km Fardagafoss 퍼핀 본 날 캠핑 86	**30** [아이슬란드 6] D+117 183km/23,815km 아쿠레이리 캠핑 87

4) 6월, 영국-아이슬란드

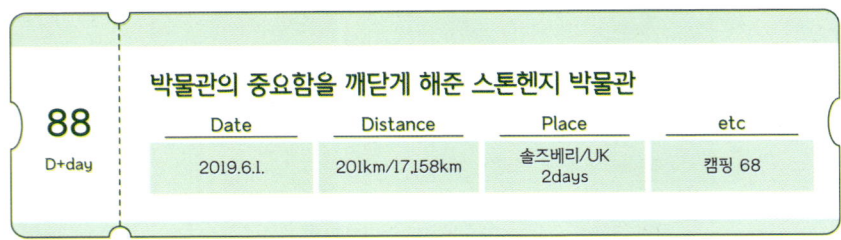

스카우트 캠핑장에서 나와 먼저 앞으로 머물 숙소를 찾아다녔다. 최종적으로 선정한 곳이 솔즈베리에 있는 '캠핑&카라바닝 클럽 사이트'였다. 이 캠핑장은 UK 전역에 지점이 있는 프랜차이즈였다. 멤버십을 구입하고 할인을 받을 수 있었다. 영국의 캠핑장은 지금까지의 유럽 캠핑장과는 약간 달랐다. 나무가 없이 캠핑장 사이트 전체가 잔디로 되어 있고 그 잔디에 번호가 부여되어 구역이 나눠져 있었다. 이 캠핑장에서 며칠 머물기로 정하고 본격적인 영국 여행을 나섰다.

가장 먼저 찾아간 곳은 세계 7대 불가사의 중 하나인 스톤헨지이다. 말로만 듣던 스톤헨지를 직접 보게 되다니 왠지 모르게 들뜬다. 실제로 있을까 하는 쓸데없는 걱정과 함께 도착했다. 도착하니 주변은 전부 풀밭에 양들만이 뛰어 놀고 있다. 매표소에서는 하나도 보이지 않고 셔틀버스를 타고 들어가야 한다. 걸어서 가면 무료이지만 가까이서 볼 수가 없다. 우리는 이참에 'English Heritage(영국유산관광티켓)'을 구입했다. 4인이 1년 동안 영국의 다양한 관광지를 무제한으로 이용할 수 있다. 가격은 105파운드. 한화로 16만 원 정도이다. 스톤헨지 입장료만 해도 이 가격이 나왔기에 안 살 이유가 없었다. 또한 이 티켓만 있으면 관광명소 주차도 가능했다. 미리 하는 얘기지만 본전의 몇 배를 뽑았다.

처음 스톤헨지를 봤을 때는 그냥 돌덩어리라 실망했었지만 천천히 돌아보면서 보니 점차 그 대단함이 느껴졌다. 주변에 산도 없고 돌도 없는데 만 년 전 사람들이 어떻게 이 큰 돌들을 옮겼을까 하는 의문과 함께 돌들의 높이가 똑같은 것에 소름 돋았다. 여러 가지 생각들과 의문들을 간직한 채 셔틀버스를 타고 돌아왔다. 매표소 옆을 보니 박물관이 있다. 들어가 보니 모든 의문들이 해결되었다. 물론 스톤헨지 자체도 의미 있고 대단하지만 박물관도 놀라웠다. 꿈보다 해몽이라 했던가. 모든 추측들을 증거물을 가지고 해석해놓았는데 일리 있고 논리적이었다. 박물관이란 이렇게 궁금증을 해결해주고 몰랐던 것을 일깨워주는 것이 본연의 역할이다.

어제 무료로 묵었던 스카우트 캠핑장에서 우리를 도와줬던 천사가 추천했던 직접 돌을 만질 수 있다는 에이브리스톤으로 향했다. 실제로 스톤헨지와 비슷한 돌들이 이유도 없이 곳곳에 흩어져 있다. 스톤헨지는 가까이 가서 만질 수 없지만 여기는 만지고 올라갈 수도 있도록 되어 있었다. 하지만 오래된 돌들의 모양이 그렇게 예쁘지는 않아 감흥이 없었다. 모르겠다. 여기도 박물관이 있어 의미를 부여했다면 이야기가 달라졌을지. 박물관의 중요함을 깨달은 하루였다.

숙소로 돌아가서는 챔피언스 리그 결승전을 보기 위해 근처 맥주 가게로 갔다. 결승전에서 맞붙는 팀은 바로 토트넘과 리버풀. 두 팀 다 영국 팀이라 영국인들은 이날이 거의 축제나 마찬가지였다. 게다가 손흥민 선수가 출전하기에 우리에게도 중요한 경기였다. 약간 예상은 했지만 역시나 리버풀이 0:1로 승리했다. 하지만 영국에서 영국 두 팀의 챔피언스리스 결승 경기를 본 것 자체만으로도 흥미로운 일이었다.

1 English Heritage 카드 2 스톤헨지를 배경으로 3 에이브리스톤에서

영국 남부 해안을 누리다

90
D+day

Date	Distance	Place	etc
2019.6.3.	209km/17,499km	솔즈베리/UK 3days	캠핑 70

우리 캠핑장 바로 옆에 고성(古城)이 있다. 이곳 역시 잉글리쉬 헤리티지다. 천 년 전에 세워진 성의 잔재가 남아 있는 'Old Sarum'. 곳곳의 장소마다 당시 모습을 예상해서 그려놓은 그림들이 있었는데 우리의 상상력을 자극하기에 충분했다. 현장 학습을 나왔는지 중·고등학생쯤 되는 학생들이 삼삼오오 모여 과제를 하고 있는 모습이 보인다. 정확히 무슨 과제인지는 몰라도 서로 자유롭고 신나게 공부를 하는 모습이 참 부러웠다. 그러면서 일방적으로 주입식 교육을 받고 있을 한국 학생들이 떠오르면서 조금 씁쓸했다.

'Cerne Abbas Giant'. 외계인이 그린 게 아니냐고 하는 그림 중 하나이다. 이 그림을 누가 언제 그렸는지는 불명확하다. 어렸을 때 방송에서 미스터리 관련 다큐멘터리에서 빠지지 않고 나오던 소재였는데 실제로 봐도 신기했다.

이제 영국 남부 해안을 향했다. 많은 영국인들이 휴가를 떠나면 남부 해안을 많이 찾아온다고 한다. 그래서 우리가 영국에 도착했던 날이 휴가철이었고 남부 해안이니 숙소가 없었을 수밖에 없었던 것이다. 첫 해안가는 'Man Of War Bay'. 살면서 하트해변은 처음 본다. 날씨까지 따라 줘서 더욱 예뻤다. 인증샷으로 우리 집 세 공주님들이 하트 포즈를 취했다. 그런데 왜 이름이 Man Of War Bay인지는 모르겠다. 바로 옆에는 얼마 전에 봤던 에트르타의 코끼리 절벽이 보인다. 그대로 옮겨놨다고 해도 믿을 만큼 닮아 있다. 이 얘기는 영국과 프랑스 국경이 붙어 있다가 지각변동으로 떨어졌다는 것 말고는 설명이 안 된다. 유럽 일주를 하다 보니 이런 지리적 현상까지 눈에 들어오다니 신기했다.

오늘의 마지막이자 하이라이트였던 'Old Harry Rocks'. 주차를 하고 한 20분은 걸은 듯하다. 이 길은 마치 99% 축소한 스페인 순례자의 길처럼 보였다. 광활한 평원에 끝없는 바다와 하얀 절벽. 시원한 바람과 적당히 내리쬐는 햇볕까지 더해져 아름다웠다. 지금은 저녁 8시. 차로 돌아가는 길에 우리와는 반대로 이곳으로 들어오는 백패커들이 보였는데 아마도 여기서 잠을 잘 것 같았다. 유럽 여행 중 그나마 독일과 영국에서만 별이 많이 보였는데 아마도 별과 일출을 보러 오는 게 아닌가 싶다. 참 낭만적이다. 우리도 얼른 캠핑장으로 별 보러 가자.

1 Cerne Abbas Giant가 보이는 전망대에서
2 Man Of War Bay에서 세 공주님들의 하트
3 Old Harry Rocks에서 아빠가 예은이를 목마 태우고

91 D+day	가까이 있었지만 소중함을 모르고 지나친 것들			
	Date	Distance	Place	etc
	2019.6.4.	171km/17,670km	솔즈베리/UK 5days	캠핑 71

캠핑장에서 차로 10분 거리에 있는 영국에서 가장 높은 첨탑을 자랑하는 솔즈베리 대성당이다. 바로 옆에 있었지만 캠핑장을 떠나기 직전에야 들렀다. 사실 많은 성당을 다녀서 성당에 대한 흥미가 떨어졌었다. 처음에는 무슨 양식인지, 성당에 새겨진 조각들의 의미가 흥미로웠지만 시간이 흐를수록 좀 시들해졌다. 이 대성당도 굳이 갈 필요가 있을까 하는 생각이 들기도 했다. 정확히 외관을 볼 때까지만. 내부로 들어오니 이야기가 달라졌다. 들어오자마자 나이가 지긋한 할머니 안내원께서 우리에게 친절히 안내해주신다. 그리고 고개를 돌리자 거대한 지구본이 천장에 걸려 있다. 심지어 자전까지 한다. 성당 안에 이런 지구본이 있을 줄은 몰랐기에 깜짝 놀랐다. 게다가 절묘하게 성당과 어울려서 더 놀랐다. 누가 성당에 이런 전시를 기획하고 허가했을지 궁금했다. 성당을 나와 잠시 거리를 걸었다. 바로 옆에 커피숍이 있는데 1411년에 지어졌다고 한다. 600년이 된 것이다. 조선왕조가 519년 존속한 것을 보면 엄청난 역사인 것이다.

성당에서 나와 며칠 전에 봤던 Cerne Abbas Giant처럼 들판에 그려진 그림 중에 또 유명한 'White Horse'를 보러 간다. 누가 그렸는지는 모르나 17세기경 그렸을 거라는 추측과 함께 현재는 백색 돌을 가지고 일부러 더욱 선명하게 해놓았다. 이로써 이 지방의 마스코트 역할을 확실히 하고 있다. 사실 주변에는 아무 볼거리가 없지만 이것만으로 사람들을 불러 모은다.

도시명이 '바스(Bath)'인 곳으로 향한다. 이름 그대로 고대 로마인들이 만든 온천도시이며 가장 보존이 잘된 로마식 온천이 있는 곳이다. 예전에 이탈리아 폼페이를 여행하면서 당시 온천을 본 적이 있다. 놀라운 목욕탕 시설에 감탄했었다. 그때는 다 붕괴되어 짐작만 했는데 여기는 그대로 보존되어 지금도 사람들이 그때 그 시설에서 목욕을 할 수 있다는 사실이 놀랍다. 한번 들어가 체험을 하고 싶었지만 입장료가 1인당 5만 원이라 비싸서 생략하기로 했다. 일부러 찾아왔으니 동네 한 바퀴 산책을 했다. 동네 주변에도 고풍스런 건물들이 즐비해서 전체적으로 매력적인 도시였다.

구경을 끝내고 우리에게 가성비 최고의 식재료를 공급하는 마트인 '리들(Lidl)'에 들러 소고기를 구입했다. 항상 돼지고기만 해 먹었는데 한번 시험 삼아 엄마가 사봤다. 맛을 보는 순간 진작에 알았어야 했는데, 운전하면서 그 많은 소들이 자유롭게 들판을 노니는 걸 봤는데 이제야 영접하다니 우리의 과오다. 육즙과 식감에서 신선함이 고스란히 느껴졌다. 앞으로 고기는 무조건 소로 정했다. 솔즈베리 대성당과 소. 우리와 가까이 있었지만 소중함을 모른 채 지낸 게 미안했다. 그렇기에 우리 곁에 있지만 익숙함에 속아 소중함을 잊어버리고 살 때가 많다는 걸 항상 염두에 두고 살아야 한다(갑자기 쓸데없이 마지막이 너무 거창하다).

1 솔즈베리 대성당 안에 지구본을 들어올리는 아빠 2 White Horse가 보이는 언덕 벤치에 앉아 손으로 가리키는 예은이 3 바스에서 유명한 명소인 아본강을 바라보는 예은이

캠핑장에서 거의 3시간을 달려서 도착한 자연경관이 빼어나기로 유명한 틴타겔성. 유료 주차장에 내리자 사람들이 하이킹을 준비한다. 사람들에게 물어보니 다리가 공사 중이라서 성까지는 갈 수 없고 여기에 주차를 하고 걸어서 가야 한다고 한다. 그냥 봐도 멀어 보이는데 아이들과 함께 어찌 걸어갈지 난감하다. 일단 차로 더 가까이 가보기로 했다. 길 끝에 호텔이 있다. 입구 앞 무료 주차장에 차를 세우고 걸어가 보기로 한다. 호텔 뒤쪽으로 길이 나 있다. 조금 위험해 보여서 예은이와 아빠만 내려가 보기로 했다. 멋진 경관이다. 사람들의 말만 듣고 포기했으면 3시간을 달려온 이곳에서 아무것도 보지 못하고 돌아갔을 것인데 이렇게 시간을 아껴 쉽게 멋진 경관을 보다니 운이 좋다고 할 수 있겠다.

틴타겔성 주변 자연경관을 보고 어디로 갈지 고민하다가 외관만 보더라도 '이든 프로젝트(Eden Project)'에 가보기로 했다. 결과론적으로 제목만 봐도 알겠지만 옳은 선택이었다. 우리가 본 영국 건축물 중 가장 인상 깊은 형태다. 일단 이든 프로젝트는 세계 최대 온실 식물원이다. 당초 고령토 채취장을 친환경 공원 및 교육장으로 변경하여 2001년에 오픈했다. 구글에 이름이 한글로 '이든'이라고 되어 있어 별생각이 없었는데 영문을 보니 'Eden'이다. 아마도 성경에 나오는 에덴동산을 생각하며 지은 듯하다. 에덴동산처럼 세상의 모든 식물들은 다 모아둔 것 같다. 마감 시간이 오후 6시였는데 우리 도착했을 때가 마감 10분 전. 입장이 안 될 거라 예상했지만 혹시나 싶어 들어가 보니 입장할 수 있었다. 마감 시간이라 그런지 사람들도 별로 없었다. 마음껏 자유롭게 구경을 해도 제재하는 사람도 없었다. 마감 시간은 지났지만 입장이 6시 이후로 불가한 것이지 일단 들어가면 마지막 손님이 나갈 때까지 기다려주는 분위기 같았다. 이렇게 또 운이 따라준다.

즐겁게 구경을 마치고 돌아오는 길에 아이들은 뭐가 그리 신이 났는지 노래 부르고 만들기 놀이하며 캠핑장으로 돌아가는 3시간 내내 웃고 떠든다. 이날 차를 거의 8시간을 탔지만 불평하지 않고 잘 따라준다. 이 녀석들 정말 여행 체질이다. 캠핑장에 돌아오니 멋진 노을이 우리를 반긴다. 먼 거리를 이동해서 갔는데 둘 다 못 봤으면 억울해서 속상했을 것이다. 틴타겔성에 이어 이든 프로젝트까지 운 좋게 구경 잘 하고 안전하게 돌아왔으니 운수대통한 날이었다.

1 틴타겔성 주변 자연경관에 심취한 예은이
2 하트 하변이 형성된 콘월 해변에서
3 운 좋게 들어간 이든 프로젝트에서

93 D+day	디즈니랜드 후유증이 컸던 레고랜드 방문기			
	Date	Distance	Place	etc
	2019.6.6.	378km/18,644km	윈저/UK 7days	Jurys Inn 1

아직 디즈니랜드의 감동이 가시기도 전이지만 어제 아이들의 선행(?)도 있었고 한번은 레고랜드를 가려고 했던 것이 오늘이 되었다. 입구를 들어서자마자 레고로 만든 말도 안 되는 레고 조형물들이 있다. 이 거대한 레고 조형물들을 작디작은 블록들로 만들다니. 그 노력이 눈에 보였다. 역시 모든 것은 작은 것에서부터 시작된다는 걸 깨닫게 해주는 레고다.

레고랜드에는 놀이공원, 워터파크 등 다양한 테마로 이뤄져 있다. 우선 놀이공원부터 갔다. 소관람차부터 시작해서 아이들이 타고 싶다는 놀이기구는 다 탔다. 기구들의 탑승 가능 연령대가 미취학아동 수준이라 무섭지 않다. 그래서 우리는 즐거워하고 아이들은 시시해한다. 물론 좋아하긴 하지만 지난 디즈니랜드 특급열차보다 감흥이 없는 눈치다. 심지어 그 특급열차를 보고 꼬마기차라고 부른다(얼마나 무서웠는데). 중간에 공연도 있어 볼만했다. 미취학아동 수준인 우리 기준에는. 놀이공원 한편에 미니랜드도 있었는데 참 잘 만들어놓았다. 세계 유명 명소는 다 있어 보인다. 그중에 우리가 다녀간 곳들도 꽤 보인다. 왠지 모를 성취감이 생긴다. 레고랜드에서 만난 작은 아쿠아리움. 신기하게도 잠수함을 타고 구경한다. 일단 발상 자체가 좋다. 순간 진짜 잠수함을 탄 것 같은 착각이 든다. 아쿠아리움에는 상어와 각종 열대어들이 서식하고 있었는데 잠수함을 타고 보니 감회가 새롭다.

레고랜드를 나와 윈저캐슬을 향했다. 실제 왕실에서 거처하는 성으로서는 세계 최대 크기다. 주변에는 상점들이 둘러싸고 있는데 아마도 왕실의 모습을 가까이서 보고 싶은 사람들의 마음이 아닐까 싶었다. 그 상점들 중에는 헨리 왕자가 서 있었던 곳에 전신사진을 걸어둔 곳도 있었다.

런던에 머무는 동안은 변덕스러운 날씨가 많아 호텔에서 지내기로 했다. 호텔로 들어가기 전 한인마트를 들렀다. 런던한인마트였는데 역대급 규모와 할인이다. 컵라면과 햇반을 한국에서 한 개 살 수 있는 가격으로 두 개를 살 수 있다. 우리는 결정했다. 사재기만이 답이라고. 한국에서도 이렇게 긴 영수증을 받아본 적은 없었다. 이렇게 사고도 한화로 10만 원이 안 넘었다. 이 뿌듯함이란. 이 맛에 쇼핑하는 거 아니겠어.

1 레고랜드 출입구에서
2 레고랜드에 들어간 신나게 타고 논 놀이기구
3 레고랜드에서 하얗게 불태우고 나온 아이들
4 윈저 성 주변 상점 왕관 장식장을 활용해서
5 윈저 성 하늘 위 비행기가 자주 지나간 흔적들

94
D+day

비가 올 때는 박물관과 미술관 투어가 정답이다

Date	Distance	Place	etc
2019.6.7.	0km/18,644km	런던/UK 8days	Jurys Inn 2

역시나 런던이라서 그런지 아침부터 비가 내린다. 아이들은 일어나 서로 안아주며 하루를 시작한다. 비가 오니 또 느려진다. 느릿느릿 준비하다 오후 3시쯤 호텔에서 나왔다. 다행히 밖으로 나오니 날씨가 맑아진다. 런던 중심가에서 약간 벗어나 있는 위치라서 시내로 들어가기 위해서는 기차로 두 정거장을 가고 다시 지하철로 두 정거장을 가야 한다. 서울보다 훨씬 복잡하게 느껴진다. 산업혁명으로 빠른 성장을 이룬 결과인지 중세시대부터 지금까지의 모든 건축물을 볼 수 있었다. 어쩌면 런던 자체가 박물관이다. 로마가 지붕 없는 박물관이라고들 하지만 그곳은 한 시대를 담고 있지만 런던은 고대부터 중세시대와 산업혁명 전후의 근·현대사 모습을 고스란히 간직하고 있다. 한마디로 모든 인류 역사를 품고 있는 지붕 없는 박물관 같다.

처음 방문한 곳은 영국 박물관이다. 메소포타미아부터 전 세계 나라의 다양한 유물 및 예술품을 소장하고 있다. 여기서 느낀 바는 신사의 나라 영국도 처음에는 해적이었다는 것이다. 이 많은 유물을 해적과 식민지 통치가 아니었으면 불가능했을 것이다. 그렇게 보니 이 박물관이 석연치 않게 여겨졌다. 물론 한 곳에 모아두었기에 보기에는 편할지 몰라도 약탈당한 나라의 입장에서는 얼마나 괘씸할까 하는 생각이 들었다. 인상 깊었던 것 중에 하나는 바벨탑의 벽돌이 있다는 것이다. 성경책에 소개된 바벨탑은 신에게 대항하기 위해 만든 인간의 자만심으로 세워진 높은 탑이다. 이걸 또 어찌 구해왔는지 약간 믿거나 말거나 같은 느낌이 들었다. 또 한 공간에는 그리스 아테네 파르테논 신전의 일부를 그대로 옮겨놨다. 이걸 또 어떻게 조각내서 들고 왔는지. 이 부분에서는 좀 잔인하다는 생각까지 들었다. 이렇게 조각내고 배로 싣고 오면서 다 깨져버린 것이다. 제자리에 있어야 할 것들을 전부 여기 다 모아 두었으니. 이 박물관을 보고 있으니 영국의 무모함만이 보였다. 그래도 실낱같은 양심은 있었는지 박물관 입장료는 무료다.

놀라움의 연속은 끝이 없다. 고대문자인 상형문자가 새겨진 바위도 있었다. 문자는 정말 인류 발전의 토대가 된 것이다. 이로써 책이 만들어지고 여러 지식들이 축적되어 지금의 기술이 만들어진 것이다. 박물관에는 그리스와 이집트 유물이 가장 많고 인기도 많았다. 이집트 유물로는 미라가 핵심이었다. 이집트 피라미드 안에는 미라가 없고 여기에 다 있다는 소문도 있다. 실제로 미라를 본 건 처음이라 신기했다. 어찌 보면 사체를 보는 것과 같긴 한데 죽기 싫어하는 인간의 모습을 형상화한 게 또 미라인 것이다. 칠레 이스트섬에 있는 모아이까지 여기 있을 줄이야. 진짜 여기서 두 손 두 발 다 들었다.

1 잠에서 깨어나자마자 서로 껴안는 예자매
2 전 세계 유물을 다 모아 놓은 영국 박물관
3 내셔널 갤러리에서 만난 고흐 작품

아이들은 박물관에 가면 몹시 힘들어한다. 봐도 무슨 내용인지 어디에 쓰이는 물건인지 왜 전시해 두었는지 모르기에 재미가 없다. 물론 우리도 어렸을 때 박물관이나 전시관을 가면 지겨웠듯이 똑같을 것이다. 이제 나이가 드니 이런 것들이 신기하고 재밌다. 역시 아는 만큼 보인다. 그렇다고 우리도 뭐 아는 건 없지만.

박물관을 나와 내셔널 갤러리로 향했다. 사실 오늘 늦장 부리는 바람에 관광은 많이 못 할 것 같았지만 또 하다 보니 욕심이 나서 내셔널 갤러리까지 오게 되었다. 마감 시간이 얼마 남지 않아 많이 구경은 못 하고 고흐 작품만 유심히 봤다. 다른 작품들도 탄성이 절로 나오는 작품들이 많아 보였다. 하루 종일 비가 내린 탓에 박물관과 미술관 투어를 한 것은 신의 한 수였다.

95 D+day	동그란 런던으로 기억될 하루			
	Date	Distance	Place	etc
	2019.6.8.	0km/18,644km	런던/UK 9days	Jurys Inn 3

영국이 좋은 건 볼 게 많은 각종 박물관 및 미술관이 무료라는 것이다. 함정이 있다면 아이들은 크게 관심이 없다는 것이다. 아무리 유명한 그림과 조각들도 그냥 종이 위의 그림이요, 사람의 모습을 한 돌일 뿐이다. 어쩜 우린 삶을 너무 어렵고 복잡하게 생각하고 있는 것 같다. 아이들처럼 그냥 좋은 것, 재밌는 것만 추구한다면 한결 즐겁고 행복한 삶을 누리게 되지 않을까.

먼저 찾아간 곳은 '자연사 박물관(Natural History Museum)'이다. 달 전시관이 평소에는 유료관인데 오늘은 무료로 오픈되었다. 항상 우리가 보는 달은 똑같은 면인데 이렇게 구의 형태로 똑같이 만들어놓으니 달의 전체 면을 볼 수 있었다. 은은한 달빛이 포근해서 좋아했는데 정작 달의 표면은 메마르고 황량해 보인다. 슬픔에 잠기려는 찰나 이런 생각으로 빠진다. 달이 포근하게 보이는 것은 해가 비추어서다. 그럼 이게 바로 조명빨?

내부에는 공룡 뼈부터 자연이 발전해온 모습들을 전시해놓았다. 참 잘 만들어놓았다. 아이들이 좀 더 지식이란 걸 채우게 될 무렵 다시 오면 좋을 것 같다. 박물관을 빠져나온 아이들은 표정과 발걸음이 달라진다. 마치 동물원에 갇혀 있던 동물을 야생에 풀어놓은 듯한 모습이다. 영국 공원에는 다양한 동식물들을 볼 수 있었다. 특히 오리, 거위, 새, 다람쥐가 많다. 아이들은 공원을 지나는 내내 즐거워한다.

박물관을 나와 건너편 공원을 지나니 '런던 아이(London Eye)'가 나온다. 아마도 세상에서 가장 유명한 대관람차가 아닐까 싶다. 밤에는 빨간색으로 변신한다. 다시 밤에 돌아오기로 하고 런던 브리지로 향했다. 매체를 통해서 가장 많이 접했던 런던 대표 관광지이다. 명성만큼이나 아름다운 다리다. 다리 위로 사람들이 지나다닐 수도 있다. 이 점이 참 멋지고 낭만적이지만 우여곡절 끝에 지어진 사연 많은 다리다. 로마인이 최초로 다리를 세웠으나 얼마 가지 않아 무너졌다. 다음으로 색슨족이 목조다리를 세웠지만 홍수로 떠내려갔다. 1176년에는 돌다리로 만들어져서 시민들이 안심했으나 다리 아래 급류가 소용돌이치는 현상이 일어나는 문제가 생겼다. 그 후 1831년 대리석으로 된 튼튼한 다리가 놓였는데 폭이 좁다고 해서 또다시 개축을 하게 됐다. 1973년이 되어서야 현재의 다리가 완성되었다고 한다.

드디어 어둠이 찾아왔다. 체력은 바닥나고 기온도 떨어져 춥지만 아이들에게 빨간 머리띠를 선물해주고 싶어 하늘이 더 어두워질 때까지 벤치에 앉아 편의점에서 산 샌드위치로 허기를 달래며 기다렸다. 예쁘게 찍어주고 싶었지만 아이들 머리가 작아서 그런지 딱 맞추기가 어려웠다. 다음에 숙녀가 되면 또 와서 예쁘게 찍어줘야겠다. 내츄럴 히스토리 뮤지엄의 달과 런던 아이로 동그란 런던으로 기억되는 하루이다.

1 자연사 박물관 로비에 천장에 전시된 공룡 뼈
2 사연 많은 런던 브리지를 배경으로 가족사진
3 밤이 되면 야경으로 빨간 동그라미로 변하는 런던 아이

99 D+day	돌풍이 쉼 없이 부는 스카이섬			
	Date	Distance	Place	etc
	2019.6.12.	378km/19,953km	스카이섬/UK 13days	캠핑 75

영국 북쪽으로 올라갈수록 정말 노르웨이와 닮아 있다. 영국 남부 해안을 보면 프랑스 북부 해안과 흡사했듯이 영국 북부는 노르웨이 서남부와 흡사하다. 이로써 지각변동의 퍼즐이 맞춰진다. 지도를 보더라도 이해가 된다. 그런데 이렇게까지 지형이 비슷할 줄이야.

이제 스카이섬 바로 앞까지 왔다. 다리 하나만 건너면 스카이섬이다. 그런데 또 평행이론이 적용된다. 이 스카이섬과 연결되는 다리와 노르웨이의 Atlantic Ocean Road에서 봤던 다리마저 닮아 있다.

다만 한 가지 다른 점이 있다면 스카이섬에는 바람이 엄청 세게 분다는 것이다. 한시도 바람 잘 날이 없었다. 그 바람도 그냥 바람이 아니라 돌풍이다. 바람이 얼마나 심한지 폭포가 밑으로 떨어지는 게 아니라 옆으로 흩날린다. 그러면 어느 정도인지 대략 예상할 수 있을 것이다. 이런 강풍이 불 때면 캠핑을 안 하기로 다짐했는데 주변에 숙박 시설이 거의 없었기에 선택의 여지가 없었다. 정말 텐트를 치면서부터 철수할 때까지 한시도 안 쉬고 계속 돌풍이 불었다. 도저히 스카이섬에 오래 있지 못하겠다는 판단을 했다. 내일 스카이섬을 한 바퀴 쭉 돌고 바로 내려가기로 했다. 처음 스카이섬이라고 했을 때 하늘처럼 푸르고 아름다운 섬의 모습을 상상했는데 정말이지 예상과는 달리 날씨는 춥고 바람만 많이 불었다. 하지만 이색적인 풍경은 감탄을 자아내기 충분했다.

1 스카이섬으로 올라가는 길에 잠시 들른 곳에서 2 쉴 새 없이 불어오는 돌풍을 피하기 위해 담벼락 옆에 설치한 텐트 3 이색적인 풍경을 간직한 스카이섬

101 D+day	스코틀랜드의 상징인 소와 수도 에든버러			
	Date	Distance	Place	etc
	2019.6.14.	155km/20,395km	에든버러/UK 15days	캠핑 77

캠핑장 근처에 스코틀랜드 소가 있다고 해서 찾아가 봤다. 우리도 이런 소가 있다는 사실을 처음 알았는데 외모가 덩치 큰 누런 소인데 머리에 멋진 뿔을 가지고 있다. 여기까지만 들으면 우리나라의 싸움소가 생각날 것이다. 정확하다. 그런데 여기서 끝이 아니고 그 소의 머리 스타일이 압권인데 힙합 반항아들이 하는 눈을 가리는 바가지 스타일을 그대로 얹으면 스코틀랜드 소가 된다. 싸움소가 갑자기 세상 착한 소로 변신한다. 사람뿐만이 아니라 소도 머리 스타일이 이렇게 중요하다는 결론에 이른다. 여행 이후로 머리를 자른 적이 없는 현재 아빠의 머리를 밑으로 내리니 딱 스코틀랜드 소와 흡사하다. 글렌코 지역을 벗어나 에든버러로 향했다. 에든버러는 스코틀랜드의 수도이다. 가는 길에 '캘란더(Callander)'라는 소도시에 들렀다. 엄마는 마트에 들러 장을 보고 아빠와 아이들은 아기자기한 기념품 상점들이 있는 쪽으로 가서 동네 산책을 했다. 상점 안에 진열된 기념품들을 보니 역시나 스코틀랜드 소를 활용한 물건들이 많았다. 짧게 둘러보았지만 마을이 작고 예뻤다. 다시 차에 올라타서 엄마가 사온 아이스크림을 먹으며 출발했다.

에든버러에 도착해서는 캠핑장에서 머물지 않고 한인민박에서 머물기로 했다. 후기를 보니 음식이 맛있고 푸짐해서 만족한다는 평이 많았다. 민박이다 보니 주차가 신경 쓰였는데 방에 들어가서 창밖으로 차가 보이니 안심이 된다. 짐 정리를 하고 나니 주인아주머니께서 식사 준비가 다 되었다며 나와서 먹으라고 하신다. 후기처럼 넓은 식탁에 더 이상 그릇을 놓을 수 없을 만큼 푸짐하게 차려주신다. 한식을 사랑하는 우리 아이들의 얼굴이 상기된다. 식사를 맛있게 배불리 먹고 에든버러 동네 산책을 나갔다. 시내가 민박집 바로 앞이라 좋았다. 먼저 찾아간 곳은 '칼튼 힐(Calton Hill)'이다. 높은 언덕은 아니지만 에든버러 시내가 한눈에 들어온다. 언덕 위에는 19세기 초 나폴레옹 전쟁에서 전사한 병사들을 추모하기 위한 스코틀랜드 국립 기념물이 있다. 아테네의 파르테논 신전을 모방하여 만들었다. 1882년에 건설을 시작하였으며, 에든버러의 건축가 윌리엄 플레이페어(William Playfair)가 설계하였다. 건물은 완공되지 못하였고 파사드 부분만 남아 있다. 이상하게 완공된 모습보다 이렇게 일부만 남아 있는 게 더 낭만적이고 여운을 남긴다. 보름달마저 떠서 멋진 일몰의 화룡점정을 찍는다.

1 예린이와 아빠의 스코틀랜드 소 따라 하기 2 한인민박에 가서 대접받은 푸짐한 한 상
3 에든버러 '칼튼 힐'의 파르테논 신전을 모방하여 세워진 파사드

축구가 아닌 비틀즈의 도시, 리버풀

106
D+day

Date	Distance	Place	etc
2019.6.19.	42km/21,092km	리버풀/UK 20days	

비틀즈를 좋아했지만 리버풀 하면 축구만 생각했다. 빨간 유니폼의 2019년 챔피언스리그 우승팀. 그렇지만 리버풀은 비틀즈의 도시였다. 도시 전체를 돌아보면서 리버풀 축구팀보다 비틀즈의 존재감이 더 컸다. 비틀즈의 존재감은 천천히 얘기하도록 하고 일단 숙소를 나온 이후부터 시작하겠다. 숙소가 시내 한가운데 있어 접근성이 좋았다. 한마디로 쇼핑몰 거리 한가운데 있었다. 천천히 거리를 걷고 있으니 다양한 길거리 공연과 행위예술을 볼 수 있었다. 그중에 가장 기억에 남은 것은 트랜스포머 퍼포먼스였다. 사거리 한가운데 장난감 모양의 큰 자동차 두 대가 놓여 있다. 갑자기 자동차가 로봇으로 변신한다. 영화 〈트랜스포머〉에 나오는 범블비와 똑같다. 물론 진짜 자동차가 지나다닐 수 없는 거리라서 안전했다. 범블비 모양의 자동차에 사람이 들어가 엎드려 있다가 일어서면 로봇으로 변신하는 것이다. 더 놀라운 것은 자동차로 변신할 때 바퀴가 돌면서 이동도 가능하다는 것이다. 유럽을 여행하면서 다양한 행위예술들을 봤지만 트랜스포머가 가히 최고였다.

계속해서 메인거리를 따라 이동하니 비틀즈 멤버 존 레논의 전신 동상이 있다. 동상과 함께 사진을 찍고 나니 바로 옆에 'The Cavern Pub'이 나온다. 바로 비틀즈가 무명일 때 연주하던 지하 펍이다. 밑으로 내려가 봤다. 한낮이지만 입구에서부터 쿵쾅쿵쾅 음악 소리가 들린다. 지하로 내려가는 계단에서부터 비틀즈 멤버들의 사진이 걸려 있다. 들어가 보니 그 음악 소리는 다름 아닌 비틀즈 노래였다. 다시 펍을 올라오니 맞은편에는 비틀즈 관련 기념품을 판매하는 곳이고 또 옆을 보니… 아니다. 이 거리 전체가 비틀즈 거리 'Mathew Street'이다. 비틀즈 거리를 벗어나 근현대 미술품을 전시하는 '테이트 리버풀(Tate Liverpool)'에 갔다. 우리가 갔을 때는 '키스 해링(Keith Haring)'의 작품을 전시하고 있었다. 키스 해링은 미국의 그래피티 아티스트이다. 간결한 선과 강렬한 원색, 재치와 유머가 넘치는 표현으로 전 세계적으로 대중적인 인기를 누리는 그림이다. 아마 누구나가 한 번쯤은 봤을 것이다. 미술관에는 그의 작품 말고도 다양한 작품들을 전시하고 있었고 역시나 아이들을 위한 체험관도 있었다.

미술관을 나와 다리를 하나 건너니 '리버풀 박물관(Museum of Liverpool)'이 나온다. 박물관에서는 특별 이벤트로 'Double Fantasy'라는 전시회를 열고 있었는데 바로 비틀즈의 존 레논과 그의 아내 일본인 오노 요코의 작품과 이야기를 다루고 있었다. 예술적으로 뛰어난 두 사람이기에 세간의 이목을 끌었다. 박물관을 나와 리버풀 대관람차로 걸어갔다. 가는 길에 보니 비틀즈의 박물관이 또 별도로 있다. 입장료가 비싸서 매표소까지 들어갔다가 나왔다. 다음에 아이들이 커서 비틀즈에 대해 궁금해하면 가봐야겠다. 다음으로 방문한 곳은 '리버풀 대성당'이다. 꽤 걸어서 도착했는데 성당 안에는 예전에 솔즈베리 대성당에서 보고 놀랐던 지구본이 여기에도 설치되어 있었다. 두 번째라서

1 트랜스포머 행위예술가와 함께
2 존 레논 동영상과 함께
3 멋진 외형을 자랑하는 리버풀 미술관 앞에서

그런지 처음 봤을 때에 비해 놀라움은 없었다. 성당 안에 있는 사람들은 모두 신기하듯 바라보고 있었다. 전에 비해 여유롭게 사진을 찍고 나왔다. 마지막으로 방문한 곳은 '리버풀 메트로폴리탄 대성당'이었다. 이 성당에서 생각지도 못한 일이 벌어졌다. 외관도 멋졌지만 내부로 들어갔는데 한국어로 부르는 찬송가가 들린다. 처음에 우리를 위해 일부러 틀어주나 했는데 찬송가가 들리는 곳을 향해 걸어가 보니 한국인들이 찬송가를 부르고 있었던 것이다. 얼마나 반갑던지 우리들의 눈이 휘둥그레졌다. 알고 보니 한국의 한 천주교회에서 단체로 성지순례를 온 것이다. 짧게 인사를 나누고 밖으로 나가 단체 사진을 찍어드렸다. 하루 만에 박물관, 미술관, 성당을 오로지 도보로만 투어했는데 씩씩하게 걸어 다닌 아이들이 대견했다.

107 D+day 유럽에서 마지막이 될 캠핑장으로 간다

Date	Distance	Place	etc
2019.6.20.	347km/21,439km	케닐워스성(Kenilworth Castle)/UK 21days	캠핑 80

리버풀을 떠나 웨일즈 스완지로 향했다. 스완지는 축구선수 기성용이 소속되어 있는 팀의 연고지다. 뭐든지 축구와 연관시키는 것은 아빠가 축구를 좋아하기 때문이라는 걸 이제야 밝힌다. 리버풀에서 스완지로 가는 길목에 '케닐워스성'이 위치해 있다. 이 성은 엘리자베스 1세와 관련 있는 로맨틱한 유적으로 알려져 있다. 원래의 케닐워스성은 헨리 1세의 재무 장관이 지었으며, 약 1210년부터 존 왕이 외벽을 세우고 탑을 더 지어 방어를 강화했다. 그는 성채 둘레를 인공 호수로 둘러싸 성을 섬처럼 만들었다. 엘리자베스 여왕 이후, 케닐워스성의 좋은 날은 지나가버렸다. 17세기 내전이 끝나고 나자 성은 일부가 허물어져 내렸고 주변을 둘러싸고 있던 호수는 말라버렸다. 케닐워스성은 1938년 국가 소유가 되고 잉글리쉬 헤리티지에서 관리하고 있다.

성에 들어가니 카페가 보인다. 모닝커피를 마시기 위해 들어갔다. 아무도 없는 카페에는 아침햇살이 한가득 들어와 고즈넉한 분위기를 만든다. 창가에 앉아 있는 아이들의 모습이 눈부시게 예쁘다. 커피를 마시고 성을 둘러본다. 성 주변으로 푸른 초원이 펼쳐져 있다. 폐허가 아닌 일부 성은 내부 관람이 가능하도록 되어 있다. 당시의 모습을 그대로 보존하고 있었다. 들어가 보니 분위기가 어둡다. 나와서 폐허가 된 성을 거닐어 본다. 바람이 통하고 햇살이 드는 폐허가 왠지 더 좋다. 예전에 리보 수도원에서 찍지 못한 잉글리쉬 헤리티지 포스트를 여기서 찍을 수 있었다. 이렇게 원하던 사진을 찍으니 만족스럽다. 푸른 초원이 평화로워 보여 누워보았다. 잠시 눈을 감고 내리쬐는 햇살을 느낀다. 참 좋다. 이런 평화로운 상태의 아빠 모습을 가만히 둘 아이들이 아니다. 얼마 누워 있지 못하고 일어나 웨일스에 위치한 캠핑장으로 향한다. 이 캠핑장이 영국에서의 마지막 캠핑장이다. 실감이 나지 않는다. 벌써 마지막 캠핑장이라니. 영국에 들어와 숙소가 없어서 당황했던 게 엊그제 같은데. 벌써 떠날 날이 다가왔다니. 시간이 야속하기만 하다.

1 햇살이 따뜻하게 감싸주는 케닐워스성 내부 카페에서 2 케닐워스성 정원에서
3 잉글리쉬 헤리티지 포스트와 비슷하게 찍은 사진 4 케닐워스성 벽면을 배경으로

108 D+day	인생사진을 많이 건진 로실리 해변			
	Date	Distance	Place	etc
	2019.6.21.	408km/21,847km	웨일즈(카디프)/UK 22days	캠핑 81

스완지에서 더 안쪽으로 들어가면 영국에서 최고의 바다로 여러 번 뽑힌 '로실리 해변(Rhossilli Beach)'이 나온다. 그러고 보니 영국은 섬이라서 그런지 예쁜 바다가 많았다. 일단 기본적으로 바다색이 예쁘고 하얀 절벽에 색이 고운 해변을 가지고 있었다. 로실리 해변까지 가는 길이 멀었는데 지루하거나 힘들지 않았다. 가는 길에 계속해서 이어지는 돌담길과 그 너머 있는 노란 유채꽃이 우리의 눈을 즐겁게 해주었기 때문이다. 또 그 길은 절벽 위라서 해변을 내려다보는 풍경도 좋았다. 날씨까지 좋으니 막 찍어도 인생사진이다. 이 해변에서 가장 많은 인생 사진을 건진 것 같다. 아이들도 이런 풍경이 좋았는지 흥분을 가라앉히지 못했다. 흥분을 가라앉히기 위한 안정제로 달리기 시합을 했다. 이렇게 힘을 빼야지 조금 흥분을 덜하기에. 항상 아빠가 시합에 참가했지만 이번에는 엄마가 대신 참가했다. 지금까지 엄마는 구글 지도를 보며 길을 찾느라 시합에 참가 못 했지만 여기서는 지도가 따로 필요 없었다.

해변을 나와 향한 곳은 웨일스 수도인 카디프이다. 영국에 들어올 때 UK에 대한 정확한 개념이 없었는데 여행하면서 확실히 정립되었다. UK는 United Kingdom의 약자로 4개의 나라가 통합된 것인데 그레이트 브리튼섬의 잉글랜드, 스코틀랜드, 웨일스와 아일랜드섬의 북아일랜드로 구성된다. 카디프 시내에 도착해서 주차를 하고 카디프성으로 걸어갔다. 성 안에서 무슨 축제가 열리고 있었는데 다양한 공연이 진행되고 음식도 팔고 있었다. 사람들은 자유롭게 서서 대화를 나누거나 잔디밭에 누워 공연을 감상하고 있었다. 생각해보면 우리나라의 성이나 궁전에서 이런 자유로운 축제를 본 적이 없는 것 같다. 아니 이런 축제를 금지하고 있는 것 같다. 전통을 보존하는 것도 좋지만 어차피 사람이 살아가는 곳인데 개방해서 친근하게 다가가면 더 좋지 않을까 생각해본다.

1 로실리 해변에서 예린이와 아빠의 멋진 포즈 2 로실리 해변에서 가족사진 3 축제가 한창이었던 카디프성 안에서

111 D+day	아이슬란드로 가기 위한 출국 준비를 마치다			
	Date	Distance	Place	etc
	2019.6.24.	56km/22,422km	루턴공항(Luton Airport)/UK 24days	

아이슬란드로 떠날 채비를 꾸려야 된다. 먼저 정든 푸조 5008을 반납하러 갔다. 한국에서 푸조 리스 차량을 계약할 때 반납할 장소를 정했는데 그때 런던으로 정했었다. 반납할 세부 장소는 계약할 때 푸조 리스 대행업체(유로카, 신경섭 대표)에서 알려주었다. 내비게이션에 마지막 도착지를 지정하고 시동을 건다. 푸조 5008은 우리 여행에 가장 적합한 차였다. 크루즈 기능, 차선 이탈 방지, 넓은 실내 공간, 뒷좌석 책상, 햇볕 차단기, 안전한 승차감에 훌륭한 연비까지 무엇 하나 빠지는 게 없는 최고의 차였다. 게다가 2, 3열 폴더로 캠핑할 때는 차박이 가능했고 장시간 운전할 때 아이들의 놀이터가 되어주었다. 무엇보다 111일 동안 14개 나라를 이동하면서 한 번 아프지도 않고 우리를 지켜주었다. 푸조 5008만 여기 두고 가려고 하니 괜히 마음이 아프다. 부디 좋은 주인 만나 마음껏 달리기를 바란다. 반납 장소에 도착해서 서류까지 다 정리하고 마쳤다. 발길이 안 떨어져 직원에게 자동차랑 사진 한

1 세차를 하는 동안 카시트에 앉아 놀고 있는 예자매
2 무조에서 내리기 전 찍은 계기판
3 그동안 수고해준 무조 5008과의 마지막 눈맞춤

장 찍어달라고 했다. 그 사람이 이상하게 여길 지도 모르지만 여행하면서부터 모든 순간을 함께했기에 정이 많이 들었다.

자동차를 두고 시내버스를 타고 숙소로 갔다. 숙소는 공항 바로 옆에 있었다. 새벽에 나와서 일찍 탑승 수속을 해야 했기에 공항 시설을 먼저 둘러보았다. 생각보다 작은 공항이었다. 공항에서 밤을 지새우기엔 자리가 없을 것 같고 호텔에서 묵고 새벽에 일찍 택시를 타고 이동하는 것으로 결정했다. 짐이 많은 우리로서는 항상 위탁수하물을 보낼 때마다 걱정이 되었다. 쉽게 통과시켜줄까 혹은 아이들 카시트는 별도로 보내줄까 하는 걱정이었다. 나름 무게와 위탁 수하물 반입 금지 물품들은 사전에 빼두었기에 별 탈 없이 잘 통과되었지만 통과되기 전까지는 항상 조마조마했었다. 이제 모든 것이 다 준비되었다. 새벽에 일어나 택시 타고 공항에 가서 수하물만 잘 보내면 아이슬란드로 가는 것이다.

순조롭게 아이슬란드에 입국하다

112 D+day

Date	Distance	Place	etc
2019.6.25.	51km/22,473km	레이캬비크/Iceland 1day	

어제 우려했던 일들은 일어나지 않고 아주 순조롭게 출국수속을 마치고 아이슬란드로 향했다. 우리가 아이슬란드에 오다니 믿어지지 않는다. 우선 수하물을 모두 찾고 짐 정리할 곳을 찾아 헤맸다. 공항 한구석에 사람들이 지나다니지 않는 곳을 발견하고 그곳에 자리를 깔고 다시 짐 정리를 하기로 했다. 이때 유용한 것은 캠핑의자이다. 높이가 낮아 앉아서 짐 정리할 때 딱이었다. 수하물에서 찾은 짐들은 통과용으로 정리되어 있지 우리가 뺐다 꺼냈다 하기에는 불편하기에 모드를 변환해야 된다. 수하물용에서 생활용으로. 모드 변환이 완료되고 공항을 나섰다. 일단 아빠 혼자서 셔틀버스를 타고 렌터카를 인수하러 갔다. 이번에 우리와 아이슬란드 투어를 함께 할 녀석은 기아 스포티지다. 푸조 5008보다 크기가 작아 걱정을 했는데 다행히도 짐이 딱맞게 다 들어갔다. 짐을 싣고 숙소로 향했다. 날씨가 춥고 우중충해서 그런지 아이슬란드의 첫인상은 우울해 보였다.

숙소에 도착해서 방으로 들어가니 인테리어가 북유럽 스타일이다. 그도 그럴 것이 노르웨이 사람들이 넘어와서 아이슬란드 국가를 만들었다고 한다. 두 나라의 국기를 비교해보면 노르웨이 국기에서 모양은 그대로 하고 두 색깔을 반대로 하면 아이슬란드 국기가 된다. 우리가 참 좋아했던 노르웨이였는데 아이슬란드는 우리에게 또 어떤 모습을 보여줄지 궁금하다. 아이들을 재우고 이것저것 짐정리를 하다 보니 어느새 자정이다. 밖을 보니 오후 5시처럼 환하다. 이게 바로 백야인가 보다. 분명 잠이 쏟아질 시간인데 해가 있으니 몸이 자야 한다는 걸 망각한 것 같다. 처음 경험해보는 백야 현상이다.

1 레이캬비크 공항에서 나가는 길 2 공항 내부에서 봤던 획기적인 퍼핀 조형물 3 아이슬란드에서 우리의 발이 되어준 기아 스포티지

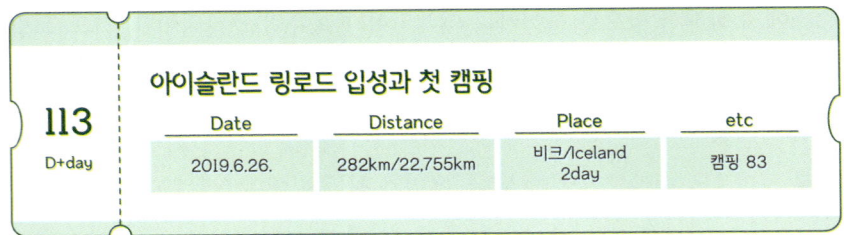

여행하면서 우리가 가장 신경 썼던 부분 중에 하나가 날씨다. 그런데 아이슬란드에 도착한 이후부터 계속 비다. 그나마 유럽에서는 땅이 넓어 비를 피하면서 여행할 수 있었는데 아이슬란드는 링로드를 돌아야 하는 상황에서 비를 피하기란 쉽지 않다. 일단은 비가 안 오는 지역으로 무조건 이동하기로 했다. 어제 공항에서 내렸을 때만 해도 활주로에 핀 예쁜 보라색 꽃이 뭔지 궁금했는데 지천에 피어 있다. 그 보라색 꽃은 루핀이라고 한다. 솔직히 아이슬란드에 이렇게 꽃이 많이 펴 있을지는 예상하지 못했다. 일부러 키우는 것이 아니라 야생화처럼 자생하며 이렇게 단지를 만든 것 같다. 마치 우리나라에 무차별적으로 짓고 있는 아파트 단지처럼.

이제 정말 아이슬란드 링로드 안으로 들어간다. 살아 있는 생물이 하나도 안 보이고 도로와 황무지, 하늘만 보인다. 도로를 달리고 있는데 바로 옆 황무지에 눈에 확 들어오는 게 있다. 바로 사고 나서 다 찌그러진 자동차를 보란 듯이 전시해놓았다. 운전을 조심하라는 경고 안내판보다 확실히 더 와닿는다. 보는 순간 자연스레 브레이크로 발이 간다.

안전 운전을 하다가 옆을 쳐다봤는데 멋진 폭포가 눈에 딱 들어온다. '스포가 포스'이다. '포스'가 아이슬란드어로 '폭포'라는 말이다. 영화 〈월터의 상상은 현실이 된다〉에서 히말라야 트래킹을 하는 장면이 나오는데 그때 배경이 스포가 포스이다. 그냥 지나치기 아쉬워 안으로 들어가 보았다. 역시나 주차장에는 많은 차들이 있었다. 비도 오고 예은이가 자고 있어서 아빠와 예린이만 나갔다. 구경하고 돌아오는 사람들이 전부 물에 빠진 생쥐처럼 보였다. 가까이 가진 않고 멀리서 사진만 찍고 돌아섰다. 링로드를 한 바퀴 돌고 와서 날씨 좋은 날 다시 만나기를 기약하며.

폭포 주차장 옆에 퍼핀 조형물이 설치되어 있다. 스웨덴에서 카우치서핑을 했던 호스트 덕에 알게 된 퍼핀. 세상 처음 보는 새에다가 펭귄처럼 생겼는데 훨씬 작고 귀엽다. 북유럽이랑 영국에서는 이 새를 보기 위한 투어들이 많이 있었다. 아빠가 퍼핀이 좋다고 하니 아이들이 퍼핀을 볼 때마다 아빠에게 알려줬다. 그래서 엄마는 퍼핀을 볼 수 있는 곳을 계속 검색해왔다. 반드시 퍼핀을 보겠다는 일념 하나로. 지금 이 시기 퍼핀이 아이슬란드에 머문다고 한다. 과연 볼 수 있을까?

1 물보라가 엄청난 스코가 폭포를 등지고
2 캠핑장 근처 이름 모를 폭포를 배경으로
3 대낮 같은 심야에 축구하는 예자매와 아빠

아이슬란드에서의 첫 캠핑이다. 어제 레이캬비크에서 아이슬란드 캠핑장 카드를 구입했다. 한화로 19만 원에 구입하면 28박을 제휴된 캠핑장에서 머물 수 있다. 아이슬란드에 머물면서 첫날과 마지막 날을 제외하고는 모두 이 카드를 활용했다. 첫 캠핑장은 그냥 노지에 네 구역으로 나눠진 게 끝이었다. 화장실 건물을 기준으로 텐트와 캠핑카 구역이 나눠지고 길을 건너면 축구장이 있었다. 텐트 구역으로 가보니 멋진 폭포가 있다. 밤 10시인데 갑자기 해가 드리워진다. 이름도 없는 폭포 같은데 햇빛이 비추니 달라 보인다. 몸 안의 세포들도 되살아난다. 도무지 잠이 올 것 같지 않아 아이들과 축구장으로 가서 축구를 했다. 아빠가 축구 하자고 하면 언제나 함께 해주는 딸들이 고맙다. 한없이 달리고 나니 절로 잠이 온다.

114 D+day	하루 종일 빙하를 찾고, 보고, 만진 빙하데이				
	Date	Distance	Place	etc	
	2019.6.27.	210km/22,965km	쉬들룰란드/Iceland 3day	캠핑 84	

링로드를 따라가다 보면 곳곳에 멋진 풍경들이 끊임없이 나타난다. 출발한 지 10분도 안 돼서 멋진 시냇가가 나타나 차에서 내렸다. 또 한 10분 달리다 보니 주변 풍경이 멋져 도로 옆 쉼터에 차를 세웠다. 그러니 바로 북극여우가 나타났다(정확히 북극여우인지는 모르겠으나 여우는 확실했다). 너무 빨라 사진을 못 찍었다. 여우를 찾아 이리저리 뛰어다녔지만 안 보였다. 아이슬란드를 여행하면서 몇 번을 차에서 내렸는지 모른다. 링로드라서 다시 돌아올 수 없기에 멋진 장소가 보이면 내려서 감상하며 사진을 찍었다. 천천히 가더라도 뭐라 할 사람도 없고 백야라서 새벽까지 돌아다녀도 문제가 없기 때문이다. 물론 이렇게 할 수 있는 것도 아이들의 협조가 없었다면 불가능했을 것이다.

이번에 차를 정차한 곳은 빙하로 덮인 산들이 둘러싸인 노지의 한가운데이다. 노지는 모두 검은 모래로 덮여 있다. 아무래도 화산 폭발로 인해서 검은 모래가 많은 것 같다. 그렇다 보니 주변의 빙하, 검은 모래, 특이한 산세로 인해 지구가 아닌 다른 행성에 와 있는 기분이 든다. 노르웨이에서는 아주 힘들게 산을 올라가야지만 빙하를 볼 수 있었는데 여기는 주변의 산들이 모두 빙하로 덮여 있다. 스케일이 다르다. 역시 아이슬란드라는 이름 그대로 얼음땅 같다. 이곳 얼음땅도 여름이라서 그런지 야생화가 많이 폈다. 이 야생화를 보는 것도 참 즐거웠다. 척박한 땅과 극한 날씨 속에서 피어낸 꽃들이 참 고귀하게 보이기까지 했다.

차에서 내려 빙하 가까이 가보기로 했다. 처음으로 직접 만져본 빙하. 얼음에서 결정체가 변형되면 빙하가 되니 얼음보다 더 단단하고 더 차가운 느낌이다. 멀리서 보았을 때는 산인 줄 알았던 것이 전체가 빙하라고 한다. 빙하 위에 검은 화산재가 덮여서 마치 산처럼 보였던 것이다. 여기 빙하지대는 계획에 없었던 곳인데 지나가다가 멋져 보여 마냥 들어간 곳이다. 외계행성을 탐사하는 영화 〈인터스텔라〉를 촬영한 곳이 '스카프타펠'인데 거기 바로 옆 '크반나달스흐누퀴르산'이었다. 30명 정도 되는 사람들이 빙하체험을 하기 위해 단체로 장비를 들고 걷고 있었는데 아이들이 있어 우리는 다음 기회에 도전하기로 하고 또 다른 빙하로 향했다.

'피올살론 빙하.' 빙하가 쏟아져 내려올 듯한 모습이 영화나 다큐멘터리에서나 볼 법한 풍경이다. 호수를 따라 둥둥 떠다니는 빙하 조각 하나를 주워 세워보았다. 그러니 멋진 조각품처럼 보였다. 아이들에게 세워진 빙하 조각 위에 넘어지지 않도록 손가락으로 잡고 있으라고 하니 멋진 사진이 나왔다. 자화자찬을 하자면 주변에 있던 사람들도 그 모습이 멋져 보였는지 우리가 떠난 뒤로 그 자리가 사진 명당이 되었다.

오늘의 마지막 빙하투어이자 하이라이트인 '요쿨살론 빙하'. 피올살론 빙하처럼 호수를 따라 빙하가 떠다니지만 양의 차이가 비교가 안 된다. 호수에서 바다로 떠내려가는 빙하를 직접 볼 수 있다. 그 바다의 해변에는 빙하들이 올라와 있는데 바다로 떠내려가다가 조수간만의 차이로 해변에 남은 듯하다. 이제 캠핑장으로 돌아가 저녁으로 따뜻한 라면을 먹기로 했다. 날씨가 추우니 더 맛있는 라면. 영국에서 넘어올 때 한인마트에 들러 아이슬란드에서 먹을 식량을 거의 다 준비해왔다.

1 끝이 보이지 않는 드넓은 광야에서 2 피올살론 빙하에서 사진명당이 된 장소 3 빙하가 쏟아져 내리는 요쿨살론 빙하를 배경으로

115 D+day	산 넘어 산이지만 즐거운 산행(feat. 드라이브스루)			
	Date	Distance	Place	etc
	2019.6.28.	293km/23,258km	Iceland 4day	캠핑 85

캠핑장 근처에 역사와 전통을 자랑하는 맛집으로 유명한 가게가 있다. 바닷가재 랑구스틴(작은 새우의 일종)으로 요리를 하는 가게다. 가격은 조금 비싸지만 언제 또 와서 먹어 보겠냐며 들어갔다. 평소에는 줄을 서서 먹는 곳인데 식당에 들어가는 한 테이블에만 손님이 있다. 일단 의심. 하지만 이 의심은 맛을 보는 순간 싹 사라졌다. "맛있다. 신선하다!" 우리가 주문한 것은 오늘의 요리였다. 갓 잡은 물고기를 삶아 스프에 얹은 요리였는데 깊은 맛이 났다. 피자 역시 랑구스틴을 토핑해서 나왔다.

식사를 마치고 구름을 헤치며 산 하나를 넘었다. 산을 넘자마자 거짓말같이 날이 맑아졌다. 구름이 움직이는 모습이 눈앞에서 펼쳐지는데 그야말로 장관이다. 주변의 산들도 모양새가 예사롭지 않다. 정확하게 정삼각형 형태를 띠고 있는 산, 포크처럼 생긴 산, 부드럽게 생긴 산, 뾰족한 산 등 다양한 형태의 산들이 주변을 두르고 있다. 이곳을 지나가니 또 도롯가의 작은 언덕 위에 빨간 의자가 눈에 띈다. 그냥 지나칠 수가 없다. 여행 중 빨간색의 매력에 빠졌는데 그 시작은 영국이었다. 자연에 인위적인 색을 칠한다면 빨간색이 참 어울릴 듯하다.

도로를 어느 정도 달리고 나면 어김없이 나타나는 루핀. 사진을 찍기 위해 차에서 내렸다. 바람이 세다. 처음 아이슬란드에 도착했을 때 물, 바람, 말이 많은 제주도와 비슷하다고 생각했다. 다니면서 느끼는 것이지만 비교 불가다. 그리고 이때까지 새들의 고향은 독도인 줄 알았다. 하지만 아니었다. 새들이 어찌나 많던지 바닷가에서 사진 찍을 때마다 새가 찍힌다. 새들을 가까이 보기 위해 해안가를 달리는데 엄마가 갑자기 바다를 보더니 아주 격앙된 목소리로 외친다. "고래, 저기 고래다!" 우리가 "어디? 어디?"라고 물으니 여전히 흥분된 상태로 저기 바다 한가운데 검은 덩어리 안 보이냐고 한다. 우리가 볼 때는 아무리 봐도 고래라고 할 만한 것이 안 보인다. 일단 가까이 가보기로 한다. 가까이 갈수록 엄마의 확신에 찬 목소리가 작아진다. 누가 봐도 그냥 바다 위로 튀어 나온 바위이기에. 우리끼리 한참을 웃어 댔다. 그때 이후로 예은이가 아빠를 따라하며 웃긴 일이 있을 때마다 "아이고, 배야" 하며 웃는다.

도로를 달리면 멋진 산세는 끊임없이 나온다. 여행 중 산을 오른 경우는 별로 없지만 보는 것만으로도 산의 매력에 빠졌다(아마도 산을 안 올라서 그럴 수도 있다. 애들 데리고 올라가면 힘들어서 매력이 반감될 수도).

'세이디스피외르뒤르'에 있는 캠핑장으로 간다. 여기 도착해서 검색해보니 여기가 바로 그 유명한 영화 〈월터의 상상은 현실이 된다〉 보드 촬영장소이다. 여기 올 때까지 비가 오고 높은 산의 구름을 뚫고 왔기 때문에 저녁 식사를 하고 자려고 했지만 거짓말같이 날이 밝아졌다. 월터의 한 장면을 따라 하려고 했지만 너무 늦어 내일 찍기로 했다. 식사를 마치고 아이들과 함께 동네 산책을 하고 놀이터에서 놀았다. 작지만 평화롭고 예쁜 동네였다. 특히 영화에서 봤던 동네라서 더욱 정감이 갔다.

1 캠핑장 인근 맛집에서
2 구름을 뚫고 나온 모습
3 끊임없이 이어지는 멋진 산세들을 배경으로
4 영화에서 화산 폭발하기 전 텅 빈 마을 장면
5 스케이트 보드를 타고 신나게 내려오는 장면

116 D+day	아이슬란드에서 보고 싶었던 것들을 다 본 하루			
	Date	Distance	Place	etc
	2019.6.29.	71km/23,329km	Lundar, Namafjall/Iceland 5day	캠핑 86

아빠는 영화 〈월터의 상상은 현실이 된다〉를 다섯 번 정도 봤다고 한다. 특히 이 영화 중 아이슬란드 도로 위에서 보드 신은 정말이지 최고로 꼽는 명장면이다. 주인공 월터는 이 장면을 통해 가장 용감하고 자신의 본모습을 유감없이 표현한다. 아빠는 이 여행을 통해 가장 용감하고 자신의 본모습을 깨닫는 중이다. 엄마는 영화의 그 장면과 똑같이 찍어주기 위해 영화감독처럼 몇 번이나 '다시'를 외쳤는지 모른다.

만족스런 사진을 찍고 다시 차에 올라타서 어디를 갈지 고민했다. 아빠가 아이슬란드에서 퍼핀을 볼 수 있는 장소를 찾아둔 곳이 있었다. 확신을 하기에는 부담감이 컸지만 그렇다고 딱히 100% 장담할 수 있는 장소도 없었다. 일단 아빠가 찾아둔 곳으로 가기로 했다. 그곳을 찾아가는데 길이 험한 데다가 오프로드다. 따가운 엄마의 시선이 느껴지지만 애써 외면하며 운전에 몰두했다. 그렇게 달리다 보니 마을이 나오는데 퍼핀 사진이 나오며 조금만 더 가라는 안내판이 보인다. 일단 아빠의 마음은 안정을 되찾았고 엄마의 말수는 줄어든다. 안내판이 알려준 길의 끝에 다다르니 주차장이 있다. 주차를 하고 내리니 차로 돌아오는 사람이 있어 엄마가 가서 퍼핀을 보았냐고 물어본다. 그들은 흐뭇한 표정을 지으며 아래로 내려가보라고 한다. 섬이 하나 보이는데 섬을 뒤덮고 있는 새들이 보인다. 그 새는 다름 아닌 퍼핀이다. 발걸음을 재촉하며 퍼핀에게 향한다. 섬을 오르는 계단이 만들어져 있다. 바로 코앞에 퍼핀이 있다. 사람을 무서워하지 않아서 도망가지도 않는다. 이 섬이 바로 퍼핀 서식지인 '룬달(Lundar)'이라는 곳이다. 매년 5월에서 9월까지 여기서 서식한다고 한다. 섬은 풀밭으로 뒤덮여 있지만 퍼핀들이 구덩이를 파서 집을 만들었다. 바로 옆에 바다가 있으니 배고프면 나와서 물속의 물고기를 잡아먹으며 지내고 있었다. 얼굴은 물광을 했는지 반질반질하고 양쪽 볼에는 노란 곤지를 찍었다. 검은 턱시도를 입고 주황색 구두를 신고 입술은 붉게 립스틱을 한 꼬마 신랑같이 사랑스럽고 귀여운 퍼핀. 퍼핀을 본 것만으로도 우리에겐 큰 행운이었다. 스웨덴 카우치서핑 이전까지는 이런 새의 존재도 몰랐는데 호스트의 퍼핀 인형을 보고 설명을 들은 이후로 각 여행지마다 기념품점, 서점, 여행사 등에서 퍼핀을 접할 때마다 아이들이 직접 보고 싶다고 노래를 불렀다. 이렇게 만나게 되니 (평소에는 이런 표현을 잘 안 쓰는 편인데) 감개무량했다.

다시 영화 〈월터의 상상은 현실이 된다〉에서 화산 폭발이 일어나는 장면이 있다. 과장된 장면이라 생각했는데 실제로 2010년 4월 14일 화산 폭발이 일어났다. 정말 주변에는 화산재뿐이었다. 아이슬란드에서 새삼 다시 깨달은 것은 '지구는 살아 있다'는 것이다. 다시 차를 타고 링로드를 따라가다가 그리 멀지 않은 곳에서 또 놀라운 장소와 대면했다. '지구는 살아 있다'의 연속편인데 '나마피알'이라고 불리는 이 장소는 아이슬란드에서 가장 활발한 지열 지대 중 한 곳이라고 한다. 멀리서 보니 불이라도 난 것처럼 연기가 자욱하다. 내리는 순간 코를 통해 지열이란 이런 것이라는 것을 확실히 느낄 수 있었다. 바로 유황 냄새이다. 냄새가 코를 찌르지만 그보다 눈앞에서 펼쳐진 풍경에 입을 다물 수가 없다(결코 냄새 때문에 입으로 숨 쉬는 게 아니다). 땅에서는 김이 모락모락 올라오고 땅의 색깔은 모래의 황토색을 바탕으로 회색, 흰색, 노란색 등으로 물들어 있다. 진귀한 풍경이다.

1 룬달이라는 퍼핀 서식지에서 만난 꼬마 신랑 퍼핀 2 예은이가 그린 퍼핀 3 지구가 살아 있는 모습을 엿볼 수 있는 나마피알에서

2019년 **7월**

월요일	화요일	수요일
1 [아이슬란드 7] D+118 585km/24,097km Godafoss 캠핑 88	**2** [아이슬란드 8] D+119 369km/24,466km North Iceland 캠핑 89	**3** [아이슬란드 9] D+120 206km/24,672km 벗튀슬란트 수영장 캠핑 90
8 [아이슬란드 14] D+125 222km/25,931km Silfra 캠핑 95	**9** [아이슬란드 15] D+126 172km/26,103km 레이캬비크 수영장 Lodge	**10** [아이슬란드 16] D+127 비행기 이동 USA 1day 163km/26,266km Travelodge 1
15 [USA 6] D+132 259km/27,095km 뉴욕 5 Knight Inn 1	**16** [USA 7] D+133 122km/27,217km 뉴욕 6 Knight Inn 2	**17** [USA 8] D+134 117km/27,334km 뉴욕 7 Ramada Inn Hotel 1
22 [USA 13] D+139 5km/27,704km 워싱턴D.C. 1 카우치서핑 4	**23** [USA 14] D+140 226km/27,930km 워싱턴D.C. 2 카우치서핑 5	**24** [USA 15] D+141 51km/27,981km 뉴저지 카우치서핑 6
29 [USA 20] D+146 캐나다 1day 392km/29,290km 카우치서핑 10	**30** [캐나다2] D+147 47km/29,337km Old Quebec city 카우치서핑 11	**31** [캐나다3] D+148 360km/29,697km Quebec 카우치서핑 12

	목요일	금요일	토요일	일요일
	4 [아이슬란드 10] D+121 km/24,672km 크라네스 캠핑 91	5 [아이슬란드 11] D+122 378km/25,050km Kirkjufellfoss 캠핑 92	6 [아이슬란드 12] D+123 294km/25,344km Gullfoss Secret Lagoon 캠핑 93	7 [아이슬란드 13] D+124 365km/25,709km Skogafoss 19,352보 캠핑 94
	11 [USA 2] D+128 59km/26,425km 뉴욕 1 Travelodge 2	12 [USA 3] D+129 124km/26,549km 뉴욕 2 Travelodge 3	13 [USA 4] D+130 162km/26,711km 뉴욕 3 Travelodge 4	14 [USA 5] D+131 125km/26,836km 뉴욕 4 Travelodge 5
	18 [USA 9] D+135 km/27,334km 뉴욕 8 Ramada Inn Hotel 2	19 [USA 10] D+136 0km/27,334km 뉴욕 9 (21,107보) central Park Ramada Inn Hotel 3	20 [USA 11] D+137 0km/27,334km 뉴욕 10 (35,147보) 아빠 혼자 나들이 Ramada Inn Hotel 4	21 [USA 12] D+138 365km/27,699km 실버스프링 렌터카 인수 카우치서핑 3
	25 [USA 16] D+142 km/27,986km 필라델피아 카우치서핑 7	26 [USA 17] D+143 544km/28,530km 보스턴 하버드, MIT Hotel(Extend Stay)	27 [USA 18] D+144 368km/28,898km Maine 카우치서핑 8	28 [USA 19] D+145 0km/28,898km Bar Harbor 카우치서핑 9

5) 7월, 아이슬란드-미국-캐나다

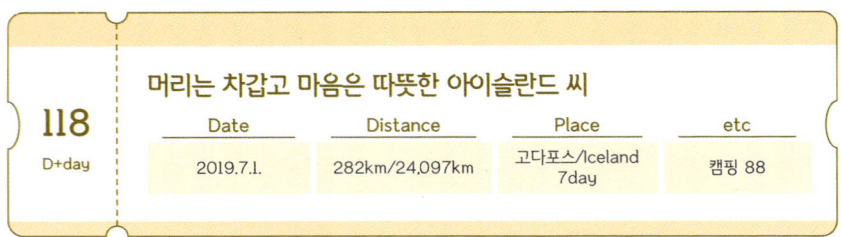

신의 폭포라는 뜻의 '고다포스'. 서기 1000년에 그리스도교를 국교로 하면서 이전의 이교도 신들의 동상을 이곳에 버렸다고 한다. 물의 색이 청록 빛깔을 띠고 있어 아주 곱다. 폭포 옆의 절벽들이 아찔하다. 마치 용 한 마리가 훑고 지나간 듯한 모습이다. 폭포가 위치마다 보이는 모습이 달라서 폭포를 중심으로 주변을 맴돌았다. 반대편으로 건너는 다리도 있었는데 날씨가 추워 다리까지만 갔다가 돌아왔다.

다음 장소는 '크라플라산'이다. 화산 폭발로 분화구가 생겼는데 물이 고여 담이 되었다. 여기 물색 또한 고운 청록빛이다. 그런데 갑자기 눈이 내리기 시작한다. 아니 갑자기 7월 1일에 눈이라니. 앞으로 7월 1일만 되면 이때 눈을 맞은 게 두고두고 회상될 것 같다. 함박눈처럼 펑펑 오진 않았지만 꽤 많이 흩날렸다. 바로 옆에 크라플라 지열발전소가 있었다. 이곳 아이슬란드는 땅은 뜨겁고 하늘은 차갑다. 바꿔 말하면 머리는 차갑고 마음은 따뜻한 아주 이상적인 인간상인 것이다. 엄마는 아이슬란드에 도착해서부터 땅에서 김이 모락모락 올라오는 걸 보고 지열에 관심을 보였다. 유럽을 다니며 풍력, 태양열 등 친환경 에너지 발전소를 많이 봤다. 하지만 지열발전소는 처음이다. 최근 들어 아이슬란드가 지열발전소 부분에서 세계적으로 인정받으며 유럽으로 에너지를 수출하는 것을 계획하고 있다고 한다.

이번에는 지옥의 입구라 불리는 유럽 최대 폭포인 '데티포스'로 갔다. 폭포의 크기와 높이가 압도적이라 그런 별명이 지어졌을 수도 있지만 폭포로 가는 길이 지옥으로 가는 길 같았다. 검은 모래와 조각조각 난 바위가 있는 길에 날씨가 을씨년스러워 한껏 더 지옥에 온 듯한 착각을 불러일으켰다. 엄청난 굉음과 함께 쏟아져 내리는 물을 보니 압도당하기에 충분했다.

고래 투어를 진행하는 마을이 또 있었는데 '후사비크'다. 작은 보트로 진행을 해서 아이들에게 위험할 것 같아 일찌감치 포기했다. 마을 풍경은 역시나 예뻤다. 마을이 평화로운 건 아이슬란드 모든 마을 공통점인 것 같다. 후사비크를 나와 숙소로 돌아가는 길은 새로운 루트로 선택했다. 정말 이 길을 오지 않았다면 후회했을 것이다. 만년설이 덮인 멋진 산세와 예쁜 바다색에 노을이 만들어내는 장관은 말로 형언할 수 없었다.

1 고다포스의 센 바람 2 눈 오는 크라플라산 3 지옥 같았던 데티포스로 가는 길

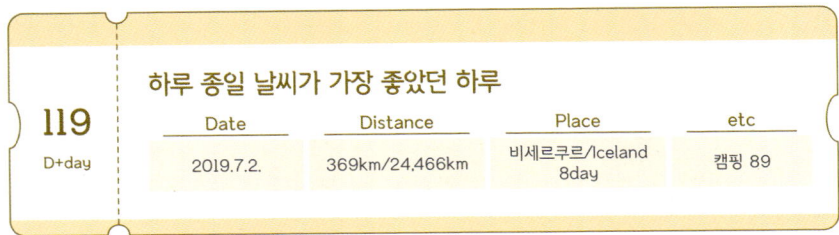

3박 4일 동안 머문 캠핑장을 체크아웃하고 나오니 역시나 멋진 풍경이 우릴 반긴다. 사실 몇 번이나 이 장소를 지나다녔지만 이렇게 멋진 줄 몰랐다. 그동안 계속 흐리다가 햇살이 쨍쨍하게 내리쬐니 같은 장소가 달라 보인다. 역시 여행은 해와 함께 해야 풍경이 예쁘고 사진도 잘 나오고 그러면서 마음도 즐거워진다. 하늘의 구름마저 멋있다. 아쿠레이리 역시 우리가 지나갔던 도시지만 날씨가 좋으니 전혀 다른 도시처럼 느껴진다. 이처럼 여행에서 날씨의 중요성은 절대적이라고 할 수 있겠다.

운전하다 말고 아빠가 "우와 멋진 교회다"라고 외치니 엄마가 고개를 들어본다. "여기야! 지나가는 길에 멋진 교회가 있다고 했어"라고 한다. 치밀한 우리 엄마. 교회는 심플하게 아주 잘 지었다. 이것 또한 심플한 것을 선호하는 북유럽과 비슷하다. 비율이 남다른 십자가를 보니 또 아빠의 장난기가 발동한다.

구글에서 검색하다 보니 코끼리 모양의 바위가 바다 한가운데 우뚝 서 있다. 장소의 이름은 '비세르쿠르(Hvitserkur)'. 사진만 보고 '여기는 무조건 가야 해'

했던 곳이다. 도착하고 보니 코끼리도 코끼리지만 가는 길이 정말 예뻤다. 예쁘다는 말을 많이 남발하지만 진짜 예쁘다. 코끼리 바위를 가까이서 보려면 위험한 내리막길을 내려가야 한다. 역시 또 예은이와 아빠만 내려갔다. 예은이와 아빠는 서로 참 잘 맞다. 둘이서 같이 놀이를 많이 했는데 그중 높은 곳에서 뛰어내리면 받아주는 놀이를 하면서 서로의 신뢰도가 높아진 듯하다. 아빠가 생각하는 최고의 육아는 즐겁게 함께 노는 것인데 아빠의 아재개그를 잘 받아주는 예은이라서 웃음코드마저 같다.

새로운 캠핑장에 도착하니 오후 10시. 아이들은 놀이터에서 놀고 텐트를 치고 짐 정리하고 나니 오후 11시. 애들을 재우고 사진 고르고 이것저것 하다 보니 새벽 2시. 그래도 해가 지지 않는다. 엄마가 잠들기 전에 한 말이 있다. "여기는 일몰과 일출이 동시에 이뤄진다." 백야현상을 아주 잘 설명하는 말이다.

1 어제와는 확연히 다른 날씨 2 코끼리 바위를 배경으로 찍은 예은이와 아빠 인증샷
3 자정인 시각의 모습 4 비율이 남다른 십자가를 보고 장난기가 발동한 아빠

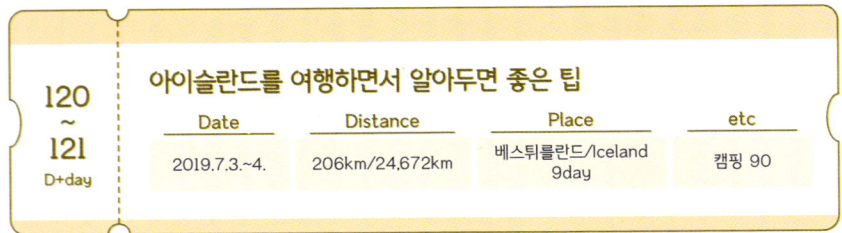

Date	Distance	Place	etc
2019.7.3.~4.	206km/24,672km	베스튀를란드/Iceland 9day	캠핑 90

120~121 D+day

아이슬란드를 여행하면서 알아두면 좋은 팁

캠핑장을 나와 주유소에서 기름을 넣는데 옆을 보니 멋진 자연경관이 펼쳐져 있다. 기름을 넣고 아이들을 데리고 가보면 강물에 비친 미러 사진을 찍을 수 있을 것 같았다. 강물로 내려가기 위해서는 내리막을 걸어가야 하는데 위험해 보인다. 예은이와 아빠만 조심조심하며 내려갔다. 생각처럼 사진이 나오지 않는다. 다시 올라와서 시간도 있으니 세차를 했다. 여기서 아이슬란드 꿀팁을 하나 제공하자면 주유소마다 세차장이 있는데 무료이다. 오프로드가 많아서 세차할 일이 많은데 물이 많은 아이슬란드이다 보니 무료로 세차를 할 수 있도록 해놓았다.

역시나 어제 좋은 날씨는 지나고 다시 구름이 잔뜩 끼고 보슬보슬 비도 내린다. 비를 피하기 위해 수영장으로 피신했다. 수영장에 간다고 하니 무조건 좋아하는 아이들. 그래서 하루 종일 수영장에서만 놀기로 했다. 실내 수영장, 사우나에 야외 수영장에는 3층 미끄럼틀까지 있다. 작지만 있을 건 다 있는 수영장이었다. 실내 놀이터에는 아이들 장난감까지 마련되어 있었다. 특히 야외 3층 미끄럼틀은 꽤나 스릴 있었다. 실내 수영장-야외 사우나-미끄럼틀을 사이클로 해서 세 바퀴 돌고 샤워하고 나왔다. 말끔하게 샤워를 하고 캠핑장을 가기 전에 '보너스 마트(Bonus Mart)'에 들러 식재료를 구입했다. 보너스 마트는 아이슬란드를 여행하면서 빠질 수 없는 성지순례 같은 곳이다. 우선 반드시 구매할 것으로 핫도그 재료이다. 핫도그 빵과 소시지, 소스가 그 재료인데 맛이 기가 막힌다. 여행 중 주식과 간식을 가릴 것 없이 배고프면 먹었던 게 핫도그였다. 물가가 비싸기로 유명한 아이슬란드에서 살아남기 위해서 꼭 들러야 하는 곳이다. 이왕 말이 나온 김에 또 고급 정보를 하나 풀자면(사실 인터넷에 검색하면 다 오는 것들이긴 하다) 레이캬비크 캠핑장을 가면 사람들이 떠나면서 남긴 음식과 물건들이 많은데 꽤 유용한 것들이 많다. 우리도 올리브 오일, 버너 가스, 핫도그 소스 등 꼭 필요했던 물건들을 무료로 많이 챙겼었다. 우리가 머문 캠핑장에는 공동 리빙룸이 있었는데 좋았다. 내일도 하루 종일 비가 내릴 예정이라 그동안 피로도 풀 겸 쉬어 가기로 했다.

1 몽환적인 느낌의 신비로운 자연 풍경 2 고단한 노력 끝에 찍은 아쉬운 미러 사진 3 수영장에서 누구보다 신난 아빠

123 D+day	자연을 최대한 살린 시크릿 라군 온천투어			
	Date	Distance	Place	etc
	2019.7.6.	294km/25,344km	Gullfoss/Iceland 12day	캠핑 93

첫 목적지는 '흐룬포사르(Hraunfossar)'이다. 세로가 긴 폭포가 아니라 가로로 긴 폭포이다. 가로로 긴 폭포는 크로아티아의 플리트비체 국립공원에서 줄기차게 봤었다. 이후로 다시는 못 볼 것이라 생각했었다. 그런데 가로로 더 멋진 폭포가 바로 눈앞에 있다. 바위의 틈새를 찾아 떨어지는 모습이 여유로워 보이면서 운치 있다. 그래서인지 유럽하면 지금까지 다녔던 곳은 까마득히 잊어버리고 아이슬란드에서 봤던 진귀한 모습들만 떠오른다. 아이슬란드에 완전히 마음이 빼앗겨버렸다.

근처 지열지대에 온천이 유명한 장소가 있어 찾아가봤다. 지명이 '딜다르퉁허버(Deildartunguhver)'. 온천 수영장이 있다. 수영장 주변으로 온천이 흐르는 모습도 볼 수 있다. 위험하기 때문에 울타리로 막아놓았다. 가까이 가면 뜨거운 김이 얼굴에 닿아 화끈거린다. 아이슬란드에 여러 온천들이 많다. 가장 유명한 곳은 '블루 라군'이다. 입장료가 비싸서 선뜻 구입하기가 망설여진다. 우리도 얼마나 고민했는지 모른다. 차선책으로 선택한 것이 '시크릿 라군'인데 입장료가 비싸지 않고 일단 이름이 마음에 든다. 잘 알려지지 않은 곳이라는 느낌을 주기에. 먼저 캠핑장으로 가서 텐트를 설치하기로 했다.

캠핑장으로 가는 길에 아주 유명한 '굴포스(Gullfoss)'가 나온다. 아이슬란드 3대 폭포 중 하나이다. 2단계로 나눠져서 떨어지는데 굉장한 물보라를 만들어내어 무지개가 자주 나타난다. 우리가 도착했을 때도 무지개가 반갑게 맞이

해준다. 캠핑장 근처라서 다시 오기로 하고 체크인을 마치고 시크릿 라군으로 향했다. 이름에 걸맞게 진짜 숲속에 숨어 있는 모습이다. 인위적인 모습보다는 자연 그대로의 모습을 유지하려고 한 모습이 눈에 띈다. 실제로 온천에 들어가면 물이 차가운 곳도 있고 엄청 뜨거운 곳이 있는데 땅속에서 나오는 그대로 두었기에 가능한 것이었다.

지금껏 아이슬란드를 여행하면서 한국인을 만난 적이 없었는데 여기서 한 가족과 혼자서 여행 온 청년을 만났다(분명 시크릿 라군인데). 한 가족은 가족끼리 여행을 왔는데 유럽에서 파견근무를 하고 한국으로 돌아가기 전에 일주일간 가족 여행으로 왔다고 한다. 아이슬란드에 오래 머물지 못해서 안타까워했다. 한 청년은 군대 제대를 하고 돈을 모아 혼자서 여행을 왔다고 한다. 아빠는 그 청년에게 칭찬을 쏟아부었다. 정말 잘했다고. 아빠도 청년일 때 그렇게 하고 싶었지만 용기도 없고 돈도 없어서 못 했다며 갑자기 그 청년에게 고해성사를 한다. 또 우리를 유심히 지켜보던 외국인이 와서 말을 건다. 프랑스 사람인데 한때 한국에서 머물렀는데 정말 좋았다며 그리워했다. 우리도 프랑스에 갔었는데 좋았다며 서로 덕담을 주고받으며 함께 사진도 찍었다. 문을 닫을 때까지 끝까지 머물면서 온천을 즐겼는데 미네랄이 풍부한지 나오니까 피부가 미끌미끌 한다. 캠핑장으로 돌아가는 길에 게이사르가 있어 잠시 들르니 땅 밑에서 온천이 폭발하며 하늘 위로 치솟는다. 정말 살아 있는 지구를 피부로 직접 실감할 수 있는 아이슬란드이다.

1 플리트비체가 떠오르는 흐룬포사르 2 자칭 아이슬란드 3대 폭포 중 하나인 굴포스 앞에서
3 시크릿라군에서 무지개 튜브를 만들어 찍은 가족사진

124 D+day	2주 만에 아이슬란드 링로드를 한 바퀴 돌다			
	Date	Distance	Place	etc
	2019.7.7.	365km/25,709km	Skogafoss/Iceland 13day	캠핑 94

어느덧 아이슬란드 링로드를 한 바퀴 돌았다. 2주 전에 링로드에 들어오면서 가장 먼저 들른 '스코가포스(Skógafoss)'. 비가 내리고 구름이 잔뜩 끼어 링로드를 한 바퀴 돌고 다시 오기로 했던 곳인데 다시 돌아오니 햇살이 쏟아지고 폭포 가까이 가니 쌍무지개까지 떴다. 피할 수 있을 때는 피하는 게 상책인가 보다. 피할 수 없으면 즐기고. 폭포에서 꽤 떨어져 있었지만 물보라가 덮쳐온다. 그만큼 폭포의 양이 엄청나다. 다음 장소 역시 2주 전에 그냥 지나쳤던 '레이니자라 비치(Reynisfjara Beach)'이다. 검은 모래와 주상절리가 특징이다. 특히 주상절리 동굴이 가장 놀라웠다. 우리나라 동해시에 있는 촛대바위와 비슷한 모양의 바위들도 인상적이다. 바다에 돌 던지기 놀이를 하고 있었는데 엄마가 언덕 위에 새들이 퍼핀 같다며 손가락으로 가리킨다. 바로 앞에서 퍼핀을 봤던 우리이기에 바로 알아챌 수 있었다. 너무 멀리 있어서 자세히 보기는 힘들었으나 아이슬란드 전역에 퍼핀이 있다는 것을 알게 되었다. 나오는 길에 예은이가 손바닥 크기의 하트 돌을 찾아서 함께 사진도 찍고 한참을 가지고 놀다가 다시 해변에 두고 나왔다.

해변을 나와 향한 곳은 추락한 비행기 잔해가 남아 있는 곳이다. 다행히도 비행기가 추락하면서 사망자는 없었다. 화물 비행기였고 조종사는 비상 탈출을 해서 무사했다. 일단 이곳을 가려면 주차장에 차를 두고 왕복 8km를 걷거나 셔틀버스를 타야 한다. 물론 우리가 선택한 방법은 셔틀버스가 아닌 왕복 8km 도보였다(아직 우린 젊기에). 우리도 우리지만 예은이가 대단했다. 8km를 혼자서 다 걸었다. 예린이는 중간에 가다가 힘들다며 업어달라고 해서 아빠가 안아주니 금세 잠이 들어 차로 돌아갈 때까지 잠들었다. 같은 배에서 나왔지만 참 다르다. 예은이는 조금 힘들어도 우리가 힘들 것 같으면 부탁하지 않고 혼자서 해결하려고 하고 예린이는 힘들면 힘들다고 한다. 두 성격 모두 장단점이 있다. 사실 뭐가 더 좋은 성격이라고 단정 짓기가 어렵다. 그냥 어쩔 수 없다. 타고난 성격에 맞게 만족하며 사는 게 정답이 아닐까 싶다. 비행기에 도착하니 정말 뼈대만 남아 있다. 거의 50년 전에 추락한 비행기인 점을 감안한다면 보존이 잘 되어 있었다. 추락한 원인은 정확히 밝혀지지 않았다. 세월의 흔적을 고스란히 남기며 자연이 일부가 된 것마냥 주변 환경과 어울렸다. 모든 것을 수용하는 자연은 그저 위대하다고 할 수밖에 없다.

1 날씨가 화창한 날에 다시 돌아온 스코가포스 앞에서
2 예자매 뒤로 핀 쌍무지개
3 주상절리 위에서
4 추락한 비행기 잔해 앞에서

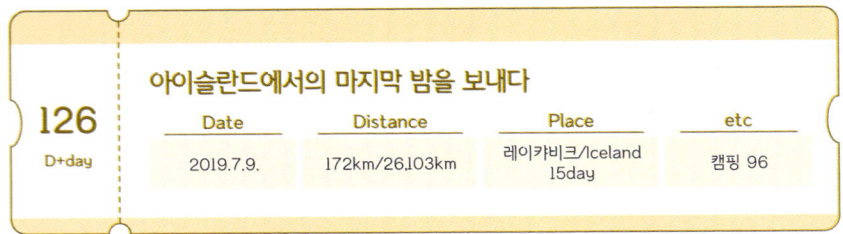

아이슬란드에서의 마지막 밤을 보내다

Date	Distance	Place	etc
2019.7.9.	172km/26,103km	레이캬비크/Iceland 15day	캠핑 96

내일이면 미국으로 떠나기에 마지막 캠핑을 끝내고 짐정리를 한다. 이제 북미로 가면 무더운 여름이라 전기히터는 여기서 버리기로 결정했다. 유럽의 봄은 생각보다 추워서 전기히터를 잘 활용했었다. 여행을 오기 전에도 가장 고민했던 것 중에 하나가 전기히터였다. 튼튼하면서 부피 차지를 많이 안 하고 전기 용량을 많이 안 쓰더라도 따뜻한 것을 찾느라 얼마나 검색을 했는지 모른다. 결정적으로 오래된 형태의 것이 단순하고 직감적이라는 판단이 들었다. 예상은 적중했다. 고장 나지 않고 화력도 좋았다. 그 전기히터와 이제 헤어질 시간이다. 그동안 우리를 따뜻하게 해준 착한 친구였는데 버리고 가려니 괜히 마음이 쓰인다. 이 문구가 계속 머릿속을 맴돈다. 안도현 시인의 "연탄재 함부로 차지 마라! 너는 누구에게 한 번이라도 뜨거운 사람이었느냐?" (그런데 그 고마운 녀석을 버리고 앉아 있으니)

캠핑장을 떠나기 전에 아이들과 축구도 하고 놀이터에서 놀았다. 아이슬란드에서의 마지막 폭포 '우리다포스(Urriðafoss)'로 향했다. 지금껏 워낙 어마어마한 폭포들을 많이 봐서 그런지 큰 감흥은 없었다. 아이들은 폭포라고 하니 나오지도 않는다. 이제 갈 때가 되긴 했나 보다. 링로드를 빠져나와 첫 시작점이었던 레이캬비크로 돌아왔다. 첫날은 날씨도 안 좋고 해서 시내 구경을 못 했기에 가보기로 했다. 'PERLAN 전시관'으로 갔다. 원래 온수탱크였으나 1991년 전시회, 전망대로 변경되었다. 물과 불의 나라 아이슬란드를 아주

1 할그림스키르캬 교회 앞에서
2 류샤르달슬라우그 수영장에서
3 PERLAN 전시관 앞에서
4 전시관 옥상 레스토랑에 앉아서
5 아이슬란드 첫 노을과 생각에 잠긴 아빠 설정샷

잘 표현하고 있고 있는 전시회가 주(主)였다. 옥상은 레스토랑인데 천장이 유리로 되어 있어 멋진 분위기를 연출했다. 전시관을 나와 근처 '할그림스키르캬 교회'로 향했다. 아이슬란드 상징 건축물로 여겨지는 곳이다. 교회의 외관은 주상절리를 형상한 듯 보였다. 지금껏 본 적이 없는 형태이다.

시간이 남아 근처 동네 수영장도 들렀다. '류샤르달슬라우그(Laugardalslaug) 공공 수영장'. 이곳이 블루 라군에 이어 가장 많은 방문객이 찾는다고 한다. 그래서인지 동네 수영장이라 하기에는 시설이 훌륭했다. 신나게 물놀이를 하고 숙소로 돌아가 저녁을 먹었다. 이대로 숙소에만 있기에는 뭔가 아쉬워 차를 끌고 시내 한 바퀴를 산책하러 나갔다. 마지막 날이라서 그런지 뭔가 다르다. 지금까지 백야로 노을 지는 모습을 볼 수 없었는데 바닷가 근처로 가니 해가 지는 모습이 보인다. 백야가 끝나고 첫 노을이 질 때 우리는 떠난다. 아이슬란드에 막 도착했을 때 처음으로 우리를 반겨준 루핀도 서서히 지고 있다. 헤어짐은 언제나 낯설다.

Date	Distance	Place	etc
2019.7.10.	163km/26,266km	뉴욕/USA 1day	

127 D+day
아이슬란드에서 미국으로 넘어와서 북미 적응기

아이슬란드에서 미국 뉴욕으로 무사히 잘 넘어왔다. 비행기에서 내리자마자 후끈후끈 덥다. 드디어 미국 땅을 밟아본다. 엄마는 어렸을 때 잠시 동안 살았었고 따로 여행을 온 적도 있어서 미국이라는 나라가 그리 낯설지만은 않다. 하지만 아빠는 다르다. 미국의 문화를 좋아하지만 한 번도 미국 땅을 밟아 본 적이 없다. 항상 선망의 대상이었지만 용기 내어 가볼 생각은 못 했던 곳이었다. 그런 미국이라는 나라에 우리 가족이 도착했다. 처음 도착했을 때 가장 우려했던 부분은 입국심사였다. 까다롭기로 유명한 미국 입국심사에서 제대로 대답을 못 하면 따로 격리되어 조사를 받기도 한다는 얘기를 많이 들어서인지 긴장되었다.

사실 아빠는 미국으로 넘어오기 전 아이슬란드에서 톰 행크스가 주연으로 나오는 영화 〈터미널〉을 봤다. 이 영화를 본 사람은 알겠지만 주인공 빅터 나보스키(톰 행크스 역할)가 뉴욕 JFK 공항에 도착하자마자 고국에서 쿠테타가 일어나서 일시적으로 유령국가가 되어 고국으로 돌아갈 수도, 뉴욕에 들어갈 수도 없게 된다. 그렇게 공항에서 지내게 되면서 펼쳐지는 이야기이다. 이때 입국심사와 관련된 장면이 자주 나오는데 그 모습을 보기 위해 아빠는 영화를 봤다. 결과적으로 영화는 영화일 뿐이다. 우리 가족의 입국심사를 한 사람은 중년의 남자였는데 함께 대화한 내용은 이랬다.

입국심사자	어서오세요. 여권과 신분증을 보여주세요.
우리	여기 있습니다.
입국심사자	어디서 오셨어요?
우리	4개월 전에 한국에서 출발해서 유럽을 여행하고 지금은 아이슬란드에서 왔습니다.
입국심사자	얼마 동안 미국에 머무세요?
우리	3개월 정도요.
입국심사자	3개월 동안 뭘 할 예정입니까?
우리	미국, 캐나다를 횡단할 예정입니다.
입국심사자	여행계획표가 있습니까?
우리	네. (휴대폰을 주섬주섬 꺼내어 엑셀로 만든 여행 일정표를 보여준다.)
입국심사자	잘했어요. (휴대폰을 쳐다보지 않는다.) 나는 아무 계획 없이 여행 오는 사람을 싫어해요.
우리	우리는 유럽도 이런 식으로 계획을 세우고 여행을 마쳤습니다. (또 휴대폰을 꺼내어 엑셀로 만든 유럽 여행 일정표를 보여준다.)
입국심사자	아주 잘했어요. (역시 휴대폰을 쳐다보지 않는다.)
우리	고맙습니다.
입국심사자	여행 잘 하세요!

 이것이 입국심사를 할 때 나눈 대화 내용이었다. 걱정했던 것과는 달리 아주 부드럽게 넘어갔다. 입국심사를 마치고 수하물을 다 찾은 후 렌터카를 인수하러 갔다. 렌터카 회사는 '알라모(Alamo)'. 공항철도를 타고 렌터카 회사들이 모인 건물에서 내려 알라모를 찾아갔다. 일단 아빠의 부모님과 뉴욕에서 만나는 동안만 렌트를 하기로 했다. 서류 작업을 마치고 우리가 타고 다닐 차로 이동하려는데 렌터카 회사명이 적힌 조끼를 입은 어르신이 다가와 말을 건네더니 차까지 안내해주면서 짐도 들어주었다. 나이가 많아 보이셔서 짐은 우리가 들겠다고 하니 괜찮다고 하시며 끝까지 들어주신다. 우리 차에 도착해서 감사하다고 인사를 하니 정색을 하시며 팁을 달라고 하신다. 그렇다 여기는 미국인 것이다. 땀을 뻘뻘 흘리며 도와주셨기에 감사의 표시로 2달러를 드리니 화

를 내시며 더 달라고 하신다. 이건 아니다 싶어 아까 전에 분명히 우리가 들겠다고 하니 괜찮다고 하신 거 아니냐고 도리어 화를 내니 이해 못 하겠다는 표정을 짓고는 돌아서서 가신다. 아무래도 적응 안 되고 불편한 이놈의 팁 문화는 미국 여행을 하는 내내 따라다니는 숙제였다.

인수한 차는 DODGE사의 그랜드 카라반이었다. 푸조 5008과 똑같은 7인승이지만 내부가 훨씬 넓었다. 우리나라의 카니발과 비슷한데 좌석들이 발판 밑으로 수납이 가능해서 운전석과 보조석을 최대한 앞으로 밀고 5개의 뒷좌석을 모두 접으면 퀸 사이즈 침대가 된다. 이 점이 우리에게는 정말 유용했다. 차를 인수하고 나니 어느새 저녁이 됐다. 미국에서의 첫 운전인데 잘 보이지 않는 저녁이라 더 긴장이 된다. 다행히 숙소까지 잘 도착했다. 첫날이라 그냥 가깝고 저렴한 숙소로 찾아갔는데 영화에서나 보던 허름한 모텔이다. 미국에서 대부분의 모텔은 거의 이런 형태였다.

1 미국으로 가는 비행기에 탑승하는 모습 2 비행기에서 받은 웃긴 안대를 끼고 3 비행기 창으로 보이는 알래스카의 일부

128 D+day	아빠의 부모님과 뉴욕에서 상봉하다			
	Date	Distance	Place	etc
	2019.7.11.	159km/26,425km	뉴욕/USA 2days	

아빠의 부모님은 우리가 미국에 들어오기 전에 먼저 도착하셔서 패키지여행을 하고 계셨다. 오늘이 패키지여행의 마지막 날이라 부모님과 함께 여행을 다니신 분들은 한국으로 돌아가는 일정으로 호텔을 떠났다. 부모님은 따로 호텔에 남아 우리를 기다렸다. 그래서 아침 일찍 부모님이 계시는 호텔로 찾아갔다. 4개월 만에 뵙는 부모님. 그것도 서로 온 적도 없는 뉴욕에서 상봉하게 되다니 감회가 새롭다. 부모님들께서도 여행을 좋아하신다. 두 분 다 남극, 북극 말고는 다 다녀보셨을 정도로 많이 다니셨는데 거의 패키지로 다니셨다. 아버지의 경우 친한 친구분 중에 한 분이 정말 자유여행을 좋아하셔서 여행하는 나라의 언어부터 습득하고 숙소와 교통을 전부 예약하고 철저하게 계획을 세우신다. 그분과 남미, 호주 등을 함께 여행하셨다. 그런 부모님도 미국은 여행을 하지 않으셔서 이번 기회에 함께 여행을 하게 된 것이다.

어쩌면 유럽에서 만났으면 우리가 더 자연스럽게 여행을 이끌어 갔을 테지만 미국은 우리도 처음이라 부담스러웠다. 아니면 우리가 먼저 미국에 적응을 하고 만났으면 더 나았을 텐데 하며 아쉬워했지만 다행히 자연스럽게 여행을 이어갔다. 우선 숙소는 아파트먼트 형식의 호텔을 예약했다. 방 두 개, 거실, 화장실, 부엌이 다 있었는데 무엇보다 요리를 할 수 있어서 좋았다. 부모님과 함께 있는 동안은 이 호텔에서 머물렀다. 부모님을 모시고 방문한 첫 장소는 '해밀턴 공원(Hamilton Park)'이었다. 공원에 가니 뉴욕 시내가 한눈에 다 들어왔다. 미국을 여행하면서 알게 된 것이지만 한국전쟁, 베트남전쟁의 참전용사를 위한 기념비가 전역에 설치되어 있다. 전쟁 발발에 대한 원인을 떠나서 자유에 대한 희생이라 하여 그들을 추모하는 모습이 멋져 보였다.

점심시간이 되어 찾아간 곳은 한인타운의 중국집이었다. 그러고 보니 한국식 중국 요리를 안 먹은 지도 꽤나 되었다. 오랜만에 먹어서 그런지 아님 원래 맛있는 건지 모르겠지만 맛있었다. 동네 사람들이 많은 걸 보니 맛집 같았다. 점심을 배불리 먹고 한인마트에 들러 장도 보고 우리의 여행 가이드인 유심카드를 사러 갔다. 처음에는 한인마트에 있는 통신가게에 갔는데 우리 휴대폰에 맞는 유심이 없었다. 휴대폰을 새로 사야 하나 고민을 했다. 혹시나 싶어 다른 마트에 있는 통신가게에 가보니 우리 폰에 맞는 유심이 있다. 이제 구글 가이드만 따라다니면 된다. 마지막으로 들른 곳은 코스트코이다.

1 미국으로 넘어와 인수한 렌터카
2 뉴욕시내의 스카이라인이 한눈에 들어오는 해밀턴 공원
3 코스트코에 카트에 앉은 예자매

멤버십을 받고 며칠간 숙소에서 먹을 음식을 다 구입한 뒤 숙소로 돌아갔다. 유럽에서 여행했던 게 도움이 된 건지 미국에 와서도 아주 자연스럽게 여행을 이어갔다(내공 +1 추가).

숙소가 뉴욕에서 약간 떨어진 곳이었는데 놀란 사실이 있다면 의외로 자연이 잘 보존되어 있다는 것이다. 미국 하면 환경오염이 심할 줄 알았는데 운전하다 보면 가로수에서 반짝반짝 빛나는 걸 볼 수 있다. 처음에는 도로 위의 안전운행을 위한 안내 불빛인 줄 알았는데 자세히 보니 반딧불이다. 우리나라에서는 그나마 환경 보존이 잘 된 특정 지역을 가야지만 볼 수 있는 아니 요즘은 그마저도 보기 힘들다고 하는데 여기서는 어디서나 볼 수 있었다. 숙소로 돌아와서 코스트코에서 구입한 미국산 소고기와 아이슬란드에서 사온 보드카와 함께 근사한 저녁을 먹었다. 미국과 아이슬란드를 함께 맛보는 기분이 묘했다.

131 D+day	부모님과 함께한 뉴욕 시내 야경투어하기			
	Date	Distance	Place	etc
	2019.7.14.	125km/26,836km	뉴욕/USA 5days	

주일이라 한인교회에 들러 다 함께 예배를 드렸다. 예배를 드린 곳은 뉴저지에 있는 '산돌교회'였다. 교회가 작은 언덕에 위치해 있고 주차장도 넓어 좋았다. 예배를 시작하기 전에 목사님께서 어떤 남자분 한 명과 직접 기타를 들고 찬양 인도를 하시는데 인상적이면서도 가수 '수와진'이 떠올랐다. 예배가 끝나고 어느 성도님께서 식사를 하고 가라고 하셔서 그러기로 했다. 식당으로 가니 예쁘게 장식된 식탁과 함께 음식들이 진열되어 있는데 푸짐했다. 교회에서 점심 식사를 이렇게까지 정성스럽게 준비하는 곳은 잘 없는데 의아해하는 순간 알게 되었다. 오늘이 목사님의 생신이라고 한다. 전 교인들이 진심으로 목사님의 생일을 축하해주는 모습이 보기 좋았다. 식사를 하면서 주변분들과 이야기를 주고받으면서 현재 여행 중인데 120일간 유럽 여행을 마치고 미국으로 넘어와 여행을 이어갈 예정이라고 말씀드리니 많은 교인분들이 관심을 가져주셨다. 그중에 한 분이 조심스럽게 다가와 우리에게 식사 대접을 한번 해주고 싶다고 하셨다. 지금껏 우리에게 이런 호의를 베풀어주신 분은 없었기에 처음에 우리도 당황했지만 호의를 베풀어주시는데 거절할 이유는 없어서 흔쾌히 응했다. 미국에서 살고 있는 한인가정의 모습도 보고 싶었기에 기대가 되었다.

부모님께서 미국 동부 패키지여행을 하시면서 아쉬워했던 점이 하나 있었는데, 뉴욕 시내에 들어갔는데 독립기념일이라서 차량 통제를 하는 바람에 제대로 구경을 못 했고 뉴욕 야경을 못 보셨다고 하셔서 함께 뉴욕 시내를 구경하기로 했다. 일단 집으로 돌아가 쉬다가 이른 저녁 식사를 하고 뉴욕 시내로 향했다. 들어가는 입구부터 만만치가 않다. 막히는 차 속에서 간신히 시내로 잘 입성하고 가성비 좋은 주차장에 차를 두고 걸어서 뉴욕 시내를 거닐기로 했다. 뉴욕의 빌딩들이 얼마나 높은지 꼭대기를 잠깐만 보고 있어도 목이 아플 정도였다. 저녁이 되어 시원한 바람과 함께 뉴욕 거리를 거닐고 있으니 기분이 좋아졌다.

우리는 선약이 있었다. SNS를 통해 알게 된 딸 둘과 함께 세계 여행 중인 가족인데 같은 시간, 같은 장소에 있게 되어 잠시 만나기로 했다. 부모님은 잠시 호텔 로비에서 쉬고 계시고 우리만 그 가족이 머무는 호텔로 찾아갔다. 그 가족의 자녀들도 딸 둘이었는데 초등학생이었다. 이 가족은 남미와 북미 여행을 마치고 이제 유럽을 여행할 예정이었다. 항상 SNS로 만나 뵙다가 이렇게 직접 만나게 되니 원래 알고 지냈던 분들처럼 편하고 반가웠다. 만나서 바로 호텔방으로 올라가 함께 이야기를 나눴다. 지금까지 다닌 여행 이야기와 북미는 어떤지, 유럽은 어떤지 서로 궁금한 점을 물어보며 즐거운 대화를 이어갔다. 아이들은 언니들이 아이스크림을 주며 영화도 보여주었다. 서로 다녀온 대륙에서 유용했던 멤버십도 교환했다. 부모님이 기다리고 있어 긴 시간을 함께할 수 없었지만 잠시나마 여행 동지 가족을 만나 좋은 정보도 공유하고 서로 위안을 주고받은 것 같아 좋았다. 헤어지기 전에 서로 사진을 찍고 작별 인사를 나눴다.

부모님께로 돌아와 본격적인 뉴욕 시내 맨해튼 야경투어를 시작했다. 시끄러운 음악 소리와 화려한 네온사인들이 저마다 사람들을 유혹하기 위해 손짓하고 있다. 아이들의 눈은 바쁘고 정신없다. 끝이 안 보이는 록펠러센터에 가니 만국기가 걸려 있다. 그중에 우리나라 국기도 보여 그 앞에서 다 함께 사진을 찍었다. 다음으로 향한 곳은 타임스퀘어. 뉴욕 하면 가장 먼저 떠오르는 장소가 아닐까 싶다. 역시나 인산인해를 이루며 떠밀려 걸어 다니게 된다. 가는 길에 아이들이 좋아하는 M&M, Hershey's Chocolate, Disney 가게에도 들렀다. 아이들에게는 천국이나 다름없다. 다시 차로 돌아가 차를 타고 돌아보기로 했다.

1-3 세상에서 가장 화려한 뉴욕 타임스퀘어에서

밑으로 쭉 내려가 뉴욕 증권거래소가 있는 월스트리트를 둘러보다가 유명한 동상인 '돌진하는 황소'를 보기 위해 내렸다. 원래라면 사람들이 줄에 줄을 서는 곳인데 저녁이라 그런지 별로 없었다. 주차할 곳이 마땅하지 않아 아빠는 차에서 기다리고 아이들도 놀 만큼 놀았기에 차에서 기다렸고 엄마와 부모님만 내려서 사진을 찍고 유명하다는 사타구니도 만지고 돌아왔다. 조금 가다가 9.11. 메모리얼에도 다녀왔다. 이제 부모님들도 만족한다며 숙소로 돌아가자고 하셨다. 벌써 내일 아침이면 부모님은 비행기를 타고 한국으로 돌아가셔야 한다. 엊그제 만난 듯한데 벌써 헤어질 시간이 되었다.

132 D+day	부모님과의 작별, 그리고 여행 중 받은 첫 초대			
	Date	Distance	Place	etc
	2019.7.15.	125km/26,836km	뉴욕/USA 5days	

아침부터 분주히 짐을 챙겨 부모님을 모시고 공항으로 갔다. 숙소에서 공항까지는 자동차로 1시간 정도 걸리는 거리였다. 넉넉하게 비행기 출발 4시간 전에 숙소에서 나왔다. 잘 가고 있는데 공항 근처에서부터 막히기 시작해 예상 시간 30분을 훌쩍 넘겼다. 출발 1시간 반 전에 도착해서 그나마 안심이 되었다. 아빠와 아이들은 차에서 작별 인사를 나누고 엄마만 공항에 내려 부모님 비행기 티켓을 끊어드리고 배웅해드렸다.

아빠와 아이들은 주차비 때문에 공항 밖으로 나갔다가 다시 공항으로 돌아와 엄마를 태우고 브루클린으로 향했다. 뉴욕시에서 가장 인구가 많은 자치구이다. 그만큼 주거시설이 많다. 먼저 들른 곳은 브루클린 덤보였다. 무한도전 화보 촬영지로 유명한 곳으로 뒤에 보이는 다리는 브루클린 다리이다. 브루클린과 맨해튼을 연결한다. 여기도 엄마와 아이들만 내려주고 아빠가 한 바퀴 돌고 오는 사이에 구경하고 아이들 사진을 찍어주기로 했다. 주차비도 비쌀뿐더러 주차장을 이용하고 걸어오는 것도 고역이라 이 방식이 가장 효율적이라 판단했다. 그렇게 차로만 브루클린을 구경하고 어제 교회에서 만났던 분이랑 약속했던 곳으로 이동했다. 가기 전에 한인마트에 들러 과일을 사서 갔다.

일단 교회에서 만나기로 했는데 알고 보니 우리를 초대해주신 분은 교회 뒤에 있는 사택에서 살고 계셨다. 어른들이 식사를 하는 동안에 두 아들이 우리 아이들과 함께 잘 놀아주었다. 잘생기고 친절한 '엄친아'들이었다. 집 내부로 들어가니 깔끔한 인테리어가 돋보이는 예쁜 집이었다. 초대받은 사람은 우리뿐만 아니라 교회 목사님께서도 함께해주셨다. 우리를 위해 상다리가 부서질 만큼 많은 반찬을 해주셨다. 메인 요리는 소고기였다. 사실 우리를 식사에 초대하고서는 많은 걱정을 했다고 한다. 이렇게 생판 모르는 사람들을 집에 초대하는 것이 처음인데 자신도 모르게 초대하게 되었다고 고백하셨다. 용기를 내어 우리를 초대해주셨다고 하니 더 고마웠다. 우리 또한 여행 중 처음 초대받은 일이고 처음 맺은 인연이라 감사할 뿐이었다.

이날의 초대 이후로 미국에서의 모든 일이 잘 풀렸다. 초대해주신 남편분이 미국에서 여행하기 위한 많은 정보를 알려주시고 알아도 봐주셨다. 덕분에 렌터카도 별문제 없이 계약을 잘 했다. 카우치서핑은 아니었지만 이분들을 만나고 자신감이 생겨 카우치서핑을 도전했는데 거짓말같이 잘 구해졌다. 아마 우리를 초대해주신 분에게 이런 마음을 주신 것도, 만나게 해주신 것도, 이후로 더 잘 풀리게 된 것도 모두 하나님의 계획이었다. 교회 옆에 살면서 봉사하시며 사시는 모습이 우리에게 귀감이 되었다.

1 보기만 해도 군침 도는 스테이크 2 한 상 가득 차려진 음식들 3 식사 전 다 함께 단체사진

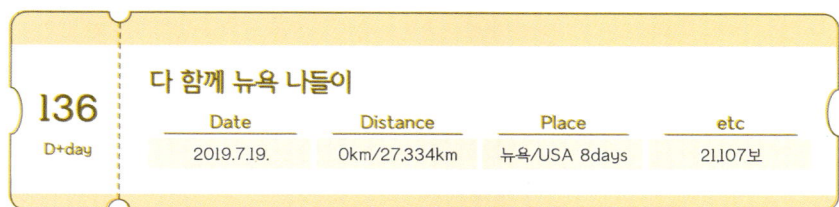

어제 하루는 종일 호텔에 머물면서 쉬기도 하고 미국 여행을 준비했다. 다시 한번 루트를 점검하고 각 루트마다 카우치서핑을 보내기도 했다. 이틀 뒤 렌터카까지 예약을 마쳤다. 그러다 보니 하루가 금세 지나가버렸다. 현재 뉴욕의 낮 기온이 이상 기온이라며 35도를 넘어서고 있어 아이들을 데리고 나가기가 무서웠다. 그렇다고 이렇게 호텔에 계속 있을 수도 없고 해서 다 함께 뉴욕 나들이를 나가보기로 했다. 호텔 셔틀버스가 뉴욕 시내 한가운데 내려주기에 편리했다. 나중에 호텔로 돌아갈 때도 내렸던 곳에서 기다렸다가 오후 10시에 셔틀버스를 타면 됐다.

가장 먼저 찾아간 곳은 요즘 뉴욕에 새로 떠오르는 랜드마크인 '베슬(Vessel)'이었다. 화려한 금빛 외관을 자랑하고 있었는데 외형은 마치 벌집 같지만 이름에서 알 수 있듯이 선박, 그릇, 혈관 등 다양한 것들을 연상하게 한다. 게다가 건물 자체에 특정 사용 용도는 없다. 계단과 엘리베이터로만 구성되어 있다. 그러니 계단을 오르며 다방면으로 도시 경관을 볼 수 있는 구조물이다. 이런 구조물을 설계한 목적은 관광객의 발길이 닿지 않던 허드슨 야드의 재개발 프로젝트 일환이었다. 확실히 목적 달성은 한 것이다. 들어가는 입구부터 관광객들로 대기 시간이 꽤 길었다. 바로 옆에는 영화〈어벤져스〉에서 스타크 건물을 떠올리게 하는 전망대 '엣지'도 눈길을 끈다.

발길을 돌려 '더 하이 라인(The High Line)'으로 이동했다. 이곳은 옛 고가 철도 길을 사람들이 산책할 수 있는 도보 공원으로 탈바꿈한 것이다. 서울시가 설계했던 '서울로 7017'의 모티브였다. 우리도 '더 하이 라인'을 끝까지 걷진 않았지만 충분히 그 매력에 사로잡혔다. 기차로 지나갔으면 놓쳤을 것들을 천천히 걸으며 바라보고 생각하고 느끼게 만들어놓았다. 가로수가 우거져 햇빛을 가려주니 고가라고 해도 충분히 걸을 만했다. 한참 걷다가 첼시마켓이 보이기에 바로 내려갔다. 첼시마켓 역시 예전에 과자공장을 대형마켓으로 탈바꿈한 것이다. 들어가 보니 다양한 상점들이 밀집해 있었다. 들어가자마자 더위를 식히기 위해 입구에 있던 아이스크림 가게부터 들렀다. 역시나 앉을 자리가 없다. 주문하고 기다리다가 아이스크림을 받고 나니 다행히 자리가 났다. 앉아서 편히 먹고 다시 마켓을 둘러보기로 했다. 여기서 또 예상치 못한 만남이 기다리고 있었다. 엄마, 아빠의 학창 시절 인기 많던 R&B 남성듀오 플라이 투 더 스카이의 브라이언 형을 만난 것이다(형이라고 하니 갑자기 원래 알고 지낸 것처럼 보이지만 아빠만 알고 지낸 걸로). 한국에서도 만나지 못한 연예인을 뉴욕에 와서 만나다니 신기했다.

마켓을 빠져나와 길을 걷다 보니 구글 건물이 보인다. 꿈의 직장 대명사인 구글 내부는 어떨지 궁금했다. 혹시나 입장이 가능한지 물어보니 들어오라고 한다. 들어가 보니 건물의 1층은 구글 방문객을 위한 장소였다. 사진도 찍을 수 있고 간단한 체험도 할 수 있도록 해놓았다. 조금 작았지만 역시 구글이었다. 일단 근무하는 직원들의 표정이 밝고 오픈 마인드가 보기 좋았다. 함께 가족사진을 찍고 나왔다. 이제 꽤나 걸었기에 지하철을 타기로 했다. 지하철을 타고 내린 곳은 미국 자연사 박물관이었다. 영국의 자연사 박물관과 비슷했는데 스케일은 훨씬 컸다. 특히 디오라마관이 실사처럼 잘 만들어져 있었다. 박물관에서 시원하게 있다가 나오기 싫었지만 나와 보니 이제 해가 뉘엿뉘엿 지려고 했다. 박물관 바로 옆에는 그 유명한 '센트럴 파크(Central Park)'가 있었다. 공원 주변은 모두 높은 빌딩들로 둘러싸여 있지만 이곳은 녹색 잔디와 나무만이 우리를 둘러싸고 있다. 잔디밭에서 사람들은 누워 있거나 운동을 하고 있다. 공원의 한가운데 위치한 호수에는 노를 저으며 배를 타는 사람들과 벤치에 앉아 호수를 바라보는 사람들이 있다. 우리도 잠시 쉬어 가기 위해 벤치에 앉았는데 예린이가 잠들었다. 예은이와 아빠는 호수를 가까이 보러 갔다. 특이한 것은 호숫가에 자라가 많이 보였다. 잡아보려고 했지만 혹시나 동물학대로 신고당할까 봐 멀찌감치 쳐다만 보았다.

예린이가 일어나고 공원을 지나니 노을이 짙게 물들고 있다. 또 잠시 쉬어가기 위해 아무 거리에 앉아 쉬고 있는데 엄마가 우리의 모습을 사진 찍었다. 아빠는 그 사진을 여행 중 베스트 컷 중 하나로 꼽는다. 다시 거리를 걸으니 이제 밤이 되었다. 화려한 브로드웨이의 조명을 지나 타임스퀘어에 도착했다. 두 번째 방문이지만 여전히 사람들로 가득하다. 잠시 세계의 중심이라 할 수 있는 타임스퀘어를 느끼고 오전에 셔틀버스 내린 곳을 향해 갔다. 스마트 시계를 보니 2만 보를 훌쩍 넘었다. 더워서 아이들을 별로 안아주지도 못 했는데 다 함께 각자 2만 보씩 걸은 것이다. 무더운 날씨에도 별로 힘든 내색 없이 잘 걸어 다녀줘서 고마웠다.

1 베슬을 배경으로 뉴요커처럼
2 센트럴 파크에서 산책
3 가수 브라이언과 함께
4 엄마가 찍은 최고의 사진

미국에서의 첫 카우치서핑

138 D+day

Date	Distance	Place	etc
2019.7.21.	365km/27,699km	실버스프링/USA 12days	카우치서핑 3

이제 본격적인 북미 여행을 시작한다. 우선 공항으로 가서 예약해둔 렌터카를 찾고 뉴욕을 떠나 워싱턴으로 향했다. 엊그제 호텔에서 쉬면서 카우치서핑 호스트 요청을 보낸 것 중에 워싱턴 인근에 살고 있는 대만계 미국인에게서 승낙 메시지가 왔다. 왠지 미국에서는 카우치서핑을 많이 할 수 있을 것 같은 예감이 든다. 승낙 메시지를 받고 이동 예상 경로에 따라 그 지역에 있는 호스트들에게 메시지를 보냈다. 그랬더니 예상대로 많은 호스트들이 승낙을 했다. 거의 코스별로 호스트를 구할 수 있었다. 참 신기했다. 전혀 모르는 사람에게 단지 여행을 좋아한다는 이유로 동질감을 가지고 호의를 베풀어주는 게 신기했다. 물론 아무나 승낙해주는 것이 아니라 자기소개, 사진, 카우치서핑을 했던 호스트 또는 게스트의 후기를 통해 그 사람에 대해 알고 난 뒤에 승낙을 하는 것이다. 세계 여행을 하기 전에 아빠 혼자서 대만을 짧게 자유여행을 다녀왔는데 그때 카우치서핑을 2박 3일 했었다. 그게 우리 가족에게 첫 카우치서핑이었다. 그 이후로 말레이시아인 두

명을 각각 1박 2일 따로 우리가 호스트했었다. 그때 호스트와 게스트에게 좋은 평을 받은 게 도움이 되었던 것 같다. 아무런 평이 없는 사람을 호스트하기에는 위험 부담이 있기 때문이다. 그렇게 보면 대만에서 아무런 평이 없던 아빠를 호스트해준 카우치서퍼가 참 고맙다. 혹시나 하는 위험요소를 최소화하기 위해서 되도록 아이가 있는 집으로 호스트 요청을 보냈다.

워싱턴 호스트 집에 가기 전에 먼저 한인마트에 들러 함께 저녁 식사를 할 음식 재료를 구입했다. 한국 음식을 대접해주는 게 좋을 것 같아 한인마트를 들렀다. 날씨가 더운 것을 감안해서 냉면과 불고기를 사서 갔다. 호스트의 집은 2층 단독 주택이었다. 집 앞 뜰에 주차를 하고 엄마가 초인종을 누르며 호스트 집이 맞는지 확인해보았다. 정확히 잘 찾아왔다. 호스트와 그의 아내가 밖으로 나와 우리를 환영해준다. 호스트는 대만계 미국인이고 아내는 미국인이었다. 둘은 대학교에서부터 연인 관계로 발전해서 결혼까지 했다. 딸 둘을 키우고 있었는데 우리 아이들과 비슷한 또래였다. 카우치서핑을 하면서 만난 우리와 처지가 가장 비슷한 가족이었다.

1 미국 첫 카우치서핑 호스트와 저녁 식사
2 비 오는 창밖을 사이좋게 바라보는 아이들
3 마치 오래 본 친구처럼 금세 친해지는 아이들

집으로 들어가니 우리가 머물 곳을 알려준다. 킹 사이즈 침대와 놀이방이 있는 넓은 한 층을 다 빌려주었다. 엄마와 아빠는 짐을 옮기고 바로 저녁 식사를 준비했다. 그동안 아이들은 자기네들끼리 노는데 마치 계속 만났던 친구처럼 사이좋게 노는 모습이 신기했다. 집에 올 때까지는 햇살이 쨍쨍했는데 저녁 식사를 준비하고 있으니 갑자기 폭우가 내린다. 저녁을 먹으려고 하니 비가 멈춘다. 다 함께 식탁에 앉아 저녁을 먹었다. 저녁을 먹으며 여행, 육아, 대륙별 나라들 간의 관계 등 다양한 분야에 대해 이야기를 나누며 화기애애한 분위기가 만들어졌다. 특히 호스트는 한글 등 언어에 대해 관심이 많았다. 그래서 우리가 몇 가지 한국어를 가르쳐주고 호스트는 우리에게 우리의 한문 이름을 대만어로 어떻게 발음하는지 알려주었다. 우리 이름이 대만어로 어떻게 발음되는지 들어보니 신기했다. 아빠가 처음에 카우치서핑에 대해 알게 되면서 상상했던 모습이 있었는데, 아이들과 비슷한 또래의 자녀가 있고 부담 없이 서로 다양한 분야에 대해 이야기를 나누는 바로 이 모습이었다.

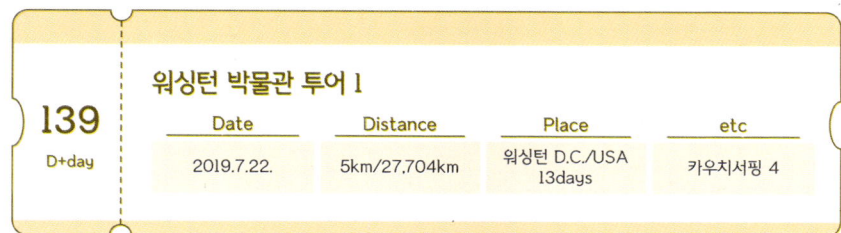

호스트에게 워싱턴 D.C. 여행 팁을 전수받고 지하철을 타러 갔다. 지하철역에 도착해서 티켓을 사서 내려가니 에스컬레이터가 엄청 길었다. 호스트의 아내가 인스타그램 댓글을 통해 알려주었는데 세계에서 세 번째로 긴 에스컬레이터라고 한다. 지하철에서 내려 지상으로 올라갔다. 워싱턴 D.C.는 각종 행정기관과 박물관으로 이루어져 있는 행정 계획도시이다. 가장 먼저 들른 곳은 백악관이었다. 많은 사람들이 백악관 앞에서 시위를 하고 있었다. 우리나라 청와대 앞에서 항상 시위가 일어나듯이 미국도 상황은 마찬가지였던 것이다. 그보다 놀랐던 것은 생각보다 작은 백악관의 크기였다. 정확한 크기는 몰라도 청와대보다 작아 보였다.

워싱턴 D.C.에는 미국 최초의 대통령을 기념하는 내셔널 몰에 위치한 랜드마크인 오벨리스크보다 높게 건물을 지을 수 없기에 주변에 높은 건물이라든지 가로수가 별로 없어서 그늘이 없었다. 더위를 피하려면 박물관으로 들어갈 수밖에 없었다. 그렇게 박물관 투어가 시작됐다. 게다가 입장료는 모두 무료였다. 첫 박물관은 국립 흑인 역사 문화 박물관이었다. 아빠는 힙합, 재즈, R&B

등 흑인들만의 특별한 소울에서 나오는 문화를 좋아한다. 그리고 그들의 뛰어난 운동 신경은 두말하면 잔소리다. 박물관에는 흑인들의 모든 역사를 담고 있었는데 아빠가 평소에 좋아하는 사람들이 다 모여 있다. 버락 오바마, 오프라 윈프리, 마이클 조던, 마이클 잭슨까지. 차별 속에서 빛나는 재능과 노력으로 모든 이를 사로잡은 사람들이었다. 그들의 주옥같은 멘트와 사진을 보니 그들이 새롭게 보였다.

두 번째로 들른 박물관은 '스미스소니안 내셔널 뮤지엄 오브 아메리칸 히스토리(Smithsonian National Museum of American History)'였다. 원주민인 인디언과 이민인들의 삶의 모습을 전시해놓았다. 박물관 한편에는 아이들을 위한 실험관과 체험관이 있었는데 도구로 납땜까지 할 수 있을 정도로 형식적인 공간이 아니라 실질적으로 뭔가를 발명하고 만들 수 있도록 해놓았다. 세 번째로 들른 곳은 국립 자연사 박물관이었다. 지금껏 다닌 자연사 박물관에서 못 봤던 보석 전시관과 동물 사진 전시관이 있었다. 보석 전시관에는 보석의 형성 과정과 다양한 보석들을 전시해놓았다. 평소에 보석을 별로 좋아하지 않는 우리도 눈이 돌아갔다. 그리고 각종 동물들의 포착하기 힘든 순간을 찍은 사진들을 전시해놓은 것도 볼만했다.

박물관을 나와 많은 영화에서 배경이 되었던 '링컨 기념관'을 향했다. 가장 기억에 남는 영화는 〈포레스트 검프〉이다. 톰 행크스가 연못에 빠져서 사랑하는 연인에게 가는 모습이 인상적이었다. 이런 기념관에는 빠지지 않는 것이 한국, 베트남 참전용사 기념비가 있다는 것이다. 그렇기에 한국 기념비에는 가보았다. 참전용사들 동상이 있고 그 옆에는 잊지 못할 문구 하나가 있다. "Freedom is not free."

1 박물관 내 전문기관 연구실 같은 아이들 체험실
2 오벨리스크가 호수에 반영되어 있는 모습
3 'Freedom is not free' 글자 옆에서
4 링컨 조각상 앞에서

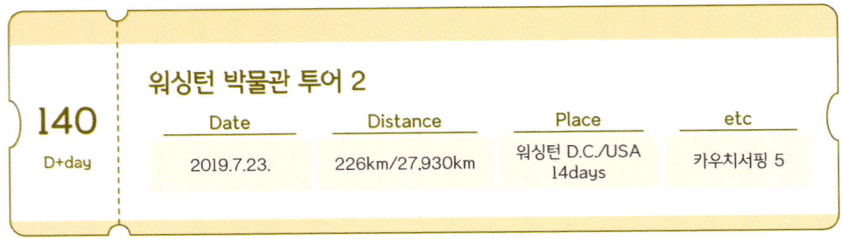

미국 첫 카우치서핑 호스트와 작별한다. 헤어지면서 호스트 아내의 부모님이 오하이오주에 살고 있으니 나이아가라 폭포를 구경하고 연락을 주면, 만약 시간이 맞다면 함께 호스트의 아내 부모님 댁에서 만나기로 하고 헤어졌다. 미국에서의 첫 카우치서핑이 성공하고 난 이후로는 계속 카우치서핑을 이어 나갈 수 있었다. 확실히 집이 좁은 유럽에서는 우리가 4명이다 보니 부담스러울 수 있는데 집이 넓은 미국은 충분히 4명을 받아줄 수 있을 것 같았다. 오전에는 워싱턴을 더 구경하고 오후에는 또 다른 호스트가 기다리고 있는 필라델피아 근처로 향했다.

공교롭게도 올해가 미국의 달 착륙 50주년이 되는 해라서 '국립항공우주박물관'을 들어가 보기로 한다. 세계에서 최고의 항공 우주 기술을 보유하고 있는 미국답게 박물관의 콘텐츠가 달랐다. 실제로 쓰인 우주선, 우주복 등이 전시되어 있고 가상체험 공간도 있었다. 최초의 비행기부터 발전된 비행기들의 양상을 실제 비행기로 전시하고 있었다. 라이트 형제가 만든 실제 비행기 모형과 스토리도 있었다. 최고의 하이라이트로는 루이 암스트롱이 실제 입고 달에 착륙했던 우주복이 전시되어 있었다.

다음 장소는 '내셔널 갤러리 오브 아트'였다. 출입구로 들어가는데 벽면에 글을 새기고 있는 작업자가 눈에 들어온다. 헤드폰을 끼고 주변 환경과는 완전히 차단을 하고 작업에 몰두하고 있는 모습이 멋있다. 열심히 일하는 사람의 모습은 언제나 멋있다. 그 사람의 마음에 보람이 가득 차 있다면 그 순간 동안은 세상에서 가장 행복한 사람이 아닐까 싶다. 보물찾기처럼 미술관에 가면 꼭 찾는 고흐와 모네의 작품은 유명한 미술관이라면 꼭 소유하고 있었다. 학창 시절에 보물찾기는 못 했지만 고흐와 모네 작품은 놓치지 않고 찾았다. 그림을 보면 언제나 보물을 찾은 것마냥 기뻤다(물론 작품의 구도, 색감이 기분을 좋게 만든 것도 있다). 역시나 미술관의 한편에는 아이들의 체험관이 있다. 모니터에 터치를 하면서 직접 그림을 그릴 수 있었다.

미술관을 나와 조금 걸으니 스타벅스가 보인다. 미국에서 처음으로 마셔보는 스타벅스 커피. 역시 맛있다. 이렇게 당을 충전하고 향한 곳은 '내셔널 포트렛 갤러리'다. 이곳에서 한국인에게 가장 유명한 작품은 단연 백남준 작품이다. 비디오 아트의 창시자인 그는 출생은 한국이지만 국적은 미국이었다. 미술과 음악이 전공이었던 그는 전 세계를 누비며 학문과 예술 활동을 이어오면서 격렬한 행동주의 양식을 전개했다. 교과서에서는 작품과 업적만 나와 있지 그의 이런 행동주의에 대한 설명이 빠져 있어서 전혀 몰랐다. 어느 공연 중 바이올린을 내리쳐 부수는 해프닝도 보여주었다고 한다. 갤러리에 있는 작품은 미국 대륙 주(State)별로 구분된 큰 지도를 조명으로 설치해놓고 그 뒤로 텔레비전이 있다. 텔레비전에는 각 주별로 일어났던 사건이나 모습이 나온다. 많은 사람들이 이 작품 앞에서 떠나지 못한다. 지금 봐도 참신한 아이디어였다.

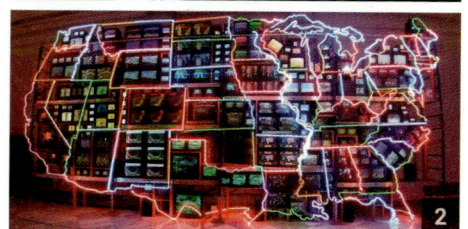

1 박물관 체험실에서 터치스크린으로 그림을 그리는 아이들
2 지금 봐도 참신한 백남준 작품 앞에서
3 루이 암스트롱이 달 착륙할 때 입었던 우주복 앞에서
4 박물관에서 작업에 몰두하는 노동자

141	호스트와 즐거운 하루 그리고 필라델피아 구경하기			
D+day	Date	Distance	Place	etc
	2019.7.24.	51km/27,981km	워싱턴 D.C./USA 15days	카우치서핑 6

어제 워싱턴 박물관 투어를 마치고 어둠이 깔리고 나서야 카우치서핑 집으로 갔다. 호스트는 예은이와 동갑인 아들과 함께 둘이서 살고 있었다. 바로 옆집은 호스트 부모님이 살고 있었다. 집은 2층 대저택으로 두 명만 이 집을 산다는 게 놀라웠다. 2층 전체를 우리가 쓰면 된다고 한다. 호스트는 영화배우 제이슨 스타뎀(절대 머리 스타일 때문에 그런 것은 아니다)을 닮았는데 훨씬 인상은 좋았다. 도착했을 때가 거의 저녁 9시였는데 저녁 식사를 하기에는 애매하고 치킨과 맥주를 함께 먹었다. 거의 10년 넘게 카우치서핑을 쭉 하고 있다고 한다. 다양한 사람들을 만나 다양한 문화를 접할 수 있어서 좋다고 하는 호스트는 오픈 마인드를 지니고 있었다. 마라톤을 좋아해서 1년에 몇 번이나 경기에 참여한다고 한다. 동네 마라톤 동호회가 있어 저녁에 달리기를 하고 펍(Pub)에 가서 맥주 한잔하고 집에 와서 자는 게 낙이라고 한다. 아빠에게 있어서 외국인 최초 '행님'이라고 부르게 된 인연이었다.

아침에 일어나 호스트와 함께 김밥을 만들고 먹었다. 떡볶이와 함께 먹었는데 우리 행님이 좋아한다. 행님 아들도 우리 아이들과 노는 게 좋은지 떨어질 줄을 모른다. 함께 크레파스로 집 앞마당 땅바닥에 그림도 그렸다. 그림을 그리고는 동네 한 바퀴를 함께 돌았다. 가는 길에 아이스크림을 먹고 놀이터에서 놀기도 하고 소방서 앞에서 인증샷도 찍으며 즐거운 시간을 보냈다. 함께 오전을 보내고 오후에는 우리들만 필라델피아 시내 구경을 갔다. 먼저 필라델피아 미술관을 방문했다. 역시나 고흐의 작품이 있다(보물찾기 성공!). 미술관에서 가장 유명한 것은 내부가 아닌 외부에 있었다. 바로 록키의 동상이 있기 때문이다. 영화 〈록키〉에서 주인공 실베스터 스탤론이 권투 연습을 하면서 계단을 올라가 두 팔을 하늘 위로 뻗으며 승리를 확신하는 장면의 배경이 바로 여기 필라델피아 미술관이었다. 영화 산업이 발전한 미국인 만큼 나라 전역이 영화 촬영지나 다름없었다.

필라델피아 시내는 거리가 깨끗이 정리 정돈된 느낌을 주어서 계획도시처럼 보였다. 옛 건축물과 현대식 건축물이 서로 뒤섞여 있음에도 불구하고 절묘하게 조화를 이루고 있었다. 곳곳에 사진 명소가 있고 분수도 많아서 아이들이 놀기에 좋았다. 또한 공원이 도로를 따라 길게 늘어져 있고 '록키의 도시'라 그런지 각종 운동기구가 설치되어 있는데 한쪽에 사람들이 다 함께 모여 요가를 하고 있는 모습도 인상적이었다. 한마디로 필라델피아는 예술과 스포츠의 도시였다. 내일 다시 자세히 보기로 하고 지는 해와

집으로 돌아갔다. 호스트들이 항상 하는 얘기가 있는데 바로 "너희 집처럼 편히 지내"다. 실제로 우리 집처럼 편하게 지낼 수는 없지만 말이라도 그렇게 해주니 마음은 편했다. 집으로 들어가 호스트와 함께 가볍게 맥주 한잔 마시며 하루를 정리했다. 호스트에게 돌발 질문을 하나 했다. "혹시 행님 집에도 총 있어요?", "당연하지" 하며 진중한 표정을 지으며 총을 꺼내 보여주는데 아주 슬림하고 잘 빠진 권총이었다. 가장 중요한 총알은 바로 하얀 BB탄이었다. 둘이서 한참 웃었다. 함께 인증샷을 찍고 각자의 방으로 돌아갔다.

1 영화 〈록키〉의 한 장면을 따라 하는 아빠
2 필라델피아 도심의 영문 조형물을 배경으로
3 호스트와 함께 식사하는 모습

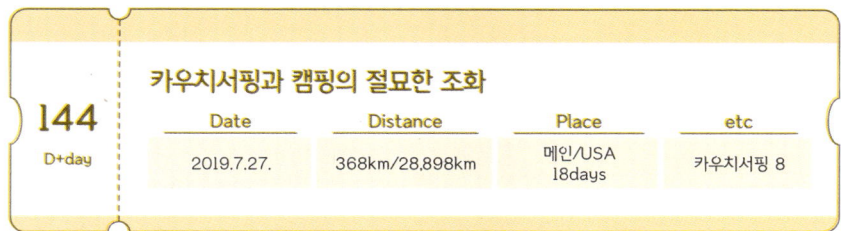

보스턴을 떠나 향한 곳은 미국 북동부에 해당하는 메인(Maine)주였다. 여기서도 카우치서핑을 구해서 바로 호스트의 집으로 향했다. 카우치서핑이지만 호스트가 자신의 집에는 방이 없어 그러니 텐트에서 머물러도 되겠는지 물어봤었다. 유럽에서는 항상 캠핑장 텐트에서 지냈었기에 일단 가겠다고 했다. 집이 평화롭고 한적한 마을의 도롯가 바로 옆에 위치하고 있었다. 나무로 둘러싸여 있어 입구로 들어가면 주변과는 확실히 차단이 되었다. 집 한 채와 각종 공구들을 모아둔 별채와 축구장 반 크기의 정원을 소유하고 있었다. 정원은 정말 놀라웠다. 거기서 작은 농사를 짓고 닭과 강아지를 키우고 있었다. 집은 2층 구조였는데 그리 크진 않았다(최근 대저택만 다니다 보니 눈이 높아졌나 보다). 호스트의 아내는 프랑스계 미국인이었고 자녀는 나이 차이가 조금 나는 딸 둘에 중간에 아들이 있었다. 아들은 친구 집에서 놀러가서 내일 온다고 한다. 대신 호스트 큰딸의 친구가 집에 있었는데 우리가 머무는 동안 계속 함께 있었다(미국에서는 자녀를 친구 집에 보내는 게 지극히 평범한 일이라고 느껴졌다).

저녁 식사를 하기 전에 일찍 도착해서 짐을 옮기고 요리를 시작했다. 워싱턴 카우치서핑에서 했던 물냉면과 불고기를 준비했다. 식탁이 집 뒤뜰에 있어 야외식사가 되었다. 호스트는 맥주를 직접 만든다며 자신이 직접 만든 수제 맥주를 우리에게 선물로 주었다. 저녁 식사를 하면서는 와인을 꺼내주었는데 그때 풍성한 와인의 세계에 빠졌다. 하지만 워싱턴 카우치서핑 가족과 비교해볼 때 냉면을 잘 먹지 못했다. 그도 그럴 것이 호스트가 대만계 미국인이다 보니 면 요리가 친근하지만 미국인과 프랑스인에게는 젓가락부터 잡기 어려워했다. 불고기는 입맛에 맞는지 잘 먹었다. 녹음이 드리워진 야외 식탁에서 먹으니 더 맛있게 느껴졌다. 식사를 끝내고 함께 실내 식탁으로 자리를 옮겨 호스트가 아이들을 키우면서 다녔던 여행 앨범과 아이들이 학교에서 공연했던 동영상을 보며 이야기꽃을 피웠다. 밤은 깊어져 잘 시간이 되었다. 샤워를 하고 우리는 텐트로 들어갔다. 텐트에 노란 전구까지 설치해 놓아서 감성적인 분위기와 정원의 새소리까지 더해져 낭만 가득한 카우치서핑과 캠핑의 조화를 이뤘다.

1 호스트의 가족과 함께 저녁 식사 2 호스트 막내딸과 잘 노는 아이들 3 호스트가 직접 만든 수제 맥주

145 D+day	호스트가 선물해준 즐거운 하루			
	Date	Distance	Place	etc
	2019.7.28.	0km/28,898km	메인/USA 19days	카우치서핑 9

호스트 가족과 함께 메인에서 유명한 '아카디아 국립공원(Acadia National Park)'을 가기로 했다. 아침 일찍 엄마는 김밥을 준비했다. 김밥으로 아침을 먹고 도시락도 준비했다. 자동차는 우리와 똑같은 밴이었지만 호스트가 길을 잘 알고 있으니 자신의 차로 가자고 한다. 호스트의 아내, 막내딸과 우리 가족을 포함해서 총 7명이 함께 자동차를 타고 아카디아 국립공원을 향했다. 가는 길에 골동품 상점이 있어 들렀다. 거기서 아이들에게 미니(미키마우스의 여자친구)와 헬로 키티 인형을 사주었는데 크기가 아이들만 했다. 자동차에서 잘 때 베개 삼아 쓰라고 사주었는데 베개용으로는 쓰이진 않았다.

도착하는 데 거의 1시간 정도 걸렸다. 일단 전망대까지 차로 이동이 가능해서 편했다. 내려서 전망대를 한 바퀴 둘러봤다. 국립공원에는 20개가 넘는 호수가 있으며 전망대에서 내려다보면 우리나라의 남해처럼 다도해의 전경을 볼 수 있다. 함께 사진을 찍고 주차장 근처에 자리를 깔고 도시락을 먹었다. 시원한 바람과 멋진 풍경에서 김밥을 먹으니 더 맛있었다. 점심을 먹고 국립공원을 내려가 향한 곳은 '바 하버(Bar Harbor)'였다. 미국 북동부의 유명한 관광지였다. 주차를 하고 동네 산책을 나섰다. 길거리는 온통 관광 기념품으로 가득했다. 여름이 되면 많은 사람들이 피서를 위해 오는 휴양지라고 한다. 놀라운 점은 이곳에도 퍼핀이 온다고 한다. 정말 여행 내내 우리를 따라다니는 녀석이다. 이렇게 또 퍼핀의 모습을 보게 되니 반갑다(물론 여기서 말하는 퍼핀은 인형이다). 지나가다 보니 아이스크림 가게가 있어서 우리가 사겠다고 했다. 다 먹고 메인 광장까지 걸어갔다. 광장은 해변에 위치하고 있었는데 휴양지답게 보트가 많이 보였다. 풀밭에 앉아 잠시 쉬었다가 차로 돌아갔다. 1시간 주차를 예상하고 티켓을 끊어서 차에 올려두었는데 차 시동을 거니 딱 1시간이 지난 시각이다.

분명 바 하버까지는 날씨가 좋았는데 호스트의 집으로 가는 길에 비가 내리기 시작한다. 호스트가 집으로 가다가 갑자기 마트에 들른다. 마트에서 로브스터를 사서 가자고 한다. 호스트와 아빠만 내려서 마트로 들어가 로브스터를 구입했다. 아빠가 결제하려고 하니 호스트가 극구 말리며 자신이 결제를 한다. 투어시켜준 것도 고마운데 로브스터까지 대접해준다니 감동 그 자체였다. 투어부터 근사한 저녁 식사까지 모두 대접해준 호스트 덕분에 잊지 못할 하루가 되었다.

1 메인의 한 공원에서 2 메인 투어 중 아이스크림 가게에서 3 호스트가 대접해준 로브스터 저녁 식사

146 D+day	캐나다에서의 첫 카우치서핑			
	Date	Distance	Place	etc
	2019.7.29.	392km/29,290km	퀘벡/캐나다 1day	카우치서핑 10

이제 미국에서 캐나다로 향했다. 이번에도 역시나 카우치서핑을 구했다. 유럽에서는 국경을 지나는 게 처음에는 약간 걱정이 되었지만 나중에는 도시와 도시를 지나듯 지나다녔다. 미국에서 캐나다의 국경을 지나는 것은 어떨지 또 걱정이 되었다. 다행히 별문제 없이 통과했는데 이때 생각지도 못한 한류의 덕을 보게 되었다. 캐나다 입국 심사관이 우리가 한국인이라는 것을 확인하고는 드라마〈도깨비〉를 아냐고 물어본다. 처음에 무슨 말인지 몰라 고개를 갸우뚱거리니 한글로 또박또박 도! 깨! 비! 라고 얘기한다. 그때 무릎을 탁 치며 두 눈을 크게 뜨며 우리가 다시 물어봤다. "Do you know the Korean drama 〈도깨비〉?"라고 물으니 당연히 알고 있고 그래서 요즘 한국인들의 캐나다 방문이 많이 늘었다고 한다. 그렇게 한류에 대해 더 이야기를 나누고 기분 좋게 국경을 지났다. 신혼여행을 갔었던 10년 전만 해도 한국 하면 잘 모르거나 삼성, 엘지, 현대, 기아 정도 아는 사람이 있었지만 드라마, 노래를 아는 사람은 거의 없었는데 요즘은 한국 문화에 대해 알고 있는 사람들을 곳곳에서 발견할 수 있었다.

국경을 통과하고 캐나다 도로를 달리면서 신기했던 것이 하나 있었는데 어느 도시든 입간판에 그 도시의 인구수가 적혀 있었다. 더 신기한 것은 퀘벡에 들어왔는데 이정표를 포함한 모든 안내판 등이 프랑스어로 되어 있었다. 한번은 엄마가 마트에 들어가 물건을 사고 있는데 어느 한 할머니가 프랑스어로 뭘 물어봤는데 프랑스어를 못 한다고 하니 어이없다는 표정을 지으셨다고 한다. 그때 엄마도 꽤나 당황했다고 한다.

마트 장을 보고 바로 카우치서핑 호스트 집으로 갔다. 오후 4시에 집에서 만나기로 해서 시간에 맞춰 초인종을 누르니 호스트와 그녀의 남편이 반갑게 맞이해준다. 초등학생의 아들과 딸도 함께 있었다. 짐을 다 옮기고도 아직 저녁을 먹기에는 일러서 함께 집 뒤뜰로 나갔다. 공동 정원이었는데 축구장 크기만 했다. 호스트의 딸이 축구를 좋아한다고 해서 함께 하기로 했다. 호스트의 남편은 집에 남아 있고 호스트와 그녀의 딸이 한 팀이 되고 그녀의 아들, 우리 아빠가 한 팀이 되어 시합을 했다. 그녀의 딸은 진짜 시합에 나서는 것처럼 유니폼을 입고 축구화를 신고 나왔다. 잘한다기보다는 열정이 대단했다. 더 대단한 건 호스트였는데 맨발로 축구를 했다. 호스트와 그녀의 남편 둘 다 키가 180cm가 넘었는데 알고 보니 호스트는 배구선수였다고 한다. 축구를 하고 나니 호스트의 남편이 요리를 다 해놓아 함께 식사를 했다. 만들어준 요리는 멕시코 음식이었는데 그 자체만으로 신선했는데 맛있기까지 했다. 야외 테이블에서 샐러드와 와인도 함께 곁들이니 금상첨화였다. 식사 후에는 함께 맥주를 마시며 조금 전에 마트에서 있었던 일에 대해 얘기해주니 안타까운 표정을 지으며 어르신들은 아직 그런 태도를 취하는 경우가 있다고 한다. 퀘벡에만 프랑스 문화가 남아 있는 이유를 듣고 나니 이해가 되었다. 프랑스가 처음 퀘벡을 개척했고 영국이 넘겨받은 이후 미국의 독립전쟁이 일어났는데 퀘벡의 참전을 막기 위해 프랑스 문화에 대한 특권을 인정하면서 지금까지 유지되고 있는 것이라고 한다. 카우치서핑을 하면서 다양한 문화, 음식, 생활방식 등을 직접 보고, 느끼고, 대화할 수 있어서 좋았다. 확실히 느끼는 것 중에 하나가 사람 사는 모습은 다 비슷하지만 어떻게 살아가느냐가 삶의 만족도를 좌우한다는 것이다.

1 호스트 가족과 함께 저녁 식사 2 저녁 먹기 전 함께 축구 시합 3 호스트 뒤뜰에 있던 풀장

147 D+day	드라마 〈도깨비〉 촬영지에 가다			
	Date	Distance	Place	etc
	2019.7.30.	47km/29,337km	퀘벡/캐나다 2days	카우치서핑 11

호스트는 출근 시간이 새벽 5시라 일찍 집을 나섰다. 우리는 호스트의 가족들이 나가는 줄도 모르고 늦게까지 잠이 들었다. 어제 문을 닫는 방법을 배웠기에 문을 단단히 잠그고 퀘벡 구시가지를 보러 나갔다. 배가 고프면 기운이 축 처지는 아이들을 위해 맥도날드로 가서 팬케이크 세트를 먹었다. 배를 채우고 나와 〈도깨비〉 촬영 장소 중 한 곳인 선물가게에 들어갔다. 가게 안에는 드라마 장면에 나오는 장소에 주인공 공유와 김고은의 사진을 붙여 놓았다. 어제 만난 입국 심사자가 생각났다. 가게는 크리스마스와 관련된 물건을 파는 곳이었다.

드라마 〈도깨비〉를 다 챙겨 보지는 않았지만 퀘벡 장면 중 호텔 '클라렌든'이 내려다보이는 언덕에 공유의 무덤이 있는 장면을 보며 경치가 예쁘다고 생각했는데 실제로 이렇게 오게 될 줄은 몰랐다. 이 언덕 말고도 다른 촬영지도 많았다. 선물가게를 지나 만난 촬영지는 빨간 문 앞이었다. 아주 중요한 장소라고 하던데 드라마를 못 봤으니 내용은 모르지만 일단 촬영 장면은 똑같이 따라 해봤다. 평소 아빠는 배우 김고은과 예은이가 닮았다고 했었다. 그리고 정확히 2년 전 예린이가 대형마트에 걸려 있는 공유 사진을 보고 아빠라고 부른

적이 있다(참고로 현재 예린이는 만 4세인 점은 감안해주길). 그렇게 우리 집 도깨비 주인공 캐스팅이 완성되었다. 다음 장소로 옮겨 오늘의 하이라이트 장소인 호텔 클라렌든이 내려다보이는 언덕으로 올라갔다. 역시나 많은 한국인들이 그 장소에 모여 있었다. 드라마 장면과 똑같이 찍기 위해 카메라를 들고 이리저리 움직이다가 비슷한 위치를 찾아 사진을 찍었다. 위치도 좋고 예은이 자세도 비슷한데 왠지 모를 한 부분이 아쉽다. 어떻게 해도 채울 수 없는 그런 것이라서 그만 찍고 내려갔다.

어제 우리가 저녁 식사를 했던 시간과 비슷하게 돌아갔다. 이번 저녁 식사는 우리가 하기로 했다. 집으로 들어가니 얼마 전에 파란색과 노란색 풍선으로 홈파티를 열었다고 했는데 호스트의 남편과 아들이 파란색과 노란색으로 드레스 코드를 맞추고 있었다. 우리 아빠도 얼마 전에 아울렛에서 산 같은 색의 옷을 입고 나왔다. 서로 같은 색의 옷을 입고 있는 모습이 웃기고 재밌었다. 즐거운 분위기 속에서 저녁 식사를 마쳤다.

1~2 드라마 〈도깨비〉에서 나온 장면을 따라 하는 부녀
3 아름답고 우아한 도시, 퀘벡

148 D+day 미니를 사랑하는 특별하고, 특이한 호스트와의 만남

Date	Distance	Place	etc
2019.7.31.	360km/29,697km	몬트리올/캐나다 3days	카우치서핑 12

카우치서핑 집을 나와 향한 곳은 '몽모랑시 폭포(Montmorency Falls)'였다. 겨울이 되면 엄청난 폭포의 물줄기가 얼어붙어 장관을 이뤄 많은 관광객들이 찾는다고 한다. 주변에는 다방면에서 볼 수 있도록 폭포 위로 다리가 있고 케이블카도 운영을 하며 지그재그 계단을 통해 관람을 할 수 있도록 해놓았다. 들어가는 입구에는 주차비를 따로 지불해야 돼서 주변의 무료 주차장에 차를 두고 걸어갔다. 가는 길에는 지금은 운영하지 않는 철로가 있었다. 그 위로 걸어가는 게 재밌었다. 예은이와 아빠는 양쪽의 철로에 서서 손을 잡으려고 하는데 멀었다. 쓰고 있던 창이 넓은 모자를 벗어 양 끝을 잡으니 딱 맞아 서로 철로의 양 끝에 서서 함께 걸어갔다. 아이들은 폭포를 보는 게 좋은 게 아니라 폭포로 가는 길에 이런 놀이를 좋아했다. 한마디로 결과보다는 과정을 좋아한 것이다(역시 꿈보다 해몽인가). 멀리서 폭포를 보고 사진만 찍고 돌아갔다.

아직 아침을 먹지 않아서 또 맥도날드에 가서 팬케이크 세트를 먹었다. 박스에 넣어주는데 모양을 보자 아빠의 장난기가 발동한다. 박스를 뒤집어 예린이 머리에 씌우니 손잡이가 안경이 되고 통이 모자가 된다. 아이들도 재밌는지 서로 보며 웃어댄다. 즐겁게 아침 식사를 마치고 다음 카우치서핑 집이 있는 몬트리올로 향했다. 가는 길에 퀘벡에 유명한 와이너리가 모여 있는 지역을 들렀다. 북미에서 카우치서핑을 하면서 저녁 식사마다 와인을 마시다 보니 그 매력에 빠졌다. 세 병 정도 사서 차에 두었다. 몬트리올에 들어와서 점심도 먹고 장을 보기 위해 코스트코를 들렀다. 미국에서는 못 봤던 메뉴인 감자 요리와 피시앤칩스, 핫도그를 주문했다. 감자 요리는 우리 입맛에 안 맞았다. 배를 든든히 하고 다시 출발했다.

해가 저물 때쯤 집 근처에 도착했다. 호스트가 가르쳐준 주소 앞에 도착했는데 완전 할리우드 배우 대저택이다. '설마 여기일까?' 의구심이 들 수밖에 없어서 아닐 거라는 확신을 가지고 조금 더 가보니 옆에 있는 2층 일반 주택이 맞았다. 호스트도 우리를 알아챘는지 미리 나와 우리를 반겨주었다. 그리고는 먼저 호스트의 집을 구경시켜주었다. 2층 집이었는데 남편과 두 분이서 살기에는 꽤나 넓어 보였다. 특이한 점은 집 안 전체에 자동차 브랜드인 'MINI'와 관련된 것들이 진열되어 있었다. 자동차 미니어처가 적어도 200개는 있어 보였다. 게다가 두 분은 영국의 미니 동호회에서 만나 결혼을 했다는 것이다. 호스트의 남편은 독일 사람이었는데 영국에 가서 호스트를 만난 것이다. 두 분은 미니로 인해 인생이 바뀐 분들이었다. 집에 도착하자마자 짐도 못 꺼내고 호스트에게 이끌려 집 구경부터 했는데 계속해서 말을 이어가셨다. 그리고는 지금

해가 지고 있으니 함께 나가서 노을을 보자고 하신다. 무작정 따라갔다. 집을 나오면서 주차장에 소중히 보관 중인 30년 된 진짜 미니 자동차도 보여주었다. 동네는 예쁜 집들로 꾸며진 조용한 동네였다. 동네 바로 앞에 호수가 있었는데 '두 몽따니으' 프랑스 이름이다. 해가 호수의 한가운데로 떨어지는데 하늘과 호수가 붉게 물든다. 멋진 노을이었다.

집으로 돌아오니 우리가 묵을 곳을 알려준다. 짐 정리를 하고 거실에서 다시 만나니 호스트의 남편이 기타를 치면서 노래를 불러준다. 기타를 치고 난 이후로는 영어가 어려운 우리에게 언어에 대한 설명을 해준다. 그는 영어, 독일어, 프랑스어를 모두 구사할 수 있었다. 그리고 호스트에게 북미 자동차 여행을 하면서 자동차를 구입해서 팔고 싶었는데 미국에서는 구입이 불가능하고 캐나다에서 구입을 해야 되는데 방법을 잘 모르겠다고 하니 휴대폰을 꺼내 구글을 검색하더니 바로 그 방법을 찾아내준다. 그다음에도 궁금한 게 있어서 물어보니 구글로 검색하더니 금세 또 찾아내준다. 나이가 거의 우리 이모뻘이었는데 우리보다 훨씬 더 검색을 잘했다. 못다 한 이야기가 많았지만 시간이 늦어 인사를 나누고 각자의 방으로 헤어졌다.

1 맥도날드에서 종이 가방 하나로도 행복한 예자매 2 감각적인 호스트의 집 내부 3 호스트와 함께 바라본 저녁노을

2019년 **8월**

월요일	화요일	수요일

 5 [캐나다 8] D+153 USA 21 288km/31,579km 나이아가라 폭포 카우치서핑 16	6 [USA 22] D+154 51km/31,630km Rock creek, Ohio 카우치서핑 17	7 [USA 23] D+155 82km/31,712km Geneva-on-the-lake Motel 6
 12 [USA 28] D+160 380km/34,474km Rushmore 캠핑 96	13 [USA 29] D+161 345km/34,819km cody, Wyoming 캠핑 97	14 [USA 30] D+162 264km/35,083km 옐로스톤 1 캠핑 98
 19 [캐나다 10] D+167 236km/36,855km Banff 1 캠핑 100	20 [캐나다 11] D+168 158km/37,013km Banff 2 캠핑 101 	21 [캐나다 12] D+169 584km/37,597km Jasper National Park 캠핑 102
 26 [캐나다 17] D+174 192km/38,890km White Rock Pier 카우치서핑 24	27 [USA 35] D+175 3km/38,893km 시애틀 카우치서핑 25	28 [USA 36] D+176 305km/39,198km Boeing Museum 카우치서핑 26

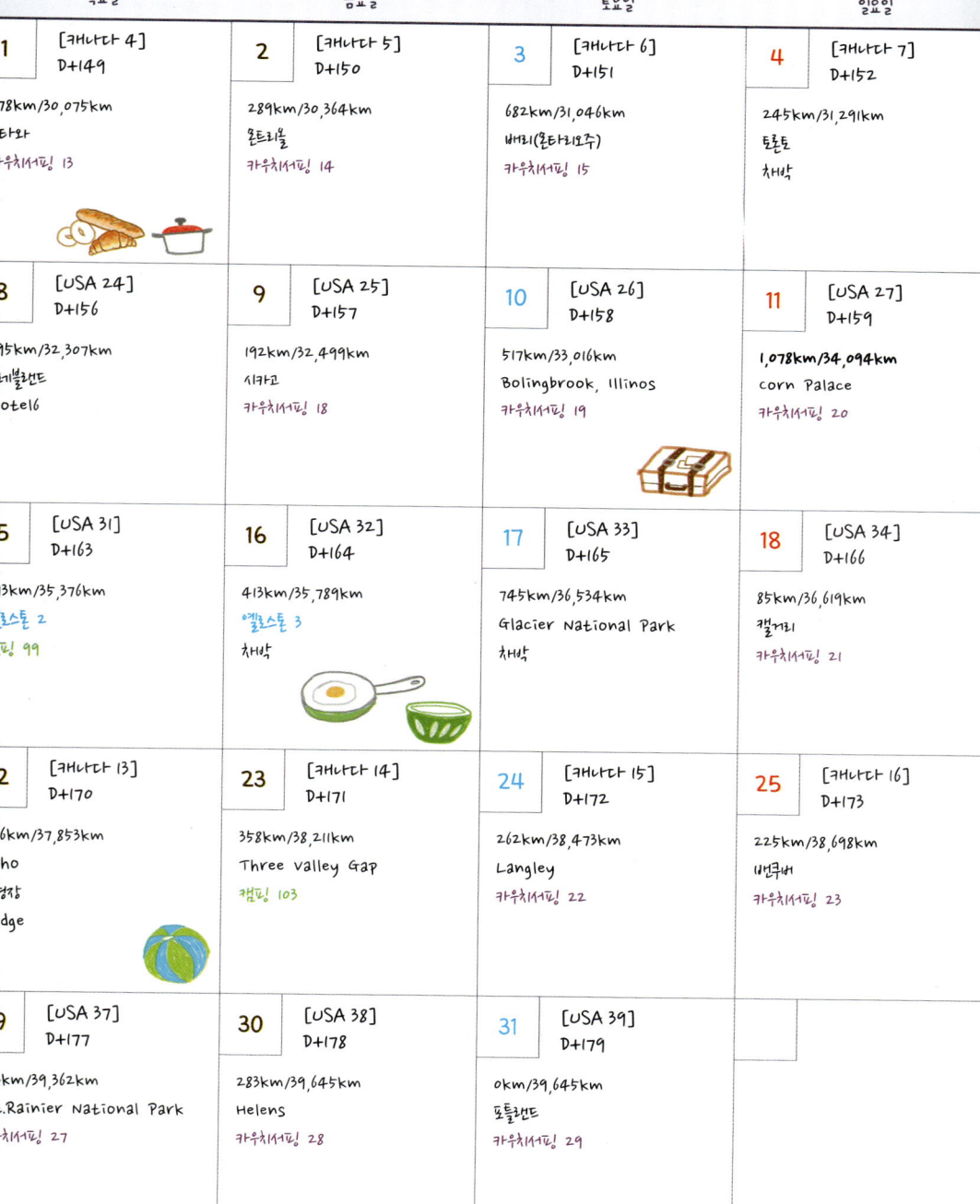

	목요일	금요일	토요일	일요일
1	[캐나다 4] D+149 78km/30,075km 오타와 카우치서핑 13	2 [캐나다 5] D+150 289km/30,364km 몬트리올 카우치서핑 14	3 [캐나다 6] D+151 682km/31,046km 배리(온타리오주) 카우치서핑 15	4 [캐나다 7] D+152 245km/31,291km 토론토 차박
8	[USA 24] D+156 95km/32,307km 클리블랜드 motel 6	9 [USA 25] D+157 192km/32,499km 시카고 카우치서핑 18	10 [USA 26] D+158 517km/33,016km Bolingbrook, Illinos 카우치서핑 19	11 [USA 27] D+159 1,078km/34,094km corn Palace 카우치서핑 20
15	[USA 31] D+163 193km/35,376km 옐로스톤 2 캠핑 99	16 [USA 32] D+164 413km/35,789km 옐로스톤 3 차박	17 [USA 33] D+165 745km/36,534km Glacier National Park 차박	18 [USA 34] D+166 85km/36,619km 캘거리 카우치서핑 21
22	[캐나다 13] D+170 56km/37,853km Soho 농장 Lodge	23 [캐나다 14] D+171 358km/38,211km Three valley Gap 캠핑 103	24 [캐나다 15] D+172 262km/38,473km Langley 카우치서핑 22	25 [캐나다 16] D+173 225km/38,698km 밴쿠버 카우치서핑 23
29	[USA 37] D+177 ?km/39,362km t.Rainier National Park 우치서핑 27	30 [USA 38] D+178 283km/39,645km Helens 카우치서핑 28	31 [USA 39] D+179 0km/39,645km 포틀랜드 카우치서핑 29	

6) 8월, 미국-캐나다

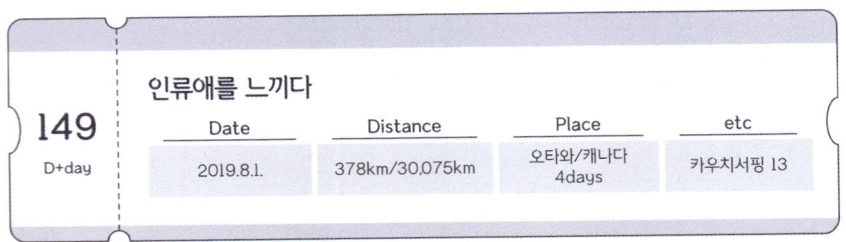

호스트 집에서 나와 차를 타고 오타와로 향했다. 거리에 주차를 하고 도보로 시내를 구경하기로 했다. 거리에 주차하는 것은 시간 단위로 금액이 다르며, 요일마다 다른 곳도 있다. 걷다 보니 마켓 거리가 나온다. 많은 상점 중 유독 눈에 띄는 가게가 있다. 바로 '오바마 쿠키'를 파는 가게이다. 거짓말 조금 보태서 가게 입구부터 시작해서 가게 전체를 오바마 사진으로 도배를 했다. 우리도 물론 오바마를 좋아하지만 조금 과하다고 느껴졌다. 가게에 들어가 쿠키를 사려고 하다가 아직 배가 고프지 않은 관계로 그냥 나왔다. 마켓 거리에는 꽃, 와인, 시럽 등 다양한 물건들을 팔고 있었다. 배는 고프지 않았지만 날이 더워서 아이스크림을 사 먹기로 했다. 아이스크림을 다 먹을 때쯤 도착한 곳이 '리도 운하'이다. 전체 길이가 200km가 넘고 군사 물자를 실어 나르기 위해 지어졌다. 2007년에 유네스코 세계유산에 등재되었으며 북미 대륙에서 가장 오래된 운하이다. 여름에는 일반 운하와 다르게 느껴지지 않지만 겨울이 되면 이야기가 달라진다고 한다. 운하에서 호수까지 꽁꽁 얼면서 세상에서 가장 긴 천연 아이스링크장이 만들어진다고 한다. 그때 '윈터루드(Winterlude)' 축제가 개최되면서 멋진 풍경이 연출된다고 한다. 아쉽게도 지금은 무더운 여름이라 그런 모습이 상상이 안 된다.

운하를 건너니 캐나다 연방의회가 나온다. 높은 첨탑과 함께 드넓은 광장이 매력적이다. 그 광장에는 꺼지지 않는 불꽃이라 불리는 유명한 '센테니얼 프레임(Centennial Flame)'이 있었다. 불꽃이 계속 타오르는데 그 밑으로는 물이 흐르고 있었다. 건국 100주년을 기념하여 만들어졌다고 한다. 아이들도 신기한지 여기서 떠나지 못하고 한참을 바라봤다. 그 이유는 여행 중 아이들이 즐겨봤던 애니메이션 〈리틀 프린세스 소피아〉에서 성(城)을 차지하기 위해 여자 용(龍)과 남자 용(龍)이 서로 다투는 에피소드가 있다. 여자 용은 물을 이용하고 남자 용은 불을 이용하여 싸운다. 소피아가 중재에 나서 서로 싸우지 않고 잘 지내기로 원만한 합의점을 도출한다. 그때 성(城)에서 물과 불이 분출되면서 축제가 벌어지는데 아이들이 그걸 기억하고는 그 장면에서 나오는 노래와 대사를 따라 한다(만약 여자 아이들을 데리고 유럽 또는 북미를 여행한다면 소피아를 추천한다).

여행을 하다가 대도시에 가게 되면 그 도시명의 조형물을 찾아가 사진을 찍었다. 오타와에도 그런 조형물이 있어 찾아갔는데 너무 크다. 글자를 사진에 다 담으면 사람이 잘 안 보이고 사람을 잘 보이게 하려면 글자가 다 안 나오는 아이러니에 봉착했다. 그래도 글자가 우선이다 싶어 글자가 다 나오게 찍었다. 또 워낙 크다 보니 사람들이 줄을 서서 찍는 게 아니라 자유롭게 찍는 분위기라 타인이 나올 수밖에 없었다(혹시나 지자체 관계자분들께서 이런 조형을 제작한다면 크기를 잘 고려해서 제작해주길).

1 오바마 쿠키 가게 앞에서
2 오타와 영문 조형물 앞에서
3 호스트와 야외 저녁 식사

날이 너무 더워서 그런지 걸어 다니면서 관광하기에는 힘든 게 사실이다. 호스트와 함께 저녁 식사를 하기로 해서 일찍 관광을 마치고 집으로 돌아갔다. 어제 코스트코에서 구입한 군만두와 한인마트에서 구입한 짜파게티를 먹기로 했다. 북미 코스트코에는 한국 식품이 많이 입점되어 있는데 김치와 라면을 사 가는 현지인들의 모습을 많이 목격했었다. 호스트와 그의 남편은 짜파게티와 군만두를 하나도 남기지 않고 맛있게 잘 먹었다. 저녁 식사를 마치고 또 석양이 지는 모습을 보러 갔다. 우리가 머무는 동안 매일 멋진 노을을 함께 볼 수 있어서 좋았다. 다시 집으로 돌아와 호스트가 우리에게 선물을 주었다. 바로 '미니'가 그려진 가족 티셔츠와 '미니' 자동차 장난감을 주었다. 마치 친자식처럼 챙겨주는 모습에 많은 감동을 받은 카우치서핑이었다. 더 주지 못해서 안타까워하는 호스트의 눈빛에서 인류애란 이런 것이구나를 깨달았다.

150 D+day	혹시 무지개 깃발을 아시나요?			
	Date	Distance	Place	etc
	2019.8.2.	289km/30,364km	몬트리올/캐나다 5days	카우치서핑 14

호스트 가족과 따뜻한 포옹을 하며 작별 인사를 나누고 몬트리올 시내에 있는 다른 호스트의 집으로 간다. 도착하니 점심시간이다. 호스트는 근무 중이었는데 우리를 맞이하기 위해 점심시간을 활용해서 나왔다. 함께 집으로 올라가 점심 식사로 김밥을 먹기로 했다. 집 구조가 특이하고 인테리어가 예뻤다. 거실은 노란 벽면으로 꾸며져 있고 한쪽 벽면에는 세계지도와 지구본이 있었다. 우리가 김밥을 싸는 동안 호스트는 방에 들어가 주섬주섬 뭔가를 꺼내더니 아이들을 위한 선물이라며 펼친다. 초등학생 딸을 키우고 있었는데 지금은 프랑스 파리로 여행을 갔다고 한다. 그러고 보니 딸이 그린 듯한 그림이 여기저기 진열되어 있었다. 호스트가 꺼내준 물건을 보니 아이들이 좋아할 만한 각종 인형과 캐리어, 옷들이 가득했다. 이제 훌쩍 커버린 딸이라서 필요 없는 물건이니 마음껏 들고 가라고 한다. 어제도 다른 호스트에게 선물을 받았는데 오늘은 종합선물세트를 받은 기분이다. 호스트는 아시아에 대해 관심이 많아서 매년 중국 여행을 다녀온다고 한다. 여자친구도 중국인이었다. 김밥을 먹을 때 호스트가 직접 고추냉이를 꺼내왔는데 함께 먹으니 더 맛있었다. 이후로 우리도 김밥을 먹을 때 고추냉이를 자연스럽게 꺼냈다. 식사를 마치고 호스트는 다시 일하러 가고 우리는 시내 구경을 나섰다.

호스트의 집은 시내 한가운데 위치하고 있어 접근성이 좋았다. 시내 길거리에는 각종 무지개 장식으로 꾸며져 있었다. 여행 중 알록달록 무지개만 보면 좋아했던 아이들이라 한껏 들떠 있었다. 거리를 걷는 내내 무지개 횡단보도, 무지개 깃발 등 좀 심하게 무지개가 많았는데 바로 동성애자들이 모여 사는 지역이었던 것이다. 지금까지 무지개 깃발이 동성애자들의 상징인 줄 몰랐다. 그걸 알고 주변을 둘러보니 카페, 음식점 할 것 없이 대부분 동성커플로 이루어져 있었다. 우리가 알고 있던 무지개의 의미와 다른 새로운 의미를 알게 된 날이었다. 캐나다를 여행하면서 무지개 깃발과는 계속해서 부딪히게 되었다.

몬트리올은 플뢰브 셍로헝이라는 강을 끼고 있었는데 강변을 따라 많은 보트들이 정박하고 있었다. 주변으로는 기찻길에 놀이공원과 박물관이 자리 잡고 있었는데 그 자체가 낭만적으로 보였다. 꽤 넓어서 자전거만 있다면 구역마다 특색이 있어 살기 좋은 도시 같았다. 다만 그 무지개 동네는 우리 가족에게 새로운 물음을 제시해주었다.

1 호스트가 선물해준 다양한 물건들 2 앞전 호스트가 선물해준 가족 커플티를 입고 인증샷 3 다양한 볼거리가 많았던 몬트리올

찬란했던 나이아가라 폭포

152 D+day

Date	Distance	Place	etc
2019.8.4.	245km/31,291km	토론토/캐나다 7days	카우치서핑 16

호스트와 아쉬운 작별 인사를 하고 토론토 중앙교회를 가서 예배를 드렸다. 캐나다 수도에 위치한 한인교회라서 그런지 교인도 많고 대형 교회 같았다. 예배를 마치고 점심까지 먹고 교회를 나섰다. 토론토에 아직 들어가지도 않았지만 멀리서부터 높은 건물들이 보이기 시작한다. 특히 CN타워는 한눈에 들어온다. 시내로 들어서니 화려한 빌딩 숲 사이에서 어디로 갈지 몰라 헤매다가 지하 주차장에 차를 두고 나와 다시 뚜벅이 여행을 시작한다. 가지각색의 다양한 빌딩들 사이로 빨간 트램이 지나다니고 활기찬 도시 풍경이 기분 좋게 만든다. 거리 곳곳에 마블 히어로 분장을 한 행위예술가들이 관광객들과 사진을 찍어주고 있다. 분장 상태가 미국에서 봤던 히어로들보다 훨씬 디테일이 살아 있다. 여기가 미국인가 하는 착각이 들 정도다.

시내에서 가장 인상 깊었던 것은 '토론토 레일웨이 박물관'이었다. 기차역 바로 앞에 기차역 크기의 원 형태 지하 시설물이 있었다. 처음에는 그 시설물이 뭐 하는 데 쓰이는지 도무지 감이 안 왔다. 자세히 보니 원을 중심으로 한 바퀴 돌아가는 기찻길이었다. 그걸 보니 기차역에서 나오는 기차의 입구에 따라 그 기찻길이 원을 돌면서 기찻길을 이어주고 있었던 것이다. 그래서 기차역도 원 형태를 띠고 있었던 것이다. 참으로 놀라운 아이디어였다. 당연히 직선 형태의 플랫폼만 생각했는데 이렇게 기찻길을 원 형태로 하면서 약간의 시간차를 두면서 많은 기차들을 운영할 수 있도록 한 것이다. 지금은 운영하지 않지만 당시로써는 획기적인 아이디어가 아니었을까 싶다. 박물관 주변에는 꼬마 기차를 운영하고 있었고 예전의 오래된 기차들은 예쁜 색칠을 더해서 전시만 해놓았다.

박물관 옆으로 '스팀 휘슬 맥주공장(Steam Whistle Brewing)'이 있어 들어가 보았다. 예전에 있던 기차역의 일부를 개조해서 만든 듯하다. 낮인데도 사람들이 많이 있었다. 들어간 김에 맥주 캔 한 박스를 사서 나왔다. 그 옆으로 아까 전에 길거리에서 봤던 마블 히어로들이 그늘에 앉아 쉬고 있었는데 화보 촬영 중이었다. 아빠가 좋아해서 아이들도 알고 있는 스파이더맨이 있어서 사진촬영을 부탁하니 포즈를 취해준다.

이제 미국과 캐나다를 구분 짓는 북미 최대 폭포 나이아가라를 보러 간다. 오래전 회식이나 각종 술자리에서 건배사를 할 때마다 빠지지 않고 나왔던 '나이야, 가라'를 직접 보다니 벌써부터 들뜬다. 거리 주차장에 차를 두고 폭포까지 걸어갔다. 멀리서 폭포는 보이지 않지만 폭포로 인한 물보라가 하늘까지 치솟는 게 보인다. 가까이 가서 폭포를 마주한다. 실로 장대하다. 아이슬란드에서 그렇게 많은 폭포를 보았지만 도심 속에 있는 폭포라서 그런지 다가오는 느낌이 다르다. 폭포가 두 쪽으로 나눠져 있는지 실제로 보기 전에는 몰랐다. 강을 따라 걸으면서 좋은 풍경이 나올 때마다 사진을 찍었다. 밤이 되면 불꽃쇼와 폭포를 비추는 조명이 예쁘다고 해서 우선 저녁 식사를 하고 다시 오기로 했다. 어디로 갈까 고민하다가 한인식당을 가기로 했다. 주차장이 있어 저녁을 먹고 차를 잠시 두고 다녀오기로 했다. 항상 그렇듯 한식을 먹고 나면 이상하게 더 힘이 난다. 식사를 하고 다시 폭포로 향했다. 저녁이 되면 폭포 옆을 지나는 도로는 폐쇄시켰다. 그래서인지 자동차 도로에 인파들로 가득하다. 좋은 자리를 선정하기 위해 안전근무를 서고 있는 직원에게 좋은 자리가 어디냐고 물어보니 친절하게 알려줬다. 덕분에 좋은 자리를 선점해서 불꽃쇼를 잘 구경했다. 찬란했던 나이아가라 폭포에서의 저녁도 깊어간다.

1 토론토 레일웨이 박물관 앞에서 2 촬영 중인 스파이더맨과 함께 3 나이아가라를 배경으로 가족사진

153 D+day	Date	Distance	Place	etc
	2019.8.5.	288km/31,579km	나이아가라 폭포/미국 21days	카우치서핑 16

다시 만난 미국의 첫 카우치서핑 가족

아침에 일어나 다시 캐나다에서의 나이아가라 폭포를 바라보았다. 저 엄청난 수량들은 어디서 흘러오는 것일까 궁금했다. 자동차로 주변을 한 바퀴 돌고 다시 캐나다에서 미국으로 건너간다. 건너갈 때는 나이아가라강을 건너는 다리를 이용하면 된다. 다리 끝에 가면 입국심사대가 있다. 몇 가지 질문을 하고는 바로 보내준다. 이제 미국에서 보이는 나이아가라 폭포는 어떤 모습일지 궁금하다. 주차장에 차를 두고 폭포를 향해 걸어가는데 무지개가 먼저 보인다. 물보라가 심하게 일고 햇빛이 강하게 쬐고 있으니 선명한 무지개가 나타난다. 미국에서는 나이아가라 폭포의 전경을 보기는 힘들었지만 폭포 위의 강물이 떨어지기 전의 모습을 볼 수 있었다. 엄청난 폭의 강물들이 주저 없이 힘차게 흐르다가 그대로 폭포로 떨어지고 있었다. 우리의 인생도 떨어질 것을 알더라도 주저 없이 힘차게 달리고, 밑으로 떨어지더라도 그게 끝이 아니라 또 다시 흘러 결국 더 큰 세상인 바다로 갈 수 있는 것이다. 흐르는 강물처럼 부단히 살아가다 보면 더 큰 세상을 만날 것이라는 희망을 품고 살았으면 좋겠다.

얼마 전 미국에서 우리 아이들과 비슷한 또래의 두 딸을 키우는 첫 카우치서핑 호스트 아내에게서 연락이 왔었다. 자신의 부모님 댁에서 함께 만나자고. SNS를 통해서 부모님 주소를 알려주어서 찾아갔다. 근처에 도착하니 도로, 전봇대, 밭, 울창한 숲만 가득한 곳이었다. 그곳에 있는 집들은 하나같이 숲 안에 숨어 있었다. 이 집도 숲 안에 숨어 있고 우편함의 번호를 보고 찾아

들어가야 했다. 집을 찾아 들어가는데 짧은 오솔길을 따라 들어가니 2층 주택이 보인다. 주차를 하니 집 안에서 호스트의 아내와 부모님, 자녀들이 나와 우리를 반겨준다. 호스트는 회사를 옮겨서 일이 바빠 함께 오지 못했다고 한다. 아이들은 자연스럽게 만나자마자 함께 논다. 집이 울창한 숲 안에는 있으니 운치 있어 보였다. 집 안으로 들어가 우리가 머물 방을 소개받고 짐을 옮겼다. 집이 예쁘다고 하니 100년 된 집인데 직접 수리하면서 현재 30년 넘게 살고 있다고 한다. 외관이 깨끗해서 그런지 전혀 오래되어 보이지 않았다. 저녁 식사로 김밥을 같이 먹고 와인을 마시며 이야기꽃을 피웠다. 그러면서 호스트 아내의 부모님이 젊었을 때 여행하던 흑백사진을 보여주었다. 진짜 마차를 끌고 여행 다닌 모습이었다. 상상이나 할 수 있나. 말이 직접 마차를 끌고 마차 안에 짐을 싣고 다니면서 여행을 했다는 게. 물론 오래된 서부영화에서나 봤던 것이지 실제로 이렇게 다닌 사람을 직접 보게 될 줄은 꿈에도 몰랐다. 사진 속에는 그런 마차가 몇 대 더 있었는데 마을 사람들이 함께 여행을 떠난 것이었다. 더 놀라운 것은 그 마차 옆에는 지금처럼 자동차에 카라반을 연결해서 여행하는 사람들도 있었다는 것이다. 이야기를 마치고 잠자리에 누웠는데 숲 속 자연 친구들은 아직 할 말이 많이 남았는지 우리가 잠들 때까지 계속 소곤거렸다. 어쩌면 그게 자장가였을지도.

1 무지개가 피어난 나이아가라 폭포에서 2 다시 만난 호스트의 자녀들과 신나게 노는 아이들 3 호스트의 부모님 댁에 있던 나무

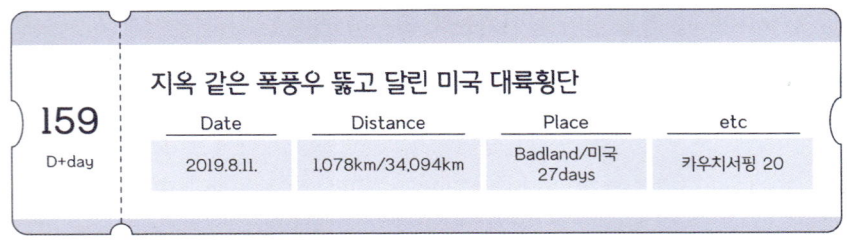

주일이라 숙소를 나와서 교회를 찾아 갔다. 황량한 대륙 한가운데 위치해 있는 한인교회였다. 사람이 많이 없을 줄 알았는데 젊은 대학생들이 많았다. 근처 대학교에 있는 교환학생으로 온 듯했다. 예배를 드리고 교회 근처에 있는 버거킹에 들러 테이크아웃으로 햄버거 세트 4개를 샀다. 바로 옆에 있는 주유소로 옮겨 차에도 기름을 가득 넣고 본격적으로 미국 대륙횡단에 나선다. 사실 시카고를 벗어나면서부터 횡단은 시작된 것이었다. 하루에 거의 500km씩 달렸었다. 지나가는 길에 보이는 것은 딱 하나다. 바로 옥수수밭이다. 끊임없이 이어지는 옥수수밭에 우리가 달리고 있는 게 맞나 하는 착각도 들었다. 아님 계속 옥수수밭을 계속 맴돌고 있는 게 아닌가 싶을 정도였다. 이 많은 옥수수를 재배해서 어디에 쓰일지 궁금했다.

미국 대륙횡단 하면 꼬리표처럼 따라 붙는 도로가 있다. 바로 66번 국도이다. 횡단하게 되면 꼭 한 번은 들르고 싶었던 곳인데 우연히 지나가게 되었다. 우리가 미국인은 아니지만 마을의 모습에서 옛 향수를 불러일으키기에 충분했다. 마을 한 곳에는 세계에서 유일한 박물관이 하나 있었는데 이름하여 '옥수수 궁전'이다(주변의 옥수수를 보면 오히려 이런 건물이 없는 게 더 이상할 것 같다). 계속 운전을 하고 와서 여기서 잠시 쉬어가기로 했다. 궁전에는 건물의 유래와 각종 옥수수 모양의 기념품, 인디언 기념품 등을 판매하고 있다. 크게 볼거리가 있는 것은 아니지만 세계에서 유일하다는 그 자체로 의미가 있는 것 같다.

궁전을 나와 다시 고속도로를 달리기 시작했다. 분명히 옥수수 궁전에 있는 동안은 날씨가 맑았는데 서부로 달릴수록 하늘에 구름이 많아진다. 그때 이정표를 보니 바로 옆에 뾰족뾰족한 산세와 가파르고 험준한 협곡들로 이루어진 '배드랜드 국립공원(Badlands National Park)'이 보인다. 우중충한 날씨가 더해져 꼭 지옥으로 들어가는 기분이 들었다. 아니나 다를까 갑자기 폭풍우가 몰아치기 시작한다. 살면서 이렇게 강하고 무서운 폭풍우는 처음이었다. 이대로 가다가는 홍수로 차가 떠내려가거나 잠기겠다는 생각이 들 정도였다. 아니면 벼락을 맞을 것 같았다. 일단 느린 속도로 비상등과 쌍라이트를 켜고 폭풍우를 뚫고 천천히 가면서 다른 자동차는 어떻게 하는지 지켜보았다. 어떤 자동차는 고속도로를 빠져나가고 다른 자동차는 그냥 폭풍우를 향해 달렸다. 두 가지의 갈림길에서 어떤 판단을 내려야 할지 참 막막했다.

목적지는 러쉬 모어 근처에 사는 카우치서핑 호스트 집이었다. 미국에서 카우치서핑을 하면서 우리끼리 한 가지 다짐한 게 있는데 그것은 호스트하고의 약속은 꼭 지키자는 것이었다. 호스트와 미리 약속을 잡다 보니 여행 일정에 따라 차질이 발생할 수 있는데 그럴 때 흔들리지 말고 그 약속을 최우선으로 하자는 것이었다. 지금 아무리 기상 상태가 좋지 않지만 여기 머문다고 안전이 보장되는 것도 아니고 더 달리다 보면 폭풍우를 통과할 수도 있지 않겠냐는 판단이 들어 쭉 달리기로 결정을 했다. 결과적으로 그 결정이 옳았다. 20분 정도를 달리고 나니 폭풍우는 지나갔고 앞에 펼쳐진 모습은 여행이 끝나도록 그런 황홀한 장관은 볼 수 없을 정도로 멋진 노을이 지고 있었다. 구름은 카페라테를 연상하게 했고 눈부시게 선명했던 쌍무지개는 꼭 마라톤 결승선 같았다. 결승선을 지나니 멋진 붉은 노을이 우리를 비추고 있었다.

폭풍우를 지나기 조금 전으로 돌아가 우리는 한 치 앞도 안 보이는 절망적인 상황에서 아이들은 신난다며 노래를 불렀다. 심지어 예린이는 방귀를 뀌어서 구름을 날려버리겠다고 한다. 실제로 그 상황에서 방귀 냄새가 심했던 예린이는 가스를 분출시켰고 폭우 속에 차마 창문을 내릴 수 없었다. 그런데 그 방귀 이후로 거짓말같이 그 폭풍우가 사라졌다. 그 순간 우리는 생각했다. 아이들은 우리를 보호하기 위해 하나님께서 내려 보내신 천사들이라고. 항상 우리가 걱정하거나 염려하고 있으면 아이들은 심각한 상황도 모르고 노래를 불렀는데 그러면 꼭 아무 문제 없이 잘 해결되었다. 아무리 생각해도 신기할 따름이다.

무사히 호스트의 집에 도착했다. 집에 호스트는 없고 룸메이트 3명만 있었다. 게다가 룸메이트들의 국적은 다 달랐다. 가나인, 우크라이나인, 러시아인에 호스트는 불가리아인 그리고 우리는 한국인. 작은 집에 5개의 국적을 가진 사람들이 모여 있었던 것이다. 서로의 나라에 대해 궁금한 점을 물어보며 글로벌한 대화를 나눴다. 아직 저녁 식사를 하지 못한 우리는 짜파게티를 만들어 식사를 마친 룸메이트들에게도 야식으로 조금씩 나누어주면서 함께 먹었다. 호스트는 우리를 방으로 안내해주고 룸메이트들과 함께 거실에서 영화를 보았다. 먼저 우리는 방으로 들어가 잠을 청했다.

1 미국 대륙 한가운데 위치한 세계 유일 옥수수 박물관
2 비바람을 뚫고 만난 무지개
3 카페라테 같은 모양의 구름

160 D+day	미국에서의 첫 캠핑			
	Date	Distance	Place	etc
	2019.8.12.	380km/34,474km	러시모어/미국 28days	캠핑 96

아침에 일어나 거실로 나가 보니 호스트가 거실 바닥에서 자고 있었다. 지금 보니 호스트는 자신의 침실을 우리에게 양보한 것이었다. 여러 국적의 사람들을 자신의 집으로 불러 모으고 심지어 자신은 불편하더라도 침실을 양보해주는 이렇게 배려심이 깊은 사람을 만난 것 자체만으로 감격스러웠다. 사회생활을 하다 보면 조금도 양보하지 않으려고 하고 양보해주면 그걸 악용하는 사람들로 마음의 상처를 입기 마련인데 그 상처들이 이 호스트를 만나 치유가 되는 것 같았다. 정말 고맙다는 인사를 남기고 작별 인사를 했다.

미국 대륙횡단을 한다는 것은 아마 이것 하나를 보기 위한 여정이라고 해도 과언이 아니다(사실 대륙 한가운데 이것 말고는 크게 볼 게 없다). 바로 미국 역사상 가장 위대한 대통령 4명의 두상을 조각해둔 러시모어산이다. 호스트의 집이 바로 이 근처였다. 자동차로 약 5분 거리에 있어서 금방 도착했다. 사진으로만 접했을 때는 거대한 산에 엄청 큰 조각상일 것이라 추측했다. 하지만 실제로 보게 되면 생각보다 작은 조각상에 실망 아닌 실망을 하게 된다. 어쩌면 우리가 방문했을 당시 조각상으로 더 가까이 걸어갈 수 있는 길이 공사 중이라서 그랬을지도 모른다. 멀리서 봐도 정교한 미국 대통령의 두상을 배경으로 가족사진을 찍고 떠났다. 러시모어산을 나오면 바로 옆에 미국 원주민들이 많은 의미를 부여하는 '크레이지 호스(Crazy Horse)'가 있다. 세계 최대 규모의 조각상을 목표로 1948년에 착공하여 지금까지 새겨지고 있다. 러시모어산과 달리 유료로 운영되어 멀리서 보고 바로 지나쳤다.

다음 목적지는 미국 대륙횡단의 두 번째 목적지라고 할 수 있는 미국 최초의 국립기념물로 지정된 '데빌스 타워 국립천연기념물(Devils Tower National Monument)'이다. 1906년에 테오도르 루즈벨트 대통령 때 지정되었다. 인디언의 숭배 대상이기도 했었다. 입장하려면 일일 입장권을 구입하거나 연간 패스권을 구입해야 된다. 미국 여행은 국립공원 투어라고 해도 될 정도로 다양하고 볼거리가 많아서 연간 패스권을 구입했다. 화산 활동으로 굳은 용암으로 만들어진 석탑은 측면의 주상절리가 인상적이다. 그리고 이날부터 'Junior Ranger' 배지를 모으기 시작했다. 미국의 국립공원이나 국립천연기념물에 가면 그곳을 지키는 'Park Ranger(우리나라로 치면 국립공원 직원)'가 있다. 배지를 받고 싶다면 Park Ranger를 찾아가 해당 국립공원에 대한 책자를 받고 그 안에 있는 문제를 풀어야 한다. 다시 Park Ranger에게 책자를 제출하고 몇 가지 테스트와 선서를 통과하면 그 배지를 무료로 받을 수 있다. 이후로 가는 국립공원마다 배지를 다 받았다. 지금까지 다니면서 이보다 더 훌륭한 기념품은 없었다.

이제 서부에서는 국립공원을 위주로 다닐 것이기에 캠핑을 다시 시작해야 한다. 우선 미국에서 가장 유명한 'KOA'라는 캠핑 가맹점을 가보기로 했다. 시설물을 둘러보니 유럽 캠핑장과 비슷하다. 수영장, 샤워장, 화장실 등 깨끗하고 관리가 잘 되어 있다. 다만 다른 점이 있다면 회원권을 가지고 있어 10% 할인을 받아도 유럽에 비해 두 배 정도 비싸다는 것이다. 어쩔 수 없이 일단 하루만 머물기로 했다. 오랜만에 수영장에서 아이들을 놀게 하려고 했으나 물이 차가워 잠깐만 놀고 바로 나와 샤워를 했다. 텐트를 설치하기에는 땅이 메마르고 돌이 많아서 차 안에 있는 짐들을 작은 텐트로 다 옮기고 차박을 하기로 했다. 짐을 다 빼고 나니 미니밴이라 내부 공간이 넓어 아이들과 함께 누워서 자도 충분했다.

1 데빌스 타워, 이름대로 악마가 세운 듯한 석탑 2 미국 대륙횡단의 목적지 중 한 곳인 러시모어 3 미국에서의 첫 캠핑장, KOA

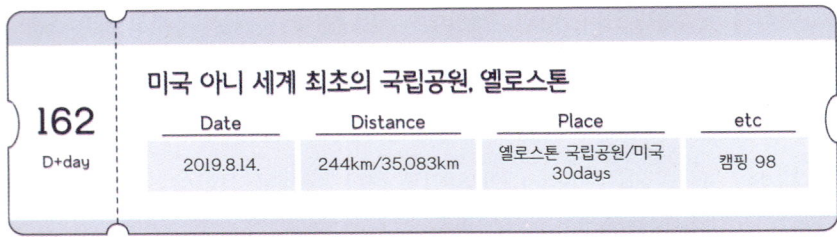

옐로스톤 국립공원 입구 표지판이 보인다. 표지판이 너무 매력적이라서 도무지 그냥 지나칠 수가 없다. 나무를 활용하여 만들어졌고 국립공원의 이름과 엠블럼이 크게 새겨져 있다. 다 함께 차에서 내려 인증샷을 찍었다. 다시 차를 타고 이동하는데 도로 길가에 자동차 몇 대가 정차해 있다. 사람들이 옆 산비탈길을 오르는 산양을 보고 있다. 국립공원을 다니다 보면 길가에 차들이 정차하고 있는 모습을 보게 되는데 그럴 때는 무조건 내리고 봐야 한다. 야생동물을 볼 수 있는 찬스이기 때문이다. 빼곡한 숲과 평온한 호수가 계속해서 이어진다. 그런데 어느 지점에 들어서는 나무들이 새까맣게 타서 말라 있는데 그 면적이 꽤나 넓다. 얼마 전에 이곳에서 큰 산불이 났었나 보다. 타버린 나무를 보니 안타깝기 그지없었다.

먼저 찾아간 곳은 국립공원 안에 있는 캠핑장이었다. 사실 한국에서 여행 계획을 세울 때 옐로스톤 국립공원 캠핑장은 1년 전에 예약을 해야지만 자리가 있다고 해서 아무 곳이나 1박 예약을 해뒀었다. 캠핑장 요금이 2만 원 남짓해서 그냥 돈을 날린다고 생각했었다. 하지만 책에서 봤던 것과는 달랐다. 국립공원에는 다양한 캠핑장이 많았는데 전기를 쓸 수 있는 사이트는 예약을 하지 않으며 자리가 없고 그 외에 전기를 쓸 수 없는 사이트는 예약하지 않고 당일 아침 일찍 와서 자리를 잡으면 빈자리가 꽤 있었다. 셀프 체크인으로 봉투에 돈을 넣고 박스에 넣은 다음 선택한 사이트에 가서 캠핑을 하면 됐다. 사이트에 가보면 갈색 철판 수납장이 있는데 음식물을 그곳에 넣어 곰이나 야생동물로부터 보호하기 위한 것이다.

국립공원 캠핑장에 자리를 잡고 나와 본격적인 옐로스톤 국립공원 투어에 나선다. 지구에 있는 간헐천의 70%인 300개 이상이 여기 있으며 수많은 지리적 물질들로 가득 차 있는 것으로 유명하다. 첫 행선지는 '웨스트 텀브(West Thumb)'이다. 데크로드를 따라 걸으며 각양각색의 '가이저(Geyser)', '스프링(Spring)', '풀(Pool)'들을 가까이 볼 수 있는데 박테리아에 따라 다양한 색을 띤다고 하는데 다른 행성에 와 있는 듯한 착각이 든다. 다음으로 향한 곳은 옐로스톤을 대표하는 장소로 유명한 '그랜드 프리즈매틱 스프링(Grand Prismatic Spring)'이다. 미국에서 가장 큰 온천이기도 하다. 온천의 풍부한 미네랄 때문에 박테리아들이 생성되는데 이로 인하여 온천 주변이 무지갯빛으로 물들여져 있다. 마지막으로 들른 곳은 '올드 페이트풀 가이저(Old Faithful Geyser)'이다. 거의 한 시간에 한 번씩 간헐천이 분출하여 장관을 이루는 곳으로 유명하다. 도착하니 노을과 함께 멋진 장관을 연출한다. 더 어두워지기 전에 서둘러 캠핑장으로 돌아갔다.

1 인증샷 찍기 좋은 국립공원 입간판
2 우리가 잡은 국립공원 캠핑장에서
3 저녁놀이 지고 있는 올드 페이트풀 가이저

163 D+day	야생동물들을 바로 앞에서 마주하다			
	Date	Distance	Place	etc
	2019.8.15.	293km/35,376km	옐로스톤 국립공원/미국 31days	캠핑 99

어제까지 옐로스톤을 돌아본 결과 '노란 돌'은 눈에 보이지 않는다. 왜 국립공원 이름을 옐로스톤이라 지었을까? 분명 '노란 돌'이 있기 때문에 그럴 것인데 하면서 도착한 첫 행선지는 '그랜드 캐니언 오브 더 옐로스톤(Grand Canyon of the Yellowstone)' 이었다. 도착한 순간 왜 '노란 돌'인지 알게 되었다. 협곡에 있는 절벽이 모두 노란색이었다. 미네랄이 풍부한 온천수가 석회암층을 흘러내리면서 바위 표면이 노랗게 변한 것이다. 노란 절벽과 협곡이 만들어내는 거대한 폭포가 장관이다. 다음 행선지는 옐로스톤에서 가장 유명한 온천으로 손꼽히는 '맘모스 핫 스프링(Mammoth Hot Spring)'이다. 오랜 세월 동안 계단식 바위 위로 노란 유황과 하얀 박테리아들이 쌓여 있고 그 위로 온천물이 흘러내린다. 이곳 또한 다른 행성처럼 여겨진다.

다시 캠핑장으로 돌아가는데 야생동물들이 마치 시간 약속이라도 한 듯 우리를 곳곳에서 기다리고 있었다. 우선 가장 먼저 만난 야생동물 친구는 엘크다. 도로 바로 옆 숲에 혼자서 유유자적하게 풀을 뜯고 있었다. 멀리서 보아도 머리 위의 화려한 뿔은 감탄을 자아냈다. 차를 타고 조금 더 가니 이번에는 바이슨 무리가 역시 도로 바로 옆에서 풀을 뜯고 있다. 바이슨은 머리 위에 날카로운 뿔이 있는데 풀을 뜯고 있으니 조금 어색해 보였다. 다시 차를 달리고 있으니 갑자기 비가 내리기 시작한다. 해는 이미 지고 여명만이 남아 있을 때라 어둡고 비까지 내려 최대한 조심히 운전을 하고 있었다. 그때 우리 앞으로 검은색의 큰 물체가 지나간다. 역시 주인공은 마지막에 나타난다고 했던가. 여행 중 그토록 보고 싶어 했던 곰이다. 아니 곰 가족이다. 좀 전에 봤던 검은색의 큰 물체가 어미 곰이고 그 뒤로 아기 곰 두 마리가 따라간다. 하지만 아기 곰은 도로를 건너가기가 무서운지 주춤거린다. 당시 상황은 어미 곰이 도로 건너편에 있고 양쪽 차선의 차들은 모두 정차해 있다. 아기 곰들은 용기를 내어 건너편 어미 곰이 있는 쪽을 향해 뛰어간다. 신기하게도 이 장면은 바로 우리 차 앞에서 펼쳐졌다. 다행히 아기 곰들은 어미 곰 쪽으로 무사히 넘어갔고 우리도 캠핑장까지 안전하게 돌아갔다. 동물원에서 보게 되는 동물들은 당연히 있을 것이라는 생각으로 만나게 되지만 야생동물은 생각지도 못한 곳에서 만나게 되니 더 반갑고 신기하게 여겨진다.

1 옐로스톤 폭포를 배경으로 2 맘모스 핫 스프링 앞에서 3 도로 옆을 지나는 바이슨 무리

드라이브스루를 통한 국립공원 투어

165 D+day

Date	Distance	Place	etc
2019.8.17.	745km/36,534km	글레이셔 국립공원/미국 33days	

캐나다 캘거리로 가는 길에 '글레이셔 국립공원(Glacier National Park)'이 있다. 가는 길이라 국립공원을 통해서 지나가기로 했다. 국립공원에 들어오니 역시나 멋진 입구 표지판이 있다. 우리만 내려서 인증샷을 찍었다. 표지판 자체는 옐로스톤 국립공원과 비슷하지만 받침대가 돌로 만들어진 글레이셔 국립공원 표지판이 더 고급스러워 보였다. 다시 차에 올라타 도로를 달리고 있으니 뿔 없는 사슴 한 마리가 우리 앞을 막는다. 사슴이 비켜줄 때까지 정차하고 기다려주었다. 조금 있으니 사슴이 알아서 숲속으로 이동한다. 도로 양쪽으로 울창한 나무들이 빼곡히 있고 그 틈 사이로 산 정상이 약간 보인다. 계속 달릴수록 산 정상이 가까이 다가왔다. 그 옆으로는 호수가 자리하고 있다. 공원 안에는 계속해서 도로가 이어졌고 그에 따라 아름다운 경치도 끊임없이 이어졌다. 공원 자체에 큰 주차장은 안 보이고 도로 중간중간에 차를 잠시 정차할 수 있는 공간들이 마련되어 있었다. 운전하다가 멋진 풍경이

보이면 잠시 세워 감상도 하고 사진도 찍을 수 있었다. 그야말로 드라이브스루 투어였던 것이다. 공원 중간쯤 도착하니 미국과 캐나다 국기가 보인다. 바로 옆이 미국과 캐나다의 국경이 있는 곳이라 그렇겠거니 했다. 알고 보니 이곳이 세계 최초의 국제 평화공원으로 캐나다 '워터턴 레이크스(Waterton Lakes) 국립공원'과 합병했다고 한다. 이제 캐나다로 가는 길인데 주변의 나무들이 다 불에 타서 메말라 있다. 타버린 나무를 보면 안타까울 뿐이다.

글레이셔 국립공원을 빠져나와 다시 캐나다로 건너가 캘거리에 있는 카우치서핑 호스트의 집으로 향한다. 거의 해가 질 무렵 도착했다. 집으로 들어가니 할리우드 배우 니콜라스 케이지를 닮은 호스트와 그의 아내, 그의 동업 친구가 우리를 반겨준다. 호스트는 중고 가전제품을 수거해 와서 수리를 하고 다시 재판매를 했다. 이 사업에서 호스트는 판매를 담당했고 그의 친구는 수리를 담당했다. 짐을 옮기고 본격적으로 이야기를 하려고 하니 호스트의 자녀들이 물놀이를 마치고 집으로 돌아왔다. 큰딸 한 명과 작은아들 한 명이었다. 그리고 자녀들의 친구들도 함께 와서 다 함께 이야기를 나눴다. 호스트는 자녀를 한 번도 학교에 보내지 않고 홈스쿨링으로 키웠다고 한다. 둘 다 고등학생인데 대학 진로도 본인들이 스스로 고민하고 방법을 찾고 있었다. 그 얘기를 듣고 나니 그 자녀들이 다시 보이기 시작한다. 때 묻지 않고 자유분방하지만 예의를 지킬 줄 아는 아이들이었다. 호스트가 자녀교육을 위해 얼마나 애썼을지 대단하게 여겨졌다. 우리가 원하는 자녀상을 직접 눈으로 보고 있다는 생각이 들었다.

큰딸은 K-POP을 좋아한다며 우리와 한국에 대해 많은 관심을 보였다. 특히 BTS를 좋아했는데 집 안 곳곳에 가수의 사진을 숨겨둔 모습이 웃겼다. 집 안의 벽면에는 작은아들이 그린 그림도 있었는데 유명한 작품이라도 해도 믿을 정도였다. 얼마 전에 프랑스로 가족 여행을 다녀온 이야기를 들려주었다. 운 좋게 카우치서핑을 하기도 했지만 숙소를 못 구해서 작은 승용차 안에서 다 함께 차박을 하기도 했다며 가족 모두 쾌활하게 웃으며 이야기한다. 참 밝고 붙임성도 좋고 유쾌한 가족이었다. 더 웃긴 사실은 내일 이 가족은 모두 여행을 간다고 한다. 새벽 일찍 떠날 예정이라 아침에 일어나 보면 자신들은 없을 것이고 호스트의 동업 친구는 집에 있을 거니 걱정하지 말라고 한다. 그만큼 열린 마음을 가진 사람들이라는 것이다.

1 드라이브스루 최고봉이었던 글레이셔 국립공원 입간판 앞에서　2 드라이브스루 중 만난 멋진 풍경을 보고 내려서
3 세계 최초의 국제평화공원 인증 국기 앞에서

166 D+day	예기치 못한 상황에 대처하는 우리들의 자세			
	Date	Distance	Place	etc
	2019.8.18.	85km/36,619km	캘거리/캐나다 9days	

아침에 일어나 보니 정말 호스트의 가족은 여행을 떠나고 아무도 없었다. 주일이라 근처에 있는 한인 교회 '캘거리 한인장로교회'를 찾아갔다. 며칠 전 우리나라의 광복절을 맞아 여기 교회에서도 행사를 했다. 몸은 멀리 떨어져 있지만 아직 우리나라의 정신을 이어가기 위해서 그 자녀들에게 광복절의 의미를 되새기게 하는 모습이 보기 좋았다. 예배를 마치고 근처 맛집을 찾아갔다. 영화배우 휴잭맨이 즐겨 먹는다고 소문이 난 Peters' Drive-in이다. 햄버거와 밀크셰이크의 조합은 처음이지만 맛있었다. 점심을 먹고 근처 쇼핑몰로 갔다. 장난감 가게가 있어서 들어가 보았다. 순간 여기가 한국인가 하는 착각을 했다. 한국에 있을 때 대히트를 쳤던 '상어 가족' 장난감이 메인 자리를 차지하고 있고 한편에는 BTS 피규어가 한가득 쌓여 있다. (아무도 알아주지 않지만) 한국인이라는 게 자랑스럽고 어깨가 우쭐해진다.

쇼핑몰을 나와 호스트가 없는 호스트의 집으로 향했다. 넓은 평지 위에 집들이 드물게 있어서 호스트의 집 마당이 엄청 넓었다. 그 마당에는 아이들을 위한 놀이터도 있었지만 호스트가 고치고 판매할 중고 가전들로 가득했다. 놀이터에는 나무그네, 수영장, 트램펄린, 해먹이 있어서 하루 종일 놀아도 시간이 부족할 정도로 다양한 놀이기구들이 있었다. 엄마가 저녁 식사를 준비하는 동안 아이들은 아빠와 신나게 놀았다. 그때 호스트의 동업 친구가 집에 들어와 있었다. 함께 저녁 식사를 먹자고 하니 약속이 있어서 곧 나갈 예정이라고 한다. 우리끼리 저녁 식사를 마친 다음 아이들을 목욕시키고 먼저 재웠다. 아이들을 재우고 나니 호스트의 동업 친구가 세상 다 잃은 듯한 슬픈 표정을 지으며 들어왔다. 걱정되어 먼저 말을 걸었다.

"무슨 일이 있었던 거야?"
"나 방금 여자친구와 헤어졌어."

순간 우리는 어떻게 위로를 해줘야 하나 머릿속이 바빠졌다. 일단은 계속 질문을 했다. 얼마나 사귀었으며, 아직도 사랑하는지, 왜 헤어졌는지. 오래 사귀었고 지금도 사랑하고 있지만 여자친구가 다른 사람을 사랑하게 되었다고 한다. 위로가 될는지 모르겠지만 우리나라 드라마에서 친구가 애인과 헤어졌을 때 하는 대사들을 머릿속으로 떠올리며 계속 위로를 해주었다. '잘 헤어졌다',

'당신 같은 사람 없다', '분명 여자친구보다 당신이 훨씬 좋은 사람 같다', '당신은 곧 더 좋은 사람을 만날 것이다' 등 우리가 해줄 수 있는 말을 다 쏟고 나니 그는 눈물을 닦으며 말했다.

"너희들은 정말 좋은 사람들이야. 고마워" 하며 화제를 돌려 우리의 여행 이야기를 나누자고 한다. 내일 우리가 떠날 밴프 국립공원에 대해 몇 가지 팁을 주고는 자신의 방으로 돌아갔다. 우리는 서로 바라보며 다행이라며 한숨을 내쉬었다. 생각지도 못한 상황에 당황했지만 조금이라도 위로되었으면 좋겠다. 아마도 그는 우리의 말에 위로받은 게 아니라 우리가 걱정해주고 이야기를 경청해서 들어준 것에 위로를 받았을 것이다.

1 호스트 집 앞 넓은 정원에 설치된 수영장과 놀이터 2 우리를 초대하고 다음 날 새벽에 떠난 호스트 가족
3 집을 떠나기 전 냉장고 문에 붙여둔 예은이가 그린 그림 편지

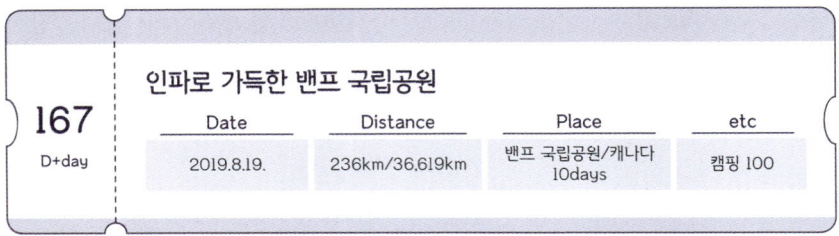

눈을 뜨자마자 어제 여자친구와 헤어졌던 호스트의 동업 친구 상태가 마음이 쓰인다. 방으로 가서 노크를 하니 들어오라고 한다. 얼굴을 보니 어제보다 마음은 진정이 된 모습이다. 작별 인사를 나누고 집을 나섰다. 카우치서핑을 하면서 항상 작별할 때마다 예은이가 그린 그림에 편지를 쓰고 우리가 머문 자리에 두고 떠났다. 그러면 모두 감탄하며 고마워했다. 이번에도 마찬가지로 냉장고에 편지를 붙여두고 나왔다.

이제 캐나다 여행의 주목적지인 '밴프 국립공원(Banff National Park)'을 향한다. 날씨도 좋고 휴가철이라 수많은 인파들이 몰려 있다. 주차하기도 쉽지가 않다. 먼저 비지터 센터(Visitor Center)에 가서 효율적인 투어 방법에 대해 설명을 듣기로 했다. 하지만 성수기인 지금의 상황에서 효율적인 방법을 찾기에는 어렵다고 한다. 멋진 경관을 보려면 최소한 새벽 일찍 움직여야지만 볼 수 있을 정도라고 한다. 처음에는 '설마 그 정도일까' 하는 마음이 들었는데 다녀 보니 사실이었다. 그다음 날 새벽같이 일어났지만 끝내 '모레인 호수(Moraine Lake)'는 볼 수 없었다.

첫 행선지는 '존스턴 협곡'이다. 협곡을 따라 설치된 데크로드를 따라 걸었다. 좁은 데크로드 위를 많은 사람들이 지나다니다 보니 서로 부딪히기도 한다. 분명 멋진 경관들이 눈앞에 있지만 사람들이 많다 보니 감흥이 떨어진다. 중간쯤 가다가 포기하고 돌아섰다. 그리고 향한 곳은 밴프 국립공원에서 가장 유명한 장소인 '레이크 루이스(Lake Louise)'이다. 워낙 장소가 넓어 인파 걱정을 하지 않아도 되는 곳이었다. 빙하수가 녹아 흘러 호수는 에메랄드빛을 내고 험준한 산에는 아직 빙하가 남아 있다. 세상에서 가장 아름다운 장소 중 한 곳이라고 해도 손색이 없을 것 같다. 하지만 이 장관도 밴프 국립공원의 극히 일부라는 것을 깨닫는 데 그리 오랜 시간이 걸리지 않았다.

일단 내일 새벽부터 움직이기 위해서 동선이 가장 효율적인 캠핑장을 찾아갔다. 곰이 자주 출몰한다는 캠핑장이었기에 해가 지기 전에 도착해서 저녁 식사를 마치고 얼른 양치질을 하고 자리에 누웠다. 아이들이 있어서 혹시나 몰라 최대한 화장실 가까이에 자리를 잡았다. 해가 지고 어둠이 내리니 주변은 암흑세계로 변했다. 그때 예린이가 화장실이 가고 싶다고 한다. 혹시나 곰이 나타날까 싶어서 주변을 살핀 뒤 쏜살같이 뛰어갔다 왔다. 다행히 곰을 만나지 않고 일찍 잠을 청했다.

1 레이크 루이스를 배경으로 가족사진
2 호텔에서 바라본 레이크 루이스
3 국립공원에 있는 동안 머물렀던 캠핑장에서

새벽에 일어나 서둘러 모레인 호수를 보러 갔지만 이미 만차에 차량 출입을 통제하고 있었다. 어쩔 수 없이 다시 캠핑장으로 돌아가 아침 식사를 했다. 식사를 마치고 나중에 온천에 갈 것을 대비해서 수영복을 챙겼다. 다시 차를 끌고 나와 도로를 달리는데 에메랄드 강물과 그 옆으로 기찻길이 나있다. 그 주변으로 침엽수들이 자리 잡고 있고 그 뒤로는 빙하가 덮인 험준한 산들이 자태를 뽐내고 있다. 지나가던 관광객들이 모두 길가에 차를 대고 내려서 사진을 찍는다. 우리도 사진을 찍고 어제 들른 레이크 루이스를 다시 들렀다. 어제는 잠시 머물렀다면 이번에는 호수 주변을 둘러보기로 했다. 아침에 보니 호수 색이 또 달라 보인다.

아침에 미리 수영복을 챙겨와 '밴프 어퍼 온천(Banff Upper Hot Springs)'을 향했다. 가는 길에 수많은 산을 지나왔는데 제각각 모양이 다르고 하나같이 멋있다. 1886년부터 운영해온 온천은 캐나다에서 가장 높은 곳에 위치한 미네랄 온천이다. 온천에 들어가면 칼로 벤 듯한 록키산의 전망도 볼 수 있다. 물 안에 계속 있으면 더워서 밖으로 나오는데 차가운 바람이 불면서 몸에 있는 물을 말려 몸을 차갑게 만들지만 시원하다는 느낌이 더 정확하다. 온천에 들어갔다가 나와서 의자에 앉아 물을 말리는 것을 반복하니 기분이 좋아져 몇 번이나 했는지 모른다. 물론 아이들은 춥다며 물 안에서 물놀이만 했다.

기분 좋게 온천을 나와서 밴프의 시내라고 할 수 있는 '밴프 애비뉴(Banff Ave)'를 향했다. 엄마는 마트에서 장을 보고 아빠는 아이들을 데리고 시내 구경을 했다. 시내의 기념품 가게에는 모두 곰을 조심하라는 경고문이 붙어 있었다. 가장 신기했던 것은 여기에도 '밴프한인교회'가 있다는 것이다. 작은 교회였는데 아담하고 예뻤다. 장을 보고 캠핑장으로 향했다. 캠핑장에 도착하니 붉은 노을이 진다. 곰이 나타나기 전에 얼른 식사를 마치고 잠자리에 누웠다.

1 아침 일찍 나와 지나는 길에 만난 멋진 풍경 2 밴프 어펄 온천에서 3 빙하가 얼마나 녹았는지 한눈에 볼 수 있는 사진

벌써 단풍이 물드는 재스퍼 국립공원

Date	Distance	Place	etc
2019.8.21.	584km/37,597km	재스퍼 국립공원/캐나다 12days	캠핑 102

169 D+day

새벽에 일어나 분주히 움직였다. 해가 산을 넘어 올라오기 전이다. 주변은 고요하기만 하다. 차를 타고 가다 보니 주변을 반영시키는 호수가 보인다. '허버트 레이크(Herbert Lake)'이다. 차에서 내려 가까이 가보니 바람 한 점 불지 않는 평온한 호수 그 자체이다. 다시 차를 타고 향한 곳은 '페이토 호수(Peyto Lake)'이다. 밴프 국립공원 중에서 가장 에메랄드빛을 발하고 이탈리아 영토 모양의 호수이다. 아침 일찍 왔음에도 주차장에 차들로 가득하다. 예린이가 아직 자고 있어 예은이와 엄마만 다녀오기로 했다. 보고 나와 다시 이동한다. 이동하는 중에 만나는 이름 없는 산과 호수 모두 멋지다. 중간에 점심을 먹기 위해 내린 곳이 '하우스 패스 뷰포인트(Howse Pass Viewpoint)'이다. 이런 광경을 앞에 두고 라면을 먹으니 세상에서 가장 맛있는 라면이었다.

이제 밴프 국립공원에서 재스퍼 국립공원으로 넘어왔다. 재스퍼 국립공원의 첫 행선지는 '컬럼비아 아이스필드(Columbia Icefield)'였다. 산의 한 면이 전체가 빙하로 덮여 있다. 어제 수영장 가기 전에 이곳의 사진을 본 적이 있다.

바로 100년 사진과 현재의 사진을 비교해서 얼마만큼 빙하가 없어지고 있는지 보여주는 것이다. 이것으로 지구온난화의 심각성에 대해 경각심을 일깨워주기에 충분했다. 주차하고 트래킹을 시작했다. 100년 전에 있었던 빙하의 위치부터 연도별로 그 위치를 표시해두었다. 트래킹을 하면서 빙하가 줄어든 거리를 실제로 걸으니 감회가 새로웠다. 저 멀리 아직까지 빙하가 남아 있지만 예전에 비하면 거의 없는 것이나 마찬가지다. 만약 우리 아이들이 커서 이곳을 다시 온다면 빙하를 볼 수 있을까?

1 완벽한 미러 호수 앞에서
2 가장 에메랄드빛을 발하는 페이토 호수
3 매년 빙하가 줄어들고 있는 컬럼비아 아이스필드

밴프 국립공원보다 상대적으로 북쪽에 있는 재스퍼 국립공원에 오니 나뭇잎에 단풍이 들기 시작한다. 맞다. 캐나다는 단풍의 나라이다. 지금은 여름이라 볼 수 없는데 북쪽으로 조금이라도 올라오니 단풍도 볼 수 있었다. 단풍을 보고 나니 캐나다가 우리에게 보여줄 수 있는 모든 것을 다 보여주었다는 생각이 들었다. 말린 호수에서 야생동물 산양과 뿔 없는 무스도 만났다. 캠핑장으로 돌아가는 길에는 비가 내린다. 인파가 많은 휴가철이었지만 만족스러운 밴프, 재스퍼 국립공원 투어였다.

170 D+day	아이들에게 최고의 캠핑장			
	Date	Distance	Place	etc
	2019.8.22.	256km/37,853km	요호 국립공원/캐나다 13days	

밴프 국립공원에 있으면서 2박 3일 머물렀던 캠핑장을 떠난다. 처음 체크인을 할 때는 곰이 자주 출몰하는 곳이라 걱정을 했는데 우려와는 달리 곰을 한 번도 만나지 않았다. 캠핑장에서 곰을 한 번쯤은 만나기를 바랐는데 약간 아쉬운 마음이 들기도 했다. 첫 행선지는 캐나다에서 가장 높은 길이를 자랑하는 '타카카우 폭포(380m)'이다. 폭포가 멋지기도 했지만 가는 길이 예뻤다. 긴 다리를 지나 계곡을 지나고 작은 오솔길을 따라가니 폭포까지 이어졌다. 중간에 빨간 의자가 있어 앉아서 폭포를 감상할 수 있도록 해놓았다. 오솔길을 따라가다가 계곡으로 빠지는 길이 있어 가보니 몇 사람들이 자리를 펴고 그림을 그리고 있다. 그렇다면 여기가 풍경이 좋은 장소라는 확신이 들었다. 폭포가 떨어져 계곡으로 흐르는 모습까지 다 볼 수 있는 명당이었다.

다음으로 향한 곳은 '내추럴 브리지(Natural Bridge)'이다. 계곡 양쪽으로 큰 바위가 서로 마주보고 있어 자연스럽게 다리가 만들어졌다. 아님 원래 큰 바위 하나였는데 침식작용으로 가운데 부분에 구멍이 생긴 건지는 모르겠다. 다음은 오늘의 하이라이트 장소인 에메랄드 호수이다. 밴프, 재스퍼 국립공원에만 있는 줄 알았던 에메랄드 호수가 요호 국립공원에는 이름 자체가 '에메랄드 호수'이다. 파란 하늘에 멋진 산 위에 자리 잡은 하얀 만년설과 짙은 녹색을 띠는 침엽수에 에메랄드 호수까지 며칠째 보는 풍경이지만 보고 또 봐도 신기하고 믿기지 않는다.

이제 캠핑장으로 향한다. '캐니언 핫스프링스 리조트'이다. 이렇게 이름까지 거론하는 것은 사연이 있기 때문이다. 캠핑장은 지금까지 봐왔던 것 중에 가장 규모가 컸다. 아무것도 모르고 찾아간 캠핑장인데 체크인을 하기 위해 리셉션으로 들어가니 직원이 모두 한국인이다. 사장님 역시 한국인이었다. 직원을 제외하고 손님으로는 우리가 유일한 한국인이었다. 그래서인지 사장님이 우리에게 관심을 보인다. 사장님은 30년간 이 자리에서 캠핑장을 운영 중이다. 봄과 겨울에는 눈이 많이 내려 운영하지 않고 5월에서 10월까지만 운영을 한다. 약 5개월을 운영하는 동안 매일 빈 방, 빈 자리 없이 운영된다고 한다. 그렇게 나머지 쉬는 기간 동안 지낼 돈을 다 번다고 하신다. 쉬는 기간 동안은 하와이나 휴양지로 여행을 떠나고 캐나다로 가기 전에 꼭 한국을 들른다고 하셨다. 우리 가족 명함을 드리며 다음에 한국에 오시게 되면 연락을 달라고 했다. 5개월 열심히 일하고 7개월을 번 돈으로 지낼 수 있다면 최고의 사업이 아닐까 싶다. 너무 부러웠다. 사장님은 아이들이 귀여운지 여러 가지 과자와 장난감을 챙겨주셨다. 일단 체크인을 하고 온천 수영장에 가서 수영을 했다. 아이들은 과자를 먹고 장난감을 받고 수영까지 하니 최고의 캠핑장으로 꼽았다.

1 타카카우 폭포를 배경으로 2 에메랄드 호수를 배경으로 3 아이들이 가장 좋아했던 캐니언 핫스프링스 리조트

숙소에서 나와 캐나다 밴쿠버(Vancouver)로 향한다. 가는 길에 밴쿠버 시내 인근 랭리(Langley)에 있는 호스트가 우리를 초대해주었다. 밴쿠버까지는 무리일 듯하고 랭리로 가는 길에 있는 '호프(Hope)' 지역의 '오텔로 터널'에 들르기로 했다. 이 터널은 '코퀴할리 협곡 주립공원(Coquihalla Cayon Provincial Park)'에 위치하고 있으며 호프 지역과 연결하기 위해 건설되었다. 터널이 지나야 하는 위치가 화강암으로 이루어진 험준한 산과 계곡으로 둘러싸여 있어서 공사가 쉽지 않았다. 이때 '앤드류 맥클로(Andrew McCulloch)'라는 기술자가 터널을 뚫는 데 성공하여 이를 '맥클로의 기적'이라고 불렀다. 하지만 공사가 진행됨에 따라 지반과 암석의 균열이 발생하기 시작했고 폭우로 인해 철로가 일부 파괴되어 폐쇄되었다. 그 이후로 산책길로 변경되었고 산책길을 따라 산으로 가는 트래킹 길로 이어진다. 주차를 하고 터널을 향해 걷는 길이 예쁘다. 오래된 나무의 줄기를 따라 이끼들이 무성하게 자라 있다. 산책길 옆으로는 협곡을 따라 흐르는 계곡이 시원한 소리를 만들어내어 가는 길이 즐겁다. 터널이 보이고 안으로 들어가 본다. 오래전에 만든 터널이다 보니 안쪽 표면이 거칠다. 인부들이 일일이 도구로 하나씩 판 흔적들이다. 얼마나 힘들었을지 대략 짐작이 된다. 터널 안으로 깊숙이 들어가니 너무 어두워 다들 폰을 꺼내어 손전등을 켠다. 안은 더 시원하다. 그렇게 터널을 네 개 정도 지나니 산책길이 끝나고 트래킹 길로 이어진다. 거기서 뒤돌아 와서 주차장으로 돌아왔다.

차를 타고 약속한 카우치서핑 호스트의 집으로 향한다. 랭리라는 곳은 밴쿠버의 생활권에 속하는 지역이며 교육도시로 각광받는 곳이기도 하다. 호스트의 집은 외관과 내부가 모두 화이트로 꾸며져 있어 깔끔 그 자체였다. 주차장에 차를 대니 호스트와 그의 남편이 나와 우리를 반겨준다. 두 분은 노부부였는데 자식들은 모두 결혼하고 출가를 해서 근처에 살고 있다고 한다. 집 내부 인테리어가 예쁘다. 화이트와 우드로만 꾸며져 있고 2층으로 구성되어 1층 거실 큰 창으로 햇살이 쏟아져 들어오고 뒤로는 넓은 정원이 있다. 2층으로 올라가니 예전에 자녀들이 지내던 방을 게스트 방으로 꾸며놓고 손주들을 위한 놀이방도 있었다. 주방은 아일랜드 식탁이 있고 멋진 조명이 한가운데 있는 생화를 비추고 있다. 마치 5성급 호텔에 온 듯한 착각이 들었다. 화장실마저 호텔처럼 수건, 비누가 잘 정리되어 있고 물기 하나 없다. 우리가 차린 음식으로 저녁 식사를 함께 했다. 저녁을 먹고 아이들은 2층 놀이방에서 신나게 놀고 어른들은 함께 이야기를 나눴다. 다양한 주제를 가지고 이야기를 나눴는데 그중에서 가장 심각한 주제는 '동성애자들의 현 실태'였다. 캐나다는 동성애가 오래전에 합법화됐었다. 동성애자들 중에 사회적으로 높은 지위에 있는 사람들이 사회에 봉사하거나 재정기부를 통하여 동성애에 대한 합법화를 이끌어냈다는 것이다. 현재 캐나다 학교에서 자신의 성별은 만 19세 이후에 정하는 것이 옳다고 하여 학생기록부에 성별 기재 칸이 없고 아버지, 어머니가 아닌 부모 1, 부모 2로 명시되어 있다고 한다. 정말이지 우리는 동성애 합법화가 만들어놓은 변화에 놀라움을 금치 못했다. 쉽사리 잊지 못할 대화를 나누며 밤은 깊어갔다.

1 터널을 뚫기 위해 인부들이 하나하나 직접 판 흔적들
2 터널 옆 기암절벽과 청량한 계곡의 모습
3 고급 호텔 같았던 호스트 집에서 함께 만찬을

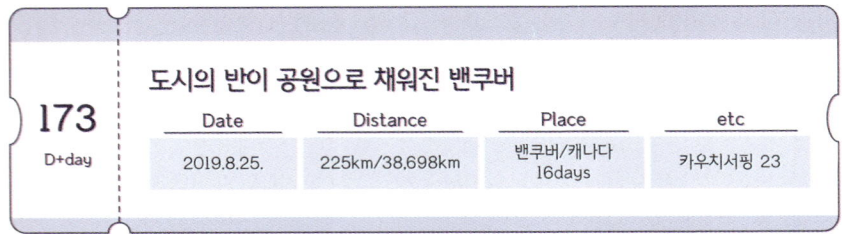

도시의 반이 공원으로 채워진 밴쿠버

Date	Distance	Place	etc
2019.8.25.	225km/38,698km	밴쿠버/캐나다 16days	카우치서핑 23

D+day 173

캐나다 제3의 도시 밴쿠버 시내 투어를 위해 호스트 집에서 일찍 나왔다. 먼저 한인교회에 들러서 예배를 드리고 노스밴쿠버 Deep Cove '파노라마 공원(Panorama Park)'으로 갔다. 근처에 도넛 맛집인 Honey's Doughnuts가 있어서 가보았는데 대기 줄이 엄청 길었다. 오랜 기다림 끝에 도넛 몇 개를 구입해서 공원으로 향했다. 공원에는 놀이터가 있는데 가족 단위의 사람들이 많았다. 우리는 벤치에 앉아 도넛을 먹고 아이들은 놀이터에서 놀았다. 공원은 강을 끼고 있었는데 많은 고급 보트들이 정박해 있었고 몇몇 사람들은 물놀이를 하고 있었다. 평화로운 공원이었다.

다시 자리를 옮겨 '퍼블릭 마켓(Public Market)'이 유명한 '그랜빌 아일랜드(Granville Island)'로 향했다. 마켓에는 장난감 가게와 서점이 있어 아이들이 놀기 좋았다. 로브스터 가게가 있어 사서 로브스터를 간식으로 먹었다. 다음으로 '스탠리 공원(Stanley Park)'을 향했다. 스탠리 공원은 원래 인디언 땅이었는데 캐나다 정부가 임차하여 공원을 조성한 것이다. 1888년 당시 총독 스탠리 경의 이름을 따서 공원을 이름을 지었다. 공원이 워낙 커서 도보로는 하루 종일 다녀도 다 못 볼 정도이다. 공원 안의 숲은 오래된 나무들로 이루어져 운치 있고 시원하다. 공원 안에는 자전거 도로가 잘 정비되어 자전거를 타거나 태평양 해안을 따라 지어진 산책로를 따라 밴쿠버 시내를 바라보며 조깅이나 산책을 하면서 여가를 즐긴다. 공원 한편에는 라이온스 게이트 다리가 있어 노스 밴쿠버와 웨스트 밴쿠버를 잇고 있다. 또 원래 이 땅의 소유자인 원시인들에 대한 소개도 빼놓지 않고 조형물로 장식해놓았다. 공원이 많아 살기 좋은 도시 같았다. 한 번쯤은 살아 보고 싶은 곳이었다.

1 많은 사람들이 줄을 선 Honey's Doughnuts에서 2 퍼블릭 마켓에 있던 멋진 벽면에 기대어 3 스탠리 공원에서 신난 아이들

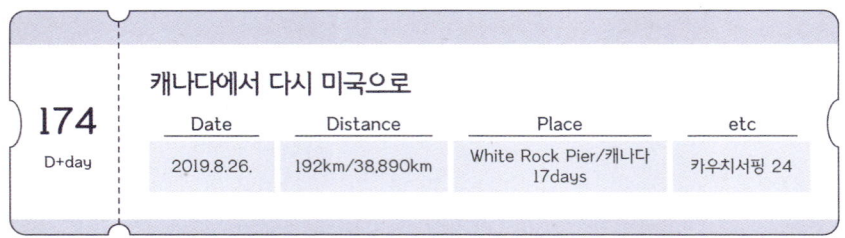

호스트가 우리를 위해 아침 식사를 마련해주었다. 와플, 딸기, 계란, 베이컨에 커피까지. 5성급 호텔에 걸맞은 식사였다. 식사를 하고 호스트는 또 아이들에게 종이가방 가득 선물을 주었다. 캐나다 국기, 지갑, 인형 등 아이들이 좋아할 것들로 가득했다. 선물을 받은 아이들도 좋아했다. 푸짐한 대접을 받고 나니 마음도 푸짐해졌다. 만약 우리가 이사하고 리모델링을 하게 되면 꼭 랭리의 호스트 집처럼 꾸미기로 다짐했다. 아쉬운 작별 인사를 나누고 호스트가 알려준 관광명소를 찾아갔다.

그곳은 '하얀 바위 부두(White Rock Pier)'였다. 해변가에 커다란 하얀 바위가 있어서 명소가 되었는데 가까이 가서 살펴보니 커다란 바위에 하얀색 페인트로 색칠을 한 것이었다. 사람들은 자유롭게 바위 위로 올라가 놀았다. 이곳 지역의 이름을 이 바위로 정하는 것에 있어서 납득이 되지는 않았지만 주변 풍경은 훌륭했다. 해변가에 이곳의 풍경을 배경으로 찍은 사진들이 전시되어 있었는데 사진을 팔고 있는 중년 여성의 작품이었다. 같은 장소이지만 보는 이에 따라 이런 멋진 사진이 나올 수 있다는 것을 깨달았다. 나무로 지어진 선착장과 해변을 지나는 기찻길이 그림 같은 풍경을 연출하고 있었다. 해변에는 나무 기둥을 통으로 잘라 곳곳에 두었다. 어찌 보면 별것 아닐 수도 있는데 주변 경관과 어울리면서 사람들이 앉아서 쉬기 좋았다. 주변에 유명한 아이스크림 가게가 있었는데 한국 걸그룹 '트와이스(Twice)'가 이 가게에서 뮤직비디오를 찍어 유명해졌다고 한다. 아이스크림을 먹고 점심으로는 피시앤칩스를 사서 미국 국경을 향하는 길에 먹었다.

이제 다시 미국으로 건너왔다. 시애틀까지 가지는 못하고 근교 '에버렛(Everett)'이라는 곳에서 카우치서핑 호스트를 구했다. 호스트는 그녀의 남편, 아들과 강아지, 고양이와 함께 살고 있었다. 호스트의 뒤뜰에는 넓은 정원이 있었는데 며칠 전 여기서 지인들을 불러 '작은 음악 페스티벌'을 열었다고 한다. 집의 지하에는 음악 작업을 할 수 있는 공간이 마련되어 있고 그곳에는 여러 가지 악기들을 진열해놓고 있었다. 넓은 뒤뜰에는 트램펄린이 있었는데 아이들은 방금 처음 만났지만 함께 신나게 놀았다. 함께 저녁 식사를 하는데 뒤뜰에 마련된 야외 식탁이 있어 분위기가 좋았다. 또한 뒤뜰에는 물고기들이 살 수 있는 조그마한 연못도 있었다. 더 놀라운 것은 이 모든 것을 호스트가 직접 만들었다고 한다. 저녁 식사를 마치고는 뒤뜰에서 다 함께 마시멜로를 구워 먹기로 했다. 아무리 캠핑을 100번 넘게 했어도 감성 캠핑이 아닌 생존 캠핑을 하다 보니 마시멜로를 구워 먹은 적이 없었다. 호스트가 시범을 보여주어서 따라 먹어봤는데 이래서 사람들이 마시멜로 하는구나를 느꼈다. 달달하면서 쫀득하니 입 안에 착착 감겼다. 다양한 취미생활을 가지고 즐겁게 살아가는 호스트를 보며 다양한 취미생활이 삶을 얼마나 윤택하게 해주는지 알 수 있었다.

1 호텔식 조식 부럽지 않은 호스트가 직접 차려준 조식 2 이름 그대로 진짜 화이트 락 3 호스트와 함께 저녁 식사

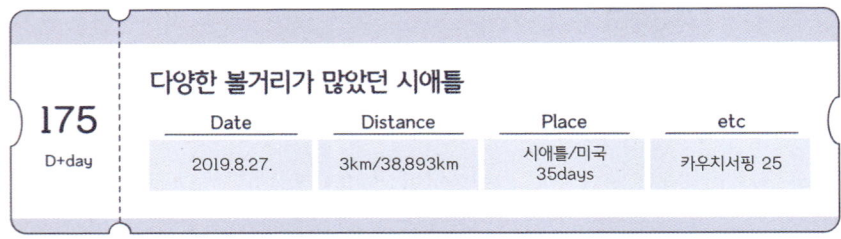

버스를 타고 시애틀 시내로 향한다. 먼저 향한 곳은 '퍼블릭 마켓(Public Market)'이다. 방송에서 봤던 장소들이 속속 눈에 들어온다. 그만큼 유명한 시애틀의 퍼블릭 마켓이다. 각종 다양한 야채와 신선한 생선들이 반짝인다. 생선 판매장 어귀에서는 직원들이 생선을 던지며 받는 쇼 아닌 쇼가 벌어지고 사람들은 환호성을 지른다. 수많은 사람들로 북적북적 시장 안에는 활기가 넘쳤다. 유난히 사람들이 줄을 선 가게가 있는데 아니나 다를까 '스타벅스 1호점'이다. 최소 30분은 대기하고 있어야 매장 안으로 들어갈 수 있는데 스타벅스를 사랑하는 우리로서 기다릴 수밖에 없었다. 그래도 기다리고 있는 사람들을 위해서 시음 행사를 하고 있어서 좋았다. 매장에 들어가 커피를 주문해서 마시고 기념으로 텀블러도 구입했다.

다시 거리로 나와 길을 걷고 있는데 어디선가 피아노 소리가 들린다. 그곳을 향해서 가보니 사람들이 모여 있다. 한 남자가 피아노 앞에 앉아 악보 없이 연주를 하고 있는데 보통 실력이 아니다. 마치 영화 속 한 장면 같았다. 또 다른 명소가 있어 찾아가보았다. 벽면 전체가 껌으로 장식된 곳이었다. 가까이에서 보니 다양한 모양을 만들어 붙인 게 재밌기도 했지만 조금 더러운 것 같고 멀리서 보면 무슨 예술품처럼 보이기도 했다. 그냥 껌을 벽면에 붙인 것뿐인데 사람들을 이렇게 많이 불러 모으는 게 흥미로웠다.

장소를 옮겨 시애틀의 랜드마크인 '스페이스 니들(Space Needle)'로 향했다. 외관이 꼭 UFO 같다. 도무지 1962년에 지어진 건축물이라고는 믿어지지가 않는다. 아이들과 '스페이스 니들'을 배경으로 두고 특공대 포즈를 취했다. 주변에는 공원과 박물관이 있었다. 먼저 공원으로 들어가니 바로 놀이터가 보인다. 이 놀이터도 역대급으로 좋았다. 남녀노소를 불문하고 누구나가 다 좋아할 놀이터였다. 그 옆으로는 '팝 문화 박물관(Museum of Pop Culture)'이 있다. 입장료가 무료라서 들어가 보았다. 미국의 유명한 팝 가수들을 한눈에 볼 수 있도록 해놓았다.

다음으로 '스타벅스 1호점'만큼이나 유명한 스타벅스 가게가 있어 찾아갔다. 바로 '스타벅스 리저브 로스터리 시애틀(Starbucks Reserve Roastery Seattle)'이었다. 다양한 커피콩을 직접 볶고 추출하는 것까지 직접 두 눈으로 볼 수 있도록 되어 있는 곳이다. 시내에서부터 걸어서 갔는데 중간에 예린이가 잠이 들어서 안고 가야 했다. 계속해서 오르막만 나오고 날은 덥고 지쳤지만 다행히 조금만 더 가니 도착했다. 내부 인테리어는 넓고 아늑했다. 예린이가 잠에서 일어날 때까지 커피를 마시며 쉬었다. 커피숍 안에는 많은 사람들이 있었는데 그중에서 다양한 인종의 사람들이 어울려 일하는 모습이 눈에 띄었다. 우리는 항상 우리나라 안에서만 우리나라 사람들하고만 일을 해봤기에 다양한 인종의 사람들과 함께 일을 하면 어떤 기분일지 궁금했다. 잡생각도 잠시 예린이가 일어나 다시 밖으로 나가 호스트의 집으로 향했다.

세계적인 미국 기업 방문기

Date	Distance	Place	etc
2019.8.28.	305km/39,198km	보잉 박물관/미국 36days	카우치서핑 26

176 D+day

대부분의 미국 가정집에는 강아지를 키우고 있었는데 유독 이번 호스트의 강아지는 짧은 시간이었지만 아빠를 좋아하고 잘 따랐다. 아침에 일어나 방문을 나가려고 하는데 강아지가 방문 앞에서 우리가 나올 때까지 기다리고 있었던 것이다. 덩치가 조금 있고 흰색 털을 가지고 있는 순한 강아지였는데 특히 눈빛이 약간 우수에 차 보였다. 아빠도 그래서 더 마음이 갔고 그 강아지도 그 마음을 읽었는지 아빠만 졸졸 따라다녔다. 그러고 보면 모든 생물은 마음을 가지고 있는 듯하다.

호스트 집 근처에는 세계 최대의 항공 우주 기업이라 불리는 '보잉(Boeing)'사의 박물관이 있어 방문하기로 했다. 이상하게 '항공 우주'라는 말만 들어도 마음이 설렌다. 뭔가 미지의 세계로 가는 듯한 느낌이 들면서 신나는 모험이 우리를 기다리고 있을 것 같은 기분이 든다. 박물관을 가는 이 순간에도 비행기를 타러 가는 게 아닌데도 괜히 설렌다. 박물관 입장료는 무료였다. 입장을 하니 지금까지 보잉사에서 제작했던 비행기와 우주선 모델을 시간순으로 장식해 놓아서 변화된 형태를 한눈에 볼 수 있었다. 박물관 안에는 다양한 체험관이 있어 가상이지만 직접 비행기를 운전할 수도 있고 새가 되어 볼 수도 있었다.

비행기가 비상할 수 있는 원리를 간접적으로나마 알 수 있도록 작은 실험실도 마련되어 있었다. 다닐수록 느끼는 것이지만 외국의 박물관들은 살아 있는 교실이다. 다음으로 향한 곳은 세계 최대의 컴퓨터 소프트웨어 회사인 '마이크로소프트(Microsoft)' 본사였다. 마이크로소프트사와 불가분의 관계에 있는 세계 최고 부자의 대명사인 빌 게이츠(Bill Gates)가 회사를 설립했다. 본사에는 몇 개의 건물로 이루어져 있었고 그중에 비지터 센터(Visitor Center)에 방문을 했다. 안으로 들어가 보니 흑백사진으로 초기 회사 운영자들의 모습을 볼 수 있었다. 아이들을 위한 코딩 수업도 하고 있으며 여러 가지 가상현실 체험을 할 수 있도록 해놓았다. 갑자기 미국에는 세계 최고라고 할 수 있는 기술을 가진 기업이 몇 개나 있을지 궁금해졌다.

도심을 벗어나 이제 다시 '마운트 레니에 국립공원(Mount Rainier National Park)' 근처에 사는 카우치서핑 호스트를 만나러 간다. 가는 길에 국립공원의 주요 장소를 들르면서 가기로 했다. 먼저 '스티븐 캐니언(Steven Canyon)'을 들렀다. 아직 산 정상에 눈이 남아 있고 푸른 침엽수들이 멋진 장관을 뽐내고 있다. 길을 따라 쭉 따라가 보니 안내판에 'Paradise'라는 지명이 나온다. 이까지 온 김에 끝까지 가보기로 했다. 길의 끝에는 주차장이 있었다. 차를 대고 주변을 돌아보았다. 대부분 천국을 평화로움이 느껴지는 곳이라고 일컫는다면 여기가 진짜 천국이었다. 각종 산수화 사이로 야생동물들이 뛰어다니고 주변은 고요했다. 그곳에 있던 트래킹을 위한 돌계단이 천국으로 향하는 계단처럼 보였다. 이제 곧 해가 질 듯하여 오래 머물지는 못하고 더 늦기 전에 호스트의 집으로 향했다. 가는 길에는 지금껏 본 적이 없는 거대한 나무와 울창한 숲에 압도당했다. 호스트는 국립공원 바로 옆에 2층 주택 집에서 강아지 한 마리와 살고 있으며 산불 지킴이였다. 아직 젊은 여성이었으나 속세에는 관심이 없고 자연과 더불어 자연을 지키며 사는 게 자신의 사명으로 받아들인 것처럼 보였다. 욕심 없이 가진 것에 만족하며 투철한 직업정신으로 강한 책임감이 느껴졌다. 타 지역에 산불이 나더라도 지원해서 며칠간 집을 떠나 지낸 적도 있다고 했다.

1 보잉 박물관의 넓은 창문에서 2 마이크로소프트 본사 입구 앞에서 3 멋진 풍경을 보여줬던 스티브 캐니언

불과 40년 전에 발생한 전혀 몰랐던 사고

178 D+day

Date	Distance	Place	etc
2019.8.30.	283km/39,645km	마운틴 헬렌 주립공원/미국 38days	카우치서핑 28

새벽에 일어난 엄마만 아침 일찍 출근하는 호스트와 작별 인사를 했다. 다 함께 일어나 집 정리를 하고 호스트에게 편지를 남기고 떠났다. 집을 나오자마자 들른 곳은 어제 지나면서 봤던 집 앞의 강가였다. 많은 나무들이 벌목된 장소가 있었는데 신비로운 모습으로 남아 있어 차에서 내려 가까이 걸어가 보기로 했다. 멀리서 보았을 때는 분명 신비해 보였으나 가까이 와서 보니 바닥에는 동물들의 변으로 발 디딜 틈이 없을 정도였다. 냄새가 나지는 않았지만 신발에 묻은 게 차를 더럽힐 것 같아 얼마 안 가서 돌아왔다. 분명 멀리서 볼 땐 멋진 풍경이었으나 가까이에서 보니 버려진 땅이나 다름없었다. 우리네 인생도 멀리서 보는 타인의 삶이 멋져 보일 수 있으나 가까이서 그 삶을 들여다본다면 그 환경은 별 차이가 없다. 단지 그 환경에서 그 사람이 선택하는 마음이 다를 뿐이다. 아무리 똑같은 상황이라도 받아들이는 사람의 마음에 따라 그 상황은 변하기 때문이다.

짧은 시간 동안 머물렀지만 큰 깨달음을 준 이곳을 떠나 호스트가 추천해준 '마운트 세인트헬렌스 국립 화산 기념관(Mount St. Helens National Volcanic Monument)'으로 향했다. 1980년에 세인트헬렌스 산에서 화산 활동으로 57명이 사망했다고 했다. 전혀 몰랐던 사실이다. 이 기념관에서는 화산 활동이 일어나기 전부터의 상황과 용암이 분출되고 응고될 때까지의 모든 과정을 영상으로 보여주었다. 미국 정부에서는 화산 활동이 일어날 것이라고 경고를 했지만 계속 미뤄지자 사람들의 경각심이 해이해졌다. 화산 폭발 당일 사람들은 헬렌스산으로 입장했고 다시는 그 산에서 나오지 못했다. 당시의 상황을 헬리콥터를 타고 촬영한 사람도 있었고 자동차로 가까이서 촬영한 사람도 있었다. 흑백 영상이었지만 그때의 다급하고 위급한 상황을 그대로 담고 있었다. 2005년에도 화산 활동이 감지되어 긴급 상황을 대비한 적이 있었다고 한다.

기념관을 나와 포틀랜드에서 구한 카우치서핑 호스트의 집으로 향했다. 이번 호스트는 남편, 아들과 셋이서 함께 살고 있었다. 호스트는 아티스트였고 남편은 목사님이었다. 역시나 2층 주택이었는데 야외 정원에서 함께 저녁 식사를 했다. 식사를 마치고 아이들은 아이들끼리 어른은 어른들끼리 놀았다. 호스트의 남편이 목사님이다 보니 종교적인 궁금증과 한국과 미국의 기독교 문화의 차이점에 대해 이야기를 나눴는데 거의 비슷한 고민을 가지고 신앙생활을 하는 모습에 많은 위로가 되었다.

1 아이들에게 화산 활동을 설명 중인 엄마 2 화산 활동 전과 후의 모습을 알 수 있는 엽서
3 호스트 집의 야외 테라스에서 함께 저녁 식사

2019년 **9월**

월요일	화요일	수요일

2 [USA 41] D+181 608km/40,734km crater Lake 모텔 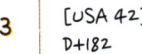	**3** [USA 42] D+182 0km/40,734km Redwood National Park 카우치서핑 31	**4** [USA 43] D+183 128km/40,862km 샌프란시스코 카우치서핑 32
 **9** [USA 48] D+188 344km/42,655km LA 1 카우치서핑 34 렌터카 교환	**10** [USA 49] D+189 48km/42,703km LA 2 카우치서핑 35	**11** [USA 50] D+190 231km/42,934km LA 3 Travelodge
 **16** [USA 55] D+195 343km/44,527km coconino National Park 차박	**17** [USA 56] D+196 235km/44,762km Petrified Forest National Park 캠핑 106	**18** [USA 57] D+197 32km/44,794km Grand canyon National Park 1 캠핑 107 
 **23 / 30** [USA 62] D+202 0km/47,102km Disney's califonia [USA 69] D+209/LA 158km/49,418km	**24** [USA 63] D+203 37km/47,139km Disneyland Theme Park Extended Stay	**25** [USA 64] D+204 274km/47,413km Getty center 슈퍼8

	목요일	금요일	토요일	일요일
			1	**[USA 40]** D+180 481km/40,126km Eagle Point, Oregon 카우치서핑 30
5 [USA 44] D+184 528km/41,390km 캘리포니아 미국 1번 국도 카우치서핑 33	**6** [USA 45] D+185 364km/41,754km Yosemite National Park 캠핑 104	**7** [USA 46] D+186 296km/42,050km Sequoia National Park 캠핑 105	**8** [USA 47] D+187 261km/42,311km Kings canyon National Park 호텔
12 [USA 51] D+191 56km/42,990km Sea World 호텔 올드타운	**13** [USA 52] D+192 추억 288km/43,278km San Diego 카우치서핑 36	**14** [USA 53] D+193 509km/43,787km Joshua Tree National Park 카우치서핑 37	**15** [USA 54] D+194 397km/44,184km Saguaro National Park 카우치서핑 38
19 [USA 58] D+198 48km/45,242km Grand canyon National Park 2 캠핑 108	**20** [USA 59] D+199 289km/45,531km Lower Antelope canyon Monument Valley 캠핑 109	**21** [USA 60] D+200 **1,283km/46,814km** Arches National Park 슈퍼8 바스토	**22** [USA 61] D+201 288km/47,102km Dodgers Stadium Extended Stay
26 [USA 65] D+205 57km/47,670km 라스베이거스 스카니스위트&카지노	**27** [USA 66] D+206 294km/47,964km Zion canyon 캠핑 110	**28** [USA 67] D+207 725km/48,689km Bryce canyon 차박	**29** [USA 68] D+208 571km/49,260km Death Valley 차박

7) 9월, 미국 국립공원 투어

180 D+day

미서부 북부에서 남부로 이동하기

Date	Distance	Place	etc
2019.9.1.	481km/40,126km	이글포인트/미국 40days	카우치서핑 30

호스트 집에서 나와 미서부 북부에서 남부로 이동한다. 정확하게 말하자면 오리건주 북부에서 남부로 이동한 것이다. 이동 중에 '우드번 프리미엄 아울렛(Woodburn Premium Outlets)'이 있어 들렀다. 앞전 아울렛에서 쿠폰 받은 게 있어서 사용하기로 했다. 전체적으로 가격 면에서 우리나라의 아울렛보다 약간 더 저렴했다. 특히 미국 자국 브랜드가 저렴했다. 아울렛에서 쿠폰을 사용해서 여름옷 몇 벌을 사고 늦은 점심 식사까지 해결하고 나왔다.

이제 오리건주 최남단에 살고 있는 카우치서핑 호스트의 집으로 향한다. 가는 길이 멀었다. 해가 질 무렵 도착했는데 호스트의 집이 보이지 않는다. 지금까지 주소만 받으면 알아서 척척 찾아갔는데 주변이 대부분 평야이고 간간이 집이 보이지만 호스트의 집은 보이지 않는다. 구글에 호스트가 알려준 주소를 검색하면 어느 한 평야의 한가운데로만 알려준다. 도무지 찾아지지 않아서 호스트에게 전화를 걸어 못 찾겠다고 하니 마중을 나와 줬다. 따라가 보니 전혀 다른 곳으로 인도한다. 구글이 틀린 경우가 있다는 게 놀라웠다. 도착했을 때는 너무 어두워 바로 집으로 들어가 몇 마디 이야기만 나누고 잠을 청했다.

다음 날 일어나 호스트와 아침 식사를 함께 했다. 식사를 마치고 호스트가 직접 우리를 데리고 나가서 집 구경을 시켜주었다. 넓은 평야를 소유한 호스트는 가족이 모두 함께 살고 있었다. 그 평야에 집이 몇 채가 되었다. 게다가 다양한 가축, 과일나무, 야채를 직접 키우고 있었다. 오두막집도 하나 있었는데 그곳에는 직접 재배한 각종 과일, 야채를 구매자 셀프 방식으로 판매하고 있었다. 우리가 오두막집을 구경하고 있는데 마을 이웃 한 분이 들어와 필요한 것을 비닐봉지에 담고 그 비용을 셀프로 지불하는 모습을 보았다. 이 당연한 모습을 요즘 우리나라에서는 보기 힘들다. 오두막집을 나와 소에게 갔다. 소를 직접 후려잡는 호스트의 강한 모습에서 우리 모두 영화 〈토이스토리〉의 제시가 떠올랐다. 그녀의 가족들이 모두 우리를 보고 반가워 나와서 인사를 했다. 그중에 호스트의 조카들도 있었는데 아빠를 데리고 다니며 함께 게임을 했다. 나중에는 가족 모두와 함께 집 앞마당에서 축구도 했다. 짧은 시간이었지만 정이 많은 가족 구성원들이라 그런지 헤어지기가 아쉬웠다.

1 호스트와 함께 아침 식사 2 소를 후려잡는 호스트 3 호스트 가족들과 집 앞마당에서 축구 경기

181 D+day	이것이 진짜 파란색이다		
	Date	Distance	Place	etc
	2019.9.2.	115km/40,619km	크레이터 레이크 국립공원/미국 41days	

호스트가 헤어지기 전에 '크레이터 레이크 국립공원(Crater Lake National Park)'을 추천해줬다. 추천해주면서 'Beautiful'을 몇 번이나 외쳤는지 모른다. 그래도 들어본 적이 없는 호수라서 기대는 하지 않았다. 주차를 하고 걸어가보니 바로 앞에 호수가 있었는데 깜짝 놀랐다. 파란색 물감을 풀어놓은 것처럼 진짜 파란색이었다. 살면서 이렇게 생동감 넘치는 파란색을 본 것은 처음이었다. 아무리 보고 또 봐도 믿어지지 않았다. 비지터 센터(Visitor Center)에 가보니 왜 이렇게 파란색인지에 대해 설명을 해놓았다. 호수에 비치는 가시광선이 호수를 통과하면서 파란색을 제외한 나머지 광선은 모두 다 흡수되어버리고 파란색 광선만 표면 밖으로 나와 우리 눈에 보이는 것이라고 한다. 알고 보면 정말 세상은 신비한 것들로 가득하다. 학교에서 교과서로 배울 때는 체감되지 않으니 어렵게만 느껴지고 재미없는 것들이 밖으로 나와 그것들을 직접 체감하면 놀라울 뿐이다. 그래서 여행은 살아 있는 수업이다. 물론 아직 우리 아이들에게는 그냥 파란 호수일 뿐이지만 적어도 우리에게는 그랬다.

이번에도 역시나 비지터 센터에서 가서 파크 레인저(Park Ranger)를 만나서 문제를 풀고 선서를 하고 주니어 레인저 배지(Junior Ranger Badge)를 받았다. 배지를 받고 나와 자동차로 돌아가는 길에 남미 가족이 다람쥐에게 먹이를 주는 모습을 보았다. 그들은 다람쥐가 가까이 왔을 때 사진을 찍기 위해 먹이를 주는 것이었다. 주니어 레인저 배지를 받을 때 하는 선서에 그런 내용이 있다. 야생동물에게 먹이를 주지 않겠다는. 이것은 야생동물이 길들여지지 않고 처한 환경에서 스스로의 힘으로 살아가도록 하기 위한 조치이다. 하지만 그것을 지키지 않고 야생동물에게 먹이를 주는 모습을 종종 포착했었다. 언제나 그렇듯 생태계에 인간이 개입되면 그 질서는 깨지고 만다. 이렇게 자연보호를 위해 노력하는 미국의 모습이 보기 좋았다.

국립공원을 나와 이제 오리건주를 떠나 캘리포니아주로 향한다. 주를 건너와 처음 접한 곳은 '샤스타-트리니티 국유림(Shasta-Trinity National Forest)'이었다. 그곳의 '샤스타산(Mount Shasta)'은 멀리서 보아도 멋진 산세가 눈에 띈다. 그 모습을 보며 운전을 하고 있는데 갑자기 차가 막히기 시작한다. 경찰들이 나타나서 모든 차들을 우회시키고 있다. 달리던 도로를 우회해서 나가도 차가 막히기는 마찬가지다. 한참을 기다려도 꼼짝하지 않아 그대로 있을 수는 없고 차가 막히지 않는 오리건주를 향해 다시 돌아갔다. 돌아가는 길에 일반 차량의 차문이 열린 상태로 길가에 아무렇게나 주차되어 있고 그 뒤에 경찰차가 있었다. 이 상황으로 봤을 때 어느 범죄자가 경찰에 쫓겨 도주하고 있는 상황 같았다. 그래서 도로를 폐쇄하고 차들을 우회시킨 것 같다. 오늘 헤어진 호스트가 무슨 일이라도 있으면 무조건 연락을 달라고 했지만 시간이 너무 늦어 호스트 집으로 다시 가지 않고 근처 모텔로 갔다. 가는 길에 미국 서부에만 있는 햄버거 체인점 '인 앤 아웃(In-N-Out)'에 들어갔다. 늦은 시간임에도 사람들이 많았는데 그럴 만한 이유가 있었다. 햄버거의 패티와 재료가 신선하고 자극적인 맛이 아니라 담백한 맛이었다. 단언컨대 미국에서 먹은 프랜차이즈 햄버거 중에서 가장 맛있었다. 이후로도 '인 앤 아웃' 가게만 보이면 무조건 들어갔다.

1 크레이터 호수를 배경으로 2 만년설이 보이는 샤스타산 3 인 앤 아웃 버거에서 받은 모자를 쓰고

다시 캘리포니아주로 넘어왔다. 어제도 봤지만 캘리포니아주를 알려주는 안내판을 보면 글자 옆에 노란 꽃이 있다. 분명 안내판에 이 꽃을 그려놓았다는 것은 캘리포니아를 상징한다는 것인데 처음 보는 꽃이었다. 검색해 보니 '금영화'라고 한다. 첫 행선지는 레드우드 국립공원(Redwood National and State Parks)이다. 레드우드는 미국 삼나무이며 세쿼이아의 일종이다. 이 국립공원 안에는 세상에서 가장 키가 크고 가장 두껍고 가장 수령이 오래된 나무들이 존재한다. 곳곳에 큰 나무들이 잘리거나 쓰러진 모습이 종종 보였다. 그루터기의 지름이 대형 버스의 길이와 비슷하고 쓰러진 나무의 뿌리는 아파트 3층 높이 정도 되어 보인다. 지금껏 본 적이 없는 거대한 나무들이다. 이렇게 나무들이 자랄 수 있었던 것은 태평양의 고온다습한 바람과 그 바람이 높은 산을 만나면서 비가 되어 내려 나무들이 자라기에 최적의 조건이라고 한다. 이 나무들이 하루 섭취하는 물의 양은 몇 톤에 이른다고 한다.

세계에서 제일 큰 나무가 한 그루 있지만 비슷하게 큰 나무들도 많아서 따로 안내를 하고 있지 않았다. 아마도 보존의 목적을 위해서인 듯하다. 그 외에도 나이 1,500살에 높이 87m의 'Big tree'는 안내판이 있어 사람들이 사진 찍기 위해 줄을 서고 있었다. 마지막으로 국립공원에 오면 빠질 수 없는 비지터 센터(Visitor Center)에 갔다. 문제를 풀고 선서를 한 뒤 주니어 레인저 배지(Juniro Ranger Badge)를 받았다. 배지를 하나씩 모을 때마다 이루 말할 수 없는 성취감이 생긴다. 작은 것 하나까지 놓치지 않는 미국의 국립공원은 매력이 넘친다.

1 금영화가 그려진 캘리포니아주 입성 환영 간판
2 빅 트리 앞에서 즐거워하는 아이들
3 건축가 호스트의 집에서 다른 게스트와 함께

국립공원을 나와 샌프란시스코로 향한다. 이곳에서도 카우치서핑 호스트를 구했다. 호스트의 집에 도착했을 때는 이미 어두운 저녁이었다. 호스트가 나와 직접 주차하는 것을 도와주었다. 집에 들어가 보니 우리 말고도 2명의 게스트가 더 있었다. 2명의 게스트는 호스트의 집에 오래 머물며 워킹 홀리데이를 하고 있었다. 호스트는 건축가였는데 은퇴를 하고 직접 자신의 집을 짓는데 2명의 게스트가 함께 도와주고 있었다. 건축가의 집답게 지금까지 다녀본 집과는 확실히 달랐다. 벽면 한쪽에는 프로젝트 빔을 쏘아 영화를 볼 수 있게 했고 부엌과 식탁이 분리되어 있는데 요리를 하고 식탁에서 통유리를 통해 경치를 보며 식사를 할 수 있었다. 정원에는 나무 조각을 깔아놓고 모닥불을 피울 수 있는 곳과 벤치가 마련되어 있고 긴 야자수 두 그루가 심어져 있었다. 특히 구글 AI 스피커 홈미니를 통해서 날씨를 알아보고 음악을 듣는 모습이 뭔가 달라 보였다. 아직 집을 짓고 있는 중이라 정리가 안 된 부분도 있었지만 완성되면 멋진 집이 될 것 같았다. 그리고 호스트가 우리에게 권유했던 한마디가 잊혀지지 않는다.

"집이 완성되면 너희 가족이 여기에 들어와서 살고 난 너희들이 다녔던 곳을 여행하는 거 어때?"

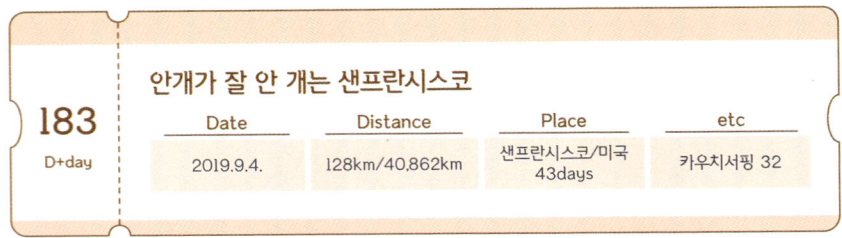

호스트는 은퇴하고 집 근처에 있는 중학교의 오케스트라 수업 지원 보조 역할을 하고 있었다. 우리에게 그 현장을 보여주겠다며 자신의 차로 우리를 데려갔다. 학생들의 사진은 노출되면 안 되기에 사진 촬영은 금지라고 한다. 교실에 들어가니 아직 수업 시작 전이고 오케스트라 단장이 수업을 준비하고 있었는데 호스트가 우리를 소개시켜줬다. 단장은 옆집 아저씨 같은 푸근한 인상을 가졌다. 우리를 보자 먼저 인사하며 자신이 예전에 잠시 동안 한국에 살았다는 얘기를 꺼내며 한국 음식이 맛있다며 입맛을 다셨다. 그러고는 바로 교실로 들어갔다.

제일 뒷자리에서 수업을 보고 있으니 중학생들의 진지한 표정에 깜짝 놀랐다. 우리가 중학생일 때의 모습을 떠올려보면 떠들기만 하고 수업에는 별 관심이 없다가 선생님이 혼내면 조용한 척하는 철없는 모습들만 떠올랐다. 그에 반해 여기 학생들은 모두 다 각자의 악기를 소중히 다루고 오케스트라의 일원으로서의 진지한 책임감을 느끼며 수업에 임하고 있는 모습이 보인다. 물론 오케스트라 수업을 신청해서 듣는 점이 차이이긴 하지만 그 진중한 눈빛은 잊을 수가 없었다. 또 놀라운 것은 수업을 진행하는 선생님의 모습이었다. 학생들에게 말과 교재로 설명하지만 그것이 부족하다면 바로 유튜브(Youtube)에 나오는 관련 영상을 보여주면서 더욱 실용적인 수업을 하고 있었다. 그 순간 우리도 여기 일원이 되어 연주해보고 싶었다. 우리의 소원 중에 하나도 아이들이 커서 함께 악기를 하나씩 연주해서 '가족 밴드'를 만드는 것이었다.

수업 참관을 마치고 호스트와 다시 집으로 돌아와 우리는 샌프란시스코 시내 구경을 나섰다. 시내로 나서니 눈에 띄는 것이 야자수이다. 미국의 남부로 내려오니 바로 열대식물을 볼 수 있었다. 샌프란시스코 시내의 특징은 가파른 언덕이 많다는 것과 그 언덕으로 트램이 다닌다는 것이다. 그리고 바다가 인접해서 부둣가가 많다는 것이 특징이었다. 가장 먼저 찾아간 곳은 '트윈 픽(Twin Peaks)'이었다. 샌프란시스코에서 두 번째로 해발고도가 높은 곳이다. 차로 정상까지 올라갈 수 있다. 정상에 서면 시가지 전체가 한눈에 들어온다. 태평양에서 불어오는 해풍으로 안개가 자주 형성된다. 우리가 올라갔을 때에도 순식간에 안개가 끼었다가 사라졌다가를 반복했다. 그 모습이 아주 인상적이었다. 신기해서 그 모습을 계속 쭉 지켜봤는데 나중에 내려갈 때쯤에는 안개가 자욱하게 껴서 시가지를 더 이상 볼 수 없었다.

샌프란시스코 시내에는 다양한 볼거리 많았는데 먼저 '16번가 타일 계단(16th Avenue Tiled Steps)'이다. 언덕이 많다 보니 인도가 계단으로 된 곳이 많았다. 그중에서도 계단 층층마다 타일로 예쁘게 장식해놓은 곳이 있었다. 이곳을 끝까지 다 올라가기보다는 앞에서 사진 찍기 위해 많이들 찾아왔다. 이곳에서 강아지와 산책하는 동네 아저씨와 만났는데 강아지가 우리를 보더니 아저씨를 따라가지 않고 우리 옆에서 떨어질 줄을 모른다. 그래서 아저씨에게 가족사진을 찍어달라고 부탁하고 강아지는 우리와 함께 사진을 찍었다. 그다음으로 '더 페인티드 레이디스(The Painted Ladies)'이다. 영화나 광고에서 많이 나왔던 장소인데 정확하게 기억나지는 않지만 어디선가 본 듯한 곳이기는 했다. 조금 더 가니 차이나타운이 나온다. 세계 어딜 가나 꼭 있는 '차이나타운(China Town)'이다. 생각보다 큰 규모에 놀랐다.

1 안개가 끼기 전 샌프란시스코
2 부둣가 39번에서 볼 수 있는 바다사자들
3 영화에 자주 나오는 롬바드가

다음으로 향한 곳은 부둣가이다. '부둣가 39번(Pier 39)'이 가장 유명한데 그 이유는 바다사자들이 많이 모여 있기 때문이다. 가까이 가보니 바다사자들의 고함 소리도 들리고 무엇보다 코를 찌르는 비린내가 진동을 한다. 바람이 강하고 추워서 오래 있지는 못하고 다음 장소로 이동했다. 이곳은 우리가 여행하면서 다 함께 봤던 디즈니 애니메이션 〈인사이드 아웃(Inside Out)〉에 나왔던 '롬바드가(Lombard Street)'이다. 언덕에 위치하고 양쪽으로 가정집들이 자리 잡고 있으며 꼬불꼬불한 길이 포인트였다. 길옆으로는 예쁜 정원이 꾸며져 있어 멋진 공간이 조성되어 있었다. 일방통행이라 우리도 위에서 아래로 조심히 차를 끌고 내려갔다. 조금 더 높은 곳에서 봐야지만 진가를 알 수 있는데 길 위에서만 봐서는 감흥이 덜했다. 마지막으로 저녁식사를 하기 위해 다시 부둣가에 있는 마켓으로 갔다. 그곳에 크램 차우더(Clam Chowder)가 유명한 빵집(Bistro Boudin)이 있어서 들렀다. 많은 사람들로 붐벼서 맛있는 가게라는 확신이 들었다. 걸쭉하고 담백한 맛이 좋았다. 저녁까지 든든하게 먹고 다양한 볼거리가 많았던 시내를 빠져나와 호스트 집으로 돌아갔다.

184 D+day	꼭 한 번은 달리고 싶었던 1번 국도			
	Date	Distance	Place	etc
	2019.9.5.	528km/41,390km	샌프란시스코/미국 44days	카우치서핑 32

미국에서 꼭 가고 싶은 도로를 뽑으라면 역사적인 의미가 있는 66번 국도와 예사롭지 않은 풍경을 가진 1번 국도이다. 이미 66번 국도는 다녀왔기에 이제 1번 국도만 가면 된다. 태평양이 내려다보이는 도로를 자동차 창문을 열고 시원한 바람을 맞으며 달리는 상상만 해도 얼굴에 미소가 번진다. 때마침 날씨마저 좋다. 1번 국도에 들어서니 시작부터 심상치 않다. 푸른 태평양이 햇살에 반사되어 반짝거리고 해안절벽이 예술 조각품처럼 보인다. 그중에서도 해안가 도로를 연결해주는 '빅스비 크릭 브리지(Bixby Creek Bridge)'가 주요 볼거리다. 다리 상단에는 도로가 놓여 있고 다리를 받치는 아치형 철제 구조물이 자연경관과 조화를 이룬다.

1번 국도 끝까지 가보진 못하고 중간쯤에서 돌아왔다. 돌아가는 길에 '애플 파크(Apple Park)'가 있어서 잠시 들렀다. 대형 도넛 모양의 새로운 애플 본사이고 스티브 잡스가 엄청난 비용과 노력을 쏟아부었다고 하나 내부로 들어가 볼 수는 없었다. 입장은 비지터 센터(Visitor Center)만 가능하다. 또 그곳은 규모가 조금 크다는 것 말고는 일반 애플 매장과 크게 다를 것이 없었다. 아쉬움을 뒤로하고 다음으로 향한 곳은 샌프란시스코의 상징인 '금문교(Golden Gate Bridge)'이다. 골드 러시 시대에 샌프란시스코만을 부르던 이름이 골드 게이트이다. 처음 이 다리를 지을 때 자연 환경적인 문제들과 주변 이권관계자들의 반대가 심했다. 다리의 설계자인 조셉 B. 스트라우스가 종횡무진 뛰어다니며 반대하는 사람들을 만나 설득한 끝에 '실현 불가능한 꿈'이라 여겨졌던 것이 이렇게 현실이 된 것이다. 그리하여 금문교는 미국토목학회(ASCE)가 선정한 현대 토목건축물 7대 불가사의 중 하나로 선정되었다. 다리의 길이는 2,800m, 탑의 높이는 227m로 당시 세계에서 가장 긴 다리이자 가장 높은 현수교 탑이었다. 우리가 금문교에 도착했을 때 해가 지고 있었기에 금문교의 붉은색은 더 붉게 빛나고 있었다. 붉은 노을에 적당히 낀 안개가 몽환적인 분위기를 자아냈다.

다음으로 찾아간 곳은 현대미술관이다. 호스트가 이 미술관의 연간회원이라며 자신에게 주어지는 무료입장권을 우리에게 선물해주었다. 정말 자신이 우리에게 줄 수 있는 것은 다 주었다. 다행히 미술관 문이 닫히기 전에 도착해서 관람할 수 있었다. 그중에서 가장 신기했던 것은 LED 전광판에 흑백 사진으로 많은 사람들의 모습이 있는데 이 사람들이 사진처럼 가만히 있는 것이 아니라 조금씩 미세하게 움직인다는 것이다. 물론 모든 사람이 다 움직이는 것도 아니다. 몇 사람은 사진처럼 가만히 있고 몇 사람은 알 듯 모를 듯 움직였다. 게다가 사진 자체도 옆으로 조금씩 움직이면서 새로운 사진이 화면에 나타난다. 예술이란 어쩌면 얼마나 창의적인가에 대한 끊임없는 노력의 산물인 듯하다. 집으로 돌아와서 호스트에게 우리가 하루 만에 다녀온 곳들을 읊어주니 어떻게 그곳들을 하루 만에 다녀올 수 있냐며 눈이 휘둥그레지면서 깜짝 놀란다. 원래 평소에도 이 정도 다닌다고 하니 두 손 두 발을 다 든다. 사실 우리도 어떻게 이렇게 다닐 수 있는지 신기할 뿐이다.

1 1번 국도의 빅스비 크릭 브리지
2 안개가 자욱 낀 금문교를 배경으로
3 미술관을 나와서

국립공원에서 수채화와 마주하다

Date	Distance	Place	etc
2019.9.6.	364km/41,754km	요세미티 국립공원/미국 45days	캠핑 104

185 D+day

요세미티 국립공원으로 향한다. 여행을 오기 전까지 미국의 국립공원이라고 하면 요세미티 국립공원을 가장 많이 들었던 것으로 기억난다. 그만큼 일반적으로 많이 알려진 곳이다. 많이 알려져 있지만 실제로 그곳이 어떤지는 가봐야지만 알 수 있다. 가장 유명한 게 요세미티 폭포와 우리에게 잘 알려진 아웃도어 브랜드 '노스페이스(The North Face)' 로고의 상징이 된 '하프 돔(Half Dome)'이다. 하지만 이곳들은 요세미티 국립공원의 극히 일부에 지나지 않는다. 최고 해발고도 6,000m의 고산지대로 이루어진 광대한 공원이다. 미국 국립공원의 최대 장점은 자동차로 공원 전체를 둘러볼 수 있다는 것이다. 자동차로만 둘러본다고 해도 전체를 다 둘러보는 데 며칠이 걸릴 듯하다.

공원 입구로 들어오자마자 저 멀리 공원 한가운데 위치한 하프 돔이 눈에 띈다. 더 들어가 보니 캘리포니아의 상징 금영화가 지천에 피었다. 산의 절벽들은 세월이 흐를 때마다 눈이 녹아 흘러내린 흔적들로 주름이 졌다. 공원 안에는 곳곳에 전망대가 있는데 처음 들른 전망대는 'Artist Point trail'이었다. 하프 돔을 포함하여 각 산들의 웅장한 절벽과 삼림을 한눈에 볼 수 있는 곳이었다. 다시 이동해서 캠핑장을 먼저 선점했다. 국립공원의 캠핑장을 몇 번 사용해 보니 어느새 요령이 생겼다. 전기가 없는 야생 캠핑장은 일찍 가면 빈자리를 선점할 수 있다. 남아 있는 자리 중에 출구와 가장 가까운 곳에 자리를 잡고 또 다른 전망대 'Glacier Point'로 향했다. 아마 공원 내 전망대 중에 가장 인기가 많은 곳이 아닐까 싶다. 요세미티 폭포와 하프 돔을 한눈에 볼 수 있으며 무엇보다 전망대에서 바라보는 모습은 마치 한 폭의 수채화를 보는 듯한 기분이 들었다.

전망대에서 내려와 숙소로 향했다. 아직 여명이 남아 있을 때 얼른 저녁을 차려먹었다. 잠 잘 준비를 하면서 하늘이 어두워지면 별이 쏟아져 내리겠지 했는데 웬걸 별 하나 보이지 않는다. 이유인즉슨 나무가 우거져 별이 보일 틈이 없는 것이다. 아쉽지만 쏟아지는 별은 다음을 기약하고 잠을 청했다.

1 요세미티 공원 내 마을 앞에서　2 하프 돔을 배경으로 사랑스러운 자매 투샷　3 'Glacier Point'에서 찍은 가족사진

대자연을 지나 다시 문명세계로

Date	Distance	Place	etc
2019.9.8.	261km/42,311km	킹스 캐니언/미국	47days

D+day 187

캠핑장에 고요하고 평화로운 아침이 찾아왔다. 새들이 지저귀는 소리에 잠을 깬다. 세쿼이아나무들 사이로 햇살이 비친다. 아무것도 보이지 않는 저녁에는 살짝 무섭기도 하지만 햇살이 비추는 동시에 평화가 찾아온다. 자리에서 일어나 짐을 싼다. 그동안 아이들은 그루터기에 앉아 자연의 산물인 솔방울을 가지고 논다. 그런데 놀라운 사실은 솔방울의 크기가 어른 팔뚝만 하다. 나무의 크기만큼이나 솔방울의 크기도 차이 나는 듯하다. 숲속에서 아이들이 노는 모습은 참 아름답다.

세쿼이아 국유림을 떠나 '킹스 캐니언(Kings Canyon)'으로 향한다. 입구 안내판에서 사진을 찍고 계속 이동했다. 자동차를 타고 언덕을 올라가니 킹스 캐니언의 전경이 한눈에 보인다. 매번 국립공원을 다니면서 느끼는 것 중 하나가 그 장소와 장소명이 기가 막힐 정도로 잘 맞아떨어진다는 것이다. 킹스 캐니언의 전경을 바라보니 여러 산맥들이 보이는데 산맥의 모습이 근육질의 남성을 보는 듯했다. 위엄 있고 카리스마가 넘치는 모습이 산들의 왕 같은 느낌도 들었다. 어쩌면 자연이 만든 왕관의 모습 같기도 했다. 킹스 캐니언 역시 자동차 도로를 달리면서 전체를 둘러볼 수 있고 중간에 전망대가 곳곳에 있어 드라이브스루 관광이 가능했다. 지나가다 '로어링 리버 폭포(Roaring River Falls)'가 있어 들렀다. 가파른 협곡 사이로 계곡물이 힘차게 흘러내려 바위가 심하게 침식되어 계곡물이 미끄럼틀을 타듯이 흘러내려온다. 폭포에서 나와 들어왔던 도로를 따라 다시 킹스 캐니언을 나갔다. 오면서 봤던 길이지만 반대 방향으로 다시 보니 새롭게 다가왔다.

이제 세계에서 가장 키 큰 나무로 손꼽히는 'The General Sherman Tree'로 향했다. 이 나무는 '세쿼이아 국립공원(Sequoia National Park)'에 있다. 주차장에 차를 두고 오솔길을 따라 걸으니 사람들이 많이 모여 있다. 역시나 'The General Sherman Tree' 앞에서 사진을 찍기 위해 대기하고 있는 사람들이었다. 줄을 서서 가족사진을 찍고 주변을 한 바퀴 돌았다. 나무가 크니 주변을 도는 데도 꽤 시간이 걸린다. 물론 다른 나무들도 못지않게 높기는 마찬가지이다. 너무 높아서 현실감이 없는 것도 사실이었다. 요세미티와 더불어 몇 개의 국립공원과 국유림에서 며칠을 보내니 자연인이 된 듯한 기분이었다. 이제 대자연에서 나와 문명세계로 향한다. 해가 질 때까지 달려서 마트에 들렀다가 인근 모텔에서 하루를 마무리했다.

1 킹스 캐니언 입간판 앞에서 2 킹스 캐니언에서 왕이 된 듯한 아빠와 공주 둘
3 'The General Sherman Tree' 앞에서

188
D+day

아주 특별한 호스트를 만나다

Date	Distance	Place	etc
2019.9.9.	344km/42,655km	LA/미국 48days	카우치서핑 34

로스앤젤레스라는 말만 들어도 설렌다. 우선 한국인이라면 박찬호, 류현진이 생각나면서 LA다저스가 떠오를 것이다. 물론 야구도 떠오르지만 그 외에도 할리우드, 디즈니, 베벌리 힐스, 산타 모니카 해변 등 유명한 것들이 수없이 많다. 대자연에서 벗어나 LA로 향한다. 가는 길에도 자연 풍경이 예사롭지 않다. 사막 같으면서도 끝없는 포도 농장이 나오기도 하고 주변의 산들은 나무는 없지만 굴곡 많은 산세에 노란 모래들로 진귀한 풍경이 펼쳐진다. LA에 들어와서는 먼저 렌터카를 교체했다. 동부에서 대륙을 지나 서부로 넘어와서 캐나다 밴프 국립공원과 미국의 각종 국립공원의 극한 상황을 지나왔기에 고생한 차를 쉬게 할 겸 바꿔주는 게 좋다고 판단했다. 우리의 여행은 멈출 수 없기에. 공항 근처에 있는 렌터카 회사에서 교체를 했는데 바로 머리 위로 굉음을 내며 비행기가 지나간다. 이제 막 이륙해서 점점 하늘 위로 올라가는 비행기의 모습을 꼭 사진으로 남기고 싶었는데 예기치도 못한 곳에서 이런 상황을 만나니 마냥 기뻤다. 거기에 여기는 LA이다 보니 시시때때로 비행기가 지나가는데 그것도 각 나라별 다양한 비행기가 지나다닌다. 이보다 좋을 수가 있겠나 하는 생각이 들다가도 여기서 일하시는 분들에게는 꽤나 스트레스가 되겠다는 생각도 들었다. 여기서 렌터카와 관련해서 팁이 있다. 미국 지역별로 렌터카 비용이 제각각인데 특히 대도시일수록 가격은 올라가기 마련인데 우리는 뉴욕에서 시작하다 보니 제일 비싸게 시작한 것이다.

1 사막 같은 도로변 풍경
2 LA에서 마주친 진귀한 풍경
3 호스트와 함께 저녁 식사

이곳에서도 카우치서핑 호스트를 구했다. 롱비치와 디즈니랜드 중간 지역인 '로스 알라미토스(Los Alamitos)'에 거주하는 호스트는 남편과 큰딸, 작은아들과 함께 살고 있다. 호스트는 교육자이고 남편은 친구들과 함께 동업으로 중고차를 완전히 분해하고 새로운 스타일의 올드카를 만드는 일을 했다. 큰딸은 초등학생이었는데 자신의 일을 알아서 척척 해내는 다부진 학생이었고 작은아들은 귀여운 개구쟁이였다. 집은 연립주택 2층에서 살고 있었다. 집 안에는 남편이 연주하는 첼로와 피아노, 바이올린이 있었다. 정말 자신의 직업과 생계를 위해 열심히 살면서 자식들의 교육에도 열정이 넘치는 호스트의 모습을 보며 많은 자극을 받았다. 이 호스트는 우리의 여행이 끝날 때까지 도움을 준 아주 고맙고 특별한 인연이었다.

누군가 힘들 때 도움이 될 수 있다는 기쁨

Date	Distance	Place	etc
2019.9.10.	48km/42,703km	LA/미국 49days	카우치서핑 35

우리와 비슷한 가족 구성원을 이루고 있는 북미에서 만난 호스트의 가정은 모두 다 하나같이 분주했다. 우리 아이들과 동갑 자매를 키우던 워싱턴 D.C. 호스트, 초등학생 남매를 키우고 있는 캐나다 퀘벡 호스트, 그리고 지금 머물고 있는 LA 호스트까지. 새벽같이 일어나 아이들 도시락을 싸고 아이들을 깨워서 등교 준비를 하고 늦어도 오전 7시 30분에는 집을 나섰다. 아이들도 습관이 되어 있는지 스스로 일어나 나갈 준비를 했다. 한국에서 우리의 모습은 전쟁터가 따로 없었는데 분주한 건 비슷하지만 더 일찍 일어나 다 함께 준비하는 모습이 왠지 더 프로처럼 보였다. 그리고 아이들 도시락을 준비하는 것에 대해서 전혀 불만이 없었다. 자녀들이 먹는 것이고 본인들이 해야 하는 당연한 의무라고 여겼다. 똑같은 맞벌이 부부지만 한국에서 아이들 도시락을 매일 싸준다고 하면 과연 당연하게 받아들일 부모가 몇이나 있을까. 여행하면서 느끼는 것이지만 우리나라만큼 복지가 잘 되어 있는 곳은 거의 없었다.

호스트가 출근하기 전에 우리도 일찍 일어나 집을 나섰다. 가장 먼저 향한 곳은 '롱 비치(Long Beach)'였다. 로스앤젤레스강이 흐르는 강변으로 푸른 잔디와 키 큰 야자수들이 나란히 줄지어 서 있다. 파란 하늘, 바다 같은 강, 푸른 잔디를 보고 있는 것만으로도 기분이 상쾌해졌다. 강 부둣가에는 고급 보트들이 빈틈없이 정박해 있다. 분명 대도시이지만 휴양지 같은 느낌도 지울 수 없다. 자리를 옮겨 '엔젤스 게이트 공원(Angels Gate Park)'으로 갔다. 이곳에는 미국과 한국의 상호 우호관계를 위한 '우정의 종'이 있고 세상에서 가장 멋진 야외 농구장도 있다. 미국에 한국 전통 남녀 장승과 종각이 있으니 어색하면서도 반가웠다. 아이들도 의외의 장소에서 태극기와 한글을 보니 신기해했다. 그리고 농구를 좋아하는 아빠는 트렁크에서 축구공을 꺼내어 혼자서라도 농구를 했다. 내심 흑인들과 농구 경기도 하고 싶었지만 아무도 오지 않았다. 대신 아이들과 축구를 했다. 아쉬움을 뒤로하고 '레돈도 비치(Redondo Beach)'로 갔다. 이곳에서도 한글과 마주쳤는데 그 단어는 바로 '한국 횟집'이었다. 부둣가에 레스토랑들이 줄지어 있었는데 그중에 한글로 적힌 횟집들이 많았다. LA에 한인들이 많다는 걸 알고는 있었지만 이 횟집들을 보니 더욱 실감이 났다.

LA에서의 첫 여행을 마치고 호스트의 집으로 돌아갔다. 집에 들어가니 호스트의 표정이 어둡다. 알고 보니 호스트의 어머니가 갑자기 쓰러지셔서 병원을 가야 하는데 아이들을 돌봐줄 사람이 없다고 한다. 우리가 아이들을 보살피고 저녁 식사까지 알아서 해결하겠다고 하며 호스트를 안심시켜주었다. 저녁 식사로 김밥을 만들었는데 호스트의 남편, 자녀들과 다 함께 먹었다. 다들 맛있게 먹어서 뿌듯했다. 호스트는 저녁 늦게 되어서야 집으로 돌아왔다. 다행히 호스트의 어머니는 병원에서 치료를 잘 받았다며 우리에게 감사의 표시를 했다. 별로 한 것도 없지만 조금이라도 도움이 됐다니 뿌듯했다.

1 LA임을 실감나게 해주는 롱 비치
2 엔젤 게이트 공원에서 농구하는 아빠의 모습
3 레돈도 비치에서 마주친 한글 '횟집'

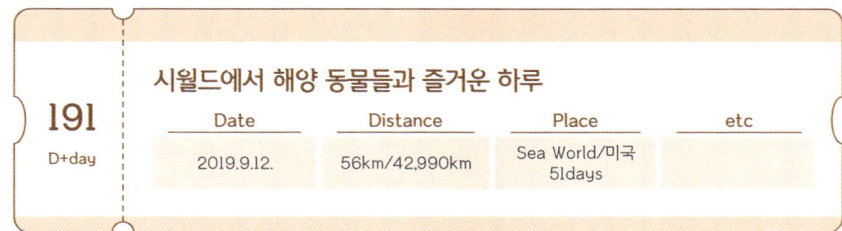

숙소에서 나와 육지에 존재하는 '바다의 세계'로 간다. 바로 '시월드(Sea World)'이다. 올해로 벌써 55주년이 되었다. 입구에 들어서자마자 각종 물고기를 직접 보고 만질 수 있는 장소가 마련되어 있다. 예전에 범고래에 대한 환상을 심어준 영화 〈프리 윌리(Free Willy)〉를 보고 감명 받은 기억이 난다. 엄마의 경우 어렸을 때 이미 시월드에 다녀온 적이 있고 그때 가장 기억이 남는 게 바로 영화에 나왔던 범고래라고 한다. 좀처럼 보기 드문 범고래를 여기에서는 몇 마리나 보유하고 있었다. 나중에 쇼를 위해 몸을 풀고 있었는데 몸집은 컸지만 귀여웠다.

야외무대에서는 물개쇼를 준비하고 있어서 바로 들어가 자리를 잡았다. 물개쇼를 하기 전에 잘생긴 청년이 혼자서 원맨쇼를 했는데 재밌었다. 이 물개쇼도 예전처럼 묘기만 보여주는 것이 아니라 스토리를 바탕으로 묘기가 진행되었다. 제목을 마음대로 지어보자면 '누가 코카콜라를 가져갔나?'였다. 반전에 반전을 보이며 결국 범인은 수달이었다. 뻔뻔할 정도로 연기를 잘하는 동물들에게 감동받았다.

공원 한곳에는 놀이기구도 있었는데 다양한 해양 생물들의 모습을 본떠서 아이들이 좋아했다. 거의 유아용이라 우리 아이들에게 딱 맞았다. 모험심을 유발하는 놀이터도 있었는데 약간 위험해 보였지만 지금까지 웬만한 놀이터는 섭렵한 아이들이라 무서워하지 않고 잘 놀았다. 다음으로 야외 대극장에서 펼쳐지는 범고래쇼를 보러 갔다. 조금 전에 봤던 영화 〈프리 윌리〉에 나왔던 범고래가 나와서 쇼를 했다. 엄청난 점프력과 회전력으로 관객들을 압도했다. 예전에는 이런 쇼를 보면 동물학대 논란에 대해 생각해보지 않을 수가 없었지만 이제는 변했다. 지금은 동물들의 인간학대 논란에 대해 토론을 해봐야 하는 시대가 온 것 같았다. 쇼 중에 범고래가 그 엄청난 꼬리 힘으로 관중들에게 물을 뿌리는데 많은 사람들이 대피하는 사태가 발생했다. 다행히 우리는 앞자리에 앉지 않아 그 위기상황을 모면할 수 있었다. 쇼 중에 약 20번 이상 물을 뿌렸던 것 같다. 미리 알고 와서 그런지 우비를 입은 사람, 우산을 챙겨온 사람들도 있었다. 날씨가 더워서 관객들을 시원하게 해주기 위한 범고래의 배려심이라 생각하며 다음 장소로 옮겼다.

이제 북극 체험관으로 향했다. 놀이공원에 빠지지 않고 있는 시뮬레이션관이 있었다. 직접 비행기를 타고 북극 위를 지나는 영상이 나왔다. 지구온난화로 살 곳이 없어지는 북극곰의 모습이 안타까웠다. 우리에게는 생소한 북극의 모습을 간접적으로나마 볼 수 있어서 좋았다. 그리고 펭귄을 비롯하여 북극 동물들도 직접 볼 수 있었다. 놀이공원의 끝은 항상 기념품관이지만 우리 아이들은 인형들과 사진만 찍어달라고 하지 인형을 사달라고 하지 않는다. 그 모습이 참 고맙기도 하면서 안쓰럽기도 하다. 분명 사고 싶은 마음이 굴뚝같을 텐데 티도 안 내고 넘어가주는 게 대견스러웠다. 대신 시월드를 나와 아이들이 좋아할 BBQ를 먹으러 갔다. 신나게 놀았으니 허겁지겁 잘 먹었다. 시월드에서 꽉 차고 보람찬 하루를 보내고 숙소로 들어갔다.

1 시월드 입장해서 인증샷 2 〈프리 윌리〉에 나온 범고래를 신기하게 바라보는 아이들 3 범고래쇼를 마치고

다시 미국 서부 대자연 속으로

192 D+day

Date	Distance	Place	etc
2019.9.13.	288km/43,278km	샌디에이고/미국 52days	카우치서핑 36

멕시코와 국경을 접하고 있는 샌디에이고라서 그런지 멕시코 느낌의 올드타운이 형성되어 있다. 디즈니 애니메이션 〈코코(COCO)〉에서 나왔던 음악 하는 해골들의 모습이 많이 보인다. 올드타운이라 예전 집들의 모습을 그대로 간직하고 있어서 당장이라도 카우보이가 총을 들고 나올 것 같다. 여기에 예쁜 색을 입혀 관광객들의 눈길을 사로잡는다. 다음으로 '카브릴로 국가기념물(Cabrillo National Monument)'로 향했다. 이곳도 국립공원 카드로 출입이 가능했다. 카브릴로는 포르투갈 탐험가로 16세기에 샌디에이고를 발견한 것을 기념하기 위하여 국립기념물로 지정되었다. 푸른 바다를 배경으로 카브릴로의 동상도 멋있지만 주변의 해안절벽이 또 절경이었다. 우리가 도착했을 때 지질학자들처럼 보이는 사람들이 모여서 이곳의 지질형태에 대해 조사하고 있었다. 아무것도 모르는 우리가 봐도 다양하고 특이한 형태의 해안절벽에 놀라움을 금치 못했다. 여기서도 비지터 센터(Visitor Center)에 방문해서 배지(Badge)를 획득했다.

어느새 미국의 동부에서 들어와 벌써 서부의 최남단까지 내려왔다. 이 광활한 대지에 이렇게나 각양각색의 모습들을 간직하고 있다는 것이 놀라울 뿐이다. 다시 도시를 떠나 대자연 속으로 들어간다. '조슈아 트리 국립공원(Joshua Tree National Park)'으로 간다. 공원 바로 옆에서 살고 있는 카우치서핑 호스트를 구했다. 조슈아 트리라고 하면 이름 자체가 생소하지만 아마 사진을 보면 한 번쯤은 본 적이 있는 나무다. 미국 남서부 고도 400m에서 1,800m 되는 지역에서 자생한다. 몸 전체가 털옷을 입은 것 같고 가지 끝에 녹색 잎이 나 있는데 마치 치어리더들이 손에 들고 있는 응원 수술 같다. 밤이 늦어서야 호스트의 집에 도착했다. 카우치서핑 어플을 통해 호스트의 모습을 미리 봤지만 실제로 보니 더 특이했다. 머리와 수염을 거의 2년간 기른 모습이다. 키가 큰 청년이었는데 얼굴에서 미소가 떠나지 않는다. 아이들을 좋아하는 모습이 순수해 보이기도 했다. 함께 저녁 식사를 하고 짧은 대화를 나눈 뒤 각자의 방으로 돌아가 잠을 청했다.

1 〈코코〉 영화 한 장면에 들어온 듯한 모습 2 해안절벽이 예사롭지 않은 카브릴로 국립공원 3 카브릴로 국가기념물 동상 앞에서

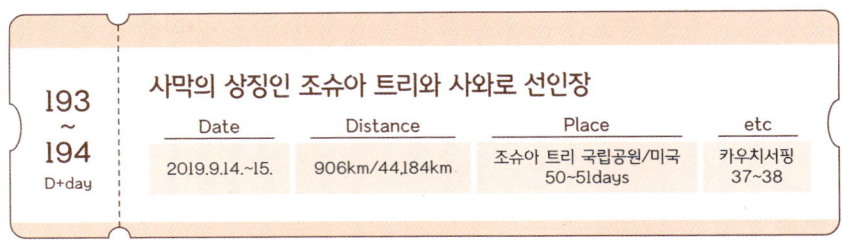

호스트와 함께 아침 식사를 하기로 했다. 엄마는 식사를 준비하고 호스트와 우리는 함께 음악을 했다. 집 안에 아이들에게 딱 맞는 피아노, 기타, 북, 아코디언 등 많은 악기들이 있었다. 그리고 호스트가 즐겨 치는 기타도 몇 대 있었다. 호스트는 우리 가족을 위해 로고송을 만들어줬는데 가사에 우리의 영문 이름을 넣었다. 누군가가 우리 가족을 위해 노래를 만들어주다니 신선한 경험이었다. 노래가 밝고 경쾌해서 마음에도 쏙 들었다. 로고송 이후로 음악 녹음이 가능하다며 노래를 불러보라고 한다. 아빠는 비틀즈 〈Let It Be〉를 아이들은 〈Alphabet Song〉을 불렀다. 녹음한 곡을 들려주는데 마냥 신기했다. 호스트는 녹음된 음악을 우리 이메일로 보내주었다.

호스트와 헤어지고 집 바로 옆에 있는 조슈아 트리 국립공원 비지터 센터에 들렀다가 공원으로 들어갔다. 황량한 사막 같은 평지에 괴상하게 생긴 바위와 조슈아 트리만 보인다. 마치 외계 행성에 생명이 존재한다면 이런 모습이 아닐까 싶다. 분명 샌디에이고에서 얼마 달려오지 않았는데 전혀 다른 자연의 모습이 펼쳐진다. 미국의 매력은 도무지 끝이 없다. 조슈아 트리는 사람처럼 세월이 갈수록 나이가 들어 몸이 점점 굽어지면서 결국에는 말라 죽게 된다. 공원에는 다양한 나이의 조슈아 트리가 있었는데 마치 대가족의 한 모습을 보는 듯했다.

공원을 지나 또 다른 카우치서핑 호스트를 만나러 간다. 룸메이트와 함께 살고 있는 호스트이다. 호스트는 하루에 몇 개의 직업을 소화해내는 바쁘게 살아가는 현대 여성이었다. 그리고 호스트의 룸메이트는 동양계 미국인이며 새롭게 떠오르는 사업을 모색하며 골프를 즐겼다. 호스트는 몇 개의 직업을 하루 만에 모두 소화해내고 돌아왔지만 힘든 기색이 없었다. 다 함께 모여 저녁 식사를 했는데 룸메이트의 강력한 친화력으로 유쾌한 저녁 식사를 했다. 바쁘게 살아가는 미국인들의 모습을 바로 옆에서 지켜보면서 시간을 아껴 써야겠다는 반성이 절로 됐다. 자연, 도시, 사람 모두가 놀랍기만 한 미국이다.

1 호스트의 반주에 맞추어 열창 중인 아빠의 모습
2 푸른 하늘과 조슈아 트리 아래 서 있는 아빠
3 조슈아 트리 국립공원에 있는 사막 한가운데에서

다음 날은 조슈아 트리에 이어 사와로 선인장이 있는 사와로 국립공원을 갔다. 미국 서부 영화나 멕시코 영화에서 빠지지 않고 볼 수 있는 사와로 선인장이다. 얼마 전에 예은이가 생일 선물로 받은 토이스토리 주인공 '우디'의 고향인 셈이다. 선인장을 배경으로 우디와 사진을 찍으니 딱 어울린다. 여기에는 사와로 선인장뿐만 아니라 다양한 선인장들을 볼 수 있었다. 사와로 역시 조슈아 트리처럼 나이가 들면서 죽음을 맞이하게 된다. 메마른 사막에 내려쬐는 햇볕으로 무더위가 극에 달한다. 오랫동안 땡볕에 있지는 못하고 더위를 피해 호스트의 집으로 돌아갔다. 오랜만에 휴식을 취하는 호스트와 다 함께 저녁 식사를 하며 우리도 휴식을 취했다.

196 D+day	나무가 돌이 된 사연			
	Date	Distance	Place	etc
	2019.9.17.	235km/44,762km	페트리피드 포레스트 국립공원/미국 560days	캠핑 106

예전에 캐나다 캘거리 카우치서핑 호스트에게 미국 국립공원 중에 나무가 돌로 변한 석화된 나무 조각들을 볼 수 있는 곳이 있다고 해서 찾아왔다. 처음에 그 얘기를 들었을 때 거짓말이라고 여겼는데 직접 석화된 나무를 보고 나서야 사실임을 인정하게 되었다. 이곳이 바로 '페트리피드 포레스트 국립공원(Petrified Forest National Park)'이다. 공원 이름에 '숲'이라고 되어 있지만 나무라고는 찾아볼 수 없다. 조각조각 잘린 나무들이 돌로 변한 모습과 메마른 땅만 볼 수 있었다. 이곳에도 비지터 센터(Visitor Center)가 있었다. 센터에 들어가 석화된 이유를 찾아보니 죽은 나무가 시냇물을 따라 이동해서 땅에 묻히면서 화학작용이 일어났다. 철, 탄소, 구리로 변하면서 돌이 되었고 이에 그 원소에 따라 다양한 색을 띤 것이다. 이곳의 파크 레인저(Park Ranger)는 나이가 지긋한 할아버지였는데 약간 무섭게 질문을 하니 아이들이 무서워한다. 그래도 배지(Badge)를 획득하고 공원을 떠났다.

이제 그 유명한 '그랜드 캐니언 국립공원(Grand Canyon National Park)'으로 간다. 가는 길이 66번 국도와 이어졌다. 이 국도는 미국 횡단을 위해서 오래전부터 많은 미국인들이 이용했기 때문에 역사적인 의미가 크다. 그래서 'Mother Road'라는 별칭까지 있다. 지금 그랜드 캐니언 국립공원을 들어가기에는 해가 질 것 같아서 입구 앞에 있는 캠핑장에서 머물기로 했다. 캠핑장에서 저녁을 먹고 잠 잘 준비를 마친 뒤 다 함께 밤하늘을 바라봤다. 검은 밤하늘을 수놓은 수많은 별을 볼 수 있었다. 육안으로 은하수도 보이고 가끔씩 별똥별도 보인다. 살면서 이렇게 많은 별을 본 적이 있나 싶다. 영화나 드라마에서처럼 아이들과 함께 누워 조용히 별을 바라보며 이야기하고 싶었지만 아이들은 별 관심이 없고 재미없어한다. 역시 드라마는 드라마일 뿐이다. 우리만 신기해하며 좋아한다. 별을 보고 있으니 별별 생각들이 다 떠오른다. 참 별꼴이다.

1 페트리피드 포레스트 국립공원 입간판에서
2 돌로 변한 나무의 모습
3 돌로 변한 나무들이 곳곳에 흩어져 있는 모습

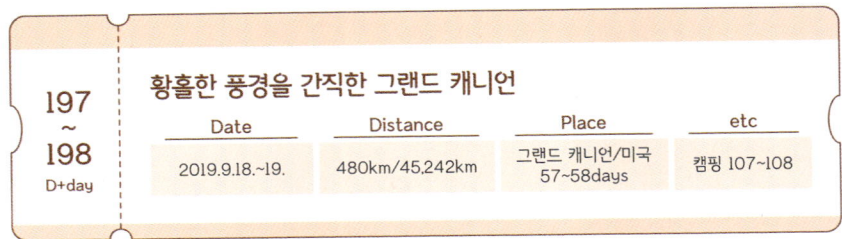

그랜드 캐니언 입간판 앞에 서서 인증샷을 찍었다. 셀프 촬영이 가능하도록 공원에서 카메라 또는 핸드폰을 올려둘 수 있는 거치대를 마련해놓았다. 좋은 아이디어라는 생각이 들었다. 이제 본격적인 캐니언 투어를 나선다. 20억 년 전에 생성되어 길이 447km, 폭이 최대 30km, 깊이가 1.5km나 된다. 비현실적인 풍경과 마주하는 순간 압도적인 웅장함에 입이 턱 벌어진다. 아무리 보고 또 봐도 믿어지지 않는 광경이다. 오랜 세월 동안 자연이 갈고 닦은 위대한 작품을 보고 있는 듯하다. 아래로 깎이는 절벽과 옆으로 나눠진 단층에 불규칙한 형태의 기암괴석 사이로 청록 빛의 콜로라도강이 보인다. 20억 년 동안 쌓인 지층의 모습을 그대로 드러내고 있기에 '지질학의 교과서'라는 칭호를 얻었다.

우리가 여행을 하기 전에 한국인의 그랜드 캐니언에서 추락 사고가 있었다. 그로 인해 여행 내내 위험한 행동은 최대한 자제하고 조심했다. 실제로 사고가 일어난 그랜드 캐니언에 오니 조금은 이해되었다. 너 나 할 것 없이 더 멋진 사진을 찍기 위해 절벽 가까이 가는 모습은 아주 흔했기 때문이다. 그렇다고 남들이 다 하기 때문에 이해해줘야 하는 부분도 아니다. 멋진 사진을 남기고 싶은 것도 이해되고 남들이 다 하기 때문에 별문제 없겠지 하는 생각이 드는 것도 어쩌면 당연하다. 하지만 자신의 안전은 누구도 책임져주지 않기 때문에 스스로 지켜야 한다는 것은 두말하면 잔소리다. 스스로 지킨다고 해도 예고 없이 일어나는 것이 사고이기에 항상 조심 또 조심하는 수밖에 없다. 우리도 절벽 근처에서 사진을 찍었지만 조금 떨어져서 찍었다.

공원 내 무료 셔틀버스를 타고 또 걷고 하며 우리만의 방식으로 그랜드 캐니언을 느꼈다. 배경이 좋으니 아무렇게나 사진을 찍어도 잘 나온다. 그렇게 조금씩 이동할 때마다 사진을 찍다 보니 어느새 해가 지기 시작한다. 그러니 또 캐니언이 달라 보인다. 절벽 사이사이로 빛이 지나가는 모습이 보이고 그 빛을 받은 절벽은 더 붉게 변한다. 해가 지평선 밑으로 지려고 하니 캐니언의 꼭대기에만 빛이 비추어져 또 다른 장관을 연출해낸다. 해의 위치가 바뀔 때마다 캐니언도 색다른 모습을 보였다. 시간만 허락된다면 일출에서 일몰까지 가장 풍경이 좋은 자리에 앉아서 멍하니 캐니언만 바라보고 싶었다.

캠핑장으로 돌아가 저녁 식사를 하고 다시 캐니언으로 나왔다. 이번에는 별을 보기 위해서였다. 역시나 어제처럼 수많은 별들이 쏟아진다. 사람들은 아예 바닥에 돗자리를 깔고 누웠다. 아이들이 어제보다 별에 더 많은 관심을 보이지만 그리 오래가지 않는다. 잠깐이나마 별구경을 마치고 캠핑장으로 돌아갔다. 국립공원이다 보니 도로에 가로등도 없었다. 혹시나 야생동물이 불쑥 튀어나올까 봐 조심조심하며 돌아갔다. 그랜드 캐니언 바로 옆 캠핑장에서 자고 있다는 것만으로도 신기하고 가슴이 벅차오른다. 시간을 붙잡아 두고 싶지만 손가락 사이로 빠져나가는 모래알처럼 붙잡을 수가 없다.

다음 날 아침 캠핑장을 철수하고 다시 그랜드 캐니언으로 향한다. 어제 보았지만 또 새롭게 다가온다. 어제 그렇게 많은 사진을 찍었음에도 그랜드 캐니언에서 처음 찍는 것처럼 포즈를 취한다. 그리고 어제보다 조금 위험한 사진에도 도전을 해봤다. 다행히 별 사고 없이 사진을 잘 남겼다. 캐니언의 마지막 전망대인 '데저트 뷰 와치타워(Desert View Watchtower)'에 들러 마지막 전경을 뒤로하고 그랜드 캐니언을 빠져나왔다. 나오면서 알게 된 한 가지 놀라운 점은 그랜드 캐니언은 일반 도로에서는 보이지 않는다는 것이다. 한마디로 지면 밑에 캐니언이 숨겨져 있는 것이다. 앞에서 봤을 때 그 장대하던 풍경이 공원을 빠져나오면 지면에 가려져 보이지 않는다는 것이다.

이후로 사막 도로를 달리고 달려 '글렌 캐니언 국립휴양지(Glen Canyon National Recreation Area)'에 있는 캠핑장에 체크인을 하고 자리를 잡았다. 이곳 역시 주변 풍경이 예사롭지 않았다. 물론 그랜드 캐니언보다는 규모가 훨씬 작았지만 굴곡 많은 협곡과 호수가 장관을 이뤘다. 아빠가 텐트를 치는 동안 예은이가 벤치에 앉아서 그랜드 캐니언 그림을 그렸다. 그 그림을 통해 예은이가 어떻게 그 장관을 받아들였는지 조금은 이해가 됐다.

1 그랜드 캐니언 입간판 앞에서 2 말문이 막히는 그랜드 캐니언을 배경으로
3 그랜드 캐니언을 산책하다가 지나가는 행인에게 부탁한 사진

199
D+day

인생풍경, 앤털로프 캐니언과 모뉴먼트 밸리

Date	Distance	Place	etc
2019.9.20.	289km/45,531km	앤털로프 캐니언/미국 59days	캠핑 109

한 번씩 윈도우 배경화면을 보면 세상에 이런 곳이 있나 하고 놀랄 때가 있는데 바로 그 장소 중에 한 곳이 '앤털로프 캐니언(Antelope Canyon)'이다. 이곳을 찾는 사진작가들은 '눈과 마음, 영혼에 축복을 내리는 곳'이라고 부른다. 사암 협곡으로 물이 흐르면서 자연스럽게 생성된 곳인데 폭이 좁고 깊게 파였다. 이곳은 날씨가 좋아도 갑자기 돌발 홍수의 위험이 있어 개인적으로 갈 수는 없고 가이드의 인솔을 따라야 한다.

사실 입장료부터 만만치 않다. 비싼 입장료 때문에 처음에는 고민했지만 가지 않았다면 정말 후회했을 것이다. 그렇기에 전혀 입장료가 아깝지 않다. 이렇게 비싸지만 사람들이 줄을 서서 기다리는 이유가 있는 것이다. 폭이 좁고 대기하는 사람들도 많고 가이드를 따라야 하기 때문에 무조건 직진이다. 다시 되돌아갈 수 없다. 그렇기에 순간순간 사진을 잘 찍는 수밖에 없었다. 하지만 다행히도 우리가 만난 가이드는 지금껏 만나본 사람들 중에 폰카로 가장 사

진을 잘 찍었다. 설정에 들어가 몇 가지를 조작하더니 사진에 찍히는 명암, 구도, 색감 모든 게 달라졌다. 그것도 빠른 속도로 우리 조의 한 사람 한 사람 놓치지 않고 부연 설명과 함께 사진을 찍어주었다. 찍어준 사진은 모두 기대 이상이었다. 그 장소로도 충분히 멋졌지만 그 가이드의 사진이 더 멋졌다.

협곡을 따라 걸으면서 가이드는 협곡이 닮은 모양과 하늘 위로 바라봤을 때 닮은 모양들을 알려줬는데 기가 막히게 맞아떨어졌다. 이집트 여왕, 상어 머리, 록키산맥을 닮은 사암 모양과 협곡 사이로 하늘을 올려다보니 해마 모양도 나왔다. 더 많은 모양들이 많았는데 사진 찍느라 설명을 열심히 못 들었다. 이곳은 해가 머리 위로 뜨는 정오 때가 가장 매력적인데 빛이 협곡 사이로 들어오면서 사암에 비치는 다양한 색의 향연을 볼 수 있다. 노란색과 주황색으로 시작해 점점 갈색과 보라색으로 변하는 진귀한 모습을 두 눈으로 직접 확인할 수 있다. 의도치 않았지만 운이 좋게 정확하게 해가 머리 위에 있을 때 우리는 협곡 아래에 있었기에 가장 멋진 장면과 마주칠 수 있었다. 게다가 날씨까지 좋아서 이루 말할 수 없이 기뻤다. 협곡을 빠져나와 인생

1 사진 찍기 무서운 호스 슈 밴드에서(without 아이들)
2 앤텔로프 캐니언을 투어할 때 가이드가 찍어준 가족사진
3 모뉴먼트 밸리를 배경으로

사진을 찍어준 가이드와도 사진을 찍었다. 미국 대학생인데 방학 기간 동안 알바를 하는 것이라고 했다. 프로 정신이 깃든 이 청년은 앞으로 무슨 일을 하더라도 성공할 것 같다. 덕분에 비싼 입장료가 전혀 아깝지 않은 즐거운 모험이었다.

다시 차에 올라타서 영화의 한 장면을 보러 간다. 영화 〈포레스트 검프〉에서 주인공 포레스트가 끝없는 마라톤을 하다가 그의 추종자들과 헤어지는 장소가 있는데 그곳이 바로 '모뉴먼트 밸리(Monument Valley)'이다. 물론 모뉴먼트 밸리의 풍경도 멋있었지만 영화의 그 장소를 찾아 헤맸다. 묻고 물어 결국 찾았다. 그곳에 가니 포레스트 검프 촬영 장소라는 '푯말'이 있다. 일직선으로 쭉 뻗은 도로와 특이한 모양의 사암산이 신비로운 분위기를 연출한다. 이제 해도 지고 모뉴먼트 밸리가 한눈에 내려다보이는 캠핑장에서 머물기로 했다. 눈앞에서 역대급 노을이 진다. 빨간색에서 노란색으로, 노란색에서 보라색으로 변하는데 컴퓨터에서 아무리 그러데이션을 적용한다 해도 이런 색감은 도무지 흉내내지 못할 듯하다.

1~3 모뉴먼트밸리 노을

200 D+day	기록적인 운전 시간과 거리			
	Date	Distance	Place	etc
	2019.9.21.	1,283km/46,814km	아치스 국립공원/미국	60days

아주 기념적인 날이다. 여행을 시작한 지 200일이 되었고, 아빠는 인생 최고의 기록을 세웠다. 운전을 12시간 넘게 해서 1,283km를 달렸다. 물론 이렇게 달린 이유는 목적이 있었기 때문이다. 여행 계획을 세울 때부터 염두에 두었던 것인데 바로 LA다저스 류현진 선수 선발 경기를 직관하는 것이다. 사실 얼마 전 우리가 LA에 있을 때 류현진 선수의 경기 일정이 잡혀 있었는데 변경되었다. 그때 우리의 일정도 변경되어 국립공원으로 오게 된 것이었다. 그런데 기사를 보니 바로 내일 경기가 잡혔다. 게다가 내일은 우리 예은이 생일이기도 했다. 그다음 날은 아빠 생일이기도 했다. 둘의 생일을 국립공원보다는 도시에서 보내야겠다는 계획도 있었기에 아치스 국립공원만 보고 다시 LA로 돌아가기로 결정했다.

아치스 국립공원으로 가는 길에 아직 공원에 들어가지도 않았는데 도로변에 아치스 모양의 거대한 바위가 있다. 어마하게 큰 바위라 이것만 보고 돌아가도 될 것 같았지만 또 거기에는 얼마나 멋진 바위들이 있기에 따로 국립공원으로 지정했을까 하는 생각이 들었다. 밑에서 내려다보고 사진만 찍고 다시 차에 탔다. 가는 길에 바위라고 해야 될지 산이라고 해야 될지 모를 정도의 거대한 사암에 흰색 글씨로 'Hole 'N' the rock'이라고 쓰여 있다. 어떤 곳인지 궁금해서 일단 들어가 보기로 했다. 주변을 둘러보니 식당도 있고 기념품 가게도 있다. 예전에 마운트 레니에산에서 봤던 버려진 철로 만든 장식품들도 전시되어 있다. 거대한 바위 꼭대기에는 자동차 한 대가 올려져 있는데 어떻게 올렸을지 상상이 안 간다.

공원으로 들어가 가장 먼저 찾은 곳은 비지터 센터(Visitor Center)였다. 공원 안에 흩어져 있는 아치스 형태의 바위들을 보기 위한 장소, 소요 시간, 트래킹 강도를 분석해놓아서 시간이 오래 걸리고 강도가 센 곳은 제외하고 가기 쉽고 시간이 짧은 아치스 바위들만 보기로 하고 루트를 정했다. 먼저 비지터 센터에서 점심을 먹고 출발했다. 가장 먼저 만난 바위는 'Balanced rock'이다. 꼭대기 있는 바위가 떨어지지 않고 균형을 잘 잡고 있어서 붙여진 이름 같았다. 따로 내리지 않고 차에서만 보고 지나갔다. 방금 밥을 먹고 차를 타니 예린이가 잠들어버렸다. 어쩔 수 없이 엄마는 예린이와 차에 남아 있고 예은이와 아빠만 윈도우 아치를 보러 갔다. 공원으로 오기 전에 봤던 그 아치와 닮았는데 여기에는 사방에 그런 아치들이 있다. 장소를 옮겨 'Double arch'로 갔다. 다행히 예린이가 일어나 다 함께 걸어서 아치 가까이로 가보았다. 두 개의 아치가 동시에 만들어져 복합적인 구조를 뽐냈다. 이렇게 아치스 국립공원을 구경하고 다시 LA로 돌아갔다. 1,000km가 넘는 거리이다. 중간에 '서브웨이' 샌드위치를 사서 운전하면서 먹고 밤 12시까지 운전해서 도착했다. 신기하게도 장시간, 장거리를 운전해도 별로 피곤하지가 않다. 미국 도로는 넓고 잘 닦여 있어서 자동차에 크루즈 기능만 있다면 편안하게 운전할 수 있다. 거기에 차선 감지와 차간 거리 센스까지 있다면 자율주행이나 마찬가지다. 아쉽게도 우리 렌터카에는 두 가지 센스가 없었다. 유럽에서 탔던 푸조 5008에는 모든 기능이 다 있어 편하게 운전할 수 있었다. 아무튼 기록적인 운전을 마치고 무사히 숙소로 들어갔다.

1 Hole 'N' the rock이라는 문구가 적힌 절벽을 배경으로 2 신비로운 아치 바위에서 예은이와 아빠의 투샷
3 Double arch를 배경으로 지구 특공대 포즈

201
D+day

류현진 메이저리그 통산 첫 홈런을 직관하다

Date	Distance	Place	etc
2019.9.22.	288km/47,102km	Dadgers Stadium/미국 61days	

일요일이라 먼저 교회로 가서 예배를 드렸다. 예은이 생일이었는데 교회 아동부에서 어떻게 알았는지 생일 축하 파티를 해주었다. 우리도 아직 아무것도 못 챙겨주고 아침에 생일 축하한다고 인사만 했는데 이렇게 챙겨주어서 정말 고마웠다. 게다가 예은이, 예린이에게 생일 선물까지 챙겨주었다. 점심 식사를 하면서 교인들과 교제를 나눴다. 교인들에게 류현진 선발 경기를 보러 간다고 하니 정작 이곳에 거주하는 한인들은 한 번도 가본 적이 없다고 한다. 야구도 관람하고 여행도 다니면서 살아야 하는데 사는 게 바빠서 그러지 못한다며 아쉬워했다. 여행을 하면서 거의 매주 한인교회를 갔는데 그들의 삶이 여유로워 보이진 않았다. 다들 한결같이 이민을 오는 순간부터 생존과 직결된다며 쉽지 않은 적응기를 토로했다. 그럴 때마다 느낀 것은 어딜 가나 사는 문제는 항상 어렵다는 것이다.

교회를 나와 다저스 스타디움에 도착했다. 처음에는 스페인에서 바르셀로나 경기를 볼 때처럼 아빠 혼자 들어가서 보고 나오려고 했지만 야구 관중석은 많고 저렴한 자리도 많아서 다 함께 들어가기로 했다. 방송에서 볼 때는 이렇게 넓은지 몰랐는데 실제로 와서 보니 상당히 큰 경기장이다. 그에 맞게 주차장도 넓다. 바로 앞에서 류현진 선수가 몸을 푸는 모습이 보인다. 처음에는 상대팀인 콜로라도 팀에 실점을 하며 밀리는 경기를 했지만 류현진 선수가 홈런을 치고 난 이후 팀이 득점에 성공하며 짜릿한 역전승으로 승리 투수가 되었다. 12시간을 달려온 보람이 있었다. 야구장 내부에는 LA다저스의 역사를 전시해놓았는데 1884년 창단했으니 135주년이나 된 것이다. 그간의 성적, 감독, 선수, 엠블럼 등을 전시해놓았다. 경기가 끝나고 난 이후에는 아이들을 위해 경기장을 직접 달릴 수 있는 행사가 진행됐다. 아이들이 있는 가족 관중들은 거의 다 참석했다. 부모와 함께 경기장을 크게 한 바퀴 돌고 아이들만 베이스를 돌 수 있도록 해놓았다. 아이들을 위한 사회적인 시스템이 잘 마련되어 있었다.

예은이 생일에는 아빠가 좋아하는 야구를 보러 갔으니, 내일 아빠 생일에는 예은이가 좋아하는 디즈니랜드에 가기로 했다. 그래서 숙소를 디즈니랜드 근처로 잡았다. 숙소에 들어가 소고기로 저녁 식사를 먹고 케이크를 사서 조촐하지만 생일 축하 파티도 했다. 큰딸이라서 그런지 투정부리지도 않고 싫은 내색도 잘 안 하는 예은이가 고마우면서도 안쓰럽다. 생일 선물로 미리 샀던 우디를 꼭 껴안고 자는 예은이의 모습이 예쁘다. 내일은 디즈니랜드에 가서 또 신나게 놀아보자!

1 다저스 경기장 기념품점에서
2 몸 풀고 있는 류현진 선수
3 경기장 전경을 배경으로

202 D+day	생일에 디즈니랜드를 간다는 것은			
	Date	Distance	Place	etc
	2019.9.23.	0km/47,102km	디즈니랜드 캘리포니아/미국	62days

이번 여행 중 두 번째 디즈니랜드이다. 파리에 이어 LA도 오게 되었다. 한번 가봐서 그런지 뭘 먼저 보고, 뭘 먼저 해야 되는지 우선순위가 정해진다. 우리가 좋아하는 캐릭터들이 보이면 무조건 찍기로 했다. 〈토이스토리〉의 보, 버즈라이터, '마블'의 스파이더맨, 캡틴아메리카, 블랙 팬서, 애니메이션 〈인사이드아웃〉의 슬픔이, 기쁨이 그리고 미키와 함께 사진을 찍었다. 길거리 공연도 펼쳐졌는데 애니메이션 〈코코〉의 노래를 뮤지컬 배우들이 역에 맞는 분장을 하고 노래를 불렀다. 상당히 흥겨운 무대였다.

다음으로 이동한 곳은 실내 대공연장에서 펼쳐지는 〈겨울왕국〉 뮤지컬이었다. 2시간 분량의 애니메이션 내용 그대로 특수무대 효과를 사용해서 주요 내용과 노래를 전달하는데 정말 완벽한 무대였다. 사실 애니메이션이라는 장르가 현실적으로 표현하기 힘들기 때문에 그림으로 표현한 것인데 그런 모습들을 그 감동 그대로 특수무대 효과로 느낄 수 있었다. 관중들도 모두 놀라서 공연이 끝날 때 무대가 떠나갈 듯 큰 박수를 보내줬다. 뮤지컬 관람을 마치고 나와 아이들을 위한 클럽이 있어서 들어가 보았다. 평소에 신나는 노래만 나오면 춤을 추는 아이들이라 역시 클럽에서도 뒤지지 않는다. 신나게 흔들고 나와서 내부 관람시설 4개 정도 돌고 분수쇼를 보기 위해 자리를 잡으러 갔다. 이미 많은 사람들이 자리를 잡고 있었는데 다행히 좋은 자리가 남아 있어서 편하게 볼 수 있었다. 파리의 불꽃쇼와는 또 다른 감동이었다. 분수가 올라와 하얀 스크린을 만들고 그 위로 조명을 비춰 영상이 나오고 노래가 흘러나오며 로맨틱한 분위기를 만들었다. 어떻게 분수 위에 조명을 비출 생각을 했는지 놀라웠다.

생일에 맞춰 가족이 다 함께 디즈니랜드를 간 기억은 아마 평생 잊지 못할 소중한 추억이 될 것 같다. 처음에 디즈니랜드 입구를 들어서니 생일인 사람에게는 생일 축하 배지를 달아주었다. 그리고 디즈니랜드의 모든 직원들은 그 배지를 보면 "Happy Birthday!"라고 인사해 주었다. 이날 예은이와 아빠는 인생에서 가장 많은 생일 축하 인사를 받았다.

1 인사이드 아웃 캐릭터 앞에서　2 스파이더맨 따라 하기　3 예린이를 따라오는 미키　4 디즈니랜드 분수쇼 전

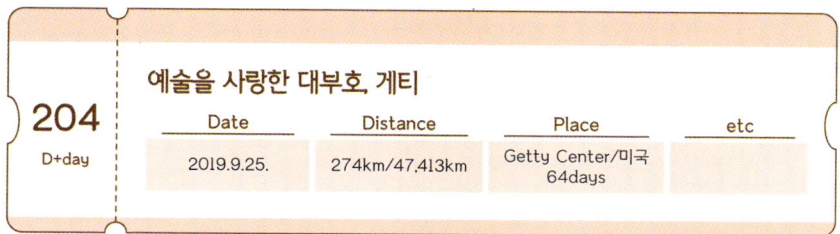

예술을 사랑한 대부호, 게티

204 D+day

Date: 2019.9.25.
Distance: 274km/47,413km
Place: Getty Center/미국 64days
etc

'진 폴 게티(Jean Paul Getty)'는 미국의 석유 사업가이다. 아버지의 도움으로 석유사업을 시작하게 되었고 나중에는 공동으로 게티 오일사(社)를 설립했다. 1913년 옥스퍼드 대학을 졸업하고 사업을 시작하면서 불과 3년 만에 100만 달러의 재산을 모았다. 1930년대부터 예술품을 수집해 자신의 저택에 전시하다가 자신이 죽으면서 무료로 개방했다. 이곳이 게티 빌라이고, 1970년대에 게티 센터를 지으면서 더 많은 예술작품을 대중에게 무료로 개방했다. 이곳을 오기 전까지는 게티라는 사람이 누군지도 몰랐지만 실제로 미술관에 와서 직접 작품들을 보니 대단한 사람이라고 여겨졌다. 젊은 나이에 부자가 된 것도 놀랍지만 전 세계를 다니면서 미술품을 수집한 것도 놀라웠다. 게다가 자신이 죽을 때 이 모든 것을 대중에게 무료로 개방한 것은 더 놀라웠다. 두 곳의 미술관을 가보면 입장료가 모두 무료이다. 게티 센터의 경우 미술관으로 가는 트램도 있는데 이것마저 무료로 운영 중이다. 이곳을 운영하는 300명 이상의 직원 급여도 모두 게티 재산에서 지불하며 자선사업이라 관람객들에게 1센트의 비용도 받지 않는다. 그리고 그리스와 이탈리아에 전시물 몇 점을 반환하기도 했다.

먼저 '게티 빌라(The Getty Villa)'에 갔다. 정말 대부호의 집에 들어가는 것처럼 언덕으로 올라가 주차를 하고 다리를 건너니 대저택이 나온다. 잘 정비된 정원에는 다양한 꽃들과 분수대가 눈길을 사로잡았다. 마치 유명한 궁전에 들어온 착각을 불러일으켰다. 미술관이라지만 역시나 아이들을 위한 체험공간을 만들어놓았다. 그림자놀이도 하고 항아리에 마음껏 그림도 그릴 수 있었다. 게티 빌라를 나와 '게티 센터(Getty Center)'로 향했다. 주차장에 차를 두고 트램을 타고 미술관까지 갈 수 있었다. 트램이 있다는 것은 그만큼 이곳이 대규모의 미술관이라는 것을 반증한다. 이곳에서도 고흐의 작품을 볼 수 있었다. 하지만 다른 미술관은 시간관계상 관람을 못 하고 정원만 둘러봤다. 정원을 둘러보는 데도 한참이 걸렸다. 가지런히 정리된 정원과 다양한 수목들이 아름다웠고 주변 경치마저 훌륭했다. 미술관을 짓는 데 1조 원이라는 거금이 투입되었다고 하는데 이렇게까지 자선사업을 하는 사람의 마음가짐은 무엇일까 하는 의문이 들었다.

미술관을 나와서 LA에서 빠질 수 없는 부자들의 동네 '베벌리 힐스(Beverly Hills)'로 향했다. 고급 주택을 구경하면서 혹시나 할리우드 배우를 보게 될까 두 눈을 크게 뜨고 지나가는 사람들을 쳐다봤지만 만나지 못했다. 베벌리 힐스 주변 쇼핑거리에 사진 찍기로 유명한 가게 있었는데 바로 '폴 스미스(Paul Smith)' 매장이다. 한쪽 벽면이 모두 핑크색으로 칠해져 있었다. 우리가 도착했을 때 여성 모델이 전문 사진작가와 사진촬영을 하고 있었다. 아빠가 모델에게 다가가 양해를 구하고 아이들과 함께 사진 찍어달라고 요청하니 흔쾌히 응했다. 사진작가도 좋다며 함께 사진을 찍었다. 여기서 웃긴 것은 다른 면에서는 모르겠고 우리 아이들이 포즈에서는 모델을 이겼다는 것이다. 아이들이 두 손을 허리에 올리고 도발적인 포즈를 취하는데 모델이 밀렸다(이건 아빠의 상당히 주관적인 판단임을 이해해주시길). 저녁이 되어 LA 할리우드 스타 거리를 한 번에 쭉 드라이브하고 그리피스 천문대로 향했다. 영화 〈라라랜드〉에서 두 주인공이 보랏빛 노을을 배경으로 가로등 아래서 춤추던 장소가 바로 그리피스 공원이다. 아쉽게도 저녁이 되어 도착하는 바람에 멋진 노을을 놓치고 말았다. 대신 천문대 안에 들어가 내부 구경을 했다. 내부에는 우주에 대한 신비함을 알기 쉽게 설명해놓았다. 태양을 중심으로 돌고 있는 행성들의 모습을 모형으로 똑같이 재현해놓았다. 천문대를 끝으로 바빴던 하루의 일정을 마무리했다.

1 바다가 내려다보이는 게티 센터에서
2 베버리 힐스 포토존에서
3 폴 스미스 매장 앞에서 모델과 함께

205 D+day	화려함 이면의 슬픔이 느껴지는 도시, 라스베이거스			
	Date	Distance	Place	etc
	2019.9.26.	257km/47,670km	라스베이거스/미국 65days	

도박과 환락의 도시 라스베이거스로 간다. 영화에서 워낙 많이 봤던 곳이라 벌써부터 기대가 된다. 영화에서 본 라스베이거스의 느낌은 슬픔이다. 화려한 불빛과 고급 호텔들 속에서 아이러니하게도 사람들의 표정은 슬퍼 보인다. 그럴 만도 한 게 일시적인 쾌락을 쫓는 사람들에게 진정한 행복과 기쁨은 없기 때문이다. 그렇지만 하루 만에 관광을 하기에는 딱 좋았다. 화려한 볼거리도 많고 사람 구경도 재밌기 때문이다. 가장 먼저 들른 곳은 'Seven Magic Mountains'이다. 파스텔색을 칠한 바위들을 쌓아 올려놨다. 이것이 무엇을 상징하는 것은 아니고 그냥 설치 예술품이다. 스위스 미술가 Ugo Rondinone의 작품이다. 여러 모습으로 사진을 찍고 라스베이거스 시내로 향한다.

이곳이 라스베이거스라고 알려주는 'Welcome to Fabulous Las Vegas Sign'으로 가서 인증샷을 찍기로 했다. 우리처럼 인증샷을 찍으러 온 사람들의 줄이 너무 길어 그냥 사인이 보이는 곳에서 사진을 찍었다. 자동차를 타고 시내를 천천히 둘러보았다. 영화에서 봤던 장소들이 우리를 스쳐 지난다. 먼저 숙소에 들어가 체크인을 했다. 차를 두고 걸어 나와 시내를 활보하기로 했다. 거리에는 화려하고 특이한 건축물과 조형물들이 즐비해서 이것저것 다 보느라 정신이 없다. 가는 길에 유명한 햄버거 가게 있어 들어갔다. 세계적으로 유명한 셰프인 'Gordon Ramsay'가 운영하는 가게였다. 가게 안에는 많은 사람들로 붐볐고 우리도 긴 줄을 기다려서 햄버거를 주문했다. 기대와는 달리 맛은 평범했다. 아보카도 등 안에 들어간 재료가 특별했다.

일단 배불리 먹었으니 다시 라스베이거스 거리를 활보하기로 했다. 역시나 호화로운 호텔과 사진 찍기 좋은 조형물들은 끝없이 이어졌다. 마지막으로 우리가 들어간 호텔은 '벨라지오 호텔(Bellagio Hotel and Casino)'이었다. 호텔 로비에는 천장에 유리로 만들어진 오색빛깔의 꽃유리 조각들이 장식되어 있었다. 그리고 안으로 들어가니 동물원을 방불케 하는 각종 동물 인형들을 장식해놓았다. 호텔 안을 구경하고 밖으로 나오니 '벨라지오 분수'에서 일정 시간 간격으로 분수쇼가 펼쳐진다. 아름다운 음악 선율에 맞춰 춤을 추는 분수가 인상적이다. 숙소로 돌아가는 길에 목이 말라 맥주 한 잔 마실 겸 작은 카지노에 들어갔다. 카지노 직원이 아이들은 입장이 불가하다며 내부 구경만 하고 맥주를 사고 나와서 바로 호텔로 향했다. 화려한 도시처럼 보이지만 이상하게 슬픔이 느껴지는 라스베이거스다.

1 Seven Magic Mountains 앞에서 멋진 포즈를 취하는 아이들
2 라스베이거스의 대표 상징물
3 화려한 야경 거리에서

미국에서의 마지막 캐니언 종작지인 '브라이스 캐니언(Bryce Canyon)'이다. 지금까지 미서부의 유명하다는 그랜드 캐니언을 포함하여 다양한 캐니언을 봐서 큰 기대 없이 방문했다. 차를 타고 전망대까지 갈 수 있었는데 가는 도중에도 멋진 광경들이 나와서 놀라긴 했다. 실은 브라이스 캐니언은 이름만 캐니언이지 협곡은 아니다. 고원이 비와 바람에 의한 부식으로 생긴 자연 분지이다. 그래서 지금까지 봤던 캐니언의 모습과 달랐다. 가장 유명한 '브라이스 포인트(Bryce Point)'에 도착해서 그 광경을 마주쳤을 때 지금까지 봤던 캐니언의 광경들이 잊힐 정도로 황홀했다. 기대가 크면 실망도 큰 법이지만 기대가 없으면 실망할 일도 없다. 기대하지도 않았는데 생각지도 못한 좋은 일을 만나게 되면 더없이 감사할 뿐이다. 그런데 여기서 의문이 하나 생긴다.

멋진 풍경을 마주하게 되면 왜 이상하게 기분이 좋아지는 걸까? 우리가 잘생긴 사람이나 예쁜 사람을 보면 기분이 좋아지는 것과 같은 현상일 듯하다. '안구정화'가 딱 들어맞는 말일 듯하다. 그래서 모두 잘생겨지고 싶고 예뻐지고 싶어 하는 게 아닐까. 외모지상주의가 잘못된 현상이긴 하지만 인간의 본성에 따라 또 어쩔 수 없는 현상이기도 하다. 하지만 언제나 그렇듯 외모가 가장 중요한 것은 절대 아니다. 그 본성이 가장 중요하다. 우리가 경이로운 경관을 대할 때 놀라워하는 것은 그 오랜 세월 동안 모진 풍파를 겪으면서 만들어진 결과물이기에 그럴 것이다. 사람에 있어서도 그냥 외모만 뛰어나면 그 매력은 잠시이지만 본성이 멋지고 힘든 시간들을 노력으로 이겨낸 사람이라면 그 매력은 지속적이고 후세에도 이름을 남기게 된다. 그러므로 외모에 집착하기보다는 지나가는 세월을 헛되게 보내지 않고 내면을 가꾸면 분명 더 매력적인 사람으로 변하게 되어 있다.

브라이스 캐니언을 나와 '데스 밸리 국립공원(Death Valley National Park)' 근처에 사는 카우치서핑 호스트를 만나러 갔다. 호스트의 집 앞뜰에는 몇 대의 카라반이 있다고 소개되어 있었다. 호스트와 만나기 전에 우리는 카라반에서 자도 되는지 물었고 호스트는 흔쾌히 허락해주었다. 유럽에서 캠핑할 때 카라반에서 지내는 캠퍼들이 내심 부러웠기에 한 번쯤 카라반에서 자보고 싶었다. 강아지 한 마리와 사막에서 혼자 살고 있는 호스트였다. 호스트와 저녁 식사를 하며 이런저런 이야기를 나눴는데 말수가 적었다. 도시에서 지내다가 은퇴를 하고 여기로 이사 와서 혼자 살고 있다고 한다. 사막 한가운데서 강아지와 함께 살아가는 호스트의 심정은 어떨지 궁금했지만 초면에 그렇게 물어보는 것은 실례인 것 같아 물어보진 못했다. 하지만 중년의 남자가 혼자 사막에서 지내는 모습은 상당히 쓸쓸해 보였다.

1 브라이스 캐니언 입간판 앞에서 2 멋진 뒷배경으로 가족사진 3 형언할 수 없는 멋진 광경

달의 표면에 발자국을 남긴다는 것은

Date	Distance	Place	etc
2019.9.29.	571km/49,260km	데스 밸리 국립공원/미국 68days	

벌써 이름에서부터 남다른 포스가 느껴진다. '데스 밸리(Death Valley)', 죽음의 계곡이다. 미국에서 가장 지대가 낮고, 가장 덥고, 가장 건조한 사막이다. 한마디로 극한 환경이라는 것이다. 마치 달의 표면에라도 온 것 같은 착각이 든다. 지금껏 봤던 가장 메마르고 척박한 땅이었다. 입간판을 지나자 벌써부터 심상치 않은 풍경들이 우리를 반긴다. 가장 먼저 들른 전망대는 '자브리스키 포인트(Zabriskie Point)'이다. 정말 놀라운 광경이다. 우람한 보디빌더의 갈라진 근육처럼 굴곡지고 쪼개진 모습이 감탄을 자아낸다. 거기에 잘 닦인 도로 덕에 편하게 구경할 수 있으니 금상첨화이다.

이곳에도 역시나 비지터 센터가 있고 주니어 레인저 배지를 수여해준다. 이번 여행 중 미국 본토에서의 마지막 국립공원이자 마지막으로 수여받는 배지이다. 비지터 센터를 나와 사막 한가운데 야자수가 눈에 띈다. 마치 오아시스 같다. 이곳은 데스밸리 안에 존재하는 1927년에 지어진 유일한 숙소인 '데스 밸리 게이트웨이(Death Valley Gateway)'이다. 이곳을 지나 다다른 곳은 '아티스트의 팔레트(Artist's Palette)'이다. 협곡의 색이 일반 모래색이 아닌 파스텔풍의 핑크색, 민트색 등 다양한 색을 띤다. 꼭 예술가들이 쓰다가 마른 물감같이 보여서 지어진 이름 같다. 누가 작명했는지는 몰라도 분명 예술가임에 틀림없다.

1 데스 밸리에서 마주친 첫 풍경
2 극한 무더위 조심 안내판
3 데스 밸리 입간판 앞에서

마지막으로 들른 곳은 'Badwater Basin'이다. 수백만 년 전, 내륙해가 증발하고 소금만 남으면서 몇 킬로미터나 되는 소금 길이 형성되어 있다. 하얀 카펫을 끝없이 깔아놓은 형상이다. 입구 앞에는 친절히 'STOP! Extreme heat danger'이라는 표지판을 세워두었다. 또 그 표지판에는 작은 글씨로 오전 10시 이후로 출입하는 것을 추천하지 않는다고 적혀 있다(보험 약관에도 그러하듯 중요한 내용은 작게 적혀 있다). 하지만 우리가 입장한 시각은 오전 11시 18분. 많이 덥긴 했지만 이제 곧 10월이라 그런지 많이 덥지는 않았다. 더운 날에는 거의 섭씨 55도를 웃돈다고 한다. 하얀 카펫 옆으로는 울퉁불퉁하고 뾰족한 암염(巖鹽)들이 자리 잡고 있다. 지구에서 볼 수 있는 하얗고 거친 표면을 지닌 달의 모습이다. 이곳에 우리의 발자국을 남겼다. 마치 '닐 암스트롱(Neil Armstrong)'이 된 기분이다. 공원을 빠져나오기 전에는 도로 위에서 코요테와 마주쳤다. 이 극한 환경 속에서 어떻게 뭘 잡아먹고 살아갈까. 저 녀석은 달에 가서도 살 수 있겠다는 말도 안 되는 생각이 떠올랐다(더위를 먹긴 했나 보다. 아까 전에 표지판에 적힌 것처럼 10시 이후로는 안 들어가는 게 정신건강에 좋을 듯하다).

데스 밸리 국립공원을 나와 향한 곳은 이번이 세 번째 방문인 LA이다. 그렇게 LA를 많이 방문했지만 아직 가보지 못한 곳이 많이 남아 있었다. 첫 방문지는 LA의 심장과도 같은 '할리우드 사인(Hollywood Sign)'이 세워진 언덕이었다. LA에서 촬영한 영화라면 어김없이 나오는 곳이다. 꼬불꼬불한 언덕길을 올라가니 사인이 잘 보이는 할리우드 사인 뷰포인트가 나온다. 역시나 많은 사람들이 사진을 찍고 있다. 얼마나 많은 전 세계 젊은이들이 저 사인을 보며 할리우드 스타가 되고 영화감독이 되는 꿈을 꿨을까? 미국이라는 나라를 둘러보니 수많은 상상력을 불러일으킬 만한 멋진 자연경관이 영화 발전의 토대가 된 것 같다.

'할리우드 사인'을 보고 내려와 코리아타운의 한인식당 '북창동 순두부' 가게에서 점심을 먹었다. 가게 안에는 한류스타들이 방문한 사진이 많이 걸려 있었다. 그리고 가게 안의 손님들을 보니 국적이 다양해 보였다. 한류스타의 덕을 톡톡히 보는 것처럼 보였다. 오랜만에 한식을 먹으니 몸속의 세포들이 반가워하는 게 느껴진다. 식당을 나와 주변을 둘러보니 가게 간판들이 모두 한글로 되어 있어 반가웠다. 반가움도 잠시 간판들의 글씨체와 상태를 보니 90년대 모습이었다. 그만큼 오랫동안 발전되지 않고 예전의 모습 그대로이다. 동포들이 이곳에서 생활하고 있는 게 괜스레 마음이 아팠다. 웬만하면 좋은 환경 속에서 동포들이 살고 있다면 자랑스럽고 마음이 편했을 텐데 아쉬움 가득했다.

우리 동포 중에 누군가 미국 사회에 선한 영향력을 끼쳐 코리아타운이 발전되었으면 좋겠다.

다음으로 향한 곳은 '그랜드 센트럴 마켓(Grand Central Market)'이다. 이곳은 영화 〈라라랜드〉에서 나오는 한 장면의 장소이기도 하다. 마켓 안의 한쪽 벽면에 있는 화려한 LED 네온사인이 유명하다. 네온사인을 보면 '참 미국스럽다'는 생각이 절로 든다. 마켓을 나와 근처에 있는 'The last book store' 서점에 들어갔다. 내부가 특이한 인테리어로 유명한 곳이다. 한마디로 표현하자면 '앤틱(Antique)' 서점이다. 아니면 마법사가 책을 가지고 마법이라고 부린 것 같은 모습 같아서 '해리포터 서점'으로 불러도 하나도 이상하지 않을 곳 같았다. 이렇게 LA에서 마지막 투어를 마치고 렌터카를 반납하러 갔다. 북미에서 우리를 인도해준 'DODGE'사의 Grand caravan은 편의사양이 많지 않았지만 국립공원에서 다 함께 차박을 해도 될 정도로 넓고 바닥이 평평하게 변형되어서 우리에게는 최고의 자동차였다.

1 할리우드 사인을 배경으로 2 그랜드 센트럴 마켓의 LED 네온사인 앞에서 3 The last book store의 특이한 장식 앞에서

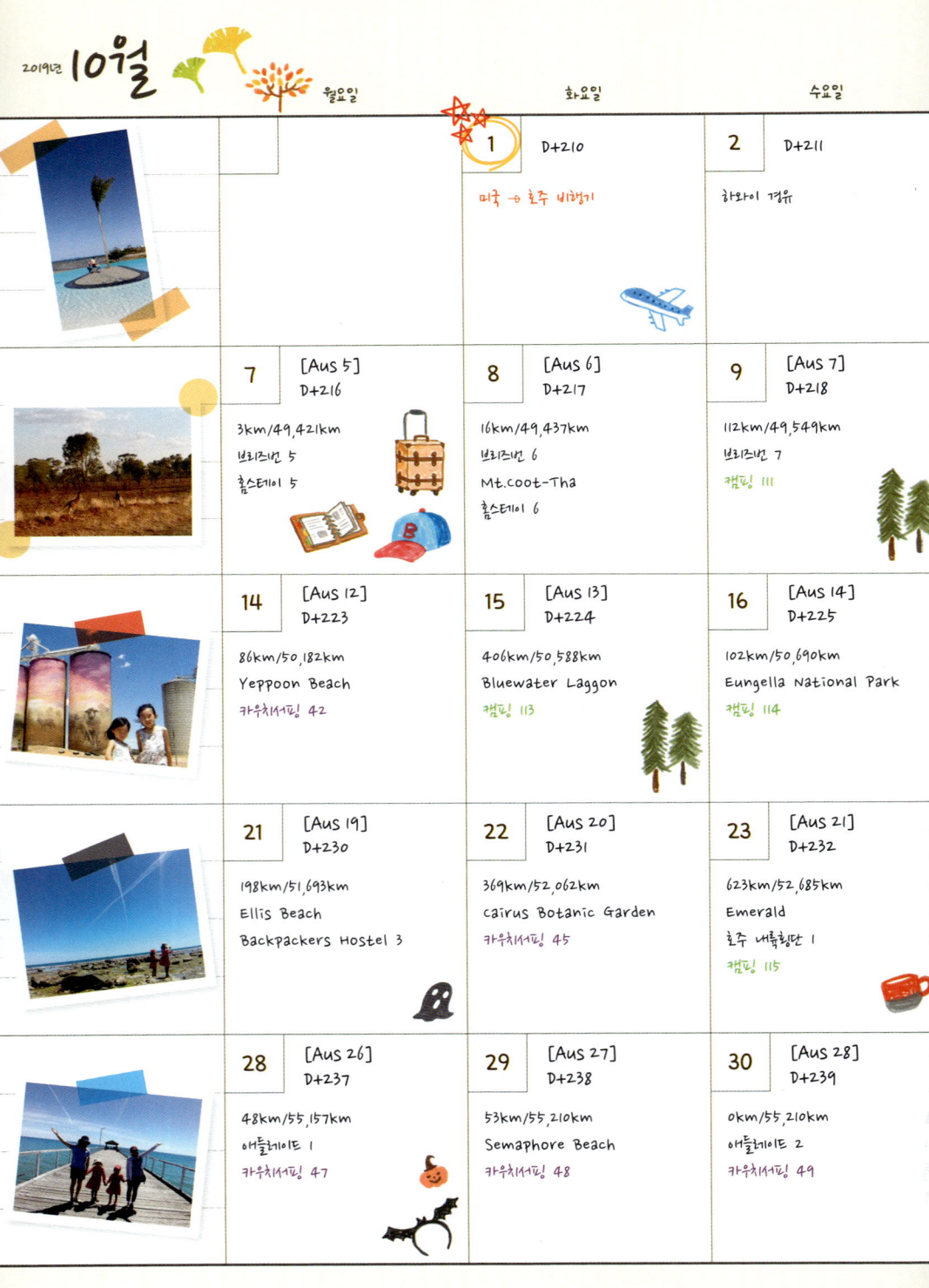

목요일		금요일		토요일		일요일	
3	[Aus 1] D+212 km/49,418km 브리즈번 1 스테이 1	4	[Aus 2] D+213 0km/49,418km 브리즈번 2 홈스테이 2	5	[Aus 3] D+214 0km/49,418km 브리즈번 3 South Bank 홈스테이 3	6	[Aus 4] D+215 158km/49,418km 브리즈번 4 홈스테이 4
0	[Aus 8] D+219 7km/49,596km ooloolaba Beach 우치서핑 39	11	[Aus 9] D+220 78km/49,674km Noosa Beach 카우치서핑 40	12	[Aus 10] D+221 198km/49,872km Westside Water Park 캠핑 112	13	[Aus 11] D+222 224km/50,096km Alexander Park Zoo 카우치서핑 41
7	[Aus 15] D+226 21km/51,111km irlie Beach 우치서핑 43	18	[Aus 16] D+227 325km/51,436km Bellenden Ker 카우치서핑 44	19	[Aus 17] D+228 52km/51,488km 케언즈 Backpackers Hostel 1	20	[Aus 18] D+229 7km/51,495km Great Barrier Reef 스노쿨링 투어 Backpackers Hostel 2
4	[Aus 22] D+233 6km/53,291km int George 주 내륙횡단 2 핑 116	25	[Aus 23] D+234 615km/53,906km Thallon 호주 내륙횡단 3 Ibis Budget Dubbo	26	[Aus 24] D+235 552km/54,458km Forbes 호주 내륙횡단 4 Motel Hay	27	[Aus 25] D+236 651km/55,109km Parilla 카우치서핑 46
1	[Aus 29] D+240 할로윈데이 km/55,244km 들레이트 3 우치서핑 50						

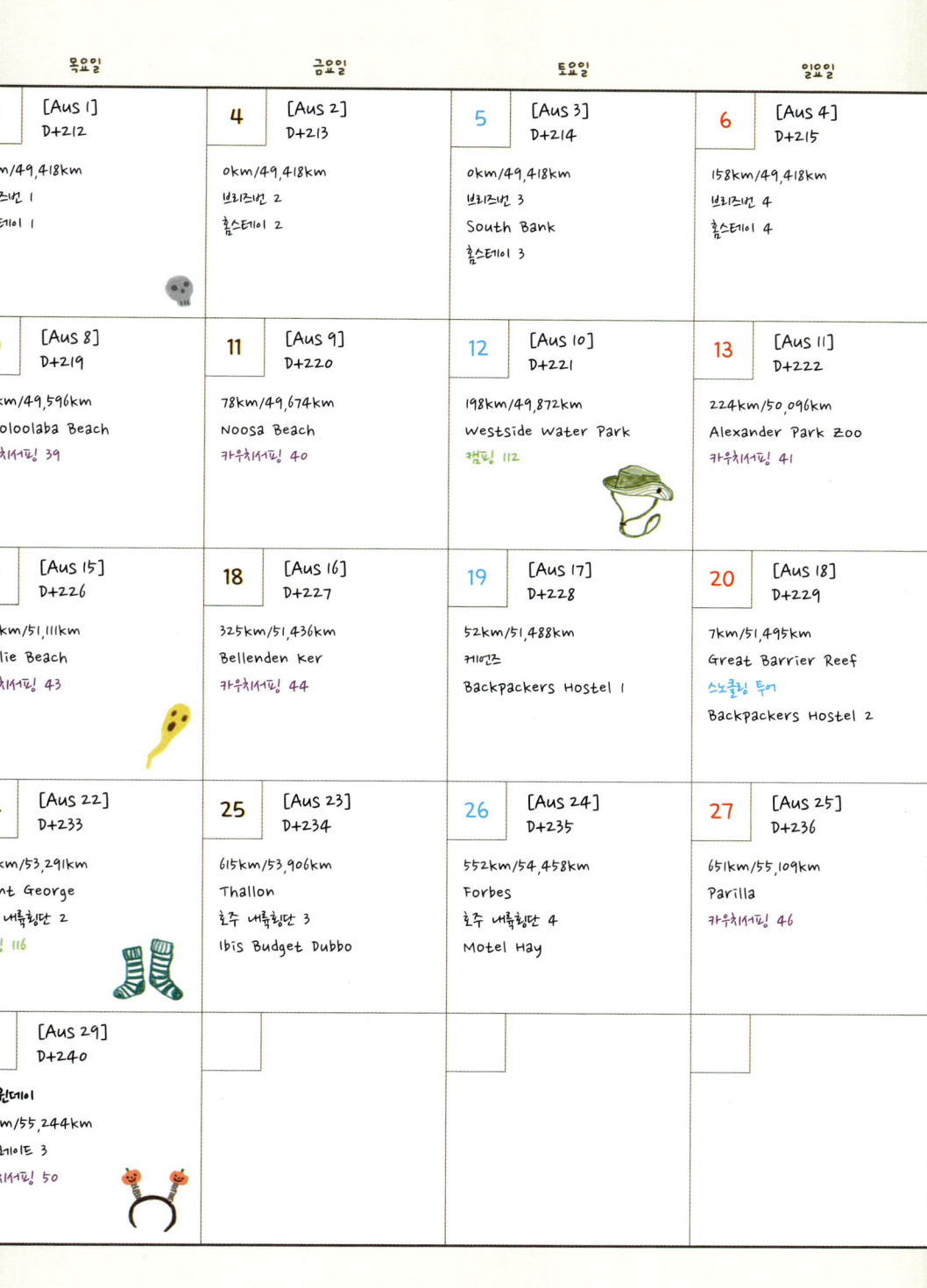

8) 10월, 호주 (1)

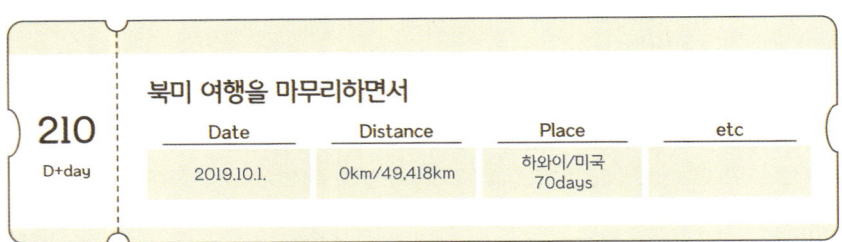

210 D+day	북미 여행을 마무리하면서			
	Date	Distance	Place	etc
	2019.10.1.	0km/49,418km	하와이/미국 70days	

꿈에서나 그리던 북미 대륙횡단을 마치며 만감이 교차한다. 무엇보다 안전하게 무사히 북미 여행을 마친 것에 감사한다. 85일간의 로드 트립 (Road Trip). 북미에서만 이동거리 23,152km. 유럽을 포함해서 지금껏 달려온 총 거리는 49,418km. 언제 이렇게 달렸는지 돌아보면 신기할 뿐이다. 유럽에서 북미로 넘어 온 곳은 다름 아닌 뉴욕이다 보니 초기 경비가 많이 들어서 고민을 많이 했다. 하지만 전혀 쓸데없는 고민이었다. 기름값은 저렴했고 카우치서핑(43박 44일)과 캠핑(15박 16일)으로 숙박비는 아꼈고 친구는 많아졌다. 오히려 저렴하게 여겨졌던 유럽보다 일일 평균 비용이 더 저렴했다. 게다가 자동차 사고나 고장도 없었고 경찰이 우리를 불러 세운 적도 없었다. 아이들이 아픈 적도 없었다. 이동 중에 태풍, 폭우를 한두 번 만났지만 아무 탈 없이 장기간 장거리를 이동했다. 카우치서핑을 통해 미

1 미국 국립공원에서 모은 주니어 레인져스 배지
2 공항으로 가는 셔틀버스

국 전역에 친구가 생겼고 친구들이 알려준 숨은 명소를 찾아가볼 수 있었기에 당초 계획보다 풍성한 여행이 가능했다.

북미 여행이 무엇보다 기억에 남는 이유는 딱 두 가지이다. 국립공원 투어와 카우치서핑이다. 북미 여행을 하면서 다녀온 국립공원은 21곳이다. 캐나다 국립공원을 제외하면 미국에서만 방문한 국립공원은 19곳이다. 미국 국립공원의 비지터 센터에서 받은 주니어 레인저 배지가 마치 우리에게는 상장처럼 여겨졌다. 대부분 무료로 배지를 제공했지만 간간이 유료로 제공하는 곳도 있었다. 무료로 제공하는 곳에서만 14개의 배지를 받았다. 웬만하면 기념품을 사지 않는 우리에게는 좋은 기념품이자 아이들에게 멋진 선물이었다. 특히 배지를 받기 위해 풀어야 하는 책자에는 국립공원에 대한 설명이 잘 되어 있어서 도움이 되었다. 우리가 다녀온 19개의 국립공원은 모두 저마다의 멋진 자연을 뽐내고 있었다. 미국에는 100개 이상의 국립공원이 있다고 하는데 정말로 하나도 빠짐없이 다 찾아다니며 여행하고 싶었다. 미국을 여행하고 나서야 깨달은 것은 미국의 '미' 자가 왜 '美(아름다울 미)' 자인지 깨달았다는 것이다. 자연은 자연대로 도시는 도시대로 보존이 잘 되고 관리가 잘 되어 있는 게 내심 부러웠다. 아직 방문하지 못한 국립공원은 다음 여행에 방문할 것을 기약하며 잘 보존되길 바라본다.

무엇보다 귀엽고 사랑스런 아이들로 인하여 여행은 더욱 즐겁고 행복했다. 아직은 아기 같은 둘째 예린이가 잠이 올 때면 잠투정이 심했는데 이틀 전부터 한 번도 투정부리지 않고 착한 공주님으로 변했다. 모든 것이 감사하다. 무더운 여름에 도착했는데 이젠 제법 아침, 저녁으로 쌀쌀해졌다. 일주일 전에 디즈니랜드를 갔을 때만 해도 더웠는데 지금은 북미에서 가장 덥다고 하는 데스 밸리마저 바람이 차가워졌다. 가을이 시작되는 지금, 우리는 호주로 떠날 준비를 한다.

211 D+day	얘들아, 지구의 남반구로 가보자			
	Date	Distance	Place	etc
	2019.10.2.	0km/49,418km	하와이/미국	70days

미국 LA 국제공항에서 출발하여 하와이 호놀룰루 국제공항을 경유해서 호주 브리즈번 국제공항으로 도착하는 것이 우리의 비행 일정이었다. 하와이에서 스톱오버를 하고 싶었지만 관광비자 일수와 짐이 많은 등의 이유로 경유만 하기로 했다. 호놀룰루 국제공항에 도착해서 창밖을 내다보면 푸른 바다가 우리를 맞이해줄 것만 같아서 괜한 아쉬움이 밀려왔다. 공항에 잠시 머물면서 하와이 관련 기념품을 보는데 왠지 마음이 설렌다. 게다가 로비에서는 하와이 노래와 춤을 추며 공연이 펼쳐지고 있었다. 아쉽지만 이번에 하와이는 아닌 것 같다며 애써 마음을 접었다.

다시 비행기에 올라타 하와이에서 호주 브리즈번으로 가는 비행기에 올라탔다. 기내에는 신작 영화가 있어 오랜만에 문화생활을 할 수 있었다. 〈스파이더맨: 파 프롬 홈〉, 〈토이스토리 4〉, 〈어벤져스: 엔드게임〉 세 편을 봤다. 미국 여행을 하고 나니 영화 배경 대부분이 우리가 다녀온 곳이라 낯설지 않다. 여행을 하고 나면 그 장소에 대한 특별한 의미가 새겨지면서 추억이 되살아나는 점이 여행이 주는 즐거움 중 하나가 아닐까 싶다. 아이들은 비행기 타는 걸 좋아하는데 이유를 들어보니 먹고 자고 영화를 볼 수 있어서 좋다고 한다. 한국에서 파리, 영국에서 아이슬란드, 아이슬란드에서 뉴욕으로 넘어가면서 비행기를 탔는데 이번이 네 번째 비행이었다. LA에서 브리즈번까지 도착하는 데 24시간이 걸렸는데 생각보다 시간이 빨리 지나갔다. 아이들도 벌써 도착했냐면서 아쉬워한다. 다음에 기회가 된다면 비행기로만 세계 일주를 한번 시도해봐야겠다.

드디어 지구 남반구에 발을 디뎠다. 외국에 그나마 연고가 있다면 호주 브리즈번이다. 작년 여름에 엄마가 단기간 어학연수를 하면서 머물렀던 홈스테이로 알게 된 호스트이다. 그 이후로 인연이 되어 작년 말 한국을 방문했을 때 우리 집으로 초대하였고 이번에는 우리가 초대를 받았다. 공항까지 직접 마중 나와 주셔서 편하게 짐을 옮길 수 있었다. 호스트의 집은 2층 단독주택이었는데 넓어서 아이들은 맘껏 뛰어놀 수 있고 우리는 편히 쉴 수 있어서 좋았다. 호주에서는 또 어떤 일들이 우리를 기다리고 있을까?

1 하와이를 경유하면서 2 기내식으로 나온 저녁 식사 3 브리즈번 공항에 도착해서

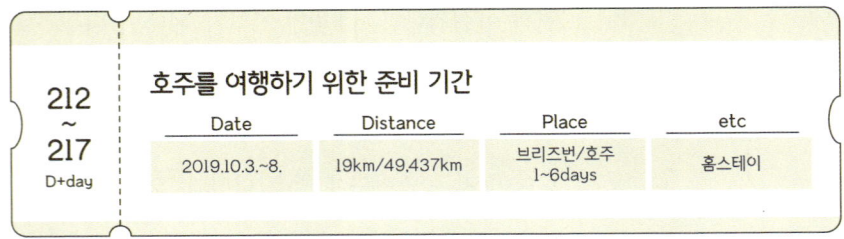

호스트는 남편과 딸, 온순한 강아지까지 넷이서 함께 오붓하게 살고 있다. 호스트는 병원 도서관의 사서이고, 호스트의 남편은 개인 사업을 운영하고, 딸은 호스트가 일하는 병원의 대학교에 다니는 의대생이다. 딸은 이제 20대 초반이었는데 노는 것도 좋아하고 공부도 잘하는 엄친딸이었다. 호스트에 의하면 딸은 책을 한번 '쓱' 읽으며 머릿속에서 다 기억하는 능력을 가지고 있다고 한다. 세상 부러운 능력이다. 그런 능력을 타고났기에 남들보다 공부 시간이 적더라도 좋은 성적을 얻을 수 있고 남는 시간에는 충분히 여가 시간을 보낼 수 있는 것이다. 우리가 머무는 동안 한두 번 만나 저녁 식사를 했는데 나중에는 남자친구와 몇 달간 미국 여행을 떠났다. 정말 부러운 능력자였다. 호스트와 남편은 여행을 좋아해서 자신들이 소유하고 있는 승합차를 직접 개조하여 캠핑카를 만들었다. 우리가 떠나고 동부 해변을 따라 캠핑 여행을 떠날 계획을 세우고 있었다. 이렇게 가족 모두가 여행을 좋아하다 보니 우리와 취향이 비슷했고, 호스트와 그의 남편은 홍콩계 호주인이라 먹는 음식도 비슷했다.

한국에서 여행 계획을 세울 때 유럽에서 북미까지만 세웠다. 그 이후로 계속 여행을 할 수 있을지 의문도 들었고, 계속 여행을 할 수 있다면 그때는 여행에 완전히 적응했을 것이라는 예상과 함께 계획이 따로 필요할까 하는 판단이 들어서였다. 호스트의 집에 머무는 6일 동안 함께 저녁 식사를 하며 호주 여행 계획을 세웠다. 가장 핵심 포인트는 호주 한가운데 있는 '울루루(Uluru)'였다.

이곳을 가느냐 아님 이곳을 빼느냐에 따라 루트가 완전히 달라진다. 호스트도 이곳을 다녀왔는데 한 번쯤은 가볼 만한 곳이라고 얘기했다. 최종적으로 우리도 가보는 것으로 결론을 지으면서 여행 계획이 완성되었다.

머무는 동안 브리즈번 시내를 한 번씩 둘러보았는데 아이들을 위한 놀이시설이 정말 잘 구비되어 있었다. 놀이터, 수영장, 체험놀이가 다 무료인데 시설의 수준은 최상급이다. 한번은 호스트가 우리를 위해 'Southbank'에서 스테이크를 준비해주었다. 이곳에는 넓은 공원에 야외 수영장, 놀이터, 바비큐장이 끝없이 이어져 있었다. 호스트가 인적이 드물고 분위기 좋은 곳으로 자리를 잡아 주었다. 미국에도 공공 바비큐장이 있었지만 가스가 들어오거나 근사한 테이블까지 마련되어 있지 않았었다. 특히 수영장의 경우 우리나라에 있는 비싼 사설 워터파크 수준의 시설을 자랑했다. 그리고 마트에는 아이들이 무료로 마음껏 과일을 먹을 수 있도록 마련해놓았다. 과일을 좋아하는 아이들은 마트에 가면 제일 먼저 찾는 곳이 되었다. 둘째 예린이는 아예 죽치고 먹었는데 항상 부끄러운 건 우리 몫이었다.

호주에 온 지 며칠 되지 않았지만 이미 호주 사람이 다 된 것 같다. 정확히 새벽 5시가 되면 각종 새들의 노랫소리로 잠을 깬다. 일어나 동네 공원으로 산책을 나갔다. 동네는 아무도 살지 않는 것처럼 조용하지만 공원은 소그룹으로 라이딩을 하는 사람들, 조깅을 하는 사람들, 강아지와 산책하는 사람들로 꽤 붐볐다. 동네 공원의 자연환경이 마치 야생 동물원처럼 느껴졌다. 날아다니는 새들은 빨강, 파랑, 노랑 형형색색을 이루며 어른 팔보다 긴 도마뱀이 신발을 스쳐 지나가는데 순간 얼었다. 엄청 큰 칠면조도 보이고 너구리가 전기선을 타고 지나간다. 호주에서는 나무 한 그루도 마음대로 자르면 벌금에 처할 정도로 자연보호를 위한 사회제도가 확실히 자리 잡고 있었다. 자연과 아이들을 생각하는 모습에서 호주의 미래는 밝아 보였다.

이제 휴식을 끝내고 본격적인 여행에 앞서 렌터카를 인수했다. 자동차는 닛산의 'X-Trail'이다. 미국에서 밴을 몰고 다니다 보니 SUV가 작아 보인다. 그래서인지 차는 가볍게 잘 나갔다. 영국에서 한 달간 좌측통행을 해봤기에 크게 걱정은 되지 않지만 몸이 기억하는 것은 우측통행이라 신경이 쓰이긴 한다. 생각해보니 좌측통행 국가인 영국, 일본, 호주에서 다 운전을 하게 되었다. 이곳 중에서 가장 최고의 난이도는 영국이었다. 우리가 타고 다녔던 푸조 5008의 운전석은 좌측인데 통행마저 좌측이고 도로는 딱 차 두 대가 지나갈 수 있는 폭에 꼬불꼬불 언덕길을 헤집고 다녔다. 그때의 경험을 살려서 본격적인 호주 여행의 시동을 걸어본다.

1 브리즈번 영문 조형물 앞에서 2 호스트와 함께 야외 바비큐장에서 3 호주에서 우리의 발이 되어 준 닛산 X-Trail

218
D+day

호주에서 첫 캠핑

Date	Distance	Place	etc
2019.10.9.	112km/49,549km	브리즈번/호주 7days	캠핑 111

이제 홈스테이 호스트 집에서 충분한 휴식을 마치고 호주 여행에 나선다. 우선 호주에는 무료 캠핑장이 있다고 해서 찾아가 봤다. 도착해서 둘러보니 RV와 홈리스를 위한 장소라서 치안이 불안해 머물기에는 부적합했다. 다시 차에 올라타 유료 캠핑장을 향했다. 호스트가 알려주길 캠핑장 비용은 대략 5만 원 정도로 미국과 비슷했다. 가장 근처에 있는 캠핑장을 찾아가기로 했다. 도착해서 리셉션에 들어가 보니 멤버십에 가입하면 10% 할인을 해주었다. 가입비는 50달러. 10번 이상 이용한다면 이득이었다. 여기에 전기를 사용하지 않는 사이트를 이용하면 가격이 더 저렴해서 45달러, 한화로 36,000원이었다. 이렇게만 되면 유럽 캠핑장과 비슷한 가격대가 형성된다. 게다가 캠핑장에는 가스레인지, 냉장고, 전자레인지 등 조리 및 샤워시설이 구비되어 있고 공용전기도 사용할 수 있었다. 지금까지 다닌 타 대륙의 캠핑장과 비교해보면 가성비는 최고였다.

1 캠핑장에 차박텐트를 설치한 모습
2 캠핑장 입구 모습
3 캠핑장 내 공용 부엌의 모습

호주에 입국할 때부터 느꼈지만 자국의 자연을 보존하기 위하여 각종 음식물 등을 까다롭게 심사했다. 텐트에 있는 모래마저 탈탈 털어냈다. 대신 청소를 해줘서 고맙긴 했지만 좀 심하다고 여겼는데 잘 보존된 자연을 보고 나니 충분히 이해되었다. 캠핑장 역시 자연이 잘 보존되어 있었다. 오리, 거위, 칠면조에 박쥐까지. 박쥐가 나무 사이사이를 날아다니는 모습은 처음 봤다. 그리고 박쥐는 진짜 나뭇가지에 거꾸로 매달려 있었다(이 당연한 사실마저 실제로 보니 신기했다). 여행을 처음 계획할 때 캠핑과 카우치서핑을 병행한다면 가장 이상적이지 않을까 내심 기대했었다. 미국에서도 적당히 잘 어우러져 좋았는데 호주에서도 가능할 것 같았다. 호주를 보니 대륙 크기는 미국이고, 교통은 영국, 캠핑은 북유럽 스타일이다. 오랜만에 텐트를 펼치니 다시 마음에 평안이 찾아온다. 정말 한국에서 텐트를 들고 오길 잘 했다. 그런데 캠핑장 안에 뱀이 있으니 조심하라는 안내판을 보고는 덜컥 겁이 났다. 텐트 밑으로 뱀이 지나가지 않을까 하는 걱정도 들었다. 자연친화적이라 좋긴 하지만 다 좋을 수는 없나 보다.

	호주의 흔한 무료 수영장 1			
221 D+day	Date	Distance	Place	etc
	2019.10.12.	198km/49,872km	Westside Water Park/호주 10days	캠핑 112

어제는 호주에서 만나는 첫 카우치서핑 호스트의 집으로 향했다. 분명 차를 타기 전까지는 날씨가 좋았으나 이동하는 중에 갑자기 비가 내리기 시작한다. 다행히 호스트의 집에 도착하니 비가 그친다. 호스트는 일이 있어서 조금 늦는다며 먼저 집에 들어가 있으라고 한다. 호스트가 알려준 대로 열쇠를 찾아 안으로 들어갔다. 집은 연립주택 형식이나 집 한 채씩 독립적으로 지어진 1층 주택이었다. 호스트가 오기 전에 함께 먹을 저녁식사 준비를 했다. 사실 호스트는 카우치서핑 자기소개에 자신을 누디스트라고 소개하고 있었다. 그래서 살짝 걱정이 되기도 했다. 일을 마치고 들어온 호스트는 약간 나이가 지긋하고 포근한 인상을 지닌 아주 유쾌한 성격의 소유자였다. 우리가 없었다면 옷을 다 벗고 있었을 테지만 우리를 위해(?) 가운을 입는다며 농담도 잘 했다. 다음 날 호스트가 우리를 위해 아침 식사를 차려놓고 먼저 일하러 나갔다. 꿀이 발려진 팬케이크였는데 맛있었다. 우리는 그 고마움의 표시로 편지를 남기고 떠났다. 카우치서핑을 하면서 느끼는

것은 아직 세상에는 착한 사람이 많다는 것이다. 밖으로 나오니 또 비가 내린다. 어느 정도 달리고 나니 비는 그치고 해가 난다. 가는 길에 점심 식사도 할 겸 '앨포드강(Lake Alford)'에 들렀다. 강 근처 공원에는 보라색 벚꽃이라 불리는 '자카라타나무'가 심겨 있었다. 지금 이곳은 봄의 끝자락이자 여름이 시작되는 시즌이라 꽃잎의 절반은 떨어졌고 절반은 나뭇가지에 붙어 있었다. 보라색 꽃잎이라 신비함을 더했다. 아이슬란드에 갔을 때도 보라색 꽃인 루핀을 보고 신기해하며 예쁘게 봤었다. 이 자카라타나무의 보라색 꽃을 보고 있으니 딱 그때가 생각났다. 보라색 꽃에 매료된 우리의 모습이. 공원에는 거위, 오리, 닭들이 뛰어놀고 있었는데 이에 질세라 우리 아이들도 함께 뛰어놀았다. 자연과 함께 맘껏 뛰어노는 아이들을 보니 호주가 점점 더 좋아졌다.

지금 우리는 스노쿨링, 스쿠버의 천국이라 불리는 호주 동북부에 위치한 '케언스(Cairns)'로 향한다. 올라가는 길에 'Westside Water Park' 무료 수영장이 있어 잠시 들르기로 했다. 수영장에 도착하니 무료라고는 도저히 믿기질 않을 정도의 훌륭한 수영장이 있다. 사실 수영장이라기보다 워터파크이다. 거기에 물은 쏟아지지만 사람은 아무도 없다. 그냥 지나치기에는 이런 기회가 또 있을까 하는 판단하에 워터파크 바로 옆에 있는 캠핑장에서 머물기로 했다. 텐트를 치고 워터파크로 향하니 바로 옆 바다에 쌍무지개가 드리워져 있다. 황홀한 순간이다. 아무도 없는 멋진 워터파크에 쌍무지개의 조합은 우리의 선택을 더 빛나게 만들어주었다. 물놀이를 마치고 캠핑장으로 돌아가 저녁 식사로 고기를 구워 먹었다. 살기 좋은 호주라는 게 피부로 와닿았다.

저녁을 먹고 쉬고 있는데 어디선가 신나는 음악 소리가 들린다. 가만히 있을 수가 없어서 음악 소리를 따라 걸음을 움직인다. 좀 전에 우리가 놀았던 워터파크에서 분수쇼가 열린다. 아무도 없는 줄 알았는데 음악 소리에 따라 꽤 많은 사람들이 모여 있었다. 시골 동네의 조촐한 분수쇼였지만 신나는 노래와 멋진 조명에 흥이 났다. 그리고 이 공간을 이렇게 활용한 점이 더 놀라웠다. 나온 김에 동네 한 바퀴를 돌기로 했다. 멋진 조명 역할을 하는 신기한 가로등과 걷기 좋은 인도가 산책하기 딱 좋았다. 산책길에 놀이터도 있었는데 아이들을 흥분시키기에 충분했다. 일찍 자고 일찍 일어나려고 했던 우리의 계획이 산산이 무너지는 즐거운 저녁이었다.

1 신비한 보라 꽃잎을 간직한 자카라타나무 2 무지개가 핀 무료 수영장에서 전세 낸 아이들 3 화려한 조명이 아이들을 감쌀 때

222 D+day	호주의 흔한 무료 동물원과 산속에 사는 호스트			
	Date	Distance	Place	etc
	2019.10.13.	224km/50,096km	Alexander Park Zoo/호주 11days	카우치서핑 41

캠핑장을 나와 동네 맛집을 향했다. 영국의 영향을 많이 받은 호주라서 그런지 피시앤칩스 가게가 많았다. 동네 맛집도 피시앤칩스 가게였는데 저렴한 가격에 두툼한 피시를 입 안에 넣으면 사르르 녹았다. 차 안에서 먹으며 이동한 곳은 '알렉산드라 파크 동물원(Alexandra Park Zoo)'이었다. 무료 동물원인데 다양한 동물들이 있었고 조련사가 동물을 관리하는 모습을 바로 옆에서 볼 수 있어서 좋았다. 특히 조류(鳥類)가 많았고 호주의 야생 개 '딩고'와 작은 캥거루 왈라비, 원숭이, 뱀 등 처음 보는 동물들이 꽤나 많았다.

동물원을 나와 향한 곳은 '번더버그 럼 양조장(Bundaberg Rum distillery)'이다. 우리나라에는 '진저비어(Ginger beer)'로 유명한 양조회사이다. 그렇지만 진저비어는 알코올 성분 0%이다. 사탕수수와 물을 함께 끓이고 거기에 특별한 이스트를 첨가하여 시중에 판매되고 있는 맛이 나올 때까지 발효시킨 것이다. 이곳에 가면 무료 시음을 할 수 있다고 해서 갔지만 공장 내부 유료 투어를 해야지만 가능해서 바로 포기했다. 대신 방문한 게 아까워 진지비어 몇 개를 샀다. 이때부터 '1일 1진저비어'가 시작되었다. 미국에서는 콜라에 중독되었다면 호주에서는 진저비어에 중독되어 빠져나올 수 없었다.

양조장을 나와 '마운트 아처 국립공원(Mount archer national park)'을 향했다. 이곳은 호주의 두 번째 카우치서핑 호스트가 살고 있는 곳이었다. 호스트는 국립공원 한가운데 집을 지어 살고 있었다. 산중이다 보니 구글이 그곳까지 안내해주지 못했다. 호스트는 그 사실을 알고 근처에 오면 본인이 직접 마중을 나가겠다고 한다. 근처에 도착해 연락을 하고 기다렸다. 호스트는 산악용 오륜오토바이를 타고 나타났는데 짐을 싣는 곳에는 강아지가 세상 편한 자세로 앉아 있다. 그 모습이 너무 강렬하게 다가와 아직까지 잊히지 않는다. 그 모습도 인상적이지만 호스트를 따라 집으로 가는 길도 지금껏 해본 운전 난이도 중에 최상이었다. 산중이다 보니 곳곳에 물웅덩이가 있었는데 그걸 피해 따라가는 게 보통 힘든 여정이 아니었다. 그것도 짧은 거리가 아닌 꽤 운전해서 들어가야 했다. 어렵사리 도착한 호스트의 집은 엄청 넓었다. 일단 본채와 별채가 있었다. 거기에 수영장을 포함한 놀이터가 있었고 가장 인상 깊었던 화장실은 야외에 덩그러니 따로 있었다. 옛날 시골 푸세식 화장실이 떠올랐다. 다행히 푸세식은 아니고 좌변기였다. 아이들은 바로 놀이터로 가서 신나게 놀았다. 정말 개인 사택 안에 있는 놀이터라고는 믿을 수 없을 정도의 놀이기구들이 구비되어 있었다. 호스트는 우리에게 별채를 내주며 우리만의 공간을 제공해줬다. 자기 전 다 함께 손전등을 들고 야외 화장실을 가는데 청개구리도 만나고 밤하늘의 수많은 별도 구경할 수 있었다.

1 번더버그 럼 양조장에서 2 지금도 잊히지 않는 호스트의 뒷모습(feat. 강아지) 3 별채 계단에서 호스트와 함께

호주의 흔한 무료 동물원과 수영장 2

Date	Distance	Place	etc
2019.10.14.	86km/50,182km	Yeppoon Beach/호주 12days	카우치서핑 42

223 D+day

아침에 일어나 호스트와 함께 아침 식사로 김밥을 먹었다. 한국 음식에 많은 관심을 보인 호스트는 김밥을 먹어 보고는 상당히 흡족해했다. 아침을 먹고 집 앞뜰 놀이터에서 조금 놀다가 인근 무료 동물원과 수영장을 가보기로 했다. 먼저 '락햄튼 동물원(Rockhampton Zoo)'으로 갔다. 어제 갔던 알렉산드라 파크 동물원처럼 입장료가 무료지만 훨씬 더 많은 동물을 보유하고 있었다. 어제 보지 못했던 호주에만 서식하는 코알라, 에뮤를 볼 수 있었다. 실제로 코알라를 보는 것은 처음이었다. 역시나 잠꾸러기답게 나뭇가지에 매달려 자고 있었다. 에뮤는 날지 못하는 새 중 하나인데 외형이 타조와 매우 닮았다. 성격이 별로 좋지 않으니 괜히 심기를 불편하게 하지 말라는 안내문이 웃긴다. 에뮤의 얼굴을 보니 대략 감이 잡힌다(사람이나 동물이나 성격 안 좋은 사람은 얼굴에 묻어난다). 동물원 가장 안쪽에는 큰 악어가 있었는데 지금껏 본 악어 중에 가장 커 보였다. 날이 덥다 보니 대부분의 동물들이 그늘에 숨어 있고 점심을 먹은 직후라 낮

잠을 자고 있어서 활발히 움직이는 모습을 못 봐서 아쉬웠다.

동물원을 나와 워터파크로 향했다. 앞전에 갔던 워터파크는 시설이 좋았다면 이번 워터파크는 뷰가 좋았다. 바다가 내려다보이는 인피니티 풀이 있는 곳이었다. 큰 기대를 안 하고 갔는데 거짓말 조금 보태서 고급 호텔에 있는 인피니티 풀이 부럽지 않았다. 풀장의 물색은 세상 어느 바다색보다 예뻤다. 갈매기도 여기가 바다인 줄 알고 풀장 위에 떠 있다(사실 물색은 바닥의 페인트색이라는 것은 수영을 하면서 알게 되었다). 뒤에 인피니티 풀 뒤로 보이는 바다의 모습은 그저 믿을 수 없는 풍경이었다. 거기에 풀장 한가운데에는 야자수 한 그루가 심어져 있는 무인도 같은 쉼터가 있었다. 어떻게 이런 무료 워터파크를 지을 수가 있는지 놀라웠다. 이곳에도 사람이 별로 없었는데 오후 5시가 되니 퇴근한 직장인과 하교한 학생들 몇 명이 와서 수영을 즐겼다. 퇴근과 하교를 하고 이런 수영장에서 조용하게 쉴 수 있다니 그저 부러웠다. 물놀이를 마치고 샤워를 하는데 샤워실마저 훌륭했다. 워터파크를 나와 앞에 있는 해변을 거닐어보기로 했다. 더없이 넓은 해변에 사람이라고는 우리밖에 보이지 않는다. 썰물이라 그런지 물이 많이 빠져 있는데 해변의

폭이 적어도 100m는 되어 보인다. 이 넓은 곳을 다 차지하고 있으니 꼭 지구에 우리만 살아남은 듯한 묘한 기분도 들었다. 이곳에서 우리는 자유여행 중 진정한 자유를 느낄 수 있었다.

호스트의 집에 도착하니 프랑스에서 여행 온 젊은 남녀 커플이 있었다. 악기를 들고 다니며 공연을 하며 여행도 하고 있다고 한다. 중고차를 구입해서 캠핑카로 개조하고, 음식은 마트에서 유통기한이 다가오면 처분하는 음식을 구해온다고 한다. 예전에 다큐멘터리에서 충분히 먹을 수 있는 음식을 대형마트에서 처분하는데 그걸 구해 생활하는 젊은 유럽인들을 본 적이 있다. 이 친구들은 호주에 여행 와서도 그 방식을 택하고 있었다. 자신들의 방식에 아주 만족하며 우리에게도 권유했다. 아이들이 없다면 한 번 정도 시도해볼 수 있겠다는 생각을 했다. 하지만 혹시나 아이들이 아프게 된다면 그것은 득보다는 실이 클 것 같았다. 자신의 방식으로 꿋꿋하게 여행하는 젊은 유럽 커플이 멋져 보였다.

1 무료 수영장 인피니티 풀에서
2 수영장 한가운데 있던 무인도에 서서
3 아무도 없는 넓은 해변에서

228 D+day 다양한 액티비티의 성지, 케언스

Date	Distance	Place	etc
2019.10.19.	52km/51,488km	케언스/호주 17days	

타운스빌을 벗어나 케언스로 가는 길에 또 다른 카우치서핑 호스트와 연결이 되었다. 가는 길에서 약간 벗어났지만 가보기로 했다. 집은 깊은 산속에 위치하고 있었다. 그곳에서 호스트는 자신만의 집을 설계하고 직접 짓고 있었다. 넓은 부지를 사서 가건물을 짓고 하나씩 만들어가고 있는 중이었다. 전문 건축가는 아니었지만 자신이 원하는 완성된 모습을 상상하며 하루를 채워가고 있었다. 꿈꾸는 집의 모습은 이 층 단독주택에 수영장을 만들고 전원이 보이는 사랑방을 만들어 자연을 벗 삼아 차를 마실 수 있고 많은 인원이 함께 파티를 즐길 수 있는 그런 곳이었다. 호스트가 말하길 집 앞 넓은 들판에 아침이면 캥거루가 나타난다고 해서 엄마와 아이들은 들판으로 나갔다. 호스트의 말대로 캥거루가 뛰어놀고 있었다. 그리고 실제로 바나나가 나무에 매달린 모습을 처음 봤는데 그 모습이 정말 특이했다. 항상 상품화된 바나나의 모습만 보았지 나무에 매달린 모습을 본 적이 없었다. 그냥 당연하게만 받아들여지던 것들을 조금만 다르게 생각해보면

절대 당연한 것은 없다는 걸 깨닫게 된다. 지금 우리가 마트에서 마주하는 바나나는 적당한 기온과 비가 따라줬고 그걸 재배하고, 포장하고, 운반해서 지구를 돌고 돌아 도착해서 다시 수많은 누군가의 손길에 의해 우리에게 오게 된다. 당연한 것들은 어쩜 작은 기적들의 연속성으로 인해 느슨해진 인식의 결과물이 아닐까 싶다.

호스트와 작별 인사를 나누고 케언스로 향했다. 먼저 찾아간 곳은 케언스에 머무는 2박 3일 동안 지낼 'JJ's Backpackers Hostel'이었다. 호스텔 로비에는 수많은 액티비티 판촉물이 나열되어 있었다. 얼마나 다양한 자연이 존재하기에 이토록 많은 액티비티가 가능한 것인지 궁금했다. 우리도 내일 액티비티로 크루즈를 타고 나가서 스노클링을 할 예정이라 어느 여행업체를 선택할지 결정해야 했다. 호스텔에서 운영하는 셔틀버스를 타고 시내로 나갔다. 시내에도 여러 여행업체들이 있었는데 그중에서 가장 가성비가 좋은 업체를 찾아 헤맸다. 그중에 중국 사장님이 운영하는 업체가 있었는데 가격이 저렴하고 사장님의 성격이 화끈해 믿음이 가서 바로 계약했다.

계약을 하고 나와 스노클링 연습을 위해 시내 바로 옆에 있는 다섯 번째 무료 수영장 '케언스 에스플러네이드 라군(Cairns Esplanade Lagoon)'으로 갔다. 이곳 역시 바다를 배경으로 한 인피니티 풀장이 있었다. 시내 한가운데 있다 보니 많은 사람들로 붐볐다. 인공 모래 해변도 있어 일광욕을 하는 사람들, 테이블에서 삼삼오오 파티를 하는 사람들, 수영을 즐기는 사람들로 가득했다. 수영장 안에는 물고기 모양의 큰 조형물이 인상적이었는데 거기에서 물까지 뿜어져 나와 재밌었다. 아이들만 스노클링 장비를 장착하고 연습하기로 했다. 확실히 예은이는 잘 했지만 예린이는 아직 장비를 믿지 못하고 물이 코와 입으로 들어올 것 같은지 겁이 나서 물속으로 얼굴을 넣지 못하고 살짝 대기만 하고는 얼른 일어선다. 내일 가면 예은이는 성공할 수 있을 것 같은데 예린이는 아무래도 힘들 것 같다.

스노클링 연습을 마치고 시내 구경을 해보기로 했다. 샤워를 하고 나오니 이미 해는 지고 있다. 시내의 화려한 조명들이 이곳이 관광도시임을 다시금 알게 해준다. 거리 한복판에서는 무료 공연도 펼쳐졌는데 의외로 관중들이 별로 없고 놀러온 몇 명의 아이들만 신나게 춤을 춘다. 숙소로 돌아가는 길에는 야시장에서 산 아이스크림을 먹으며 호스텔 셔틀버스를 기다렸다. 내일도 즐거운 일들이 우리를 기다리고 있겠지?

1 다양한 액티비티 팜플렛이 진열된 숙소 로비 앞 2 케언즈의 무료 워터파크 3 저녁 식사로 맛있는 한식

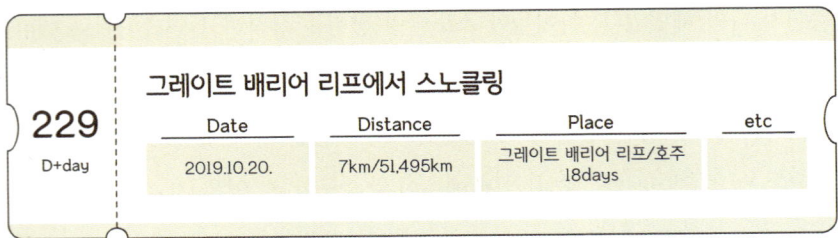

어제 예약한 여행업체를 통해서 크루즈를 타고 세계 최대 산호초 지대인 '그레이트 배리어 리프(Great Barrier Reef)'로 간다. 하늘에서 내려다보면 '세상에 이런 곳이 있을 수 있나' 하는 장소 중 한 곳이다. 엄청 넓은 지역이다 보니 배를 타고서는 이곳의 진가를 느끼기 힘들다. 주변에 높은 산도 없기에 오직 헬리콥터 투어를 통해 하늘에서 내려다봐야지만 전체적인 느낌을 알 수 있다. 그렇다고 헬리콥터로만 보고 끝내기에도 물속에 살아 있는 대자연의 모습을 가까이에서 볼 수 없기에 아쉽기는 마찬가지이다. 시간이 허락되고 비용에 큰 부담이 없다면 헬리콥터와 스노클링, 다이빙 등 여러 가지 액티비티를 하는 것을 강력 추천한다. 아쉽게도 우리는 스노클링만 하는 것으로 만족하기로 했다.

크루즈를 타고 그레이트 배리어 리프 한가운데로 이동한다. 배를 타고 보는 바다의 전경은 그냥 푸른 바다일 뿐이다. 배가 목적지에 도착해서 정박하고 나니 바로 점심 식사를 제공해준다. 뷔페식이었는데 배불리 맛있게 먹었다. 먼저 배 전체를 둘러보기로 했다. 배 안에서도 바다 밑의 다양한 산호들과 알록달록하면서 특이한 모양의 물고기들을 구경할 수 있도록 만들어놓았다. 마치 아쿠아리움에 온 듯한 착각이 들었다. 갑판 위에는 바다 생물을 직접 만져볼 수 있는 체험장도 있었다.

이제 본격적인 스노클링을 하기 위한 준비를 했다. 배 위에서도 바닷물이 워낙 깨끗해서 다양한 물고기의 모습을 볼 수 있었지만 그래도 실제로 들어가

보면 어떨지 더 궁금했다. 먼저 아빠가 혼자서 다녀오기로 했다. 바닷속으로 들어가 보니 배에서 보는 것과는 차원이 달랐다. 더 다양하고 선명한 색상의 산호들과 여러 종류의 물고기들이 함께 어울려 다니는 모습을 볼 수 있었다. 미지의 세계는 멀리 있는 것이 아니라 바로 바다 안에 존재하고 있었던 것이다. 한 바퀴 돌고 다시 크루즈로 돌아온 아빠는 흥분을 가라앉히지 못했다. 얼른 엄마와 아이들에게도 'Under the sea'를 보여주고 싶었다. 예은이와 엄마는 멀리 나가지는 않았지만 성공했고, 예린이는 시도해봤지만 아직 물에 대한 공포감이 있어 끝내 울음을 터트리고 말았다. 아빠는 혼자서 한 번 더 스노클링을 했는데 이번에는 바다거북이까지 봤다.

스노클링을 마치고 크루즈에서는 배 바닥이 유리로 된 작은 보트를 타고 수심이 얕은 곳으로 가서 산호와 물고기를 볼 수 있는 투어를 해서 참여했다. 애니메이션으로 니모와 도리를 알고 있는 아이들은 물론이고 함께 보트에 동승한 외국인들도 모두 니모와 도리 찾기에 삼매경이었다. 누가 먼저 발견하는지 경쟁이 치열했다. 크루즈에는 3단 미끄럼틀이 있고 바지선에는 헬리콥터까지 대기하고 있어 다양한 체험을 할 수 있었다. 모든 일정이 끝나고 무사히 부두로 돌아왔다. 하루는 분명 24시간인데 매일 체감하는 24시간은 다르다. 오늘의 24시간은 무척이나 짧게 느껴졌다.

1 바닷물에 입수한 아이들
2 스노클링 준비 중인 아빠
3 모든 일정을 마치고 크루즈 앞에서

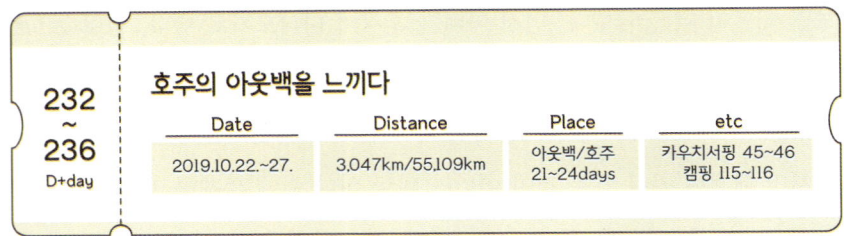

아웃백으로 입성했다. 도로는 처음부터 끝까지 왕복 2차선으로 이어져 있다. 도로 주변으로는 나무들이 이어지고 사방으로 보이는 지평선과 함께 끝없이 이어지는 광야를 달린다. 다행히 중간에 주유소는 있었다. 언제 또 주유소가 나타날지 모르기 때문에 보일 때마다 차에 기름을 가득 넣어두었다. 길가에는 버려진 자동차를 어렵지 않게 볼 수 있었는데 그런 차들은 고장이 났거나 기름이 없어서 버리고 간 자동차이다. 아무도 아웃백까지 수리를 해주러 오지 않기 때문에 오히려 차를 버리고 히치하이킹으로 남은 목적지까지 가는 것이 훨씬 현명한 선택이기 때문이다. 아웃백이라 그런지 버려지고 녹슨 자동차마저 그냥 예술품처럼 여겨진다.

장시간 운전으로 아이들이 지칠 것도 같지만 다행히도 태블릿 PC에 아이들이 좋아하는 애니메이션이 있어 지루함을 달랠 수 있었다. 한국에서 미리 다운받아 온 것도 있었고 호주 홈스테이에 머물면서 신규로 다운받은 것도 있었는데 그중에 가장 많이 본 것은 〈토이스토리 4〉였다. 한번은 아빠에게 묻는다. "인형들은 진짜 우리가 안 볼 때 움직여요?" 아빠의 장난기에 시동을 걸게 하는 질문이다. "당연하지. 〈토이스토리〉 못 봤어?" 그때부터 시작된 아이들이 차에서 내리면 몰래 장난감 움직여놓기. 그 이후로 아이들이 다시 차에 오를 때 관심사는 오직 장난감의 움직임이었다. 한 번씩 우리가 깜빡하고 장난감을 그대로 두었을 때 아이들은 실망한다. 그러면 장난감들도 잠이 든다며 말도 안 되는 거짓말을 하곤 했다. 하지만 아이들은 그걸 또 받아들인다. 과연 언제까지 이 순수함을 지켜볼 수 있을까? 여행 내내 아이들의 순수함을 바로 옆에서 지켜볼 수 있어서 행복했다. 또 한번은 이동 중에 예은이는 아이언맨, 예린이는 스파이더맨을 그렸다. 아빠가 좋아하는 캐릭터라 그려주는데 한 번씩 "그럼 아이언맨 안 그려준다!" 하며 협박용으로 쓰이기도 한다. 귀여운 녀석들.

만약 호주 내륙을 지나갈 계획이 있다면 동물원에서 굳이 캥거루를 보려고 애쓸 필요가 없다. 내륙을 지나가면서 해가 질 무렵이 되면 더위를 피해 숨어 있던 캥거루가 밖으로 나오기 시작한다. 그래서인지 도롯가에 캥거루 로드킬이 많다. 또 그런 만큼 까마귀도 유난히 많아 보인다. 해 질 녘 운전을 하면서 캥거루 떼를 만난 적이 있는데 빠르고 멀리 뛰어서 어디로 뛸지 가늠할 수가 없었다. 운전자들의 예상을 완전히 뒤엎기에 로드킬이 발생할 수밖에 없었다. 한번은 동네 놀이터에 갔는데 바닥에 검은색의 작고 동그란 알갱이들이 널려 있었다. 알고 보니 캥거루의 배설물이었다. 놀이터의 그늘에는 빈틈없이 캥거루들이 차지하고 있었다. 그 놀이터가 있는 동네에는 사람보다 캥거루가 더 많아 보였다.

이동 중 곳곳에 마을이 있다고 했었는데 그곳에는 사람들이 거의 살지 않고 점점 유령마을로 변해가는 곳들이 많았다. 이렇게 유령마을로 변해가는 것을 막기 위해 마을 분위기 개선 프로젝트가 시작되었다. 그것은 곡물 보관 창고에 멋진 그림을 그려 마을의 분위기를 바꿔서 사람들이 찾아오도록 만드는 것이었다. 한국에서 온 우리도 일부러 찾아가는 것처럼 이 프로젝트는 가히 성공적이라고 할 수 있겠다. 마을마다의 특성을 살린 그림이었는데 아주 인상 깊었다. 또 가는 길에 핑크호수를 일부러 찾아갔었다. 이름은 호수로 되어 있으나 물은 거의 없고 소금만이 가득하다. 핑크색을 띠는 이유는 호수에 서식하는 플랑크톤이 햇빛에 반사되어 나타나는 색이라고 한다. 그리고 계절에 따라 나타나는 색깔의 차이가 조금씩 존재한다. 아이들은 핑크색이라고 하니 그저 신나서 호수 위를 뛰어다닌다.

아웃백에서 갑작스런 돌풍도 몇 번 만났지만 무미건조한 사막을 무사히 통과했다. 도로 위로 소 떼가 나타나 당황하기도 하고 아스팔트가 아닌 비포장도로를 달리기도 했다. 이동 중에 호주의 유명한 동물원 'Taronga western plains zoo'에 들렀다. 입장료는 따로 내지 않고 입구에서 놀고 있는 원숭이와 공작새를 구경하고 놀이터에서 놀다가 나왔다. 그리고 사막 한가운데 와이너리가 있어 한번 시음하고 몇 병을 사서 차에 보관해두었다. 호주의 아웃백을 5일간 3,047km를 달려서 애들레이드에 도착했다. 지겨울 것 같았던 아웃백은 지나치는 풍경들이 예사롭지 않아 매순간 새롭기만 했다.

1 석양이 질 무렵 도로 위를 뛰어다니는 캥거루들
2 곡식 보관 창고를 예술작품으로 승화시킨 모습
3 핑크호수 위에서 노는 아이들

240 D+day	해외에서 맞이하는 첫 할로윈데이			
	Date	Distance	Place	etc
	2019.10.31.	34km/55,244km	애들레이드/호주 29days	카우치서핑 50

할로윈데이를 맞아서 어디로 갈지 고민했다. 자본주의시대에는 특별한 날을 맞아 사람들이 가장 많이 찾고 그날을 최대한 느낄 수 있는 곳은 다름 아닌 대형마트였다. 할로윈데이를 맞아 대형마트에서 일하는 직원들이 대부분 변장을 하고 있고 파격할인도 진행하고 있었다. 게다가 마트 곳곳에서 찍어주는 도장을 받아오면 선물까지 주는 다양한 이벤트를 하고 있어 사람들이 몰릴 수밖에 없다. 우리도 마트에 간 김에 할인도 하고 해서 아이들에게 또 선물을 사주었다. 역시나 아이들은 〈토이스토리〉 주인공 인형을 샀다. 예은이는 '보' 인형을, 예린이는 '버즈' 인형을 샀다. 이제 하나둘씩 〈토이스토리〉의 주인공들이 모아지고 있다. 마트를 다니면서 변장한 직원들을 일부러 찾아다니며 함께 사진도 찍었다. 그중에 길을 가다가 완전 변장을 한 가족을 만났는데 정말 멋져서 다가가 아이들과 사진 한 번 찍어달라고 부탁을 하니 승낙해준다. 엄마, 아빠 한 명씩과 아이들이 네 명이나 있어서 모두 자식이냐고 물

어보니 두 명은 조카라고 한다. 특히 엄마가 영화 〈수어사이드 스쿼드〉의 할리퀸 변장을 하고 있어 매력적이었다.

아무리 자본주의 시대에 대형마트가 볼 게 많다고 해도 아직 재래시장이 존재하고 그만의 매력이 있다. 마트에서 나와 어디로 갈지 검색을 하다 보니 일반 주택에서도 할로윈 파티가 열리고 어플을 통해 위치와 평점을 확인할 수 있다고 해서 다운을 받고 찾아가봤다. 자신의 집을 할로윈 파티에 맞게 직접 꾸며 아이들이 들어와 구경할 수 있게 해놓았고 사탕 선물도 주었다. 마치 재래시장의 매력을 보는 듯한 느낌이었다. 호스트의 집 근처에도 있어 찾아가보았는데 괴물 얼굴 호박과 거미줄은 기본이었고 해적 테마로 꾸민 집이 가장 인상적이었다. 집으로 들어가니 사탕과 초콜릿도 주었다.

최근 들어서 우리나라에도 할로윈데이의 문화가 들어오고 자리 잡고 있지만 아직까지 대중화되지는 않았다. 할로윈은 켈트인의 전통 축제 '사윈(Samhain)'이 기원이다. 죽음의 신에게 제의를 함으로써 죽은 영혼을 달래고 악령을 쫓았다고 한다. 이때 악령의 공격을 피하기 위해 기괴한 모습으로 변장한 것이었다. 본래의 의미는 먼저 세상을 떠난 사람들의 명복을 빌고 가난한 사람들에게 음식을 베풀어주는 이웃을 생각하는 의미가 있는 축제이다. 멀어진 이웃과의 관계를 더 가깝고 돈독하게 해주는 할로윈 데이는 현대사회에 꼭 필요한 축제 같다.

1 흔쾌히 사진을 찍어준 마트 직원
2 가장 완벽한 변장을 한 가족과 함께
3 자신의 집을 꾸며 할로윈 분위기를 낸 집주인과 함께

2019년 11월

월요일	화요일	수요일

4 [Aus 33] D+244 353km/57,214km Kata Tjuta 캠핑 120 	**5** [Aus 34] D+245 632km/57,846km Kings canyon 캠핑 121	**6** [Aus 35] D+246 801km/58,647km 쿠버페디 캠핑 122
11 [Aus 40] D+251 311km/59,747km Blue Lake 캠핑 123 	**12** [Aus 41] D+252 214km/59,961km Great Ocean Road 카우치서핑 55	**13** [Aus 42] D+253 47km/60,008km Halls Gap 카우치서핑 56
18 [Aus 47] D+258 179km/60,532km Puffing Billy Railway Penguin Parade 캠핑 124 	**19** [Aus 48] D+259 306km/60,838km Flinders 카우치서핑 57	**20** [Aus 49] D+260 482km/61,320km Raymond Island 코알라 대면 캠핑 125
25 [Aus 54] D+265 0km/61,730km 시드니 4 카우치서핑 61 	**26** [Aus 55] D+266 82km/61,812km 본다이비치 카우치서핑 62	**27** [Aus 56] D+267 488km/62,300km Kings Tableland Lodge

	목요일		금요일		토요일		일요일
		1	[Aus 30] D+241	2	[Aus 31] D+242	3	[Aus 32] D+243
			484km/55,728km Pimba 캠핑 117		602km/56,330km Marla 캠핑 118		531km/56,861km Uluru 캠핑 119
7	[Aus 36] D+247	8	[Aus 37] D+248	9	[Aus 38] D+249	10	[Aus 39] D+250
...57km/58,904km ...ake Bumbunga 카우치서핑 51		0km/58,904km Hahndorf 카우치서핑 52		65km/58,969km 애들레이드 카우치서핑 53		467km/59,436km Mt.Lofty summit 카우치서핑 54	
14	[Aus 43] D+254	15	[Aus 44] D+255	16	[Aus 45] D+256	17	[Aus 46] D+257
...83km/60,291km 멜버른 1 Hostel 1		0km/60,291km 멜버른 2 Hostel 2		0km/60,291km 멜버른 3 Hostel 3		62km/60,353km 멜버른 4 Hostel 4	
21	[Aus 50] D+261	22	[Aus 51] D+262	23	[Aus 52] D+263	24	[Aus 53] D+264
...98km/61,718km 캔버라 ...박		0km/61,718km 시드니 1 카우치서핑 58		0km/61,718km 시드니 2 카우치서핑 59		12km/61,730km 시드니 3 카우치서핑 60	
28	[Aus 57] D+268	29	[Aus 58] D+269	30	[Aus 59] D+270		
...31km/62,831km ...이프케이ㅂ Mantra on view Hotel 1		0km/62,831km Gold coast 1 서핑 레슨 Mantra on view Hotel 2		103km/62,944km Gold coast 2 voco Gold coast			

9) 11월, 호주 (2)

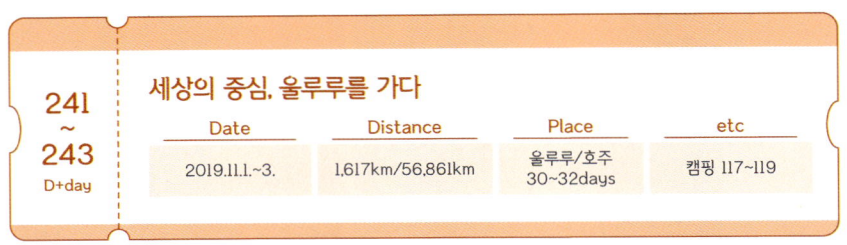

처음에 울루루로 가는 방법에 대해 고민이 많았다. 비행기를 타고 가서 여행사 패키지를 이용할 것인지 현지버스를 타고 갈 것인지 여러 방법들을 모색했다. 원래 타고 있던 렌터카는 호주 북부에 위치한 노던주(Northern Territory)에서 보험이 적용되지 않아 들고 갈 수 없었다. 하지만 아무리 생각해봐도 렌터카를 끌고 가는 게 가장 좋은 방법이라는 결론을 내리고 애들레이드에서 노던주 보험이 적용되는 렌터카를 다시 빌려서 떠나기로 결정했다. 호스트의 집에 지금까지 타고 다녔던 '닛산 X-Trail'을 주차해두고 'Hertz' 렌터카에서 '기아 Carvival'을 렌트했다. 일단 가는 길에 무슨 상황이 벌어질지 모르기에 차박이 가능한 차로 바꾼 것이다. 필요 없는 짐은 X-Trail에 두고 꼭 필요한 짐만 들고 울루루로 향한다. 다시 아웃백으로 들어가는 것이다. 아웃백에 들어선 순간부터 구름과 날씨가 심상치 않다. 구름이 하늘을 다 가리고 있는 와중에 이번에는 모래바람이 구름을 가린다. 모래의 농도에 따라 대기의 색이 변한다. 시야는 확보되어 운전하는 데 큰 어려움은 없었다. 중간에는 또 갑자기 비가 내린다. 그렇게 몇 시간을 달려 주유소와 휴게소가 있는 곳에 도착했다. 갈수록 바람도 세고 날이 어두워져 더 이상 달리지 못하고 이곳에서 차박을 하고 아침에 떠나기로 했다. 휴게소가 있어서 음식도 사 먹고 간단하게나마 씻을 수도 있었다. 우리 말고도 차박을 하는 차가 몇 대 더 있었는데 다들 바람을 피해 벽면 옆에 주차를 했지만 그 벽이 얇은 합판이라 그것마저 무너질까 봐 걱정이 되었다.

새벽이 되어 바람은 잦아들었고 다음 날 아침이 되니 언제 그랬냐는 듯 화창한 날씨가 우리를 반긴다. 주유소를 나와 울루루를 향해 조금 올라가니 모래사막과 소금호수가 있는 곳이 있어 가보기로 했다. 호수 이름은 '하트호(Lake hart)'. 이곳도 거대한 소금호수이다. 호수로 가는 길에는 사막이 있는데 미세한 모래가 정말 부드러웠다. 어제 비가 내려서인지 모래에 물결 모양의 무늬가 있는데 자연이 만든 작품이다. 아이들과 호수 가까이 가봤다. 어느 정도는 물이라고 생각했는데 거의 소금이었다. 물이 신기루처럼 보였던 것 같다. 호수에서 나와 울루루를 향해 다시 올라간다. 또 가는 길에 땅을 파서 쌓아 올린 언덕이 적어도 수천 개가 보인다. 이곳은 '쿠버 페디(Coober pedy)'라는 마을인데 세계에서 가장 많은 '오팔(Opal)'을 생산하는 곳이다. 들르려고 하다가 어차피 돌아올 때 똑같은 길로 내려와야 하기에 그때 보기로 했다. 계속해서 달린다. 반대편에서 오는 차들도 거의 없다. 어쩌다 차가 오면 서로 반갑다며 스쳐지나가는 몇 초 사이에 손을 들어 눈을 마주치며 인사를 나눈다. 그 짧은 시간 안에 나누는 손짓에는 많은 의미가 담긴 것 같다. '반갑다. 조심해서 목적지에 도착해라. 장거리 운전하느라 수고가 많다.' 서로를 위로하는 것이다.

울루루를 향한 여정의 이튿날은 캠핑장에서 묵었다. 공동부엌에서 저녁 식사를 하려고 들어가 보니 어떤 여성이 자신의 짐을 한쪽에 쌓아두고 대피해 있었다. 알고 보니 어제 비바람에 텐트가 다 찢어졌다고 한다. 여성 혼자서 이 힘든 여정을 하는 것 자체가 대단해 보였다. 텐트가 찢어졌다고 망연자실한 모습도 아니었다. 텐트 없이 로컬버스를 타고 나름대로의 해결책을 찾아 여행을 계속 이어갈 예정이라며 침착해 보였다. 만약 우리였다면 안절부절못했을 것이다. 그 여성분에게는 미안하지만 처음부터 우리는 텐트를 들고 오지 않기를 잘했다며 속으로 큰 안도의 한숨을 쉬기도 했다. 역시나 저녁이 되어 또 비가 내리려고 하는지 구름이 심상치 않다. 그 덕에 노을은 멋졌지만 심야에 또 장대비가 내렸다. 그 여성분은 또 공동부엌에서 찢어진 텐트와 긴 밤을 보냈다. 우리도 도와주고 싶었지만 자리가 없었기에 안타까운 마음뿐이었다.

다음 날 아침이 되니 또 날씨는 개었다. 공동부엌으로 가서 그 여성분을 찾아가보니 다행히 별문제 없이 지난밤을 잘 보냈다. 안부 인사를 전하고 우리는 다시 울루루로 향한다. 이제 3일차이다. 약 500km만 더 가면 아빠가 그토록 보고 싶어 하던 울루루와 만난다. 3일 동안 매일 600km씩 달렸다. 솔직히 이렇게까지 해서 갈 필요가 있나 하는 의문도 들었다. 하지만 가야 하는 이유는 간단했다. 그냥 보고 싶으니깐. 아빠는 엄마와 아이들에게 미안했지만 다 같이 가보고 싶었다. 힘들 것을 알고 따라와준 엄마와 아무것도 모르고 따라와준 아이들에게 고마울 뿐이었다.

드디어 도로에서 울루루가 보이기 시작한다. 멀리서도 볼 수 있는 전망대가 있어 차에서 내렸다. 내리자마자 우리를 반겨주는 것은 다름 아닌 파리들이다. 아니 파리 떼다. 다행히 예전에 캠핑 도구 가게에서 파리망 마스크를 구입해서 모두 쓰고 내렸다. 만약 이게 없었다면 울루루는 뒷전이고 파리 떼와의 전쟁으로 감동이 반감되었을 것이다. 광대한 평원에 우뚝 솟은 울루루. 그 자체만으로 신기하고 경이로웠다. 더 가까이 가보니 그 거대한 사암질의 바위가 깎이고 깎여 마치 당근을 채썰어놓은 것 같다. 원래는 큰 산맥이었으나 풍화작용으로 다 사라지고 지금의 이 바위만 남은 것이다. 단일 바위로는 세계에서 가장 크다. 확실히 멀리서 볼 때보다 가까이 다가가면 다가갈수록 그 매력이 배가되었다. 그래서 올라가보고 싶다는 생각도 들었지만 2019년 10월 26일부터 등반이 금지되었다. 정확히 우리가 도착하기 9일 전부터 금지가 된 것이다. 이 지역의 토착 원주민 아그난족은 울루루를 신성한 곳으로 여겨왔기에 호주 당국에 오래전부터 등반 금지를 요구해왔다. 이에 울루루 카타추타 국립공원 이사회는 2017년에 만장일치로 등반 금지를 결정했다. 그 시점이 9일 전인 것이다. 사실 우리는 올라가고 싶은 마음도 없었다. 이 더운 날씨에 아이들을 데리고 해발고도 867m를 오른다는 것은 생각만 해도 아찔한 일이다. 바위의 정상 대부분은 평평할지 몰라도 정상으로 올라가는 길은 상당히 급경사였다. 우리는 'Kuniya car park'에 주차를 하고 울루루로 더 가까이 걸어가보았다. 해가 질 무렵이라 울루루는 더 붉게 물들고 있었다. 해를 등에 지고 길게 늘어진 우리의 그림자와 울루루를 배경으로 가족 인생사진을 찍었다. 이 사진이 책의 표지이다. 캠핑장으로 돌아가는 길에도 눈은 계속 울루루로 향한다. 해가 사라질 무렵 그 모습이 변화무쌍하게 변해서 차에서 내려 하염없이 쳐다보기로 했다. 우리 가족 네 명이서 지구의 중심에 서서 다 함께 울루루를 볼 수 있는 지금 이 순간이 정말 소중하고 감사하다.

1 아웃백이 모래바람으로 뒤덮인 하늘의 모습 2 거짓말같이 거센 비바람이 멈춘 다음 날 아침 3 가는 길에 보이던 소금 호수

다양한 색과 모양을 지닌 울루루

Date	Distance	Place	etc
2019.11.4.	353km/57,214km	Kata Tjuta/호주 33days	캠핑 120

해가 뜨기 전에 울루루를 보러 갔다. 아이들은 여전히 차에서 자고 있고 운전석과 보조석만 제자리로 하고 이동했다. 아직 해가 뜨기 전이라 울루루는 그냥 형체만 보이고, 지평선에는 노란 광선이 이어져 있고 하늘은 보라색으로 물들었다. 이른 시간이지만 일찍부터 울루루에서 일출을 보러 온 사람들이 많다. 이곳은 'Uluru sunrise viewing area'였다. 주차장에 도착해도 아이들이 깨지 않아 다 함께 나갈 수가 없었다. 우리는 서로 번갈아가면서 그 지역을 한 바퀴씩 돌며 교대했다. 주변을 돌고 있으니 하늘색이 또 변해 있다. 지평선은 푸르게 하늘은 붉게 변했다. 울루루도 짙은 갈색을 띤다. 해가 떠서 울루루를 비추니 갈색, 주황색, 노란색 등 다양한 색을 드러낸다. 오전 8시가 되어 차를 타고 더 가까이 가서 울루루의 주변을 맴돌았다. 어떤 면은 '모카번'처럼 보이기도 하고, 또 어떤 면은 침식작용이 많아서 바게트 빵처럼 보이기도 한다. 또 어떤 벽면은 누가 벽화라도 그려놓은 것처럼 신기한 문양을 하고 있는 모습도 있다. 얼마 전까지 등반하던 입구에는 푯말이 세워져 출입을 금하고 있었다. 이렇게 울루루를 차로 한 바퀴 돌고 이곳에서 45km 떨어져 있는 36개의 바위산으로 이뤄져 있는 '카타추타(Kata tjuta)'를 보러 갔다. 이곳 역시 울루루와 비슷한 시기와 방법으로 생성되었다. 36개의 바위로 형성되어 있어 그 사이로 골바람이 불어온다. 그리하여 이름마저 '바람의 계곡(Valley of the winds)'이다. 이곳은 트래킹하기가 비교적 수월해서 도전해보기로 했다. 특이한 모양의 바위들이 서로 뒤엉켜 있는 모습이 인상적이었다. 계속해서 계곡 안으로 들어

가니 햇볕은 따가워도 바람이 차가워 은근히 서늘했다. 나중에 땀이 식으면서는 추워져서 감기라도 걸릴까 봐 얼른 돌아왔다. 이제 '울루루 카타추타 국립공원'을 나오면서 마지막으로 울루루를 배경으로 가족사진을 찍고 이별을 고했다.

공원을 나와 향한 곳은 '킹스 캐니언(Kings canyon)'이다. 바로 이곳으로 가기에는 시간이 부족할 것 같아서 근처 캠핑장으로 일찍 들어가서 저녁 식사를 하고 샤워도 하면서 휴식을 취하기로 했다. 이른 아침부터 바삐 움직였기에 피곤했다. 꼭 한 번은 보고 싶었던 울루루를 보고 나니 오랜 숙원을 해결한 듯 마음이 한결 가벼웠고 뿌듯했다. 호주에서 울루루를 못 봤더라면 정말 후회했을 것 같았다. 만약 누군가 호주를 일주한다면 울루루는 꼭 가보라고 적극 추천하고 싶다. 그런데 장기간이 아닌 짧은 시간 동안 호주를 여행한다면 꼭 추천하기는 어려울 듯하다.

1 울루루에 도착해서 찍은 그림자 가족사진 2 노을이 질 때 바라본 울루루 3 대낮에 본 울루루

다시 아웃백을 지나다

245
D+day

Date	Distance	Place	etc
2019.11.5.	632km/57,846km	킹스 캐니언/호주 34days	캠핑 121

예전에 미국을 여행할 때 요세미티 국립공원을 보고 지나가는 길에 우연히 들러서 그 압도적인 풍경에 깜짝 놀란 곳이 '킹스 캐니언(Kings canyon)'이었다. 울루루에서 300km 정도 떨어진 곳에도 이름이 똑같은 킹스 캐니언이 있어 내심 잔뜩 기대를 했다. 도로에서부터 캐니언의 느낌이 나는 산맥이 눈에 보인다. 주차장에 차를 두고 천천히 걸어서 캐니언 안으로 들어갔다. 미국보다 이 지역이 훨씬 사막 한가운데라 그런지 물은 완전히 말라 있다. 물이 없으니 나무도 말라 있다. 캐니언 자체도 오래전에 생긴 흔적들로 가득했다. 어쩌면 물이 없어서 그런 걸지도 모른다. 역시 물은 생명이다. 미국의 캐니언들은 물이 흐르고 있어 사람으로 치면 아직 청년의 모습인데 호주는 물이 말라버려 노년의 모습처럼 여겨진다. 사람도 나이가 들면 수분이 빠지면서 피부가 노화된다고 하는데 자연의 이치란 놀라울 따름이다.

캐니언을 나와 다시 아웃백을 통과한다. 울루루로 올라올 때는 차라리 날씨가 흐려서 괜찮았는데 내려가는 길에는 햇볕이 따갑고 덥다. 여행 중에 이상하게도 햇빛이 예은이만 따라다니며 비추어서 예은이가 힘들어했었다. 이번에도 유독 예은이만 비추는 햇빛에 예은이는 왜 자기만 계속 따라다니냐고 하소연을 했다. 한 번씩 예린이에게 자리를 바꿔달라고 해서 바꿔 앉아도 역시나 햇빛은 예은이를 향했다. 그래서 주차할 때 자동차 앞 창문에 쓰는 햇빛 가리개를 예은이 창문 쪽에 걸어두었다. 그러고 나니 한결 나았다. 그렇게 달리고 달려 주유소와 캠핑장을 동시에 운영하는 'MOGAS Regional cadney homestead roadhouse'에 도착했다. 우선 체크인을 하고 주유소 사무실 옆에 작은 식당이 있어서 그곳에서 저녁을 먹기로 했다. 구글 평점을 보니 대부분 만족한 후기를 믿고 주문했다. 햄버거와 감자튀김을 먹었는데 아빠가 외쳤다. "이곳을 나의 인생햄버거 가게로 정하겠어!" 육즙이 살아 있는 패티와 신선한 빵과 치즈, 야채. 무엇 하나 빠지는 게 없었다. 맛있는 저녁 식사를 마치고 캠핑장에 앉아 있으니 해는 지고 여명만 남아 있는데 중천에는 이미 까맣게 변한 하늘에서 별이 보인다. 예은이와 아빠가 함께 별을 올려다보는 모습을 엄마가 사진을 찍었는데 마치 영화 속 한 장면 같다. 더운 낮이 지나고 멋진 노을과 함께 서늘한 저녁이 되니 분위기가 완전히 달라졌다.

1 울루루 여정 중 머물렀던 캠핑장 2 여행 중 만난 인생햄버거 3 킹스 캐니언 절벽에 앉아

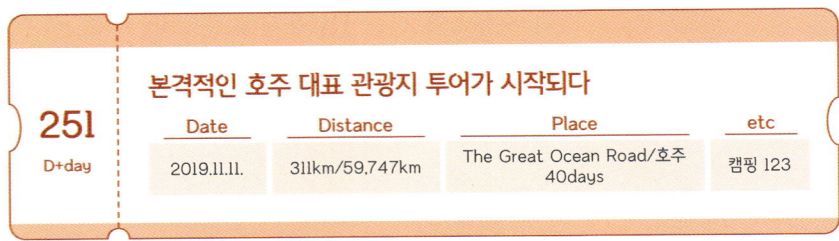

251 D+day	본격적인 호주 대표 관광지 투어가 시작되다			
	Date	Distance	Place	etc
	2019.11.11.	311km/59,747km	The Great Ocean Road/호주 40days	캠핑 123

1 호스트에게 남긴 편지

항상 카우치서핑을 할 때마다 집을 나서기 전에 편지를 남겼었다. 이번 호스트는 대놓고 방명록을 남겨달라며 수첩과 펜을 건네준다. 그 수첩에는 지금껏 다녀갔던 서퍼들의 방명록이 남겨져 있었는데 다들 무슨 미술 전공자인지 예쁜 그림과 글씨들로 자신의 나라와 호스트와 나눈 기억들을 남겨놓았다. 여기서 대한민국의 자존심을 무너뜨릴 수 없어 네이버를 검색했다. 그 결과 태극무늬가 우리의 정체성이 아닐까 싶어서 빨간색, 파란색 물결무늬를 넣어 방명록을 완성했다. 나름대로 만족하며 호스트에게 건네주었다. 호스트가 공항으로 일찍 출근을 해서 우리도 작별 인사를 하고 일찍 집을 나섰다.

먼저 찾아간 곳은 '움페르스톤 싱크홀(Umpherston sinkhole)'이었다. 자연적인 현상으로 발생하는 싱크홀. 퇴적암이 많은 지역에서 지하수가 땅 속으로 들어가 지하수층을 만든다. 이렇게 층을 이루고 있다가 지하수가 빠져나가면서 공간이 형성되는데 이때 상부 지층에서 밑 공간으로 땅이 꺼져 생기는 것이 싱크홀이다. 이곳은 생각보다 커서 놀랐다. 여전히 이곳에는 지하수가 지면으로 떨어져 내리고 있었다. 그리고 물이 많이 모이다 보니 식물이 자라기가 좋았다. 그래서 '움페르스톤'이라는 사람이 이 싱크홀을 그대로 활용해서 정원으로 만든 것이다. 지금껏 보지 못한 아주 신비로운 정원이었다. 멋진 절벽으로 길게 자라난 식물들과 지하수가 모인 우물까지 그야말로 자연이 만든 정원이었다. 곳곳에 계단과 의자를 만들어놓아서 관람하기에도 편했다.

다음으로는 미국에서 보고 깜짝 놀랐던 'Crater lake'와 이름이 똑같은 호수를 만나러 간다. 물 색깔이 100% 파란색이라 놀랐었는데 이곳에도 그런 호수가 있다고 한다. 여기서는 'Crater lake'라 부르기도 하고 'Blue lake'라 부르기도 한다고 한다. 과연 우리가 봤던 파란 호수와 같은 색깔을 낼 수 있을까 의문이 들었다. 도착하고 나니 의심은 사라지고 다시 미국에 돌아온 것처럼 파란 호수를 또 보게 되었다. 다른 점이 있다면 미국은 국립공원으로 지정하여 관리가 잘 되어 있었지만 호주는 별다른 관리 주체가 없어 보였다. 그렇지만 전망대와 자연현상을 설명해놓은 안내문은 설치되어 있어 관람하는 데 부족함은 없었다.

이제 울루루 다음으로 꼭 들러야 하는 장소 중에 한 곳으로 뽑는 'The Great Ocean Road'로 향한다. 이곳은 '12사도 바위'가 있어 더 유명한 곳이다. 방송에서 12사도 바위를 처음 봤을 때 세상에 저런 곳이 있다니 하며 입을 다물지 못했던 곳이다. 하지만 'The Great Ocean Road'를 들어오면서부터 끝없는 감탄이 이어졌다. 지금껏 수많은 바다를 만나 왔지만 이런 곳은 정말 처음이라고 할 정도로 광대하고 아름다웠다. 예전에 인생바다라고 선정했던 프랑스 북부의 비아리츠 해변과도 비교 불가였다. 이름에서 알 수 있듯이 말 그대로 '위대한 해변 도로'이다. 형언할 수 없을 정도로 아름다운 바다색과 거친 파도가 만들어낸 기암절벽의 모습들이 인간은 도무지 흉내 낼 수 없는 그 풍경을 보고 있노라면 한없이 작아지는 우리의 모습을 발견한다. 마치 신이 우리에게 겸손하라고 말해주는 예술 작품 같았다. 이 장소에서 의아했던 점은 주변에 고급 호텔이 보이지 않았다는 것이다. 이 정도 되는 풍경이라면 당연히 해안이 내려다보이는 장소에 고급 호텔이 있을 법도 한데 그나마 보이는 숙소라고는 우리가 찾고 있는 캠핑장뿐이다. 도로만 건너면 바로 해변이 보이는 곳이라 최적의 장소였다. 캠핑장이 좋은 것은 보기만 해도 설레는 장소에서 잠을 잘 수 있다는 것이다.

1 The Great Ocean Road의 첫 관문에서 2 햇살이 내려쬐는 12사도 3 노을이 지고 있는 12사도

252~253 D+day	좋은 사람들을 만날 수 있는 카우치서핑			
	Date	Distance	Place	etc
	2019.11.12.~13.	261km/60,008km	Halls Gap/호주 41~42days	카우치서핑 55~56

어제는 하늘에 구름이 조금 껴서 아쉬웠다. 그래도 한 번씩 구름 사이로 해가 비칠 때면 바다색과 절벽색이 달라지면서 전혀 다른 분위기를 연출했다. 아침에 일어나보니 해가 쨍쨍하게 내리쬐고 구름은 적당하게 있어 딱 좋았다. 서둘러 짐을 싸고 조금이라도 더 보기 위해 다시 'The Great Ocean Road'로 나섰다. 어제 해가 지기 전에도 로드를 한 바퀴 했는데 'London Bridge', 'The Bakers Oven', 'Twelve Apostles', 'The Razorback' 등 이름에 아주 절묘하게 맞아떨어지는 자태를 하고 있었다. 마치 이름에 맞춰 절벽이 깎인 것처럼 보였다. '12사도 바위'의 경우 풍파작용으로 바위가 무너지고 있다는 얘기를 들었는데 그도 그럴 것이 파도가 남다른 위력으로 바위들을 치고 있어서 언제 무너져도 이상할 것 같지 않았다. 이름 있는 바위들이나 전망대는 다 찾아다니고 있는데 갑자기 하늘에 구름이 잔뜩 끼면서 비가 내리기 시작한다. 아침에 나올 때까지만 해도 분명 맑은 날씨였는데 한순간에 변했다. 잠시 대피해서 차 안에서 라면을 끓여 먹고 나니 다시 날씨가 맑아진다. 천천히 도로를 따라 달리면서 한 번 더 바다를 바라보며 아쉽지만 'The Great Ocean Road'를 빠져나왔다.

이제 바다를 벗어나 다시 산으로 간다. 이런 게 자유여행의 묘미가 아닐까 싶다. 바다를 보고 싶으면 바다로 산으로 가고 싶으면 산으로 갈 수 있으니 말이다. 게다가 자동차로 여행을 하고 있으니 마음대로 다닐 수 있어 더없이 좋다. 지금은 'Grampians National Park' 옆에 살고 있는 호스트의 집으로 향한다. 멀리서 'Grampians 산맥'이 보이기 시작하는데 산세가 심상치 않아 보인다. 그 산의 바로 아래에서 살고 있는 호스트였다. 호스트의 집에 도착하니 아주 멋진 2층 단독 주택과 바로 옆에 1층 별채로 나눠져 있었다. 호스트의 집에는 우리만 있는 것이 아니라 3명의 서퍼가 더 있다고 하며 나중에 일을 마치고 돌아올 것이라고 한다. 저녁 식사 시간이 되어서 돌아온 3명의 서퍼는 모두 프랑스인이었다. 아주 친근한 성격의 젊은 청년들이었다. 호스트는 모두 모였을 때 우리에게 멋진 2층 단독주택과 바로 옆에 1층 별채를 보여주며 우리에게는 2층 단독주택에서 머물라고 한다. 사실 2층 단독주택은 Air B&B로 운영하는 곳이다. 다행히 Air B&B에 예약 손님이 없고 우리가 4명에 아이들도 있고 하니 이런 호의를 베풀어주었다. 1층 별채에는 호스트와 3명의 서퍼가 생활하고 지냈다. 우리를 이런 멋진 집에서 머물게 해주어서 진심으로 고마웠다. 그 보답으로 모두를 저녁 식사에 초대했다. 호스트는 들어오면서 와인을 들고 왔는데 진짜 집에 초대받은 컨셉으로 들어왔다. 다들 유쾌한 성격을 지니고 있어 식사하는 동안 웃음이 떠나질 않았다.

다음 날이 되어 다들 일하러 나가고 우리만 집에 남았다. 집 앞마당에는 하얀 앵무새 두 마리가 날아왔는데 Air B&B 손님들을 위해 먹이도 비치해두었다. 먹이를 손에 쥐고 앵무새에게 다가가니 먹이를 주는 줄 알고 기다린다. 손을 펴서 먹이를 주니 잘 먹는다. 바로 집 앞에서 이런 경험을 할 수 있다니 신기했다. 우리도 아침을 먹고 'Grampians National Park'에 가보기로 했다. 공원 내부를 차로 다닐 수 있어 좋았다. 공원에는 폭포와 전망대, 절벽들이 볼만했는데 또 갑자기 비가 내리기 시작한다. 어쩔 수 없이 다시 마을로 내려왔다. 마을로 내려오니 비가 그친다. 다행히 아이들이 좋아하는 놀이터가 있었다.

그곳에 먼저 와서 놀고 있는 여자아이가 있었는데 그 부모가 우리를 보더니 울루루와 The Great Ocean Road에서 우리를 봤었다면서 반갑게 인사를 한다. 우리는 못 봤지만 정말 신기하다며 다음 일정에서 또 만나자며 인사를 나누고 헤어졌다. 그러고 보니 우리는 동양인에 아이들까지 있으니 외국인들 눈에 많이 띄었을 것 같다.

1 호스트와 서퍼들과 저녁 식사
2 집 앞에 찾아오는 앵무새
3 생일을 맞은 서퍼들을 위한 예은이의 그림 편지

마지막 저녁 식사는 프랑스 서퍼 3명 중 2명이 생일이라 함께 저녁 식사를 하기로 했다. 집으로 돌아가는 길에 아이스크림 케이크를 사서 갔다. 저녁 식사는 프랑스 서퍼들이 함께 차려주겠다고 한다. 프랑스 서퍼들은 빵, 아보카도, 치즈로 아주 건강하면서도 근사한 저녁 식사를 만들어주었다. 우리도 가지고 있던 떡볶이를 요리하고 아끼던 와인도 꺼내어 함께 마셨다. 호스트는 식사를 하기 전에 건배 제의를 했는데 2명의 생일자와 우리의 여행을 위해 건배했다. 예은이는 생일편지를 써서 선물해주었다. 카우치서핑을 통해 이렇게 좋은 사람들을 만나고 행복한 시간을 보낼 수 있다니 이 자체가 기적처럼 여겨졌다.

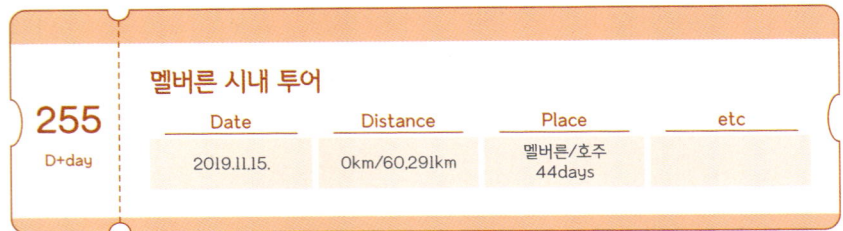

우리가 머무는 숙소의 위치는 'Box Hill'이라는 지역이었다. 이곳은 중국인들이 많이 보였는데 역시나 차이나타운이 형성되어 있다. 거리의 이정표에도 중국어가 표기되어 있어 놀라웠다. 멜버른 중심지까지는 약간 거리가 있어 기차를 타고 이동해야 했다. 기차역은 복합 쇼핑몰과 함께 있어서 음식점에 들러 먼저 아침 식사를 했다. 기차를 타고 멜버른 중심가까지는 약 40분 정도 소요됐다. 가는 길에 기찻길 옆으로 있는 건물들 벽에는 그라피티가 심하다 싶을 정도로 많은 그림들이 그려져 있었다. 이 정도로 많은 그라피티가 있다는 것은 지자체에서 아예 허가를 해주고 일부러 그려놓은 것 같았다. 덕분에 가는 길이 지루하지는 않았다.

시내에 도착해서 먼저 재래시장 'South Melbourne Market'을 들렀다. 세상 어느 재래시장을 가도 그 특유의 활기는 비슷하다. 북적거리는 사람들과 다양한 물건들이 우리의 눈을 현혹시킨다. 신선한 식재료들과 맛있는 음식 냄새는 우리의 코를 간지럽힌다. 재래시장을 나와 호주 백화점 체인점인 'MYER'에 들렀다. 입구에서부터 영화 〈해리포터〉와 관련한 행사를 진행하고 있다는 안내문이 있어 들어가 보았다. 해리포터 상표가 찍힌 각종 물건들을 팔고 있는데 한편에는 해리포터 복장을 입고 사진을 찍어주는 행사도 진행되고 있었다. 우리도 줄을 서서 기다렸다가 네 명 다 해리포터 복장을 입고 사진을 찍었다. 사실 우리 모두 〈해리포터〉를 한 편이라도 끝까지 본 적이 없어 사진을 찍는 배경이 의미 있는 곳이라고 설명해주었지만 크게 와닿지는 않았다. 또 맞은편에서는 녹색 천을 들고 있으면 투명인간처럼 사라지는 마법 같은 사진을 찍어주는 행사가 진행되어 참여했다. 역시 대도시에 오니 문명의 혜택을 마음껏 누릴 수 있어 즐거웠다.

다음 장소는 오래전에 우리나라에서 많은 인기를 누렸던 드라마 〈미안하다, 사랑한다〉 촬영장소인 일명 '그라피티 거리'로 갔다. 주연 배우인 소지섭과 임수정이 특이한 옷을 입고 그라피티가 그려진 벽면을 배경으로 촬영한 장소이다. 한국이 아닌 다른 나라에서도 여기서 찍은 드라마가 있는지 많은 사람들이 모여 있었다. 하지만 꼭 드라마가 아니더라도 충분히 매력적인 거리였다. 거기서 조금 더 걸어가니 '야라강(Yarra River)'을 건널 수 있는 'Prince Bridge'가 있다. 다리에서 도심을 바라보니 멋진 스카이라인이 한눈에 들어온다. 언제나 그렇듯 도심을 지나가는 강은 우리에게 운치를 더해준다. 강을 건너니 미술관과 극장이 나란히 있다. 미술관 앞에서 첼로를 연주하는 사람이 있어 시끄러운 도심 속에서 울려 퍼지는 아름다운 소리가 우리의 발목을 잡는다. 그냥 지나치는 사람들도 많지만 신호등에 기대어 바라보는 사람도 있고 우리 아이들은 왈츠를 춘다. 길거리 공연을 마주하는 아주 바람직한 자세 같다. 멜버른의 거리를 쭉 거닐다 보니 배가 고파져 유명한 햄버거 가게 'Betty's Burger'에 가서 저녁 식사를 먹었다. 신선한 재료들로 만들어진 햄버거라 맛있었다.

식사를 마치고 나와 다시 'Prince Bridge'로 갔다. 아까 전과 또 다른 것이 해가 지고 건물마다 조명이 켜지니 오후와는 또 다른 야경이 우리를 반긴다. 한쪽에서는 야외 클럽이 한창이다. 차마 들어가지는 못하고 입구 앞에서 화려한 조명을 받으며 우리끼리 신나게 춤을 추웠다. 그런데 저녁이 되니 쌀쌀하다. 분명 울루루에 있을 때만 해도 35도까지 올라가는 무더위에 지쳤는데 다들 추워서 패딩을 입고 다닌다. 물론 덥지 않아서 다니기에는 이 기온이 딱 좋다. 낭만이라는 것도 날씨가 약간 쌀쌀할 때 그 정취가 더 묻어난다. 멜버른의 야경이 더 낭만적이었던 것은 아마 이 때문이기도 한 것 같다.

   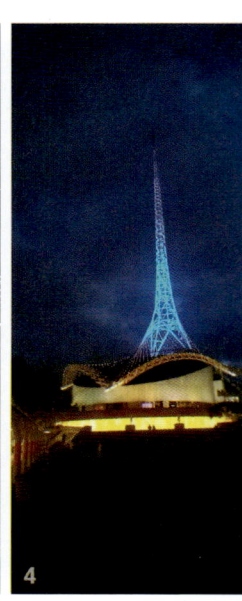

1 해리포터 복장을 입고 2 드라마 〈미안하다 사랑한다〉 촬영지에서 3 멜버른 야경을 배경으로 4 푸른빛이 매력적인 State Theatre 야경

258 D+day	세상에서 가장 작은 펭귄을 본 적이 있나요?			
	Date	Distance	Place	etc
	2019.11.18.	179km/60,532km	Puffing Billy Railway/호주 47days	캠핑 124

멜버른을 벗어나 향한 곳은 '단데농 레인지스 국립공원(Dandenong Ranges National Park)'이다. 이곳은 열대식물이 잘 보존되어 있고 야생 앵무새를 볼 수 있어 많은 사람들이 찾는 곳이었다. 주차장에 차를 세워두고 산책길을 한 바퀴 돌기로 했다. 차에서 내리자마자 야생 앵무새들이 여행객들이 많은 곳에 몰려 있다. 말은 야생이지만 이미 먹이를 받아먹는 것에 길들여진 반야생 앵무새였다. 옆에 있던 버스기사 아저씨가 아이들에게 앵무새 먹이를 주어서 우리도 먹이를 주었다. 미국에 있을 때 그렇게 야생동물에게 먹이를 주지 말라고 훈련받았지만 여기는 미국이 아니기에(?) 한번 체험을 해본다. 예은이가 두 손을 모아 먹이를 주고 있는데 갑자기 앵무새가 손을 물어서 아프다며 눈물을 글썽인다. 그게 뭐가 아프냐며 아빠가 똑같이 두 손을 모아 먹이를 주는데 한 녀석이 먹이를 먹는 게 아니라 손을 깨문다. 손 위에 있는 먹이를 먹으려면 여러 녀석들이 모여들어 먹기가 힘들지만 손을 물면 사람들은 아프다며 땅에 떨어트린다. 그러면 한 곳에 안 몰려도 되니 훨씬 먹기가 용이해진다. 그런데 진짜 이 한 마리가 그걸 노리고 손을 문 건지 아니면 못 먹는 감 찔러나 보자는 심정으로 문 건지 모르겠다. 하여튼 이 앵무새는 얼마 전 카우치서핑 호스트가 자신의 Air B&B 집을 빌려줬을 때 봤던 그 앵무새와 똑같은 녀석이었지만 확실히 야생이라 그런지 생존법이 다르기는 했다. 야생은 야생인가 보다. 한번 물려보니 정신이 번쩍 차려진다. 앵무새를 뒤로하고 산책길을 한 바퀴 돌았다. 양치류 식물과 열대야 나무들이 많이 보인다. 그리고 이곳에 유명한 게

하나 더 있는데 'Puffing Billy Railway'이다. 증기열차가 이 선로를 따라 움직인다. 그때 부드러운 곡선 선로가 목조다리 위를 지나는 장소가 있는데 사진 찍기 좋은 명소로 유명했다. 우리는 이곳에서 열차가 오길 기다리고 있었다. 열차가 옆을 지날 때 우리는 기차 안에 탄 사람들에게 손을 흔들며 인사를 했다. 아이들은 열차가 타고 싶었는지 모르겠지만 다행히도 그냥 인사하는 것에 만족해 보였다.

이제 매일 밤 펭귄 퍼레이드가 펼쳐지는 '섬머랜즈(Summerlands)'로 간다. 얼마나 작기에 '세상에서 가장 작은 펭귄'이라는 별명이 붙여졌는지 궁금했다. 섬머랜즈는 '필립섬 자연 공원(Phillip Island Nature Park)'에서 관리를 하는데 정부 소유지만 동물 보호와 연구를 목적으로 상업적인 성격을 띠다 보니 일단 입장료가 비싸다. 입장료를 내고 들어가서 펭귄 퍼레이드 장소까지 데크로드를 설치해놓았는데 거리가 꽤 된다. 가는 길에는 펭귄이 아닌 야생동물들도 보였다. 아마도 이런 야생동물을 보존하기 위해서 데크로드를 만든 것 같다. 멜버른에서도 추웠지만 이곳은 바닷가에 해가 져야지만 펭귄을 볼 수 있다고 하니 더 많이 추울 것을 예상해서 옷을 여러 겹 입고 두터운 옷까지 미리 준비해 갔다.

드디어 펭귄 퍼레이드를 관전하는 전망대에 도착했다. 더 이상은 앞으로 나갈 수도 없고 전망대에 앉아 펭귄이 바다에서 나오기만을 기다렸다. 해가 한참 지나고 나서야 한 마리씩 나타난다. 그런데 해변에 있는 검은색 작은 돌들과 구분이 안 될 정도로 작아서 멀리서 육안으로 확인하기는 어려웠다. 펭귄이 바다에서 나오기 시작하니 사람들은 전망대에서 기다리지 않고 자리에서 벗어나 데크로드로 간다. 그러니 갑자기 수많은 펭귄들이 데크로드 바로 밑을 지나다닌다. 정말 작았다. 우리나라의 닭둘기와 비슷한 사이즈였다. 주변이 어둡지만 펭귄의 귀소본능은 확실했다. 수백 마리가 한꺼번에 나타나 이렇게 자기 집으로 찾아 들어가는 모습이 신기했다. 하지만 사진을 못 찍게 하고 입장료가 필요 이상으로 비싼 부분이 아쉬웠다.

1 지나가는 증기열차에 손을 흔들고 있는 아이들 2 펭귄을 기다리며 예쁜 하늘과 3 섬머랜즈 비지터 센터에서

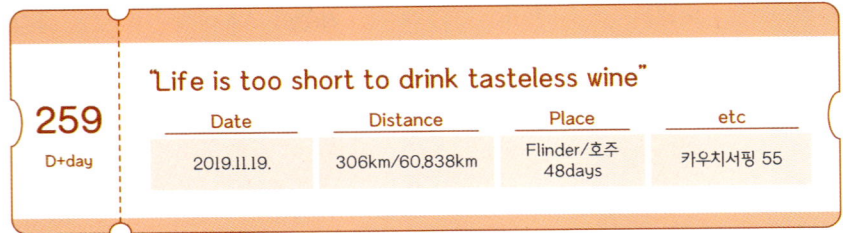

캠핑장은 펭귄 퍼레이드 장소 바로 옆이었다. 아침에 철수하고 다시 섬머랜즈 전체를 한 바퀴 돌았다. 멋진 해안절벽과 바위들이 줄줄이 우리를 기다리고 있었다. 비바람이 쳐서 아이들은 차에 있고 우리만 내려서 사진을 찍었다. 아침부터 비바람을 맞아도 시원하고 깨끗해서 그런지 기분이 상쾌했다. 섬머랜즈 끝자락에는 'Nobbies Centre'가 있었는데 이곳에 도착하니 구름이 잔뜩 끼어 있던 하늘이 제 모습을 드러낸다. 섬머랜즈 안에서 가장 멋진 풍경을 간직하고 있고 데크로드가 잘 깔려 있어 산책하기에도 좋았다. 특히나 파도가 쳐서 해안절벽에 부딪히는 모습이 장관이었다. 데크로드를 따라 걷는 길에는 야생화들이 지천으로 펴서 아름다웠다. 'The Great Ocean Road'의 해변은 장대하다면 이곳은 아기자기하면서도 예쁜 해변이었다.

섬머랜즈를 빠져나와 향한 곳은 '페인스빌(Paynesville)'이라는 마을이다. 이곳에 우리를 초청한 카우치서핑 호스트가 있었다. 호스트는 지상 1층, 지하 1층의 단독주택에 살고 있었는데 지상 1층 거실에서 정원이 보이는 원 모양의 창문이 매력적이었다. 베란다에서는 집 바로 앞으로 흐르는 강이 있었는데 정원을 통해 내려가면 보트 계류장에 자신의 보트도 한 대 있다며 알려준다. 이번에 처음으로 호스트에게 김치볶음밥을 시도했는데 맛있게 먹었다. 식사를 하면서 얘기를 나누다 보니 호스트는 이미 40년 전에 아내와 함께 모터사이클로 세계 여행을 다녀왔었다. 그리고 아직 그 모터사이클을 가지고 계셨다. 아마도 론리플래닛 공동 설립자인 부부가 세계 여행을 하기도 전에 다녀오신 것 같다. 아내와 내가 구글 없는 여행은 상상할 수 없다고 버릇처럼 말하는데 이 분들은 그 상상할 수 없는 여행을 다녀오셨다. 집에는 자전거, 모터사이클, 자동차, 요트, 카약이 있어 다양한 수단으로 여행을 하고 계셨다. 자동차가 총 4대였는데 2대가 올드카 미니였다. 직접 개조하며 타고 다니신다고 한다. 거실 소파 쿠션의 글귀가 와닿는다. "Life is too short to ride an ordinary car." 여행을 하면서 "Life is too short to drink tasteless wine" 이런 글귀와 자주 마주쳤었다. 꼭 자동차, 와인에 국한되지 않고 자신이 좋아하는 것을 하며 살기에도 시간이 부족하다는 포괄적인 의미로 받아들여졌다. 예전에 어떤 한인 교회 목사님께서 설교 말씀 중 이 세상을 떠난 후 하나님을 만나게 되면 세 가지를 묻는다고 하셨다. 내가 너에게 준 시간, 돈을 어떻게 썼는지, 자녀에게는 무엇을 가르쳤는지. 참 도전이 되는 말씀이라 항상 염두에 두고 살아야겠다는 생각이 들었다.

1 섬머랜즈 끝자락 'Nobbies Centre'에서   2 세상에서 제일 귀염둥이   3 호스트와 저녁 식사를 하면서

260 D+day	야생 코알라를 만나다			
	Date	Distance	Place	etc
	2019.11.20.	482km/61,320km	Raymond Island/호주 49days	캠핑 125

호스트는 아침 일찍부터 친구들과 강가에서 약속이 있다며 먼저 나갔는데 나중에 짐을 챙기고 나오면 자신이 코알라가 서식하는 섬으로 데려가주겠다며 쪽지를 남겼다. 짐을 챙기고 약속 장소로 가서 호스트에게 연락을 하니 마중을 나왔다. 주차장에 차를 두고 섬을 건너는 도선을 타고 이동했다. 선착장에 내리자마자 놀이터가 있는데 코알라처럼 찍을 수 있는 포토존이 있다. 고개만 내밀면 코알라가 되는 포토존인데 숟가락을 검은색으로 칠해놓은 도구가 있다. 뭔지 몰라 어리둥절하고 있으니 예린이가 그걸 들고 코에 갖다 댄다. 알고 보니 그걸 코에 대면 코알라처럼 크고 검은 코로 변신해서 코알라처럼 보이게 해주는 도구인 것이다. 한 번씩 보면 예린이가 천재로 느껴질 때가 있다. 그런데 아이들이 진짜 이걸 코에 대니 코알라처럼 보였다. 이 작은 도구로 이런 효과를 낼 수 있다니.

이제 본격적으로 코알라를 찾기 위한 모험을 떠났다. 커다란 유칼리나무들이 섬 마을에 포진되어 있는데 그 나무들 위에 코알라가 숨어 있는 것이다. 처음에는 코알라는 찾지 못하고 커다란 돌멩이 같은 고슴도치만 보았다. 그러다 호스트가 먼저 코알라를 찾고는 우리에게 어디 있는지 설명해주는데 설명을 들어도 안 보였다. 몇십 초를 뚫어져라 쳐다보니 그제야 보였다. 그때를 기점으로 마을을 지나 섬의 중간부에 접어들었는데 유칼리나무 숲이 보였다. 그때서야 우리도 나무에서 자고 있는 코알라를 발견할 수 있었다. 우리가 찾은

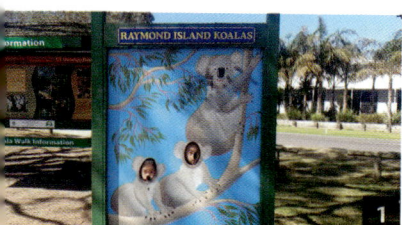

1 코알라 포토존에서
2 코알라와 함께 가족사진
3 검은 거위가 많았던 강가에서

코알라는 열 마리 이상 되었다. 그중에 한 마리는 나무 높이 있지 않고 조금만 올라가면 만질 수 있을 정도로 낮은 곳에 있었다. 호기심이 발동한 아빠는 나무에 올라가 최대한 가까이서 보려고 했다. 그러자 이 녀석이 눈치를 챘는지 슬금슬금 위로 올라간다. 이 섬에는 코알라 말고도 검은 백조, 고슴도치도 볼 수 있었고 주변 경치도 좋아 고급 보트들이 많이 정박하고 있었다. 놀이터와 각종 운동기구도 있어 아이들과 놀러 오기 좋았다. 야생 코알라를 보고 싶다면 레이몬드 아일랜드는 꼭 들러야 하는 명소이다.

호스트와는 도선을 타고 다시 돌아와서 헤어졌다. 이제 호주의 수도인 '캔버라(Canberra)'로 향한다. 왠지 시드니나 멜버른이 호주의 수도처럼 느껴지는 것은 캔버라는 사실 행정 수도이기 때문이다. 이 때문에 세종시가 캔버라로 벤치마킹을 가는 것이다. 1900년대 초에 계획도시를 세우는 것을 전 세계를 대상으로 공모하여 세워진 것이다. 일단 근처 캠핑장에 체크인을 하고 쉬었다. 실제 캔버라의 모습은 어떨지 궁금하다.

261 D+day

호주의 수도 캔버라에서 시드니까지

Date	Distance	Place	etc
2019.11.21.	398km/61,718km	캔버라/호주 50days	

먼저 캔버라의 전경을 한눈에 보기 위해 '에인슬리 산 전망대(Mount Ainslie Lookout)'에 갔다. 캔버라에만 와도 날씨가 또 무척이나 덥다. 햇살이 따가워 그늘로만 다니게 되는데 전망대에 도착하니 그늘이 없어 다니기가 힘들다. 전망대에 서서 사진만 찍고 바로 다시 차에 올라타서 '오스트레일리안 워 메모리얼(Australian War Memorial)'로 이동했다. 나라를 위해 희생한 군인들을 기리기 위한 기념관이자 박물관이었다. 언제나 그렇듯 전쟁 기념관은 갈 때마다 가슴이 먹먹하다. 지금 이 시대에 태어난 것 자체가 얼마나 우리에게는 행운인지 새삼 다시 깨닫는다. 정말 이 세상에서 전쟁은 사라졌으면 좋겠다.

전쟁 기념관을 나와 몰롱글로강을 건너 작은 언덕 위에 있는 국회의사당 건물인 '팔리아멘트 하우스(Parliament House)' 안으로 들어갔다. 일반인에게도 모두 공개되어 있어서 관람하기 좋았다. 실제로 국회가 열리는 장소도 공개하고 있어 놀라웠다. 국회의사당을 나와서는 대한민국 호주 대사관을 찾아갔다. 한국 전통한옥 형태로 지어져 있었다. 외교관에서 근무하는 사람들은 어떤 삶을 영위하고 있을지 궁금해졌다. 이제 캔버라를 떠나 시드니로 향한다. 시드니로 가기 전에 '블루 마운틴스 국립공원(Blue Mountains National Park)'으로 가려고 했지만 가는 길에 하늘 위로 연기가 자욱해서 돌아 나왔다. 당시 호주에는 장기간 산불로 인하여 많은 지역으로 불길이 이어지고 있었다. 시드니에 들어갈 때에도 혹시나 불길이 번지지 않을까 약간 걱정이 되긴 했지만 다행히 우리가 머무는 동안에는 문제가 없었다.

1 계획도시 캔버라의 한 단면
2 복잡한 시드니 시내
3 밤에 도착한 시드니의 야경

호주에 온 지 50일 만에 보는 시드니 오페라 하우스. 일단 시드니는 세계 3대 미항이라 불릴 만큼 아름답기로 유명하고 오페라 하우스는 호주의 상징이라 불러도 손색이 없는 건축물이라 할 수 있다. 실제로 차를 끌고 들어오니 세계적인 도시라는 위엄을 마구 뿜어내고 있었다. 그 복잡하다는 뉴욕, 파리에서도 별문제 없이 운전했던 아빠인데 시드니에 들어오자마자 몇 번의 고비를 넘겼다. 길을 잘못 들어 금지구역에 들어가려다가 다행히 지하주차장이 보여 급선회했다. 그래서 내일부터는 차를 세워 두고 BMW(Bus Metro Walk)로 다니기로 결정했다. 시드니라 하면 물론 오페라 하우스가 메인이겠지만 도시의 전체적인 분위기가 우리를 사로잡았다. 내일은 직접 걸어 다니며 그 분위기에 흠뻑 빠져봐야겠다.

262~265 D+day	호주 관광 수도, 시드니			
	Date	Distance	Place	etc
	2019.11.22.~25.	12km/61,730km	시드니/호주 51~54days	카우치서핑 58~61

시드니에 오니 호주라는 생각이 들었다. 방송에서 호주라고 나오는 장면들이 모두 여기에 다 있었기 때문이다. 가장 큰 상징적인 건물은 딱 두 가지이다. 모두가 생각하는 '오페라 하우스(Opera House)'와 '하버 브리지(Harbour Bridge)'이다. 시드니는 이 두 건축물을 중심으로 도시가 나뉘고 확장된다. 우리도 이 주변을 맴돌고 맴돌았다. 처음 도착한 곳은 'First Fleet Park'다. 거리에는 세계 각국의 관광객들과 공연하는 사람들로 가득하고 바로 옆 부둣가에는 대형 크루즈와 유람선들이 바삐 움직인다. 모든 것이 다 분주해 보이지만 그 속에서도 여유가 느껴진다.

이제 크리스마스를 한 달 앞둔 상황이라 거리에는 크리스마스와 관련된 장식들과 음악들이 흘러넘친다. 예전에 애들레이드에서 봤던 크리스마스 퍼레이드를 운 좋게 여기서도 볼 수 있게 되었다. 거리 곳곳에 다채로운 행사가 끊임없이 진행되었다. 재밌는 변장을 하고 다니는 사람들과 사진 찍고 쿠키 만들기 같은 체험공간도 많았다. 중심가에서는 각종 공연이 열렸고 공연 중 하이라이트로 대형 트리의 점등식이 거행되었다. 이렇게 따뜻한 크리스마스 행사는 처음이라 낯설긴 했지만 그만큼 또 신선하게 다가왔다. 그런데 시드니는 하루만에 크리스마스 행사가 끝나는 게 아니라 산발적으로 곳곳에서 행사가 진행되었다. 한번은 어느 동네를 지나가는데 광장 같은 곳에서 축제가 벌어져 동네 사람들이 모두 나와 공연을 하고 음식도 팔고 했다. 중간에는 소방차가 출동했는데 거기서 산타 할아버지가 내려와 아이들과 사진 찍고 행사에도 참여를 한다.

한번은 유람선을 타고 호주를 둘러봤다. 배를 타고 시드니를 바라보니 육지에서는 못 봤던 풍경들과 마주치게 된다. 유람선에서 내려 찾아간 곳은 '루나파크(Luna Park)'였다. 일단 입장료가 무료다. 들어가는 입구가 특이한데 높은 빌딩 사이로 우스꽝스러운 큰 얼굴이 있고 입을 쩍 벌리고 있는데 그 입이 출입문이다. 규모는 작은 놀이공원이지만 있을 건 다 있었다. 다양한 포토존이 있고 캐릭터들이 돌아다니며 함께 사진을 찍어주어서 좋았다. 따로 놀이기구를 타지 않아도 신나는 놀이공원이었다. 또한 뒷배경이 오페라 하우스와 하버 브리지이기에 더욱 좋았다. 다시 유람선을 타고 시드니 최동단 '왓슨스 베이(Watsons Bay)'로 갔다. 해안절벽이 멋진 걸로 유명한데 우리에겐 그보다 '로버트슨 공원(Robertson Park)'에서 큰 나무 사이로 보이는 연무로 인해 몽환적인 분위기를 자아내는 시드니의 모습과 바다에 떠 있는 보트들의 모습이 정말 환상적이었다. 갑자기 눈앞에 나타난 이 장면은 꿈인지 생시인지 착각할 정도였다. 다시 유람선을 타고 루나파크에 한 번 더 들렀다. 밤이 되어 조명이 들어와 낮과는 또 다른 분위기의 야경을 연출하고 있었다. 이 분위기가 좋아서인지 웨딩촬영을 하는 신혼부부도 있었다. 우리도 대관람차와 입구 앞에서 한 번 더 사진을 찍었다.

시드니에 머무는 동안 가장 좋은 놀이터는 '텀바롱 공원(Tumbalong Park)'에 있었다. 물놀이와 더불어 남녀노소 누구나 즐길 수 있는 시설들이 구비되어 다양한 연령층의 사람들이 놀이터에서 노는 모습을 어렵지 않게 볼 수 있다. 루나파크가 아니더라도 시드니에는 도심에 대관람차가 하나 더 있는데 '달링하버(Darling Harbour)'에 위치했다. 이름만 들어도 로맨틱한 부둣가이다. 이곳에는 신축 건물인 컨벤션 센터와 고급 호텔들이 멋진 자태와 화려한 조명으로 더 로맨틱한 분위기를 자아냈다. 그냥 그 길만 걸어도 영화 세트장에 들어와 있는 착각이 든다. 그런데 이 로맨틱한 분위기에 갑자기 폭우가 내리기 시작한다. 주변에 카페가 많아 일단 대피했다. 우리는 스위스의 유명한 초콜릿 브랜드인 '린트(Lindt)' 카페에 들어가 핫초코를 시켜먹으며 비가 멈추기만을 기다렸다. 이 브랜드를 많이 봤지만 핫초코를 한 번도 먹어본 적은 없었는데 여기서 인생 핫초코를 마셨다. 진한 초콜릿이 입 안을 가득 채웠다. 다 마시고 나니 거짓말처럼 비가 그쳤다.

시드니에서의 마지막 밤, 우리는 약속이 있었다. 바로 시드니에 있는 동안 머물렀던 카우치서핑 호스트와의 약속이었다. 4박 5일을 머물렀지만 호스트가 타지역에 출장을 나가 있어서 마지막 날이 되어서야 처음으로 호스트를 만나게 된 것이다. 유일하게 처음으로 함께 식사를 하지 못한 호스트이기도 했다.

호스트의 집은 시드니 중심가에 있어 걸어서 시내로 나갈 수도 있었다. 게다가 고급 아파트라 내부가 럭셔리하고 미로가 따로 없었다. 게스트는 현재 호주 해군인데 배를 타고 인천으로 왔다가 태풍을 만나 제주도에 간 적이 있다고 한다. 카우치서핑을 하면서 다양한 직업에 종사하는 사람들을 만나는 게 흥미롭다. 한국에서 학교 친구, 회사 동료 외에는 만나기가 힘들고 친하다고 해도 집에 초대받기가 쉬운 일이 아닌데 이렇게 좋은 인연을 맺을 수 있게 되어 좋았다. 게다가 자신은 집에 없지만 게스트들에게 자유롭게 자신의 집을 내어주는 모습이 대단했다. 그의 집에는 우리 말고도 두 명의 서퍼가 더 있었는데 둘 다 20대의 독일과 이탈리아 여성이었다. 호주에서 일을 하며 여행도 하고 있다고 했다. 배낭여행하는 유럽 여성들을 보면 참 독립적이고 자신감이 가득 차 보인다. 우리 딸들도 그렇게 독립적으로 잘 컸으면 좋겠다.

1 유람선을 타고 하버 브리지 밑으로 지나가다가 2 루나파크에서 3 루나파크의 주출입구 야경

268
D+day

사상 최악의 산불을 목격하다

Date	Distance	Place	etc
2019.11.28.	531km/62,831km	바이런 베이/호주	57days

이온음료로 유명한 '포카리 스웨트' 하면 수분 공급이 잘 되고 맑고 깨끗한 이미지가 머릿속에 떠오른다. 지금 향하고 있는 곳은 예전에 포카리 스웨트 광고 촬영지였던 '바이런 베이(Byron Bay)'이다. 이곳은 호주 대륙의 최동단에 해당되는 곳이기도 하다. 푸른 바다와 하얀 등대가 포카리 스웨트를 연상하게 한다. 그래서 아빠의 드레스 코드가 화이트와 블루였다. 처음에 맑았던 하늘도 점점 구름떼가 몰려와 수분 공급도 시켜주었다. 딱 도착했을 때는 주차비가 비싸서 돌아가려다가 그곳이 아니고서는 딱히 주차하기도 힘들고 저 밑에 공영주차장에 주차를 하고 걸어오기에는 심한 경사가 있어 아이들에게 힘들 것 같아서 그냥 주차하기로 했다. 바이런 베이의 중심이 되는 하얀 등대를 중심으로 한 시간 코스의 산책로가 있었는데 멋진 바다를 바라보며 걷기 좋았다. 약간 경사가 있었지만 계단이 있어서 많이 힘들지 않았다. 멋진 사진을 찍고 풍경을 본 것만으로도 주차료가 전혀 아깝지 않았다.

다시 호주에서의 마지막 관문인 골드코스트로 향한다. 사상 최악의 산불이라 불리는 호주 남동부 화재를 지나게 되었다. 지난 9월부터 시작된 산불은 엄청난 피해를 남겼다. 이번 화재로 여행하는 내내 산불 현황을 확인하며 이동했다. 다행히도 우리가 이동하는 동안 산불을 직접 목격하지 않았지만 뉴사우스웨일스 주에 들어오면서 하늘이 연기로 뒤덮인 모습과 다 타버린 나무에 불이 붙어 있는 모습을 직접 눈으로 보게 되었다. 호주는 심각한 물 부족과 대기 건조로 인하여 산불이 자주 발생하는데 피부로 와닿을 정도로 그 심각성을 느낄 수 있었다. 비가 많이 내리지 않고 온난한 날씨가 마냥 좋을 줄만 알았는데 꼭 그렇지도 않다는 걸 깨달았다. 마냥 좋은 것만 있을 수 없고 마냥 나쁜 것만 있지도 않다. 장점이 단점이 될 수도 있고 단점이 장점이 될 수도 있다. 고로 세상은 공평하다.

저녁이 다 되어서야 골드코스트에 도착했다. 해변 가까이 위치한 호텔을 선택해서 체크인을 하고 들어갔다. 베란다에서 보이는 화려한 고급 호텔들이 즐비한 거리와 철썩이는 파도 소리가 들리는 밤바다가 이곳이 골드코스트임을 알려준다. 호텔 로비로 내려가 근사한 저녁 식사를 하면서 한국에 있는 가족들에게 안부전화를 했다. 여행하는 동안 일주일에 한 번씩은 양가 부모님께 연락을 드렸다. 언제나 조심하고 즐거운 여행 하라고 걱정해주시는 양가 부모님들 덕에 지금껏 무사히 즐겁게 여행할 수 있었다.

1 푸른 바다와 하얀 등대가 인상적인 바이런 베이
2 예쁘게 나온 예린이 사진
3 산불이 난 도로를 지나가다가

269~270 D+day	**서핑과 쇼핑의 천국, 골드코스트**			
	Date	Distance	Place	etc
	2019.11.29.~30.	103km/62,944km	골드코스트/호주 58~59days	

서핑하기 딱 좋은 날씨에 서핑하기 딱 좋은 골드코스트에 있으니 서핑을 하지 않을 수가 없다. 먼저 골드코스트의 해변을 거닐기로 했다. 수많은 관광객이 찾는 곳이라 그런지 많은 조형물들이 해변을 걷는 재미를 더했다. 그중에 코알라가 서핑보드를 들고 있는 조형물이 있었는데 아이들이 좋아했다. 내려쬐는 햇살에 끝없이 펼쳐지는 해변을 다 걷기는 힘들었고 조금 걷다가 한인식당을 찾아갔다. 제육덮밥과 오징어덮밥을 주문하고 음식이 나오기를 기다리는 동안 아이들은 아까 전에 봤던 코알라가 생각나는지 숟가락을 들고 코를 가린다. 예전에 코알라 섬에 갔을 때 봤던 숟가락을 생각해낸 것이다. 기특한 것들.

배불리 먹고 나와 서핑 레슨을 예약하기 위해 거리를 누볐다. 물론 서핑은 그나마 수영을 하는 아빠 혼자서만 타기로 했다. 적당한 곳을 찾아 예약을 마쳤고 곧 레슨을 시작하기로 했다. 약 15명 정도가 레슨을 예약해서 함께 배우게 되었다. 처음에 서핑

보드를 들었을 때 그 길이와 무게에 놀랐다. 영화에서는 남자 배우들이 서핑보드를 겨드랑이에 끼고 해변을 달리는 모습을 봤기에 당연히 아빠도 그렇게 할 줄 알았지만 현실은 달랐다. 초보자용 서핑보드는 둘이서 들어야 하고 혼자서 겨드랑이에 끼워 봤자 가운데 부분이 넓어서 팔이 닿지 않는다. 그때 알았다. 배우들이 들고 있는 것은 고수용 서핑보드이고, 잘 타면 탈수록 작고 가벼운 서핑보드를 들고 다닌다는 것이다. 아빠는 2인 1조가 되어 서핑보드의 양 끝에 서서 겨드랑이에 끼고 해변까지 걸어갔다. 워낙 넓은 해변이다 보니 주변에 사람이 없어서 좋았다. 준비운동을 시작으로 본격적인 레슨이 시작되었다. 레슨이 진행되는 동안 아이들은 근처 해변에서 모래놀이와 물놀이를 하며 기다렸다. 엄마는 아이들이 노는 모습과 아빠가 레슨받는 모습을 사진 찍었다.

레슨이 끝나고 본격적인 서핑이 시작되었다. 레슨 시간이 짧았지만 아빠는 곧잘 탔다. 밀려오는 파도에 맞춰 보드를 밀고 올라타서 일어서면 되는 것이었다. 다른 사람들은 타이밍을 못 잡아서 실패하거나 중심을 못 잡아서 넘어졌다. 아빠는 스노우보드도 지인에게 한 번 배우고는 바로 탔었는데 스케이트보드도 그랬으니 의외로 보드가 체질인가 보다. 재미를 붙인 아빠는 쉼 없이 보드를 탔다. 골드코스트에서 서핑을 해보고 싶었던 아빠의 오랜 숙원 사업이 해결된 것이다. 하지만 바다에 빠져서 물도 실컷 먹고 그동안 잘 차고 다녔던 미밴드 시계도 바다에 빠트리고 말았다. 서핑을 마치고는 호텔로 돌아가 실내 수영장에서 아이들과 물놀이를 이어갔다. 물놀이를 마치고는 골드코스트 시내로 나가 저녁 식사로 일본 라멘을 먹고 해변 산책도 하고 숙소로 돌아왔다.

다음 날 아침에 일어나 골드코스트를 제대로 느낄 수 있었던 호텔을 떠나기 전 베란다에 서서 인증샷을 남겼다. 바로 옆 호텔이 조식이 좋고 수영장도 좋다고 해서 옮기기로 했다. 어제 충분히 물놀이는 즐겼기에 진정한 휴양을 하기로 한 것이다. 먼저 'Pacific Fair Shopping Centre' 쇼핑몰로 향했다. 쇼핑을 하며 외식도 했다. 쇼핑몰 안에 아이들 놀이터가 마련되어 있어 좋았다. 쇼핑을 마치고 다시 호텔로 돌아와 수영장에서 물놀이를 했다. 그래도 뭔가 아쉬워 호텔 로비로 내려가 만찬을 즐기며 아쉬움을 달랬다. 자기 전에 텔레비전에서 하는 애니메이션 〈구스 베이비(Goose Baby)〉를 다 함께 봤다. 이런 애니메이션이 있는지도 몰랐는데 재미와 감동을 선사해줬다. 아이들도 좋아했고 어른인 우리가 봐도 나무랄 데가 없는 훌륭한 애니메이션이었다. 한마디로 가족영화로 손색이 없었다. 이렇게 골드코스트에서의 마지막 밤도 지나간다.

1 서핑을 하고 돌아오는 아빠 2 서핑 강사와 함께 3 골든코스트 주출입구에서

2019년 12월

월요일 | 화요일 | 수요일

| 2 | [Aus 61] D+272 | 3 | [Aus 62] D+273 | 4 | [NZ 1] D+274 |

173km/63,117km
브리즈번 9
홈스테이 8

46km/63,163km
브리즈번 10
홈스테이 9

204km/63,367km
크라이스트처치 1
캠핑 126

| 9 | [NZ 6] D+279 | 10 | [NZ 7] D+280 | 11 | [NZ 8] D+281 |

352km/64,536km
Milford Sound
콜로니얼 빌리지 모텔

97km/64,633km
Queenstown
캠핑 131

154km/64,787km
Glenorchy
캠핑 132

| 16 | [NZ 13] D+286 | 17 | [NZ 14] D+287 | 18 | [NZ 15] D+288 |

52km/65,857km
크라이스트처치 2
캠핑 137

0km/65,857km
크라이스트처치 3
캠핑 138

231km/66,088km
Arthur's National Park
캠핑 139

| 23 / 30 | [NZ 20] D+293 | 24 / 31 | [NZ 21] D+294 | 25 | [NZ 22] D+295 |

122km/67,148km
Redwood / 캠핑 143

169km/67,317km
Mt.Maunganui/현지인 집

17km/67,334km
Hamilton 1
캠핑 144

[NZ 27]
D+300/90마일 비치
77km/67,425km, 캠핑 148

[NZ 28]
D+301
581km/68,639km, 해변

 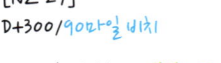 

목요일	금요일	토요일	일요일
			1 [Aus 60] D+271 0km/62,944km 브리즈번 8 홈스테이 7
5 [NZ 2] D+275 197km/63,564km Lake Tekapo 캠핑 127	**6** [NZ 3] D+276 118km/63,682km Elephant Rocks 캠핑 128	**7** [NZ 4] D+277 137km/63,819km Oamaru 캠핑 129	**8** [NZ 5] D+278 365km/64,184km Tunnel Beach 캠핑 130
12 [NZ 9] D+282 285km/65,072km Hooker valley Track 캠핑 133	**13** [NZ 10] D+283 294km/65,366km Cookie Time 캠핑 134	**14** [NZ 11] D+284 236km/65,602km South New Brighton 캠핑 135	**15** [NZ 12] D+285 203km/65,805km Akaroa and the Bays 캠핑 136
19 [NZ 16] D+289 97km/66,285km 넬슨 The Bug Backpackers	**20** [NZ 17] D+290 184km/66,469km Renwick 캠핑 140	**21** [NZ 18] D+291 478km/66,947km Tongarrio National Park 캠핑 141	**22** [NZ 19] D+292 79km/67,026km Natural Hot Pool 캠핑 142
26 [NZ 23] D+296 68km/67,502km Hamilton 2 캠핑 145	**27** [NZ 24] D+297 43km/67,545km cathedral cove walk 캠핑 146	**28** [NZ 25] D+298 73km/67,618km Auckland 캠핑 147	**29** [NZ 26] D+299 135km/67,753km Muriwai Gannet colony 오클랜드한인교회 취침 1

10) 12월, 호주 (3), 뉴질랜드

다시 돌아온 브리즈번

Date	Distance	Place	etc
2019.12.1.~3.	119km/63,163km	브리즈번/호주 60~62days	

271~273 D+day

골드코스트를 떠나기 전에 '메인 비치(Main Beach)'에 들렀다. 역시 서퍼들로 가득 찼다. 관광객이 많이 몰리는 곳이 골드코스트라면, 이곳은 현지인들이 즐겨 찾는 해변 같았다. 물놀이는 따로 하지 않고 해변만 둘러보고는 나왔다. 그리고 주일이라 한인교회를 찾아가 예배를 드리고 바로 브리즈번으로 향했다.

호주에 온 지 어느덧 2개월이 됐고, 여행을 시작한 지는 벌써 9개월이 다 되어간다. 시간이 참 빨리 지나갔다. 여행에 적응하며 다양한 나라를 느낄 수 있었던 유럽을 지나, 자연과 도시 환경이 굉장히 잘 관리되어 여행의 피크를 찍은 미국을 지나, 여유로운 호주에서는 그동안의 사진과 생각들을 정리할 수 있었다. 유럽과 미국에서는 인아웃 도시가 달라서 떠나기 바빴는데 다시 브리즈번으로 오게 되니 2개월 전과 달리 크리스마스 장식으로 꾸며진 거리와 호주에 첫발을 딛던 그때의 낯섦이 생각나면서 만감이 교차했다. 다시 브리즈번에 돌아와서도 처음 호주에 도착했을 때 우리를 반갑게 맞이해준 홈스테이 호스트의 집에서 머물렀다. 머무는 동안 함께 식사를 하며 호스트와 우리가 만난 호주 이야기를 나누었다. 이번 여행에서 호주의 마지막 밤이 되자 이상하게 마음이 싱숭생숭하다. 온종일 짐 싸고 빨래하느라 바빴던 하루지만 호주를 떠난다는 게 아직 실감이 안 난다. 캥거루와 코알라도 다시 보고 싶고 카우치서핑으로 만났던 인연들도 다 떠오른다. 호주는 생각보다 컸다. 처음에는 링로드처럼 한 바퀴를 다 돌 생각이었지만 북부에는 다윈, 서쪽에는 퍼스를 제외하고는 크게 볼 게 없을 것 같았고 한가운데 있는 울루루도 보아야 했기에 링로드를 포기했다. 호주 여행이 여기서 끝이 아닐 것이기에 다음에는 링로드에 한번 도전해보는 것을 기약하며 아쉬운 작별 인사를 한다.

홈스테이 호스트와 작별 인사를 나누고 공항으로 갔다. 한국에서 가져온 PP 카드 신공으로 또다시 공항 라운지를 즐겼다. 맛있는 저녁 식사를 하고 샤워도 하며 비행기 대기시간 동안 심신의 안정을 되찾았다. 이게 바로 거부할 수 없는 자본주의의 이기다. 뉴질랜드로 향하는 비행기를 탔다. 기내 와이파이가 있다. 정말 신기했다. 비행기 모드 변환 후 와이파이를 켜고 접속하면 된다. 요즘 비행기는 다 되는 건지 모르겠지만 그저 비행시간이 3시간인 게 아쉬울 뿐이다. 기내 식사와 영화 3편은 봐줘야 하는데 그러지 못하니 아쉬워하는 아이들이다.

1 다시 돌아온 브리즈번
2 감회가 새로운 브리즈번
3 호주에서 먹은 마지막 한식

274 D+day	뉴질랜드 여행의 서막			
	Date	Distance	Place	etc
	2019.12.4.	204km/63,367km	크라이스트처치/뉴질랜드 1day	캠핑 126

　뉴질랜드 크라이스트처치에 도착한 시각은 어제 날짜의 오후 10시 41분이다. 입국수속을 하고 짐을 찾고 하니 어느덧 자정이 다 되어간다. 밖으로 나가기에는 너무 늦어서 공항에서 노숙을 하기로 했다. 다행히 공항 안에 있는 영업이 끝난 렌터카 사무실 앞에 널찍한 의자가 있었다. 예은이와 아빠, 예린이와 엄마가 각 한 조가 되어 한 의자씩 차지해서 누웠다. 우리와 비슷하게 도착한 사람들도 대부분 공항에서 노숙을 했다. 생각보다 넓고 시설이 좋아서 노숙을 하는데 크게 불편하지 않았다. 날이 밝자 공항에 있는 렌터카 회사들이 하나둘씩 문을 열기 시작한다. 분명 우리는 공항에 있는 '허츠(Hertz)' 사에 예약을 했는데 문의를 해보니 크라이스트 시내에 위치한 허츠에 예약이 되어 있다며 그쪽으로 가야지만 차를 인수할 수 있다고 한다. 아마도 예약을 했다 변경하면서 뭔가 착오가 생긴 것 같았다. 어쩔 수 없이 공항 앞에 있는 밴택시를 잡아 짐을 모두 싣고 시내로 향했다. 여기서도 문의를 하니 뭐가 꼬였는지 지금 오고 있는 중이라며 잠시 기다려달라

고 한다. 잠시라더니 거의 한 시간이 흘렀다. 긴 기다림 끝에 결국 차를 인수하기는 했다.

호주와 같은 교통방식이라 적응하는 데 어려움은 없었다. 뉴질랜드에서도 비를 피해서 루트를 짰다. 비가 산발적으로 수시로 내려서 루트를 짜는 것도 쉽지 않았다. 우선 오늘 밤에는 대부분 비가 내리기에 내일 날씨가 좋은 지역인 '테카포 호수(Lake Tekapo)'로 가는 길에 있는 캠핑장을 향했다. 캠핑장에 도착하니 역시나 비가 보슬보슬 내린다. 일단 체크인을 하고 텐트를 쳤다. 치고 나니 보슬보슬 내리던 비가 장대비로 변해 나갈 수도 없었다. 일단 배가 고파서 텐트 안에서 라면을 끓여 먹었다. 주변은 아무도 없는 듯 고요하고 내리는 비가 텐트를 두드리는 소리가 좋아서 라면을 먹고는 다들 텐트 안에 멍하니 앉아 그 소리를 조용히 감상했다. 뉴질랜드는 우리에게 또 어떤 모습을 보여줄지 그때까지만 해도 감히 상상할 수 없었다.

1 크라이스트처치 공항 내부 2 허츠에서 인수받은 렌터카 3 비 내리는 캠핑장

	풍경은 멋있고 연어는 맛있고			
275 D+day	Date	Distance	Place	etc
	2019.12.5.	197km/63,564km	테카포&푸카키 호수/뉴질랜드 2days	캠핑 127

아침에 일어나니 눈부신 햇살이 우리를 반긴다. 비가 올 때 보았던 캠핑장의 모습과 지금의 모습은 사뭇 다르다. 가시거리가 길어져 저 멀리 설산이 보인다. 우리가 일어난 걸 본 캠핑장 주인은 아이들이 있는 우리를 보고는 캠핑장을 구경시켜주겠다며 따라오라고 한다. 캠핑장에는 흰색, 갈색, 검은색 알파카들과 흰 양 한 마리가 있었다. 펜스가 있어 우리가 있는 쪽으로 넘어올 수 없었기에 안전했다. 주인은 우리에게 먹이를 주라며 풀을 건네준다. 또 다른 쪽에는 당나귀 세 마리와 뿔 달린 염소도 한 마리 있었다. 역시 펜스가 있어 안전했는데 뿔 달린 염소 목에 쇠붙이를 걸어두었다. 평상시에 진짜 뿔이 나 있는 뿔 달린 염소라서 화가 나면 펜스를 넘어오려고 해서 쇠붙이를 목에 걸어두었다고 한다. 그래서인지 옆에 있는 당나귀들은 쥐 죽은 듯이 얌전히 있었다. 당나귀에게 풀을 주려고 해도 계속해서 뿔 달린 염소가 훼방을 놓았다(녀석 좀 착하게 살지).

캠핑장을 나와 '테카포 호수(Lake Tekapo)'로 향했다. 가는 길에 어디서 많이 본 듯한 꽃들이 흐드러지게 피어 있다. 바로 루핀이다. 아이슬란드에서 처음 보고 반했던 그 꽃인데 뭔가 다르다. 분명 모양은 똑같은데 색깔이 아이슬란드에서는 보라색밖에 없었는데 여기는 노란색, 분홍색, 보라색 등 그야말로 알록달록하다. 루핀과 설산, 왕복 2차선 도로가 아이슬란드와 정말 비슷했다. 자연의 아름다움이 끝판왕이었던 아이슬란드였는데 아마도 그 자리를 뉴질랜드에게 양보해줘야 할 것 같다. 정확히 말하자면 어디가 더 아름답다는 것은 지극히 주관적인 이야기이다. 두 나라를 예술작품으로 비유하자면 아이슬란드는 극한적인 자연의 모습을 표현하고 있고, 뉴질랜드는 화려한 자연의 아름다움을 표현하고 있었다.

테카포 호수에 도착했다. 정말 믿을 수 없는 풍경이다. 그렇기에 만약 천국이 있다면 이곳이 아닐까 싶다. 강가에 자리 잡은 끝이 안 보이는 루핀 꽃밭, 현실의 색이라고 믿을 수 없는 테카포 호수의 물색, 저 멀리 보이는 설산들, 구름 한 점 한 점이 수채화 같은 하늘까지 눈앞에 보이는 광경이 도무지 믿어지지 않는다. 차를 타고 조금씩 이동하지만 멀리 가지 못하고 차를 세운다. 왜냐면 그냥 지나칠 수 없는 풍경들이 계속 눈앞을 가리기 때문이다. 가다 보니 벽돌로 세운 교회 'Church of the Good Shepherd'가 나온다. 주변 풍경을 봤을 때 딱 있어야 할 곳에 교회가 세워진 느낌이다. 그 교회 앞으로 개 동상이 있는데 주인이 없어도 끝까지 양 떼를 몰고 다닌 충견을 기리기 위해 세워졌다고 한다. 테카포 호수를 떠나 '푸카키 호수(Lake Pukaki)'로 간다. 여기도 만만치 않다. 도대체가 운전을 할 수가 없다. 조금만 가다 보면 멋진 풍경에 그냥 지나칠 수가 없기 때문이다. 테카포 호수와는 또 다른 느낌의 장관이 펼쳐진다. 일단은 정지하지 않고 '아오라키 마운트쿡 국립공원(Aoraki/Mount

Cook National Park)'까지 달려보기로 했다. 신기하게도 국립공원에 들어오니 비구름이 산 정상 부분을 정확히 가린다. 시간이 지나면 보일 것 같기도 한데 끝까지 보여주지 않는다. 국립공원은 다음에 날씨 좋을 때 오기로 하고 돌아 나갔다. 국립공원을 빠져나오니 거짓말같이 하늘이 맑다. 돌아오는 길에는 멈추고 싶은 곳은 다 멈추면서 풍경을 구경했다. 또 가는 길에 연어 가게가 있어 저녁 식사로 연어를 샀다. 현지에서 먹어보는 맛있는 뉴질랜드 연어. 풍경은 멋있고 연어는 맛있고. 더할 나위 없이 행복하다. 이때부터 '1일 1연어'가 시작되었다. 근처 캠핑장으로 갔다. 체크인 후 샤워를 하고 돌아오니 여기도 비가 내리기 시작한다. 마치 누군가 우리를 위해 비를 조절하고 있다는 말도 안 되는 생각이 든다.

1 캠핑장 주인이 직접 키우는 알파카 2 흐드러지게 핀 루핀 속에 파묻힌 아이들 3 예은이가 찍어 준 테카포 호수를 바라보는 부부샷

277 D+day	남반구의 에든버러, 더니든			
	Date	Distance	Place	etc
	2019.12.7.	137km/63,819km	더니든/뉴질랜드 4days	캠핑 129

어제는 날씨가 약간 흐려서 그랬는지 바다색이 예쁘다는 느낌은 없었는데 아침에 일어나 보니 또 비현실적인 색으로 변해 있다. 캠핑장을 나와 오아마루 지역을 한눈에 내려다볼 수 있는 언덕 위에 위치한 전망대로 올라갔다. 탁 트이는 시야로 마음이 뻥 뚫리는 기분이다. 밝은 청록색의 바다 위에는 구름들의 그림자가 보인다. 아무리 봐도 말이 안 되는 풍경에 우리가 할 수 있는 것이라고는 감탄을 연발하면서 사진 찍는 것뿐이다. 전망대에서 내려와 자칭 세계에서 가장 맛있는 피시앤칩스를 자부하는 가게에 들러 포장을 해서 근처 해변으로 이동해서 먹었다. 풍경이 좋아서 맛있는 건지 진짜 맛있어서 맛있는 건지 모르겠지만 맛있었다.

배불리 먹고 해변에 공룡 알 모양의 바위들로 유명한 '모에라키 볼더스 해변(Moeraki Boulders Beach)'으로 향한다. 주차장에 차를 세워두고 긴 해변을 따라 걸으니 공룡 알 모양의 바위와 마주쳤다. 도무지 상상이 안 된다. 어쩌다가 이런 바위가 형성된 것일까. 딱 파도가 끝나는 위치에 반구 형태의 돌들이 한 개가 아니라 적어도 수십 개 아니면 수백 개는 될 듯하다. 누가 일부러 가

저다놓았다는 게 그나마 납득이 될 것 같지만 그것도 말이 안 되는 건 마찬가지다. 아니면 공룡 알이 석화되었다는 게 제일 논리적일 듯하다. 바위 위로 올라갔다 내려왔다 하며 점프도 하면서 재밌게 놀았다. 다시 차로 돌아가는 길에는 우리 아이들과 비슷한 또래의 아이들을 데리고 여행 중인 영국인 엄마와 이야기를 나눴다. 짧은 시간이었지만 서로의 여행을 격려하며 헤어졌다. 그 사이 아이들은 거리낌 없이 함께 놀았는데 헤어짐을 아쉬워했다.

1 오아마루가 한눈에 들어오던 언덕 위에서
2 모에라키 볼더스 해변의 반구 바위에서
3 Dunedin Rail ways를 배경으로

이제 '더니든(Dunedin)'으로 향한다. 스코틀랜드인이 정착해서 세운 도시라서 대부분의 주민이 스코틀랜드인의 자손이라고 한다. 그래서 스코틀랜드의 문화가 짙은 도시로 남반구의 에든버러로 불린다고 한다. 에든버러, 참 인상 깊게 남은 도시인데 이곳도 조용하고 품위가 느껴지는 도시였다. 또 이곳에는 세계에서 가장 아름다운 기차역으로 손꼽히는 'Dunedin Railways'가 있다. 고풍스러운 기차역 내부가 매력적이었다. 기차역에서 학사모를 쓴 학생이 우리에게 사진을 찍어달라고 부탁해서 찍어주었다. 우리도 사진을 부탁하면서 오늘이 무슨 날인지 물어보니 오타고 대학교 졸업식이라고 한다. 그래서인지 거리에 사람들이 많았다. 특히 학사모를 쓰고 가운을 입고 다니는 가족 단위가 많았다. 그 외에도 해적 변장을 한 사람들과 산타복을 입고 다니는 사람들도 있었다.

믿을 수 없는 풍경을 품은 밀퍼드 사운드

279 D+day	Date	Distance	Place	etc
	2019.12.9.	352km/64,536km	밀퍼드 사운드/뉴질랜드 6days	

어젯밤 늦게야 도착한 캠핑장. 도착해서 체크인을 하고 샤워를 한 뒤 잠자리에 누우니 또 비가 퍼붓기 시작한다. 다행히 아침이 되어 일어나보니 맑은 하늘이 우리를 기다리고 있었다. 캠핑장을 나와 찾아간 곳은 '거울 호수(Mirror Lakes)'. 호수 위에 벌레 몇 마리가 날아다니며 잔잔한 물결을 만들어서 그렇지 그것만 아니면 완벽한 거울 호수였다. 아침 이른 시간이라 사람도 없어서 아침 산책을 즐기기에 딱 좋았다. 또 다른 호수로 자리를 옮겼는데 이름은 '건 호수(Lake Gunn)'이다. 해가 뜨기 전 호수 표면에 옅은 안개가 꼈다. 고요하고 잔잔한 호숫가에서 멍하니 먼 산을 바라보니 마음이 평화롭다.

다시 차에 올라타 밀퍼드 사운드로 향한다. 가는 길에 모든 산마다 만년설이 쌓여 있다. 만년설을 보는 것만으로도 이미 마음이 들뜬다. 도로를 따라가다 신호등과 마주쳤다. 이 신호등은 터널을 통과하기 전에 반대편에서 오는 차량이 다 지나가면 갈 수 있도록 남은 시간과 함께 알려준다. 이 터널의 길이는 1,270m나 됐다. 긴 터널을 뚫고 나오니 또 다른 광경이 우리 앞에 펼쳐진다. 이 모습은 딱 노르웨이에서 봤던 모습과 흡사하다. 하긴 이곳이 '피오르랜드 국립공원(Fjordland National Park)'이고 계절도 우리가 방문했던 때와 비슷해서 더 그럴지도 모른다. 모든 산마다 아직 꼭대기에 눈이 쌓여 있고 능선을 따라 눈이 녹아 흐르는 모습이 똑같다. 밀포드 사운드 근처 주차장에 차를 세워 두고 셔틀버스를 이용해서 크루즈 터미널로 갔다. 눈앞에 두고도 믿을 수 없는 산세에 또 감탄을 한다. 부드러운 U 자 형태를 띠는 모습도 보이고 뾰족한 정상을 가진 산도 보인다. 크루즈를 타는 동안 허기를 달래기 위해 컵라면도 챙겨왔다. 크루즈에 올라타서 창가에 자리를 잡은 뒤 따뜻한 물을 받아 컵라면을 먹었다. 멋진 풍경을 보면서 크루즈를 타는데 라면이 빠질 수가 없다. 라면을 먹고 이제 본격적인 밀포드 사운드 풍경을 감상한다. 지금부터 쌓여 있던 눈들이 다 녹아 폭포로 떨어지는 물의 양이 최고조에 이르는 때이다. 밀퍼드 사운드를 중심으로 양쪽 산에서 여기저기 쏟아붓는 폭포의 양이 어마하다. 산기슭에는 휴식을 취하고 있는 바다물개도 볼 수 있었다. 어떤 폭포는 맞으면 10년은 젊어진다는 전설적인 폭포가 있다고 아이들에게 알려주었다. 그러니 아이들이 말한다. "엄마 아빠, 이 폭포 많이 맞고 우리랑 함께 오래 살아요." 예전에 아이들이 외증조할머니 장례식을 보고 사람이 죽으면 하늘나라로 간다고 알려주니 엄마, 아빠도 하늘나라로 가느냐며 사후세계에 대해 많이 궁금해한다. 우리랑 함께 오래 살자며 폭포를 많이 맞으라며 폭포로 우리를 밀어낸다. 사랑스러운 녀석들이다.

원래 밀퍼드 사운드에 오면 많은 사람들이 트래킹을 즐기는데 하루가 아니라 며칠 동안 한다. 우리에게는 불가능한 일이기에 가까운 곳으로 트래킹을 짧게 했다. 산책로 이름은 'The Chasm'이다. 호주의 열대우림에서 보았던 모습과 비슷했다. 양치류의 식물들이 가득하다. 계곡을 따라서도 폭포가 있는데 물의 양이 엄청나다. 짧게 트래킹을 마치고 다시 차로 돌아왔는데 차 문 위에 새 한 마리가 앉아 있다. 새의 이름은 'Kea'. 모습은 독수리와 매처럼 날카로운 외모를 지니고 있다. 다른 관광객들도 그 모습이 신기해서 사진을 찍는다. 많은 관심을 받는 게 부담됐는지 다른 곳으로 날아간다. 차를 타고 다시 왔던 길을 따라 '퀸즈타운(Queenstown)'으로 간다. 퀸즈타운까지 거리로는 약 300km지만 걸리는 시간은 거의 6시간이 걸렸다. 지나가는 풍경마다 그냥 지나칠 수가 없어서 조금도 귀찮아하지 않고 차를 세울 수만 있다면 세워두고 내려서 사진을 찍었다. 특히 '와카티푸 호수(Lake Wakatipu)'를 끼고 노란 꽃이 만발했던 '킹스톤 로드(Kingston Rd.)'가 가장 인상 깊었다. 퀸즈타운에 들어오니 이미 캠핑장은 빈자리가 없고 일반 숙소에도 빈자리를 찾기가 어렵다. 어렵게 뷰가 좋은 모텔을 잡았다. 공동부엌이 있어 요리를 해서 저녁 식사를 하고 샤워를 한 뒤 잠자리에 들었다.

1 새벽에 들른 미러호수 2 밀포드 사운드 유람선 선착장에서 3 노란 꽃이 만발했던 '킹스톤 로드'

282 D+day	뉴질랜드 필수 코스, 후커 밸리 트랙				
	Date		Distance	Place	etc
	2019.12.12.		285km/65,072km	후커 밸리 트랙/뉴질랜드 9days	캠핑 133

캠핑장의 공동 부엌이 잘 되어 있어서 점심 도시락까지 미리 쌌다. 텐트를 철수하고 나와 들른 곳은 바로 옆에 있는 'Mt Difficulty Wines'라는 와이너리에 들렀다. 여행을 다니면서 와인이 좋아졌다. 여행을 떠나오기 전까지는 왜 이걸 마시는지 이해 못 했다. 그냥 잘난 척, 아는 척하기 위해 마시는 줄만 알았다. 카우치서핑을 하면서 호스트가 식사와 곁들여 와인을 줘서 마셔봤는데 그때 깊은 맛에 빠졌다. 무엇보다 무차별적으로 마시는 게 아니라 반주로 음식에 풍미를 더해주기 위한 점이 좋았다. 와이너리에서 아주 진귀한 장면과 마주쳤다. 와이너리에 헬리콥터 착륙장이 있었는데 우리가 도착했을 때 때마침 헬리콥터 한 대가 날아왔다. 그 헬리콥터를 타고 와서 내리는 한 커플을 보았다. 와이너리 오너가 직접 마중 나가 기다리며 옷을 받아주는 모습을 보며 혹시 할리우드 스타가 아닐까 싶어서 유심히 봤다. 배우는 아닌 것 같은데 뭐 하는 사람들일지 궁금했다. 누구인지는 몰라도 확실한 것은 우리와 사는 방식이 확연히 다른 사람들이라는 것이다.

오늘의 하이라이트인 마운트 쿡 국립공원에 도착했다. 뉴질랜드 둘째 날에 왔을 때는 비가 내려서 그냥 돌아가야 했었다. 이곳에는 3시간 트래킹 코스가 있는데 다리 3개를 지나면 저 멀리 보이는 빙하를 직접 만져볼 수 있다. 아이들에게 다소 무리가 될 수 있지만 가는 길의 풍경이 절경이라 일단 가보기로 했다. 가면서 다리가 나올 때마다 초콜릿을 먹으며 쉬엄쉬엄 갔다. 중간에 데

크로드가 설치되어 있는 곳이 있는데 그곳에서 보는 풍경이 가장 예뻤다. 트래킹의 마지막 코스에 도착했을 때는 빙하가 녹아서 물 위에 떠다니는 모습을 기대하며 갔지만 그런 모습은 볼 수 없었다. 더 가면 빙하를 직접 만져볼 수도 있었지만 아이들의 체력이 충분히 고갈되었고 이미 아이슬란드에서 빙하를 충분히 만지고 느꼈기에 트래킹 자체에 의미를 두고 내려가기로 했다. 어제 예은이가 충분히 잠을 못 자서 피곤한 모습이 역력했다. 올라가는 동안 힘들어도 혼자서 올라가려는 모습이 기특하기도 하고 안쓰럽기도 했다. 종점에 도착하니 더 이상은 힘들 것 같아 업어 가기로 했다. 예은이가 어렸을 때 재우는 건 아빠 담당이었는데 10분만 안고 있으면 스르륵 잠이 들었다. 그러면 열 시간 동안 한 번도 깨지 않고 새근새근 잘 잤다. 그런 예은이가 이제 좀 컸다고 바로 잠이 안 든다. 생각도 많아지고 체력도 많이 길러져서 그런 거겠지. 여행하는 동안 아이들과 떨어지지 않고 항상 같이 붙어 있으니 잠시라도 안 보면 어색하고 보고 싶고 그렇다. 이 여행에 함께 해줘서 그저 고마울 뿐이다.

1 트래킹 중 마주친 출렁다리를 배경으로
2 후커 밸리를 배경으로 가족사진
3 후커 밸리를 트래킹하고 있는 부녀 뒷모습

어제의 약간 무리한 트래킹으로 서두르지 않고 천천히 움직이기로 했다. 동네 인근 놀이터에서 놀며 동네 유명 빵집 'Fairlie Bakehouse'에 들러 미트파이를 먹으며 여유를 즐겼다. 미트파이는 뉴질랜드 사람들의 주식 중 하나인데 하나만 먹어도 배가 불렀고, 느끼한 맛이 강했지만 그만큼 담백한 맛도 있어 블랙커피와 마시기 좋았다. 이동하면서 뉴질랜드에서 가장 유명한 쿠키 브랜드인 'Cookie Time'에도 들렀다. 가게 안에는 쿠키뿐만 아니라 각종 조형물과 놀이 공간도 있었다. 나오는 길에는 쿠키 몇 봉지를 샀는데 차에 두고 요긴하게 잘 먹었다. 그 길로 바로 크라이스트처치 인근에 있는 캠핑장으로 가서 쉬었다.

충분한 휴식을 취하고 다시 본격적인 여행을 떠난다. 크라이스트처치에서 바닷가에 위치한 뉴브라이튼 지역으로 갔다. 오전부터 크리스마스 행사가 있다고 해서 찾아갔다. 차에서 내리자마자 다양하게 변장한 사람들과 마주쳤다. 가장 먼저 영화 〈반지의 제왕〉에 나오는 착한 할아버지 마법사 '간달프' 변장을 한 사람과 우스꽝스러운 모습의 동물 탈을 쓴 사람들과 만나며 함께 사진을 찍었다. 길거리에서는 노란 풍선을 나눠주는데 지금껏 봤던 어린이용 풍선 중에 가장 컸다. 각종 공연이 열리고 산타할아버지가 아이들을 안아주면서 사진을 찍어준다. 무더운 날씨에 이런 모습이 약간 어색하기는 하지만 축제는 언제나 설렌다. 풍선을 들고 '뉴 브라이튼 피어(New Brighton Pier)'로 향했다. 파란 하늘과 길게 뻗은 부두, 깨끗한 해변이 노란 풍선과 잘 어울린다. 해변에 공공도서관이 있어 들어가 봤다. 바닷가가 한눈에 보이는 넓은 창이 인상적이다. 사람들의 마음은 같은지 다들 창문가에 앉아 바다를 감상한다. 1인석으로 되어 있는 의자에 세상에서 가장 편한 자세로 앉아 바다를 배경으로 책을 읽고 있는 모습이 부럽다.

다음으로 향한 곳은 '캐슬 힐 보호관리지구(Castle Hill Conservation Area)'이다. 이곳은 며칠 전에 우리가 만났던 비현실적인 풍경이었던 '엘레펀트 록스(Elephant Rocks)'와 비슷한 모습이다. 이름에서 느껴지듯이 바위의 생김새가 다르다. 일단 엘레펀트 록스는 코끼리 같은 바위들이 군데군데 있다면 캐슬 힐은 멀리서 보았을 때 산 위에 성벽을 쌓아놓은 모습이다. 가는 길에 보이는 하늘의 색, 구름, 들판, 바위 모양 모든 것이 비현실적으로 아름답다. 바위를 가까이 가서 보게 되면 형이상학적인 모습에 감탄이 절로 나온다. 언덕의 중간 지점에서 사진을 찍고 있는 중국인 여행객이 있었는데 바위 위에서 사진을 찍는 모습이 멋져 보여서 우리도 사진을 부탁했다. 친절하게 여러 각도로 사진을 찍어주었다. 캐슬 힐을 나와서 숙소로 가는 길에는 노란 유채꽃이 가득한 들판이 보인다. 숙소에 도착하고 난 뒤에는 공동부엌으로 들어가서 와인과 소고기로 근사한 저녁 식사를 하고 잠들었다. 멋있는 풍경과 맛있는 음식들로 가득한 뉴질랜드는 자연을 만끽하고 싶은 여행자에게 최적화된 나라 중 한 곳이 아닐까 싶다.

1 공공도서관에서 바라본 풍경 2 뉴브라이트 해변에서 3 캐슬 힐 바위에 앉아서

다시 희망이 자라는 크라이스트처치

285~287 D+day	Date	Distance	Place	etc
	2019.12.15.~17.	255km/65,857km	크라이스트처치/뉴질랜드 12~14days	캠핑 136~138

뉴질랜드 크라이스트처치 동부에는 톱니바퀴 모양의 땅이 있다. 톱니가 들어가는 곳곳마다 만이 형성되어 있다. 구글 지도상으로 봤을 때 상당히 특이한 모양이다. 그 지형 일대를 한 바퀴 둘러보기 위해 간다. 지형이 그렇다 보니 운전하기가 까다로울 것이라고는 예상했지만 예상보다 훨씬 꼬불꼬불하고 몇 개의 산을 넘어 다녔다. 산을 오를 때마다 보이는 만의 모습은 각기 다르면서 저마다의 매력을 지니고 있었다. 날씨가 흐리다 보니 감흥이 상대적으로 약하긴 했지만 가장 멋진 풍경을 지니고 있었던 '듀바우첼(Duvauchelle)'이라는 곳에서는 다행히 햇빛이 비추어 최고의 감흥을 느낄 수 있었다. 지나는 길에 프랑스 마을이 있어 프랑스 소도시의 향기를 느낄 수 있었다. 좀 더 가서는 '샤마라 알파카스(Shamarra Alpacas)'라는 알파카 털로 옷, 모자, 장갑을 만드는 공장을 들렀다. 거기서 유일하게 털모자가 없던 엄마의 털모자를 샀다. 그 공장에서 직접 키우고 있는 알파카도 구경할 수 있어서 좋았다.

다음 날이 되어도 날씨는 풀리지 않고 가끔 비까지 내린다. 아침 식사를 천천히 하고 시내 한가운데 위치한 '보태닉 가든(Botanic Gardens)'에 들렀다. 다양한 꽃들도 많았고 놀이터도 있어서 아이들과 함께 놀기 좋았다. 가든을 나와서는 도심 한가운데 위치한 '투란가(Tūranga)' 공립도서관을 찾아갔다. 도서관을 찾는 중에 도심 한가운데 고급 호텔이 눈에 띈다. 자세히 보니 호텔이 아니라 도서관이다. 지금까지 들른 현대식 도서관 중에서 가장 훌륭했다. 5층 크기의 건물에

책뿐만 아니라 음악, 영화, 오락 등 모든 문화를 접할 수 있는 공간이었다. 우리 아이들은 레고, 퍼즐, 보드게임 등이 마련되어 있어 시간 가는 줄 모르고 즐겁게 논다. 또 게임기가 있어서 남자아이들은 축구게임을 하고, 여자아이들은 댄스게임을 하는데 거기서 흘러나오는 음악이 한국 여자 아이돌인 블랙핑크였다. 게다가 음악을 만드는 작업도 가능하다. 내일도 비가 와서 이 도서관에서 하루 종일 죽치고 있기로 했다. 이용하는 사람도 별로 없었다. 우리나라였으면 많은 사람들에 치였을 텐데 여기서는 여유롭게 자신만의 시간을 가질 수 있었다.

크라이스트처치 도심은 지진으로 인해 생기를 잃은 듯한 모습이다. 바로 2011년 2월 22일에 6.3의 강진이 5km 지하에서 발생했다. 이로 인해 신원이 확인된 사망자 수는 166명이며 비공식 보고서에는 200명에서 400명에 이르는 사망자가 발생할 수도 있다고 기록되었다. 또한 2008년 이후 가장 많은 자연재해 피해액(120억 미국 달러)으로 밝혀졌다. 약 10년이 다 되어가지만 아직 도심에는 폐허된 모습과 그 당시 붕괴된 건물을 그대로 간직한 모습이 보였다. 게다가 사람들이 많이 살고 있지 않아 음산한 기운까지 맴돈다. 하지만 재건하고 있는 교회 앞에 'All will be well'이라는 문구가 눈에 확 들어온다. 긍정적인 게 좋다. 간혹 긍정적인 게 현실을 정확하게 파악하지 못했다고 판단하는 사람들도 있지만 부정적인 것은 우리의 영혼을 갉아먹을 뿐이다.

1 최고의 시설을 자랑했던 투란가 공립도서관 2 보태닉 가든에서 3 무너진 성당의 잔해

288
D+day

팬케이크라는 이름과는 달리 장엄한 바위

Date	Distance	Place	etc
2019.12.18.	231km/66,088km	팬케이크 바위/뉴질랜드 15days	캠핑 139

이날도 비현실적인 날씨에 놀라움을 감추지 못한 날 중 하루이다. 며칠 전 갔었던 캐슬 힐을 지나 남섬에서 북섬으로 이동하기 위해 남섬의 북단으로 가는 길이다. 그 가는 길에 말도 안 되는 풍경이 계속해서 이어진다. 우선 하늘 색깔 자체가 평소에 보던 색깔과 다르다. 산의 절반은 흰 눈으로 덮여 있고 푸른 들판에는 노란색과 보라색 꽃들의 향연이 펼쳐진다. 그 위로 양 떼들이 무리 지어 다닌다. 에메랄드 빛깔의 호수는 그 사이를 지나 흘러간다. 가는 길에 이름이 재미난 폭포 'Devils Punchbowl Waterfall'이 있어 짧은 트래킹을 하고 잠시 들르기로 했다. 높은 산 중턱에서부터 떨어지는 폭포는 많은 물보라를 만들어내며 우리의 머리와 옷을 시원하게 적셔주었다. 짧았지만 강렬했던 폭포를 보고 나와서 고속도로 위를 이동하고 있는데 또 갑자기 비가 내리기 시작한다. 고속도로를 지나 서쪽 해안 '호키티카(Hokitika Beach)'에 도착하니 또 거짓말같이 날씨가 맑음으로 바뀐다. 해변에는 호키티카 영문을 나무를 이어서 만든 조형물이 인상적이다.

1 도로를 지나다 마주친 멋진 풍경
2 호키티카 해변에서
3 특이한 바위들이 장관을 이루는 팬케이크 락스

근처 동네 유명한 피자집(Fat Pipi Pizza)이 있었다. 배가 고팠던 우리는 먼저 가게에 들어가 맛있게 먹고 다시 출발했다.

'팬케이크 락스(Pancake Rocks)'로 가는 길도 아름다웠다. 부서지는 파도들이 하얀 거품을 일으키며 해변을 향해 달려오는 모습이 장관이다. 드디어 도착한 팬케이크 락스. 열대 숲을 지나면 해안절벽이 나오는데 지금껏 본 적 없는 절벽들이 우리를 맞이한다. 마치 3D 입체 바위 형상이다. 그 바위에는 가로로 갈가리 찢겨져 있는 줄무늬가 있는 게 신기하다. 아마도 그 줄무늬의 모습이 팬케이크가 겹겹이 쌓여 있는 모습과 비슷하다고 해서 이름 붙여진 게 '팬케이크 락스' 같았다. 하지만 그렇게 치부하기에는 너무나도 장엄하고 멋진 바위였다. 산책길을 따라 해안절벽에 대한 설명을 적어놓은 안내문이 있었는데 그 안내문에는 바위의 모양이 워낙 다양해서 어느 미술작가가 그 바위의 모습을 동물의 모습에 빗대며 그림을 그려놨는데 아주 그럴싸했다. 나오는 길에 햇빛이 구름 사이를 뚫고 나와 바다를 비추는 빛내림이 멋있다.

290
D+day

뉴질랜드 남섬에서 북섬으로 가다

Date	Distance	Place	etc
2019.12.20.	184km/66,469km	웰링턴/뉴질랜드 17days	

숙소를 나와서 향한 곳은 와이너리 투어가 많은 지역 '라파우라(Rapaura)'이다. 도로 옆이 모두 포도밭이다. 곳곳에 와이너리가 숨어 있다. 평일 오전이라 그런지 사람들이 별로 없다. 여유로운 아침 햇살을 쬐며 분위기 있는 와인바에 앉으니 하루 종일 여기 앉아 있고 싶었다. 어느 와이너리에는 넓은 정원에 1인 야외 소파를 두어서 선글라스를 끼고 소파 위에 편히 누워 하늘을 바라본다. 세상 평화롭다. 아이들은 그 정원에 있는 그네에 올라타고 논다. 여유도 잠시 이제 배를 타러 '픽톤(Picton)'으로 간다. 부둣가 근처에는 큰 놀이터가 있어서 아이들은 마음껏 뛰어놀고 우리는 최종적으로 짐을 정리했다. 렌터카를 반납하고 북섬에 가서 다시 렌터카를 인수할 예정이라 짐을 모두 정리했다. 배에 오를 때에도 이 많은 짐을 일일이 옮겨야 하기에 힘든 여정이 우리를 기다리고 있었다. 우여곡절 끝에 짐을 다 옮기고 배에 올라탔다. 배에서는 공연도 하고 티켓 값에 포함된 쿠폰으로 마음껏 음식을 먹을 수도 있었다.

게다가 아이들이 좋아하는 놀이터가 있어서 아이들이 좋아했다. 분명 남섬에서 출발할 때는 날씨가 맑았는데 북섬에 도착하려고 하자 하늘이 검게 변한다. 짐을 내리는데 비가 온다. 렌터카를 인수받고 '웨타 케이브(The Weta Cave)' 영화 특수효과 스튜디오를 찾아갔다. 도착하니 영화 〈반지의 제왕〉에서 나왔던 괴물 오크들이 스튜디오 앞을 지키고 있다. 여기서 오크들과 나쁜 괴물들이 탄생했다고 한다. 그 모습이 워낙 사실적이라 약간 섬뜩하기도 했다. 남섬에서는 영화 촬영장소를 한 번도 마주치지 못했지만 북섬에서는 호빗족 마을을 비롯하여 영화 촬영장소와 마주칠 수 있지 않을까 기대가 된다.

1 여유로운 와이너리 정원에서 2 페리에서 나온 음식을 먹고 있는 아이들 3 웨타 케이브 입구에 있는 오크와 함께

294 ~ 296 D+day	평생 잊지 못할 크리스마스			
	Date	Distance	Place	etc
	2019.12.24.~26.	354km/67,502km	해밀턴/뉴질랜드 21~23days	캠핑 143

아침부터 등산을 했다. 장소는 '마운트 마웅가누이(Mount Maunganui)'이다. 북섬의 중간 지점에 해당한다. 멋진 해안절벽과 특이한 모습의 식물들이 눈을 즐겁게 한다. 많은 사람들이 트래킹을 즐긴다. 날씨가 조금 덥다. 아침부터 체력을 소모하면 하루가 힘들 것 같아서 중간 지점에서 내려왔다. 내려와 피시앤칩스로 배를 든든히 하고 'Blue Spring Putaruru'를 향했다. 푸른 온천수가 매력적인 곳이었다. 온천수가 투명해 물 아래 있는 식물들이 다 보이고 푸른 하늘도 반영하고 있어 온 세상을 다 품고 있는 것처럼 보였다. 데크로드를 따라 산책을 하고 나왔다. 이제 뉴질랜드하면 빼놓을 수 없는 '호빗 마을'로 간다. 영화 세트장이 따로 있지만 가는 길이 모두 호빗 마을처럼 평화로워 보인다. 이곳 역시 입장료가 비싸서 선물 가게에만 들르고 나왔다.

크리스마스이브인 만큼 교회에 가기 위해 가까운 도시 '해밀턴'으로 이동했다. 먼저 해밀턴에 있는 공공수영장에 들어가 샤워를 했다. 따로 갈 곳은 없어서 도미노피자로 저녁 식사를 해결하고 '해밀턴 레이크 로즈 가든(Hamilton

Lake Rose Garden)'에 있는 놀이터에 가서 인근 한인교회를 검색했다. 한국에서는 크리스마스이브이면 교회에서 올나잇을 하며 시간을 보내는데 뉴질랜드의 교회는 조용했다. 그중에 한인교회와 현지교회가 함께 예배를 드리는 곳이 있어서 그곳으로 가기로 했다. 저녁 9시 30분에 예배가 있어 놀이터에서 기다리다 시간에 맞춰서 찾아갔다. 교회명은 해밀턴 한인교회. 교회에 들어가니 한국인 목사님이 계셨는데 크리스마스이브는 현지인들이 주가 되어 예배를 드리고 내일은 한인 예배가 있다고 하셨다. 이왕 이렇게 왔으니 이브 예배를 드리기로 했다. 예배당에는 현지인들로 가득 차 있었고 예배 또한 영어로 진행되었다. 다행히 주보에 모든 진행 순서와 내용이 게재되어 있어 이해하는 게 어렵진 않았다. 여행 중 첫 현지 예배였다. 현지인들 사이로 한국분들이 종종 계셨는데 예배가 끝나자 우리에게 관심을 보여주셨다. 그중 키가 훤칠하신 중년의 여성분께서 오늘 저녁 어디서 묵을 건지 계속해서 물어보신다. 캠핑을 할 예정이라고 하니 자신의 집에 묵으라며 호의를 베풀어주신다. 집으로 초대받아 가니 벽면에는 각종 감사패가 진열되어 있었다. 한인회장, 한글학교장 등을 역임하시며 이명박 정부 시절부터 매년 청와대에서 초청하여 방문하셨다. 우리를 대접해주신 찻잔도 청와대에서 받은 기념품이었다. 그리고 크리스마스 당일 특송이 있으니 함께하자고 하셔서 동참하기로 했다. 예전에 시드니 크리스마스 마켓에 가서 전기 촛불을 받았는데 이상하게 버리지 않고 간직하고 싶었는데 내일을 위해서였나 보다. 홈스테이를 하고 있는 청년도 있었는데 함께 특송을 부르기로 했다. 호스트께서는 20년간 유치원에서 계속 근무하시고 계셨는데 확실히 아이들을 다루는 솜씨가 보통이 아니셨다. 게다가 각종 회장직을 역임하고 계셔서 이민을 원하는 사람들에게 많은 도움을 주셨고 다방면으로 박식하셨다. 뉴질랜드의 역사에 대해서도 자세히 설명해주셨는데 뉴질랜드가 새롭게 보이기 시작했다. 처음 보는 우리를 자신의 집으로 기꺼이

초대해주시고 함께 크리스마스 특송을 부르는 기회를 마련해주신 것이 마치 모든 게 예비되어 있었던 것처럼 느껴졌다. 우리를 반갑게 맞이해주시고 크리스마스라 아이들에게 값진 선물도 주신 해밀턴 한인교회 교인분들께 감사한 마음을 표현하고 싶다.

마지막 날은 '박싱데이(Boxing Day)'라서 쇼핑몰에서 하루 종일 쇼핑을 했다. 올해 팔리지 않고 남은 물건들을 박스에 넣어서 판다는 뜻으로 박싱데이인데 미국의 '블랙 프라이데이'와 비슷한 개념으로 보면 된다. 파격적인 할인가로 제품을 판매하는 크리스마스 전후의 쇼핑 시즌인 박싱데이. 오전부터 주차장은 만석이다. 한국으로 돌아가면 초등학교에 입학하는 예은이의 학용품, 가방, 옷을 사고 우리는 액션카메라, 텀블러 등을 샀다. 우리나라 인터넷 특가보다는 못하지만 평소보다는 확실히 저렴했다.

1 Blue Spring Putaruru에서
2 호빗 마을 입간판 앞에서
3 크리스마스에 만난 은인과 함께

297 D+day	아름다운 해변과 특별한 해변을 가다			
	Date	Distance	Place	etc
	2019.12.27.	17km/67,334km	캐서드럴 코브/뉴질랜드 21days	캠핑 143

이제 다시 자연으로 돌아간다. 며칠 전에 천연 온천에서 만난 요가로 전 세계를 여행하는 한국분이 알려준 대로 멋진 해변이 많아서 해변으로만 가게 된다. 찾아가게 된 해변은 'Cathedral Cove'이다. 꽤 오래 트래킹을 하고 난 뒤에야 도착한 캐서드럴 코브. 더운 날씨에 트래킹을 하는 게 처음에는 조금 힘들었지만 충분히 그런 수고를 감수하더라도 꼭 가야 하는 해변이었다. 세상에 이런 곳이 있다니 하며 감탄할 만한 매력적인 해변이었다. 고운 모래들로 가득한 해변에 거대한 해안절벽의 한가운데가 침식되어 천연 터널이 생겼다. 이 터널이 이곳에서 가장 매력적인 포인트였다. 그리고 해변 주위로 큰 바위들이 놓여 있는데 특이한 모양이 주변의 풍경을 더 특별하게 만든다. 수영복을 들고 오지 않았지만 풍경만 보고 나가기에는 아쉬움이 들어 그냥 입고 있던 옷 그대로 바다에 들어가기로 했다. 바다에 들어가 온몸을 적시니 트래킹을 하면서 흘린 땀과 더위가 해소되었다. 다시 돌아 나가야 하는 것이 걱정이긴 했지만 바다에 온몸을 적신 그 순간만큼은 행복했다. 차가 있는 곳까지 돌아오면서 다시 더위를 먹어 이번에는 아이스크림으로 달랬다.

오전에 들른 해변이 가장 아름다운 해변이었다면 지금 가는 해변은 가장 특별한 해변이 아닐까 싶다. 해변 이름이 'Hot Water Beach'이다. 해변 앞에는 차가운 바다에서 밀려오는 파도가 있고 해변의 모래를 삽으로 파면 그 밑에서 온천이 나온다. 그래서 많은 사람들이 이 해변을 찾을 때 삽을 필수로 들고 온다. 삽이 없는 우리는 다른 사람이 파놓은 곳을 조금만 보수하면 멋진 온천 해변을 느낄 수 있도록 최대한 늦게 갔다. 처음에는 해변에서 온천이 나오는 것을 반신반의했는데 실제로 모래를 조금만 파도 뜨거운 온천이 나왔다. 물론 아무 곳이나 다 나오는 것이 아니라 자리 선정을 잘 해야 한다. 그리고 엄청 뜨거운 온천이 나오는 곳은 주의하라는 안내판이 세워져 있다. 우리가 도착해서 좋은 자리를 선정하고 어느 정도 온천을 즐기고 있으니 밀물의 파도가 해변을 덮친다. 오래 머문 건 아니지만 잠시나마 온천을 즐길 수 있어서 좋았다. 온천을 마치고는 바로 바다로 들어가 파도에 온몸을 맡겼다. 파도에 몸이 밀려나가는 게 아이들도 신났는지 무한 반복하며 즐거워한다. 해변에는 샤워장이 마련되어 있어 샤워를 마치고 캠핑장으로 갔다. 텐트 안에서 저녁을 먹고 쉬고 있으니 손님이 찾아왔다. 텐트 안으로 고슴도치 한 마리가 들어와서 묻는다. "저 잘못 들어온 건가요?"

1 캐서드럴 코브 해변에서 2 캐서드럴 코브 해변의 동굴에서
3 Hot Water Beach에서

주일이라 한인교회를 먼저 갔다. 이때까지만 해도 이 교회가 여행 중 가장 깊은 인연이 될 줄 몰랐다. 교회명은 '뉴질랜드장로교 오클랜드 한인교회(Korean Presbyterian Church Of Auckland)'이다. 예배를 마치고 교회에서 제공하는 식사를 하는데 다 먹고 목사님을 뵙고 가라고 한다. 대화를 나누다 보니 같은 고향 사람이었다. 게다가 여행을 무척 좋아하셨다. 이래저래 공통점이 많다 보니 더 마음이 갔다. 목사님께서는 괜찮으면 교회에 방이 있으니 숙박을 해결하라고 하신다. 그렇게 말씀해주시는 것 자체가 감사했고 또 그렇게 숙박을 해결했다.

숙소가 정해지니 마음이 한결 가벼웠다. 가벼운 마음으로 찾아간 곳은 '무리와이 개넛 콜로니 전망대(Muriwai Gannet Colony Lookout)'이다. 개넛이라는 새들이 머무는 서식지이다. 이 새는 처음 보는데 갈매기의 모습과 닮았다. 갈매기 입이 노랗고 날개 끝이 검은색이라고 생각하면 비슷하다. 서식지인 걸 알고 갔지만 생각보다 훨씬 더 많았다. 해안절벽 전체가 새들로 가득했는데 그야말로 장관이었다. 여행 중에 가장 인상 깊었던 새의 서식지는 물론 아이슬란드의 퍼핀 서식지였다. 정확히 알고 간 것도 아니고 제발 있으면 좋겠다는 기대만 가지고 갔던 곳에 수많은 퍼핀들이 있어 감동이었다. 퍼핀은 서식지에 땅을 파서 안으로 들어가 있었지만, 개넛은 그냥 바위 위에 몸을 동그랗게 말고 서로 따닥따닥 붙어 있었다. 그 서식지 주변의 바위 역시 훌륭한 자태를 뽐내고 있었는데 그 모습도 장관이었다.

다음은 오클랜드 시내가 한눈에 보이는 '에덴 산 정상(Mount Eden Summit)'으로 갔다. 올라가자마자 남섬에서 가장 높은 건물인 '스카이 타워(Sky Tower)'가 보인다. 정상에 서니 360도 서라운드로 오클랜드의 모습을 볼 수 있었다. 산의 한 부분은 꼭 분화구처럼 움푹 패여 있지만 사화산이다. 교회로 들어가기 전에 도심에 가서 저녁 식사로 도미노피자를 먹었다. 가격이 저렴해서 다 못 먹을 걸 알면서도 두 판을 시켜서 남은 피자는 내일 먹기로 했다.

1 개닛 콜로니 전망대에서 **2** 하늘을 힘차게 나는 개닛 **3** 에덴 산 정상에서

세상 끝에서 만난 인생 해변, 90마일 비치

300 D+day

Date	Distance	Place	etc
2019.12.30.	305km/68,058km	90마일 비치/뉴질랜드 27days	캠핑 147

90마일은 km로 환산하면 145km이다. 해변의 길이가 145km라니 믿어지지 않는다. 오클랜드에서 그곳을 향해 달린다. 가는 길이 만만치 않다. 꼬불꼬불한 길이 끊임없이 이어진다. 단순히 꼬불꼬불한 게 아니라 거의 유턴을 계속하는 꼴이다. 우여곡절 끝에 도착한 90마일 비치. 먼저 캠핑장에 가서 짐을 풀고 나왔다. 해변 바로 옆에 위치한 캠핑장이라 해가 지고 있어도 별 걱정이 되지는 않았다. 90마일 비치를 마주한 첫 느낌은 세상의 끝에 온 듯한 느낌이었다. 하늘, 바다, 해변이 다였다. 그 어떤 것도 찾아볼 수가 없었다. 그 심플함이 주는 강렬함은 지금까지 느껴보지 못한 무한한 감동을 선사해줬다. 300일간 여행을 하면서 수많은 새로운 환경을 접했지만 이렇게 단순한 풍경은 처음이었다. 그렇지만 이보다 뭉클한 적도 없었다. 이제 여행도 끝을 향해 가고 있고 뉴질랜드의 여행도 끝이 되어가고 있기에 이 장소가 더 특별하게 다가왔는지도 모른다. 게다가 해가 지고 있는 노을이 그런 분위기를 만들었는지도 모르겠다. 300일 전만 해도 과연 이 여행이 가능할까 두려워했는데 이제 끝이 얼마 남지 않은 사실이 믿기지 않으면서 많은 생각들이 머리를 스쳐 지난다.

90마일 비치는 뉴질랜드의 최북단으로 향하는 길에 위치한다. 그러니깐 이 해변을 따라 끝까지 달리면 최북단으로 이어지는 것이다. 하지만 해변을 자동차로 달리다가 모래에 빠지는 사례가 많기에 함부로 도전하다가 큰코다치는 경우가 꽤 있다고 한다. 물론 우리 차도 4륜 자동차이지만 아이들이 있기에 무리하는 것은 금물이다. 그렇다고 그 자유를 누리지 못하는 것 또한 금물이기에 잠시나마 해변을 달리며 기분을 내본다. 세상의 끝에서 느끼는 자유는 그야말로 짜릿했다. 도로처럼 차선이 있는 것도 아니고 신호등이 있는 것도 아니다. 아무것도 없다. 달리고 싶은 대로 마음대로 달려본다. 그런데 마음대로 달리는 것도 뭔가 어색하다. 어디로 달려야 할지 모르겠다. 목적지가 없고 정해진 게 없다 보니 막연하다. 누가 어디로 어떻게 달리라고 알려주지 않는 게 더 불안했다. 그 순간 세상의 시스템에 길들여져 있는 우리의 모습이 보였다. 항상 자유를 갈구하지만 막상 자유가 주어지면 뭘 해야 될지 모르는 우리의 모습이 보였다. 그런 우리의 모습이 안타까웠다.

이곳에서의 캠핑이 마지막 캠핑이다. 캠핑의 '캠' 자도 모르던 우리가 여행의 절반을 캠핑하다니. 밤에 잠이 안 와서 텐트에게 감사편지를 빼곡하게 쓰다가 눈물까지 고였다. 마지막에 텐트의 지퍼를 잠그는데 몇 번이나 다시 안을 들여다보게 된다.

1 90마일 비치에서
2 여행 300일을 자축하며
3 여행 중 마지막 캠핑

301 D+day 평생 잊지 못할 2019년과 작별하다

Date	Distance	Place	etc
2019.12.31.	581km/68,639km	레잉가곶/뉴질랜드 28days	

텐트에서의 마지막 밤이라 그런지 잠이 안 왔다. 일찍 일어나 2019년의 마지막 해가 떠오르는 모습을 보러 해변으로 나갔다. 그 해의 마지막 일몰을 보는 사람은 많지만 일출을 보는 사람은 드문 것 같다. 오늘은 일출부터 일몰까지 다 챙겨보고 싶었다. 우선 뉴질랜드 최북단 레잉가곶으로 출발했다. 자유보다는 구속을 선택해서 90마일 비치가 아닌 도로를 이용했다. 레잉가곶에 가면 하얀 등대와 전 세계 주요 도시의 거리가 적혀 있는 푯말이 있다. 이 푯말에 원래 서울은 없었지만 개그맨 김병만 씨가 나오는 '정글의 법칙' 프로그램에서 멤버들과 함께 설치했다고 한다. 실제로 그 프로그램을 본 적은 없었지만 서울이 있는 모습을 보니 괜히 뿌듯했다. 사실 이런 푯말은 세상에서 좀 유명하다고 하는 장소에는 꼭 있는데 그때마다 서울이 있는 푯말은 찾기 힘들었다. 여행하면서 그런 점이 아쉬웠는데 직접 설치하다니 대단하게 여겨졌다. 뉴질랜드의 최북단에 위치한 하얀 등대와 주변 경관은 아름다웠다.

다시 최북단에서 오클랜드로 쉬지 않고 달려서 며칠 전에 개넛이 서식하던 무리와이 해변에 도착했다. 다행히 아직 해는 붉은 빛을 발하며 수평선 위에 있다. 구름 한 점 없는 날씨 덕에 더욱 선명한 2019년 마지막 붉은 노을을 감상할 수 있었다. 노을 감상을 마치고 오클랜드 도심에서 펼쳐지는 새해맞이 불꽃축제를 보러 갔다. 세계에서 가장 먼저 새해를 맞이하는 나라는 키리바시라는 작은 섬나라이고, 두 번째로 빠른 새해를 맞이하는 나라가 뉴질랜드이기에 2020년 세계 첫 불꽃축제라고 한다. 오클랜드 도심이 보이는 맞은편 스탠리 포인트에서 불꽃축제를 감상하기로 했다. 아이들은 이미 체력을 다 소모해서 차에서 잠이 들어버렸다. 우리만 차에서 내려 바로 옆에서 새해 불꽃축제를 감상했다. 많은 사람들로 주차하기도 힘들었지만 다행히도 축제가 시작하기 전에 좋은 자리를 잡았다. 2019년은 하루하루가 추억이자 여행이었다. 매년 그 날짜의 추억이 있다는 사실이 행복하다. 누구라도 세계 여행을 꿈꾸고 있다면 반드시 실행하시라고 적극 권유하고 싶다.

1 레잉가곶의 돌담길에서
2 레잉가곶 등대와 각 나라별 도시 이정표와 함께
3 2019년 마지막 일몰

2020년 1월

월요일	화요일	수요일
		1 [NZ 29] D+302 85km/68,724km Henderson 오클랜드한인교회 취침 2
6 [Hawaii 5] D+307 294km/69,528km Mauna Kea Air B&B 3	7 [Hawaii 6] D+308 226km/69,754km H naunau Historical Park Air B&B 4	8 [Hawaii 7] D+309 91km/69,845km Pana'ewa Rainforest Zoo Air B&B 5
13 [Hawaii 12] D+314 150km/70,334km Pearl Harbor Air B&B 10	14 [Hawaii 13] D+315 144km/70,478km Dole Platation Air B&B 11	15 [Hawaii 14] D+316 77km/70,555km Hanauma Bay Air B&B 12
20 D+321 버스 이동 인천 → 창원	21	22
27	28	29

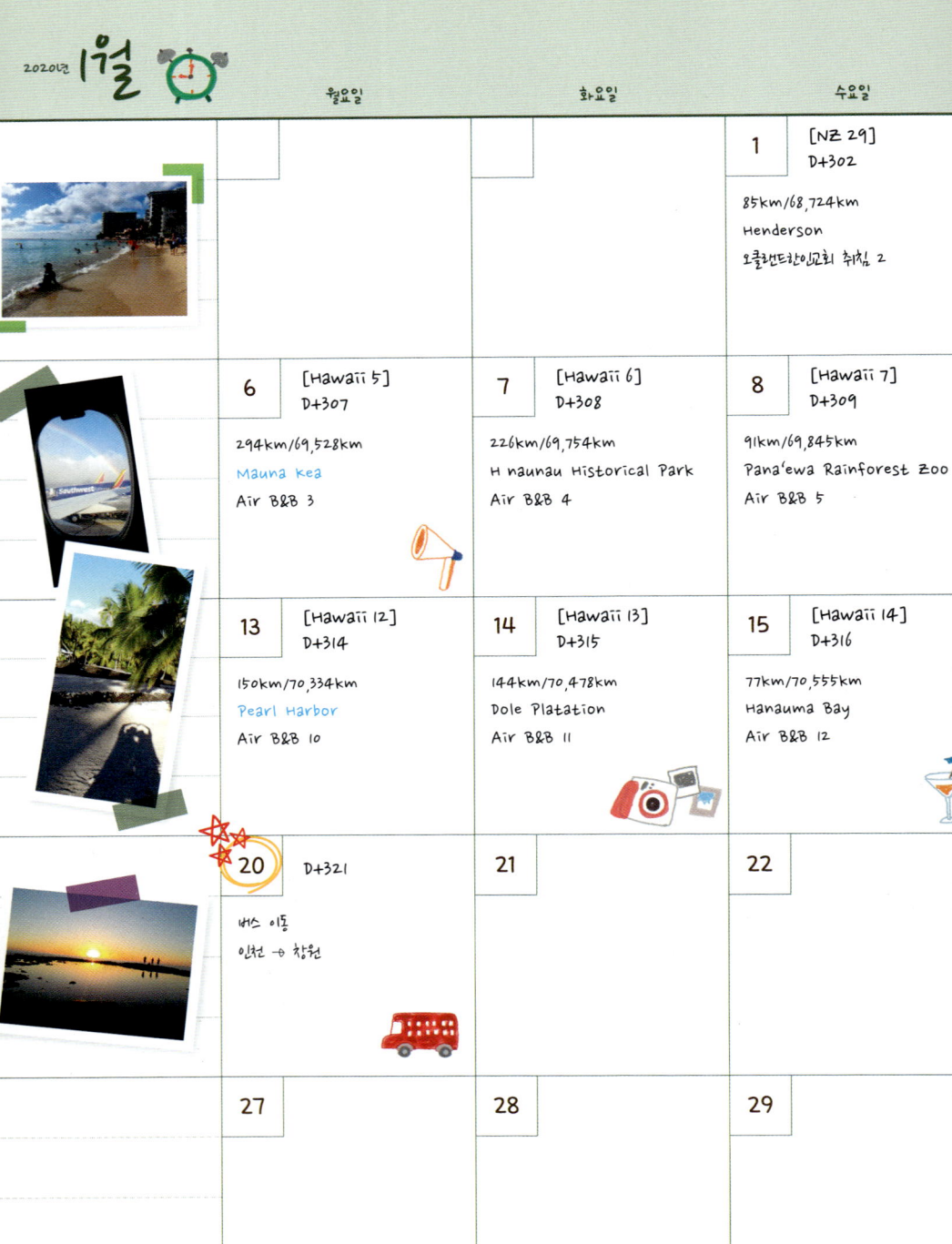

	목요일	금요일	토요일	일요일
	2 [NZ 30] D+303 Hawaii 1day 비행기 이동 02km/68,826km 공항 노숙	3 [Hawaii 2] D+304 0km/68,826km 오아후섬, 와이키키 Hotel (Wyndham Royal Garden)	4 [Hawaii 3] D+305 비행기 이동 23km/68,849km 호놀룰루→코나 Air B&B 1	5 [Hawaii 4] D+306 385km/69,234km volcanoes National Park Air B&B 2
	9 [Hawaii 8] D+310 3km/69,938km Hilo Air B&B 6	10 [Hawaii 9] D+311 58km/69,996km Mauna Loa Air B&B 7	11 [Hawaii 10] D+312 비행기 이동 132km/70,128km 코나→호놀룰루 Air B&B 8	12 [Hawaii 11] D+313 56km/70,184km 해외 최초 한인교회 Air B&B 9
	16 [Hawaii 15] D+317 7km/70,642km 핑데이 쇼핑서핑 63	17 [Hawaii 16] D+318 150km/70,792km Sunset Beach 카우차쇼핑 64	18 [Hawaii 17] D+319 97km/70,899km Tantalus 에어포트 호놀룰루 호텔	19 [Hawaii 18] D+320 비행기 이동 호놀룰루→인천
	23	24	25	26
	30	31		

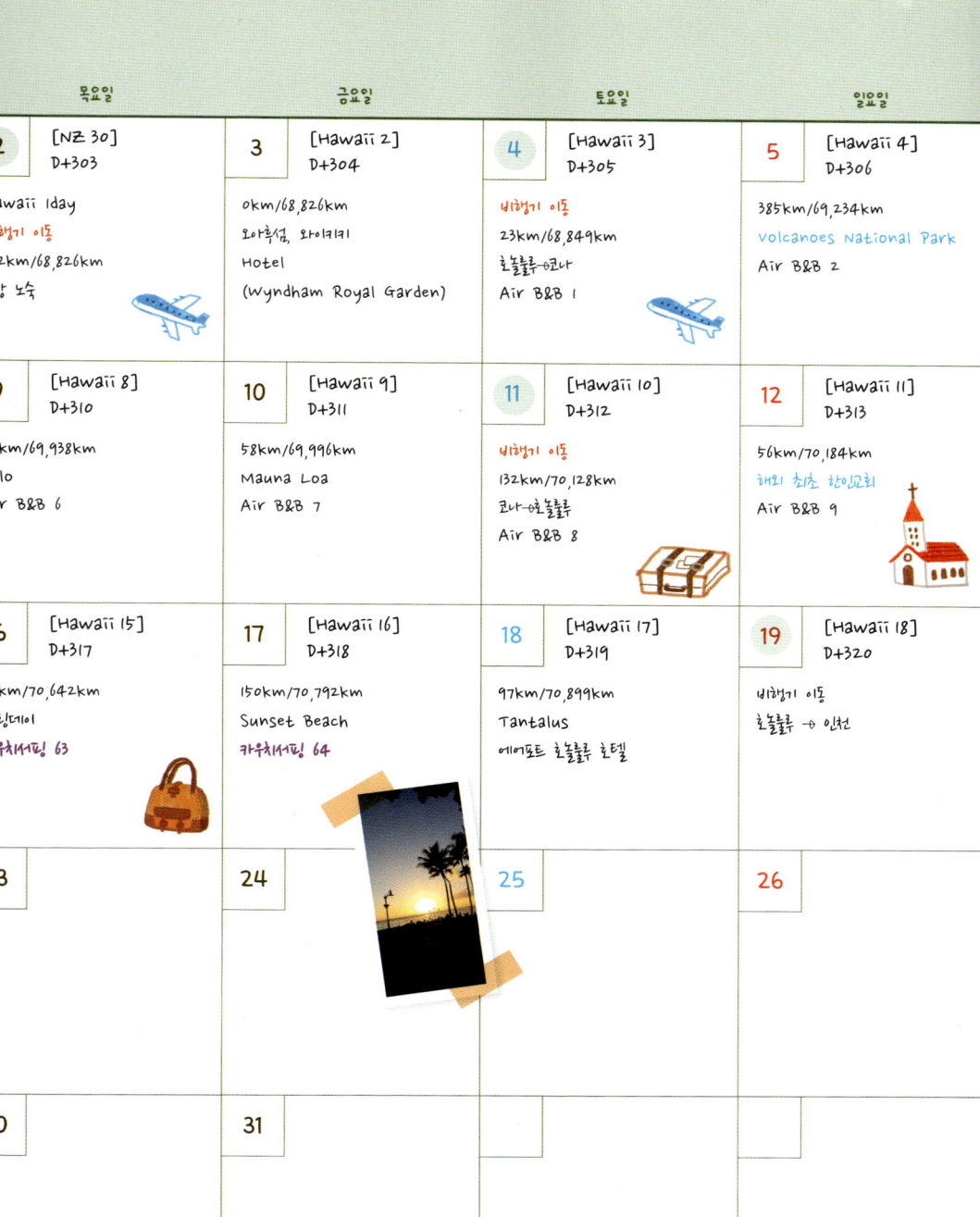

11) 2020년 1월, 뉴질랜드-하와이

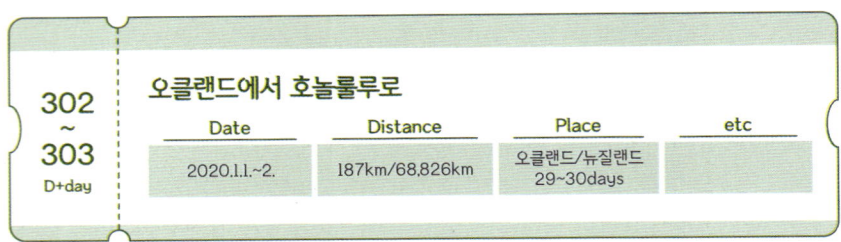

가까운 교회를 구글로 검색해서 찾아간 오클랜드 한인교회. 처음 보는 우리를 반갑게 맞이해주신 목사님과 사모님. 따뜻한 방에서 이불 덮고 몸을 지지고 잘 수 있도록 잠자리와 새해맞이 떡까지 세심하게 챙겨주셨다. 특히 우리의 여행에 대해 아낌없이 칭찬해주셨는데 참 감사했다. 여행을 하면서 분명히 깨달은 한 가지는 모든 순간 하나님이 함께하시고 인도하셨다는 것이다. 마지막을 교회에서 보낼 수 있도록 해주신 것까지.

영화 〈피아노〉 촬영지로 알려진 '피하 해변(Piha Beach)'을 끝으로 천국 같은 풍경들이 끊임없이 이어지는 뉴질랜드에서 30일간의 모든 여행을 마쳤다. 여행을 끝내고 세차를 하고 자동차를 반납했다. 뉴질랜드에서의 여행이 끝났다. 오클랜드 공항에 도착해서 비행기를 기다리는데 지연되었다. 하와이안에어에서 호텔과 식비를 제공해줘서 엄마와 아이들은 호텔로 가서 잠시 쉴 수 있었다. 짐이 많은 관계로 아빠 혼자 공항에 남아 짐을 지키기로 했다. 다행히도 좋은 벤치를 확보해서 쪽잠을 편히 잘 수 있었다. 예전에 미국에서 호주로 이동할 때 그냥 경유하기만 한 게 아쉬워 하와이를 다시 가기로 했다. 예정에 없었던 마지막 여정이자 외할머니와 이모와 함께할 6인 여행에는 또 어떤 일들이 기다리고 있을지 기대된다.

1 뉴질랜드 마지막 여정, 피하 해변에서 2 하와이로 가는 비행기를 탑승하기 전 장난스런 승무원과 3 호텔에 도착해서 예은이가 그린 그림

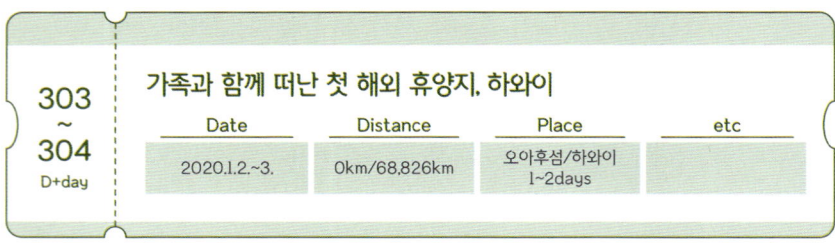

가족과 함께 떠난 첫 해외 휴양지, 하와이

Date	Distance	Place	etc
2020.1.2.~3.	0km/68,826km	오아후섬/하와이 1~2days	

303~304 D+day

오클랜드에서 호놀룰루까지 비행기는 연착되었지만 무사히 잘 도착했다. 공항에서 나오자마자 무더위가 우리를 기습한다. 먼저 도착해 있는 외할머니와 이모가 있는 숙소로 택시를 타고 찾아갔다. 1년만의 상봉에 반갑게 인사했다. 서로의 모습을 보며 안부를 묻고 지금껏 지낸 이야기를 하며 짐정리를 했다. 얼추 짐정리가 끝나가는데 아빠가 청천벽력과도 같은 한마디를 던진다. "오클랜드 공항에서 노트북이랑 태블릿 PC를 두고 왔다." 모두 머릿속이 하얗게 변한다. '어떻게 해야 되나', '찾을 수나 있을까', '여행 전에 산 비싼 노트북인데' 등 오만가지 생각이 머릿속을 가득 채운다. 그러다 어디서 잃어버렸는지 공항에서부터 차근차근 생각을 되짚어본다. 보안검색대에서 노트북과 태블릿 PC를 올려두고는 다시 가방에 안 넣고 그냥 온 것이다. 이제 어디서 잃어버렸는지는 기억이 났고 어떻게 찾을지 생각했다. 일단 오클랜드에 우리가 도움을 받을 수 있는 분은 오클랜드 한인교회 목사님과 사모님뿐이다. 급한 마음에 문자로 현재 상황을 알려드리고 도움을 요청하니 바로 답장이 와서는 교인 중에 공항에서 근무하는 직원이 있으니 한번 확인해달라고 부탁을 드려보겠다고 한다. 아직 찾은 건 아니지만 마음이 놓였다. 이렇게 부탁할 수 있고 찾을 수 있다는 희망이 생긴 것 자체가 감사했다. 다음 날이 되어 교인분께 연락이 왔는데 우리가 잃어버린 물건을 공항에서 그대로 보관하고 있다고 한다. 얼마나 감사한지. 물건을 찾는 방법은 우리가 분실물 수납 대리인을 사모님으로 지정하는 메일을 공항에 보내면 사모님께서 직접 찾을 수 있다고 한다. 또 사모님께서는 흔쾌히 공항에 직접 찾으러 가겠다고 해주셨다. 게다가 목사님과 사모님은 2020년 3월 한국으로 다시 돌아오셔서 분당에서 목회를 시작하시기로 결정되었는데 그 사실을 공포한 새벽기도에 우리가 참석했었다. 그래서 3월에 한국에서 직접 만나서 받기로 했다(하나님께서는 우리를 목사님과 다시 만나게 해주려고 이렇게까지 계획을 짜시나). 덕분에 부담 없이 즐거운 하와이 여행을 시작할 수 있었다. 우리 숙소에서 창밖을 내다볼 때마다 똑같은 장소에서 선명한 무지개가 자주 출현했다. 그 무지개를 보는데 괜히 마음이 즐거워지면서 즐거운 일만 있을 것 같은 기분이 들었다.

하와이는 총 8개의 섬으로 이뤄져 있는데 그중에 '빅 아일랜드'라는 별명을 가진 하와이 본섬과 호놀룰루가 있는 오아후섬이 가장 대표적인 섬이다. 날씨를 보니 호놀룰루가 이틀 동안은 괜찮은데 그 뒤로 비가 예보되어 있어 3일만 머물고 하와이섬으로 옮기기로 했다. 호놀룰루에 있으면서 낮에는 와이키키 해변에서 물놀이를 하고 쇼핑거리를 거닐며 다녔다. 저녁이 되면 환상적인 노을과 힐튼 호텔 앞에서 펼쳐지는 불꽃놀이를 보면서 하와이에 온 걸 실감했다. 호놀룰루에 머물면서 시차도 적응하고 노트북에 놀란 가슴도 진정시키며 하와이섬으로 갈 수 있게 되었다.

1 하와이 시내를 거닐며 **2** 와이키키 해변에서 물놀이
3~4 노을과 불꽃놀이

305 ~ 311 D+day	'빅 아일랜드'라는 별명을 지닌 하와이			
	Date	Distance	Place	etc
	2020.1.4.~10.	1,170km/69,996km	하와이 본섬/하와이	3~9days

이제 오아후섬에서 하와이섬으로 비행기를 타고 이동한다. 공항에서 바로 렌터카를 인수받고 시간이 늦어서 바로 숙소로 향했다. 다음 날, 아침 일찍부터 숙소를 나섰다. 푸른 하늘과 바다가 이곳이 진정 하와이임을 알려준다. 정말이지 색감이 다르다. 이래서 '하와이, 하와이' 하는구나를 깨달았다. 차를 타고 달리는 곳은 '하와이 화산 국립공원(Hawaii Volcanoes National Park)'이다. 얼마 전까지도 화산활동으로 폭발이 일어났던 곳이다. 용암이 해안절벽으로 떨어지면서 굳은 코끼리 바위 모양의 '홀레이 시 아치(Holei Sea Arch)'가 있다. 국립공원을 들어서면서부터 도로 옆은 모두 용암이 흐르다 굳은 모습을 하고 있다. 지금껏 몇 군데의 화산 지형을 다녀봐도 이곳만큼 용암을 실감나게 상상해본 적은 없는 것 같다. 검색해보니 작년까지만 해도 실제로 흐르는 용암을 본 사람들의 후기도 있었다. 그리고 하와이에 온 지 4일 만에 무지개를 10번 이상 봤다. 자동차 번호판에 'Rainbow state'라 새겨져 있는데 정확히 표현한 것 같다. 정말 안 어울릴 것만 같던 무지개와 화산의 조합은 가히 빛났다.

하와이 하면 오아후섬에 있는 와이키키 해변이 가장 유명하지만 몇 군데를 돌아본 결과 우리는 '마니니오왈리 비치(Manini'owali Beach)'가 가장 아름다웠다. 사람들이 그렇게 많은 것도 아니었고 무엇보다 바다색이 아름다웠다. 다음으로 하와이에서 가장 높은 산인 '마우나케아산(Mauna Kea)'으로 갔다. 해저부터의 높이는 10,100m이며, 이 높이로 따지면 에베레스트산보다 높다. 해수면 위로만 측정했을 시에도 4,207m나 된다. 차로 정상부까지 올라갈 수 있는데 해가 지면 사람들은 이곳에서 별을 보기 위해 올라온다. 아무리 하와이라 하더라도 이 높이에서는 추울 수밖에 없다. 그래서 있는 옷 없는 옷 다 꺼내어 껴입고 라면으로 배를 든든히 한 다음 해가 질 무렵 다 함께 올라갔다. 올라갈 때는 추위가 문제가 아니라 돌풍이 문제였다. 강풍이 불어 올라가는 것 자체가 힘들었다. 아이들도 힘들어했지만 한 걸음씩 천천히 올라갔다. 우리가 오른 곳은 정상은 아니었지만 별을 보기 좋은 장소라서 그런지 사람들이 많이들 올라와 있다. 도착해서 주변을 둘러보니 분화구도 눈에 보이고 강렬한 노을이 눈부시다. 이제 여명이 없어져야지 별이 보일 텐데 둥근 달은 떴지만 여명이 사라질 기미가 안 보인다. 도무지 추워서 기다리지 못하고 하산했다. 그리고는 차 안에서 하늘을 올려다봤다. 생각보다 별은 많이 보이지 않았다. 아마도 새벽이 되어 칠흑 같은 어둠이 내려야지 제대로 된 별 관측을 할 수 있겠다는 생각이 들어 일찌감치 포기하고 내려왔다. 내려오는 길에는 여행 300일이 넘어서야 처음으로 타이어가 터지고 말았다. 다행히 천천히 바람이 새고 있어서 어느 정도 이동은 가능했으나 바람이 더 빠지자 경고음이 심해서 차를 세웠다. 삼거리에서 경찰차가 보이기에 다급하게 차에서 내려 도움을 요청했다. 그러니 이곳을 지나는 동료까지 불러 함께 해결책을 강구했다. 차 내부에 있는지도 몰랐던 자동 공기주입기를 찾아 꺼내어 타이어에 바람을 넣어 급한 불을 껐다. 감사하다는 말을 전하고 숙소로 가서 가족들을 모두 다 내려다준

다음 우리만 공항 옆 렌터카 회사에 가서 차를 교체했다.

뉴질랜드 박싱데이에 하와이로 갈 것을 감안해서 고프로 8을 샀다. 아직까지 크게 활용하지 못하고 있지만 스노클링을 하게 된다면 필수라고 생각했다. '카할루우 비치(Kahalu'u Beach)'에 가서 첫 시도를 했다. 기대했던 것보다 훨씬 좋았다. 물론 물도 맑고 다양한 열대어들이 카메라에 잡혀서 더없이 좋았던 게 사실이다. 또 하와이 하면 빠트릴 수 없는 것이 커피다. 커피농장 'Greenwell Farms'에 들어가 시음을 했다. 커피도 커피지만 다양한 식물을 볼 수 있어서 커피농장이 아니라 보태닉 가든에 온 줄 알았다. 또 원주민들이 살고 있는 '푸우호누아 오 호나우나우 공원(Pu'uhonua O Hōnaunau National Historical Park)'에도 가봤다. 관람 시간이 지나 내부에 들어가 볼 수는 없지만 간접적인 관람은 가능했다. 해변에 예전의 집과 도구, 조각상을 진열해 놓고 있었다. 근데 사실 그것보다 그 해변의 분위기가 더 좋았다. 하얀 모래에 크고 작은 다양한 야자수들이 바다와 어울려 하와이 분위기를 만들어냈다. 다시 차를 타고 안쪽으로 조금 더 들어가 봤는데 아는 사람들만 찾아오는 그런 해변 같아서 차에서 다시 또 바로 내렸다. 구글 지도를 찾아봐도 아무런 이름조차 없는 곳이다. 그냥 공원 안에 있는 해변이다. 하지만 또 이곳에서 우리는 하와이 최고의 노을과 마주쳤다. 해안가에 자리 잡은 현무암에 바닷물이 고요하게 고여 있다. 한 번씩 파도가 현무암과 부딪혀 공중에서 산산이 조각나고 있는데 해는 붉게 변하며 수평선 밑으로 사라진다. 이때는 역광으로 요가 자세가 제일 멋지다며 외할머니께서 시범을 보여주신다. 다들 놀라며 따라 하기 바쁘다. 외할머니와 이모는 패키지로 이미 우리보다 많은 여행을 다녀온 고수들이기에 멋진 사진을 많이 건질 수 있었다. 하와이섬은 워낙 넓어서 동선 확보를 위해서라도 숙소를 중간에 한 번 옮기기로 했다. 그런데 다음 숙소를 찾아가는 길에 폭우가 쏟아진다. 예상하지 못한 엄청난 폭우에 집이 떠내려가는 건 아닌지 아님 침수되어 계속 집 안에서만 머물러야 할지도 모르니 차라리 지금이라도 비가 안 오는 지역으로 숙소를 바꾸는 건 어떨는지 가족회의를 열었다. 일단 시간은 늦었고 아침까지 날씨 상황을 지켜보고 결정하는 것으로 결론을 내렸다. 그다음 날이 되어 날씨를 보니 거짓말같이 맑아져 있었다. 어제의 걱정은 아무 쓸데 없는 것이었다. 누가 그랬던가. "걱정해서 걱정이 없어지면 걱정이 없겠네." 한마디로 걱정할 필요가 없다는 것이다. 그때 상황에 맞춰 해결책을 찾으면 되는 것이다. 숙소 근처에는 무료 동물원이 있었는데 이곳에 호랑이가 있다고 해서 찾아가봤다. 게다가 백호도 있었다. 무료 동물원이라 하기에는 믿을 수 없을 정도로 볼거리가 많았다. 호주에서도 무료 동물원을 몇 번 갔었지만 비교 불가다. 다음으로 하와이의 유명한 마우나로아 초콜릿 공장 'Mauna Loa Macadamia Nut Visitor Center'에 들렀다. 창문을 통해 공장 내부도 구경하고 초콜릿도 선물용으로 구입했다. 분명 선물용으로 구입한 것인데 절반을 하와이에서 다 먹었다. 한번 열면 멈출 수 없을 정도로 맛있었다.

1 화산 국립공원에서 쌍무지개와 함께 2 마우나케아산에서 3 하와이 베스트 노을 모습

다시 오아후섬으로 넘어왔다. 넘어와서 먼저 찾은 곳은 일본이 미국을 공습한 '진주만 국립기념관(Pearl Harbor National Memorial)'이다. 입장해서 역사에 대한 이해를 돕는 동영상을 먼저 관람했다. 동영상을 보면서 미국의 힘을 느낄 수 있었다. 일본의 공격을 받은 이후 일본을 공격하자는 일반 시민들의 의견이 들끓어 올랐다. 국회의사당에서 나온 수많은 찬성 의견에 따라 신속하게 전투태세를 갖추고 공격을 했다. 일본의 무모한 공격에 경종을 울리는 반격이었다. 질서가 있고 힘이 있는 미국은 두려울 게 없어 보였다. 동영상이 끝나고는 배를 타고 희생당한 군인들의 추모관으로 이동했다. 가는 길에 항공모함이 보이는데 거대하다. 막강한 군사력을 보유한 미국의 일면을 볼 수 있는 곳이었다. 기념관을 나와 서부 해안도로를 달렸다. 오아후섬은 링로드처럼 둥글게 돌 수가 없어서 자동차로 갈 수 있는 서쪽 끝 'Ka'ena Point'까지 갔다가 다시 호놀룰루로 돌아왔다. 오고 가는 길에 보이는 산의 지형이 특이하다.

하와이에서 일출하면 유명한 곳으로 '다이아몬드 헤드(Diamond Head)'가 있다. 아침 일찍 일어나 일출을 보기 위해 나섰다. 아이들은 자고 있어서 외할머니, 엄마, 이모만 올라가고 아빠는 차에서 아이들을 지키기로 했다. 약 한 시간이 걸리는 트래킹을 해야지만 다이아몬드 헤드 위에 설 수 있었다. 많은 사람들이 일출을 보기 위해 몰렸다. 약간 해무가 끼어 있는 수면 위로 서서히 모습을 드러내는 태양은 그야말로 눈부셨다. 하산을 하고 다시 숙소로 돌아가서 아침 식사를 하고, 다시 나와 동부 해안도로를 따라 올라갔다. 가다 보니 영화 〈쥬라기 공원〉의 촬영장소인 '쿠알로아 랜치(Kualoa Ranch)'가 나온다. 거의 30년 전에 나온 영화라서 기억이 정확하게 나진 않지만 당시에는 놀라움 그 자체였다. 실제로 살아 있는 공룡과 영화를 찍은 것 같은 느낌과 스토리 라인이 완벽했다. 그 배경도 살짝 생각이 나는 게 우람한 근육질의 산의 모습과 열대우림이 떠오르는 원시시대 자연의 모습이었는데 그곳이 바로 쿠알로아 랜치이다. 비지터 센터에는 영화에서 쓰였던 옷과 장비들이 그 장면의 사진과 함께 진열되어 있는데 기억이 새록새록 난다. 바로 옆에는 '쿠아로아 리저널 공원(Kualoa Regional Park)'이 있었는데 이곳이 사진 명소였다. 앞 바다에는 특이한 모양의 섬과 뒤로는 우락부락한 산이 있고 공원 안에는 사연 있어 보이는 나무가 와서 사진 찍으라며 손짓한다. 기울어진 나무에 한 명씩 천천히 올라가 가족사진을 찍었는데 작품 사진이 나왔다. 날씨가 조금만 더 맑았으면 좋았겠다는 아쉬움도 살짝 들지만 그 나름의 또 운치가 있기에 만족했다. 다음으로 파인애플 하면 떠오르는 'Dole' 농장을 찾아가서 아이스크림을 먹었다. 아이스크림을 파인애플 모양의 통에 넣어주는데 기념품으로 딱이었다.

오아후섬에서 유명한 만(灣)으로 '하나우마 베이(Hanauma Bay)'가 있다. 이곳은 해가 뜨기 전인 오전 6시 이전에 입장하면 무료이지만 그 이후로는 유료이다. 아직 비몽사몽하는 아이들을 깨워서 부랴부랴 도착하니 딱 오전 6시. 다행히 무료입장을 허가해 준다. 이곳이 유명한 이유는 세계적인 스노클링 명소이기 때문이다. 양 옆으로 산이 우뚝 솟아나 있어서 파도는 약하고 수면이 얕아서 스노클링에는 최적화된 장소이다. 다양한 종류의 열대어와 산호초를 만날 수 있고 바다거북이도 한 번씩 출현한다고 한다. 입구에서 해변까지 내려가는데 가파른 길을 걸어가야 한다. 해변에 도착해서 돗자리를 깔고 자리를 잡았다. 아직은 새벽이라 날씨가 쌀쌀해서 돗자리에서 아이들을 재우면서 다 같이 앉아 있었다. 그런데 갑자기 비가 내리기 시작한다. 많은 비가 내리는 것은 아니어서 잠시 비를 맞으며 그치기를 기다렸다. 다행히 잠시 내리더니 금세 그쳤다. 비까지 내리고 나니 기온은 쉽사리 올라가지 않았다. 날씨가 제법 쌀쌀한데도 바닷속으로 들어가 스노클링을 하는 사람들도 간간이 보인다. 오전 10시가 넘어 해가 나타나기 시작하더니 기온이 조금씩 올라간다. 그때부터 우리도 바다로 들어가 스노클링을 하기 시작했다. 얕은 수심과 잔잔한 파도가 바다수영을 즐기기에도 좋았다. 아빠는 고프로를 들고 이리저리 다니며 영상을 찍었다. 그리고 해변으로 나와 찍은 영상을 가족들에게 보여주었다. 그때 외할머니도 스노클링에 도전을 했는데 생각보다 센 파도에 몸의 균형을 잡기가 어려워 쉽지 않으셨지만 어느 정도 즐기고 나가셨다. 아빠는 물에 뜨는 게 느껴지면서 절로 수영이 되어 스노클링 재미에 푹 빠졌다. 하지만 수영을 하면 금방 배가 고파지기에 숙소로 돌아가 식사를 하기로 했다. 오후 늦게 즈음 다시 차를 끌고 나와 동부 해안도로를 달렸다. 깎아놓은 듯한 해안절벽과 푸른 바다가 즐거운 드라이브를 보장했다.

우리가 하와이에 온 지 16일차에 외할머니와 이모는 먼저 한국으로 돌아갔다. 아침에 아빠가 공항까지 배웅하고 왔다. 그동안 머문 숙소를 정리하고 나와 우리만의 일정을 계속 이어갔다. 먼저 우리가 하와이에 온 사실을 알고 LA에서 만난 카우치서핑 호스트가 자신의 언니가 하와이에 살고 있다며 그곳으로 찾아가보라고 한다. LA 호스트와는 남다른 인연이 있었기에 일단 가보기로 했다. 처음 집으로 찾아간 날 여기가 진짜 그 집인가 의심스러울 정도로 호화저택이라 초인종을 누르기조차 조심스러웠다. 문 앞에서 두리번거리고 있으니 집을 관리하는 아주머니가 우리를 먼저 보고는 들어오라며 반갑게 맞이해준다. 집 안에는 넓은 앞뜰과 뒤뜰이 있고, 수영장, 놀이터, 명상 공간들이 있었는데 할리우드 배우 집을 방불케 했다. 카우치서핑으로 인연이 되어 계속 연락하며 지내고 이렇게 또 도움을 받는 게 참 감사했다. 덕분에 긴 여정의 마지막 숙박을 럭셔리하게 보낼 수 있었다. 이곳에 머물면서 '선셋 비치(Sunset Beach)'에서 'ㄴ' 자 모양의 야자수를 만나고 '폴리네시안 문화센터(Polynesian Cultural Center)'에 들러 원주민들의 문화와 다양한 우쿨렐레를 구경하고 체험할 수도 있었다. 그리고 다시 한번 와이키키 해변으로 가서 저녁노을을 감상했다. 시간이 흐를수록 떨어지는 해의 위치에 따라 변화무쌍한 하늘의 색을 바라보고 있으니 황홀감에 젖어든다. 찬란하게 지는 노을이 마치 우리 여행의 마지막을 표현하는 것 같았다. 보고 싶은 것 다 보고, 먹고 싶은 것 다 먹고, 가보고 싶은 곳 다 갈 수 있었던 자체가 엄청난 행운이었다. 게다가 아이들도 안 아프고 함께 즐겁고 행복한 추억을 많이 만들었다는 게 가장 큰 자산이지 않을까 싶다. 찬란했던 우리의 여행도 지는 해처럼 우리의 마음속으로 진다. 하와이의 마지막 날에는 호스트와 작별 인사를 하고 '탄탈루스 전망대(Tantalus Lookout)'에 올라가

다이아몬드 헤드와 호놀룰루의 전경을 내려다보며 하와이와도 작별 인사를 건넸다. 긴 여행의 마지막 종착지이기도 했고 누구나 한 번쯤은 꿈꾸는 하와이기에 이곳에서의 기억은 강렬하게 남아 있다. 무엇보다 심심하면 나타났던 무지개, 수많은 열대어와 산호초가 살고 있는 푸른 바다, 용암이 흘러내린 화산 지대는 두고두고 회상될 것 같다.

1 진주만 국립기념관에 있던 항공모함을 배경으로 2 쿠아로아 리저널 공원에 있던 사연 있는 나무와
3 노을 지는 와이키키 해변에서 4 모든 일정을 마치고 인천공항에 도착해서

EPILOGUE

여행을 다짐하고 계획하며 여행하는 동안 이것으로 인생이라는 물음표에 정답을 찾을 것이란 기대는 하지 않았다. 다만 아이들과 많은 시간을 보내고 많은 추억을 남겼으면 좋겠다는 게 가장 큰 목표였다. 확실히 그 목표는 달성했다. 차에서 내리면 아이들은 자석처럼 우리의 손을 잡았다. 그리고 거리를 걷기 시작하면 항상 놀이를 했다. 이동하는 차에서도 많은 얘기를 나눴다. 넷 중에 한 명이라도 잠시 안 보이면 서로 어디 있냐며 보고 싶어 했다. 아이들이 가장 귀엽고 사랑스러울 때 하루 24시간 321일을 함께 했다. 이것만으로도 이 여행은 우리에게 있어 인생 선물인데 별 탈 없이 즐거운 추억까지 선사해주고 우리 가족에게 평생 나눌 이야깃거리가 생겨서 한없이 감사할 뿐이다.

우리에게 찾아온 선물은 바로 자신감과 자존감이 한층 더 높아졌다는 것이다. 객관적인 평가가 아니라 온전히 주관적인 평가라서 다른 이가 봤을 때는 아닐 수도 있지만 우리 스스로 느껴지는 것이 있다. 예전에는 회사에서도 성가신 일이라든지 귀찮은 일들은 대수롭게 여기지도 않았고 불평을 하며 대충 했지만 여행을 다녀온 뒤로는 작은 일도 가볍게 여기지 않고 불평도 많이 줄었다. 여행을 하면서 작은 일이라도 성심성의껏 하는 외국인들을 보면서 반성을 많이 했었다. 우리가 너무 대충 살았구나 하는 생각이 뼈저리게 느껴졌다. 혼자서 운전을 도맡아 했던 아빠는 여행을 하면서 자신과 했던 약속이 도로 규정 속도를 지키는 것이었는데 거의 90%는 지켰다고 자부할 수 있다. 이것으로 한 건의 사고도 없이 안전하게 다녔다고 생각되어서 작은 것을 지키는 것의 중요성에 대해서도 몸소 알게 되었다.

세계 여행이란 꿈을 이루고 나니 또 다른 꿈들이 보이기 시작했다. "내겐 꿈이 없었다." 영화 〈비트〉에서 정우성이 한 대사다. 학창 시절 점수에 따라 정해지는 학교에 입학해서 수동적으로 만들어진 꿈은 있었지만 우리가 진짜로 원하고 바라던 꿈은 없었다. 뭘 하고 싶은 것인지 뭐가 가치 있는 것인지에 대해 대답할 수가 없었다. 그렇다고 세계 여행을 다녀왔다고 해서 여행이 우리 삶의 목표가 될 수 없다는 것 또한 잘 알고 있었다. 여행은 삶을 더 풍성하게 해주는 하나의 수단이지 목적이 되는 것은 싫었다. 하지만 여행을 통해 진짜 우리를 만날 수 있는 시간은 많이 가질 수 있었다. 우리를 돌아볼 수 있었고 서로에 대해 더 잘 알게 되는 시간이 되었다. 무엇보다 살면서 처음으로 우리가 진짜 하고 싶은 일을 했다. 우리가 모은 돈을 가지고, 우리가 키운 아이들을 데리고, 우리가 가고 싶은 곳을 마음대로 돌아다녔다. 오로지 우리의, 우리에 의한, 우리를 위한 여행이었다. 이 여행을 바탕으로 또 이룰 수 있는 꿈이 바로 책을 내는 것이었다. 책을 쓰는 동안에도 세계 여행을 계획하던 때와 비슷했다. '과연 우리가 할 수 있을까?' 그런데 이렇게 우리 이름으로 출판된 책이 나왔다. 진짜 원하던 꿈을 하나 이루고 나니 또 다른 꿈들이 찾아왔다. 그 꿈들을 하나씩 실현해나가다 보니 어느새 우리의 삶이 변해 있었다. 아무것도 하지 않고 막연히 어떡하면 내 삶을 변화시킬 수 있을까 생각만 할 때는 아무것도 변하지 않았는데 작은 것부터 하나씩 뭔가를 해나가다 보니 어느새 삶이 서서히 변한 걸 느낄 수 있었다.

결론을 맺자면 꿈을 위해 작은 것들을 실현해나가다 보면 어느새 꿈은 현실이 되어 있었고 또 다른 꿈을 실현하기 위해 노력하고 있는 자신을 보게 된다는 것이다. 꼭 세계 여행이 아니더라도 자신이 정말 원하는 꿈이 있다면 생각에 그치거나 망설이지 말고 지금 바로 자신이 할 수 있는 작은 일을 찾아서 실천해보라는 말을 꼭 전하고 싶다.

참고 자료

pmg 지식엔진연구소, 시사상식사전, '노벨상', 박문각, 2020.10.13.

김남희, 프랑스 몽생미셸 – 바다 위 섬으로 뜬 수도원, 네이버캐스트 세계의 걷고 싶은 길, 2009.12.1.

김찬호·이영기, 노영돈 감수, 낯선 문학 가깝게 보기: 독일문학,
    '브레멘 음악대(Die Bremer Stadtmusikanten)', 위키미디어커먼즈, 2013.11.

남궁진웅, 자그레브: 크로아티아, 네이버캐스트 세계의 명소, 여행레저신문, 2011.8.18.

두산백과, 무어인젤(Murinsel)

두산백과, 바사 박물관(The Vasa Museum)

두산백과, 성마르크성당(St. Mark Church)

두산백과, 스테인스달스폭포(Steinsdalsfossen)

두산백과, 암스테르담(Amsterdam)

두산백과, 칼튼 힐(Calton Hill)

리처드 카벤디쉬 공저, 코이치로 마츠무라 역자, 김희진 옮김,
    죽기 전에 꼭 봐야 할 세계 역사 유적 1001, 마로니에북스, 2009.1.20.

서영진, 두브로브니크: 크로아티아, 네이버캐스트 세계의 명소, 2010.6.28.

서영진, 스플리트: 크로아티아, 네이버캐스트 세계의 명소, 2010.8.16.

원재훈, 스페인 건축가: 안토니오 가우디(Antoni Gaudí i Cornet),
    네이버캐스트 인물세계사, 2009.6.10.

이형준, 교과서에 나오는 유네스코 세계문화유산, 시공주니어, 2011.5.10.

저스트고(Just go) 관광지, '런던 브리지(London Bridge)', 시공사

저스트고(Just go) 관광지, '비겔란 조각 공원(Vigeland Sculpture Park)', 시공사

저스트고(Just go) 관광지, '스칸센(Skansen)', 시공사

중앙일보, 유럽지명사전: 노르웨이, '올레순(Ålesund)', 바람길네트웍스

중앙일보, 유럽지명사전: 독일, '브레멘(Bremen)', 바람길네트웍스